U0959941

高等院校财经类应用型专业系列教材

基于BI系统的财务报表分析

主　编　张　蓉
副主编　邓向梅　徐亚平　张　健

天津大学出版社
TIANJIN UNIVERSITY PRESS

图书在版编目（CIP）数据

基于BI系统的财务报表分析 / 张蓉主编；邓向梅，徐亚平，张健副主编. -- 天津：天津大学出版社，2023.4

高等院校财经类应用型专业系列教材

ISBN 978-7-5618-7456-1

Ⅰ. ①基… Ⅱ. ①张… ②邓… ③徐… ④张… Ⅲ. ①会计报表－会计分析－高等学校－教材 Ⅳ. ①F231.5

中国国家版本馆CIP数据核字（2023）第071379号

出版发行 天津大学出版社
地　　址 天津市卫津路92号天津大学内（邮编：300072）
电　　话 发行部：022-27403647
网　　址 www.tjupress.com.cn
印　　刷 天津泰宇印务有限公司
经　　销 全国各地新华书店
开　　本 787mm×1092mm　1/16
印　　张 20.75
字　　数 518千
版　　次 2023年4月第1版
印　　次 2023年4月第1次
定　　价 56.00元

前　　言

“基于 BI 系统的财务报表分析”是基于 Tempo 商业智能平台（以下简称“Tempo BI”），以财务项目为主体，以职业实践为主线的模块化课程。本书是此课程的配套教材，是针对应用技术型院校进行课堂教学、综合项目任务实施和学生资格证书准备的教材。全书跳出以教师为中心的传统思维，反映时代特点，从学生视角出发，期望促使更多的学生成功地完成学业。本书有会计学专业自身特色，由企业财务报表分析的理论基础、企业主要财务报表分析、企业财务效率分析、企业财务报表综合分析、基于 BI 系统的财务报表可视化分析 5 个财务项目组成。每个项目都先从“项目导读”切入，介绍财务项目的应用场景，使学生了解“用户需求”，并进行用户工作的“需求分析”，通过这个过程让学生了解实际的财务分析工作场景和环境，再通过“知识准备”学习相关的财务管理知识，然后进行项目实施，最后针对项目进行总结，提炼项目核心内容。

本书着力培养会计学专业、财务管理专业学生的核心能力，使学生：

（1）精通会计专业相关财务分析基础知识；

（2）能够置身于职业场景运用会计、金融和其他商业信息分析和解决财务问题；

（3）具有在 BI 背景下进行财务分析所需要的有效沟通能力；

（4）了解财务分析实践中相关的职业道德问题；

（5）能够将与财务相关的数据分析可视化。

本书基于 Tempo BI 进行可视化分析，Tempo BI 是美林数据技术股份有限公司（股票代码：831546）依托上千家行业领军企业成功应用的经验和数十年大数据行业的实践积累，打造的“面向企业级用户数据探索与可视化应用的新一代敏捷 BI 工具”——Tempo 商业智能平台。Tempo BI 秉持“智能、互动、增值”的设计理念，采用低代码、拖曳式操作，为用户提供自助式数据探索与分析服务，为数据价值发现与数据应用提供强有力的支撑。

本书为西安培华学院立项自编教材，西安培华学院会计与金融学院徐亚平老师编写项目 1“企业财务报表分析的理论基础”，西安培华学院会计与金融学院张蓉老师编写项目 2“企业主要财务报表分析”，西安培华学院会计与金融学院邓向梅老师编写项目 3“企业财务效率分析”，项目 4“企业财务报表综合分析”由张蓉老师和徐亚平老师共同编写，项目 5“基于 BI 系统的财务报表可视化分析”及附录部分由徐亚平老师及西安培华学院智能科学与信息工程学院张健老师共同编写，美林数据技术股份有限公司代表牛清娜、刘莹参与指导。

本书可作为本科类院校、职业类院校的教学用书，也可作为从事会计、财务管理工作的专业技术人员的参考用书。

书中不足之处，恳请专家和学者批评指正，不胜感谢。

目　　录

项目1　企业财务报表分析的理论基础

项目导读

会计,国际通用的商业语言

你知道,在共享经济的今天,财务报表有多重要吗?今天我们生活的时代,是一个全球经济一体化的共享时代。共享经济的基础是信息共享,而财务人员提供的财务报表是共享经济中最基础、最客观、最准确、最及时,也是最受关注与利用最多的信息。财务报表到底有重要呢?

创业者创办企业需要投入创业资金,投多少?以什么形式投?资金从哪来?风险是大是小?这些是企业的底子。看报表!企业经营得怎么样?是赔是赚?这些是企业的面子。看报表!企业手头是否有钱(现金流)?业绩是否真“漂亮”?这些是企业的日子。看报表!企业能否可持续地发展下去?投资人的未来潜在利益如何?这是企业的“奶酪”。看报表!税务机关、供应商、客户、银行、企业职工等所有与企业有利益关系的单位及个人,预判能否从企业中获得利益?还是要看报表!

人们常说会计是国际通用的商业语言,在全球经济一体化、构建人类命运共同体的今天,国与国之间的资本流通、投融资活动和贸易往来等一切经济活动的开展,都必须通过会计语言进行分析、比较、评价和判断,最终做出决策。而会计语言的载体与形式,就是财务报表。财务报表使得各国企业之间的比较、交流、合作以及利益共享成为可能。

1.1　培养目标

1.1.1　知识目标

(1)掌握财务报表分析的知识体系和业务技能。

(2)具有财务报表分析的信息处理和会计决策能力。

(3)能够通过财务分析论证做出合理的职业判断。

(4)掌握财务报表分析的基本概念、程序和方法。

1.1.2　能力目标

(1)明礼守时、主动参与教学活动,及时、规范地记录、整理学习笔记。

(2)提升对专业的认同感和增强信息共享意识,具有精益求精、不断提升服务水平的职业精神。

(3)能够辨识并确定财务报表分析中的关键问题,强调"分析"与"综合"的结合,提高分析解决实际问题的能力。

(4)能够辨识商业行为与决策的合规性,辨识财务报表分析是一个分析研究过程,而非计算过程,针对特定企业、特定目的的分析程序要由分析者根据具体目的和可以收集到的资料来建立。

(5)具有财务报表分析过程要求的沟通与团队合作能力。

1.2 用户需求

企业财务报表通过对企业某一特定日期的财务状况(我们可以将企业的财务状况简单地理解为企业从货币角度表现出来的基本存在状态)以及一定时期的经营成果(这里的经营成果既包括利润也包括现金流量等)的具体列报,全面揭示企业各项经济活动的过程及其经济后果。由于企业财务报表反映的内容专业性强、概括性高,如不运用专门方法对其加以系统分析,就难以对企业财务状况的整体做出较为科学的评价与判断。因此,企业财务报表分析的重要功能就是对财务报表的数据进行进一步加工、整理和分析,更加清晰、完整地展示企业的财务状况。对企业财务报表进行分析,需要融合会计学、财务管理学、企业管理学、金融学和行为科学等多门学科的理论与实践经验。站在不同视角,分析者对同一家企业财务状况的评价结论可能仁者见仁、智者见智。因此,财务报表分析既是一门科学,也是一门艺术。一位优秀的财务分析师不但能洞悉企业所提供的财务数字背后蕴藏的企业经营状况,评价其偿债能力、盈利能力与营运能力,还能通过财务报表分析,对企业的战略制定与实施、经营管理质量、行业竞争力、风险与价值等诸多方面做出进一步的判断,并对企业的发展前景进行有效预测。

财务管理人员在工作场景中需要掌管财务账和管理账,帮助公司做好科学决策,实现财务管控智能化,提高效率,进行资金管理,完成预算,促进公司发展等。其中做好企业的财务质量分析工作是财务工作的重中之重,要从这四个方面入手:①资产质量;②资本结构质量;③利润质量;④现金流量质量。

企业需要财务管理人员做好上述几项分析任务,这就要求财务管理人员以最经济有效的方式提供高质量信息、优化专业服务和完善业务控制机制以满足支持和配合公司业务发展的需要。企业的运营目标是使企业价值最大化。财务管理人员需要深入了解公司资产、负债、所有者权益,以及业务、流程、人员等各个方面的情况,以财务会计报表及相关资料为依据,采用专门的分析方法,对企业的财务状况、经营成果和现金流量进行综合分析评价。财务分析人员需要根据报表使用者的需要,以企业财务报告为主要依据,结合企业内部、外部及其他相关信息资料,运用一系列分析技术和方法,对企业组织财务活动与处理财务关系的过程与结果进行分析研究和评价评估,并向报表使用者提供财务分析报告。

通过财务报表分析,企业经营者可以确认企业的偿债能力、营运能力、盈利能力和现金流量等状况,合理地评价自己的经营业绩,并促进管理水平的提高。

财务报表分析除帮助企业经营者解决这些问题外,也为其他报表利益相关者,包括投资人、债权人及国家行政相关部门等解决对财务报表分析的需求。

（1）财务报表分析能合理评价企业经营者的经营业绩。不仅仅是报表使用者需要进行财务报表分析，企业经营者在编制完财务报表后，也一定会先于报表使用者进行财务报表分析。这就好比餐厅经营者在报告餐厅的财务状况前，一定会做一个权衡。例如：企业经营者将自身信息上报前，会先回顾这段时间企业赚钱了没有，欠的债是不是太高了，利息还清没有；再分析在下一步的经营中，企业资金能不能周转，需不需要再投资。

（2）财务报表分析是企业经营者实现理财目标的重要手段。企业生存和发展的根本目的是实现企业价值最大化，企业经营者通过财务报表分析，能够了解企业的财务状况、经营成果和现金流量情况，以此衡量计划或预算的完成情况，总结企业的经营业绩和存在的问题，评价经济效益，从而促进自身目标的实现。

（3）财务报表分析能为报表使用者做出决策提供有效的依据。财务报表分析能帮助报表使用者正确评价企业的过去，全面了解企业现状，并有效地预测企业未来的发展前景，这就为其做出决策提供了有效的依据。

企业投资者或者潜在投资者是企业财务报表的使用者之一，他们通过对企业财务报表的分析，可以了解企业的获利能力、营运能力和发展能力，从而进一步确认自己投资的收益水平和风险程度，从而进行投资决策。

企业债权人也是财务报表的使用者之一，他们通过对企业财务报表进行分析，可以了解企业的偿债能力、现金流量，从而确认自己债权的风险程度，并决定是否马上收回债权或要求企业提供担保等。

企业的供应商也是财务报表的使用者之一，他们通过对企业财务报表的分析，可以了解企业的营运能力、偿债能力，从而确认是否要与企业长期合作。

（4）财务报表分析能为国家行政部门制定宏观政策提供依据。国家作为市场经济的调控者，通过对统计部门核算出的整个国民经济的财务数据进行分析后，可以有效地了解目前经济的发展趋势和存在的不足，从而有针对性地调整税收政策和货币政策等，以促进整个国民经济的平稳发展。

1.3　需求分析

本项目介绍财务报表分析的理论基础，回答谁分析、分析什么、为什么分析、如何分析等基本问题。财务报表使用者需要了解财务信息需求的产生及财务报表分析的起源与演进过程；了解财务报表分析及其在企业决策中的重要性；了解财务报表分析的主要内容、主要原则、使用资料的范围；掌握财务报表分析的一般步骤；掌握财务报表分析有哪些需求者，以及他们分别需要哪些信息；掌握财务报告的基本内容和相关概念；重点掌握财务报表分析的方法。

1.4 知识准备

1.4.1 财务报表分析的历史演进

1. 财务信息需求的产生——早期财务报表的演进

世界上最古老的商业记录可追溯到5 000多年前。早期业主本人就是簿记员，他不需要向任何人报告。之后，庄园主为确认管家是否真正履行管家的责任，便委托有专业知识的人士对管家所提交的"受责与免责报告"进行审查。从此以后，财务报表便以某种形式或方式满足会计个体记录交易、连续反映财务状况和业绩的需要。

复式记账产生前，簿记主要反映的是资产而非利润，会计记账不是为了会计个体，而是为了反映财产经管人管理的资产。当时簿记方法既不利于历史数据的累积，也不涉及未来经济资源的流入，现代意义上的决定收益的动机更不存在。1494年，意大利数学家卢卡·帕乔利的著作《算术、几何、比及比例概要》问世，该书系统介绍了当时的威尼斯复式记账法，为复式簿记在全世界推广奠定了基础。1586年，修道士唐·安杰洛·彼得拉出版了第一本阐述"非营利组织会计"的著作，第一个提出为审查修道院的会计，最好单独编制财务报表，并对报表进行审核。1633年，修道士卢多维科·佛罗里也出版了一本阐述"修道院会计"的著作。他发展了彼得拉关于会计报表的思想，强调了财务报表的重要性，主张使用试算表。15世纪末以后，试算表被广泛采用，它被认为是财务报表演进历程中第一个发展阶段的标志物。

余额账户的出现标志着财务报表进入第二个发展阶段。它是一种罗列全部总账借方和贷方余额的汇总表，利用该表可验证总账结转的正确性，还可简单地将汇总资产和权益余额计入新的总账。余额账户使人们对实账户和虚账户的相互关系有了进一步的认识。1546年就有学者提出先通过余额账户计算资产负债差额，再加上期初资本，便可求出盈利。当时，余额账户与损益账户一样，主要为清算和转账使用。在中世纪的意大利和德国，当局为征收财产税，要求编制财务报表。1673年的《法国商法典》也要求商人编制财务报表，以便在商人破产时法院可利用财务报表进行必要的司法处理。在这种环境下，会计的余额账户演变成早期的财务状况表，也称资产负债表。

17世纪，西方出现了股份公司，于是与其有利害关系的各种人强烈要求公司编制资产负债表。当时的资产负债表大多为六栏式，后来又增加了损益栏，在该栏中通过盘存计算，可以修正账簿的数据并编制损益计算表。这种笨拙的多栏式资产负债表不久就消失了，取而代之的是只反映计算最终结果而不反映其过程的账户式和报告式的资产负债表。在这一时期，人们十分关注资产和资本，不太重视费用和收益，盈利是根据资产负债表本期纯资产与上期纯资产的增加额计算得出的，因此资产负债表是当时唯一的财务报表。

18世纪60年代，英国开始了工业革命。在这种背景下，18世纪后期的财务报表是为了满足企业工商活动的需要而建立的，其目的不仅仅是辅助管理者，还是向投资者报告其决策所需要的事项。现代财务报表的形式可以说主要是以19世纪的英国经验为基础建立起来的。1844年，英国颁布法律要求公司向股东公布经过审查的资产负债表；1856年，英国在法律中进一步规定了资产负债表的标准格式。

1900 年,英国要求企业对外提供经过审定的资产负债表。允许创办股份公司在当时被认为是一种特权,其回报条件是股份公司承担特定的公共责任。在这种情况下,英国首先倡导制定保护投资者的法案。由于英国古典经济学家们将资本划分为流动资本和固定资本两部分,立法者根据这种思想将流动资产和流动负债与固定资产和固定负债区分开来。当时资产负债表的标准格式是将资产列在右侧,权益列在左侧,并将永久性资本列在最上端,这与现在的资产负债表的格式正好相反。但这种格式将有关资产负债表科目汇集起来,并将资产和权益分别列在对应的两侧,不再是总账余额的简单罗列,而是有分析地对资料加以排列,因此,在当时这是对资产负债表的一种改进。

19 世纪,美国与英国一样也主要使用资产负债表。当时,美国的股份公司大多是小型的,其资本主要依靠银行的短期贷款筹集,而不是通过发行股票获得的,因此资产负债表使用的对象主要是商业银行。当时银行家的传统想法是,债务人的偿还贷款能力与其存货变现能力相关,而与其收益能力无关。由于银行重视资产流动性,不重视盈利性,故要求资产负债表中流动资产和流动负债排列在最前面。资产负债表仿效总账余额的格式,资产列于左侧,权益列于右侧。但是,由于当时还没有关于报表的法律规范,因此银行不信任这些无标准、无质量控制的由成堆财务数字罗列组成的报表。在整个 19 世纪,商业银行贷款完全依赖贷款人的名声,企业有充足的财力和好名声便可获得贷款,银行不查看企业资产和负债情况。

随着编制财务报表成为簿记的主要目的,总账数据也更接近当时资产的市值。期间报告的必要性使得资产计价开始成为人们关注的重要问题,人们开始对存货计价和固定资产百分率折旧方法有了兴趣。从亚当·斯密及其他古典经济学家的时代开始,就有利润从商品实际交换中产生的概念,但是收入的实现仍然没有成为一项会计原则。当时,人们对资产价值转化为费用和费用与收入的配比缺乏深刻理解。大多数企业不区分固定资产与流动资产、资本支出与收益支出,仍将损益视作资产价值变动的结果。之后,随着财务报表重要性的日益增强,使用者要求报表资料具有一致性和可比性,并要求其按历史成本计价和改革收益计量。于是,销售时确认收入、完善收益计量和报告财务成果等方面问题的争论,开始变得激烈起来。

2. 财务信息需求的扩展——近代会计的产生

19 世纪,人们公认股利的支付不能超过企业累积的利润,因此正确计算可向股东分配的年度收益便成为会计的主要任务。但当时收益计量的关键往往是资产计价,而非成本与收入的配比,会计的目的是真实、清楚地反映资产负债表上资本保持的完整性和实现的利润。1913 年,美国宪法第十六条修正案通过,它要求企业必须保持完备的财务记录,以便国家征税。这被视作美国企业史上的革命性事件,也是当时企业界中最不受欢迎的事件。从那时起,美国国会被赋予“对各种来源的收入征税”的权力。于是,美国税法的每一次制定都会引起会计问题的热烈讨论。可以说,税收是促进会计重心由资产计价转向收益计量的主要动力。现在会计师采用的确定收益实现的准则,有许多都产生于美国 1913—1920 年法院判决的税务案例。

1913 年,美国财政部规定,销售和应收账款的存在足以证明收益的实现。根据法院的判决，资产在变现前应以历史成本列账；收益与资本是完全不同的；纳税人收取货款的权利应与测定已获收益时的收入相等，税务部门可向那些未收回现金的利润征收所得税。在之后的税务案件判决中，法院裁定销售固定资产的收益与营业收益一样，应纳所得税，这样，纳税人的持产利得也开始需要缴纳资本利得税。1916 年的《收入法》允许采用应计制记账的纳税人运用同样办法编制纳税申报单，这改善了企业的收益计量。1918 年的《税收法》特别许可企业使用应计制。1921 年的《收入法》则第一次规定了资本收益优先处理的方法，明确了收入与资本的界限。

根据测算应纳税所得的具体处理方法和法庭的判决，当时人们萌生了收益应发生在收益实现之前的想法。既然以销售时间作为衡量收益实现的标准是最客观的，这一时间也应是企业收入确认的时间。这就导致了新的收入确认、费用配比和收益计量方法的产生，从而改变了以前通过年终盘存资产以年末与年初差额确定收益的做法。这种重要变化在 20 世纪 30 年代早期已基本完成，其结果是使得会计确认计量的重心由资产计价向收益计量转移，财务报告的重点也由资产负债表转向财务成果表。财务成果表开始逐渐被认为是企业最重要的财务报表，它亦称损益表、利润表或经营表。

3. 财务信息需求的飞涨——现代财务报告体系的形成

1)流动资金报表—— “第三表”的产生

企业的资产负债表和利润表是根据应计制确认基础、按公认会计原则进行编制的。它们报告的是企业“应该”具有的财务状况和“账面”财务成果。除此以外，为有利于财务资金的管理，企业自身需要编制流动资金报表。早期流动资金报表主要用于企业的内部管理。当时流动资金报表形式各异，没有统一的编制标准，反映的是现金、手持股票、银行存款和流动资产的变动情况。1903 年，美国至少已有汇总现金变动计算书、汇总流动资产计算书、汇总运转资本计算书和汇总财务活动报告书等四种资金报表形式，这些资金报表的形式和内容都不统一。早期资金报表反映的仅仅是资金流量的变动情况，并不反映流动资金的变动原因。

1910—1920 年，美国著名会计学者斐内积极倡导反映营运资金变动原因和结果的资金表。因而，这一期间企业主要以营运资金为基础编制资金报表。营运资金是流动资产与流动负债的差额，表明企业在一年内可以变现的净流动资产。斐内将资金报表划分为提供资金和运用资金两个部分。他通过揭示营运资本变化的原因，阐述其资金计算表。该表在形式和内容上与现代资金报表的计算表有不少相似之处。在 1921 年的美国注册会计师考试时，他对资金报表编制问题的解答是独具特色的。斐内的“作品”加快了以报告资产流动性为重点的资金报表的发展。

1929 年，美国股市大崩盘，其后美国经济大萧条，这些事件促使了美国证券交易委员会(SEC)的成立，接着美国会计原则委员会(APB)成立。历史教训让报表使用者意识到，不仅需要应计制确认基础的资产负债表与利润表报告的企业财务信息，而且需要现金制确认基础的流动资金报表报告的流动资金变动原因和结果信息。这有利于他们判断企业的财务状况、财务成果和流动资金的支付能力，并据此做出各种决策。

1963 年， APB 发表“第 3 号意见书”，建议企业在编制资产负债表和利润表的同时，编制资金流量表。资金流量表在当时被称为“资金来源和运用表”。1971 年， APB 又发表“第

19 号意见书”，指出财务报表应包括资产负债表和利润表，概括反映利润表编报期间的企业财务状况变动情况的资金表也需要编报，该资金表命名为“财务状况变动表”。1973 年，美国注册会计师协会所属研究小组发表《关于财务报表目的的报告》，指出财务报表的目的之一是为投资者和信贷者提供有用的会计信息，以便预测、比较和评估他们所期望的未来现金流量的数额、时间及其相关不确定因素。该报告首次提出企业现金流量信息的重要性。1987 年，美国财务会计准则委员会（FASB）① 以第 95 号财务会计准则（FAS95）“现金流量表”准则正式取代了 APB“第 19 号意见书”，并规定该准则于 1988 年生效。从此以后，流动资金报表开始有了一个相对统一、规范的报告标准。

1989 年，国际会计准则理事会的前身国际会计准则委员会（IASC）发表“现金流量表”准则（IAS7），以取代原“财务状况变动表”准则。1992 年，IASC 对其进行修订，并定于 1994 年 1 月 1 日起生效。英国在 1991 年发表“现金流量表”准则（FRS1），1996 年对其进行了修订。澳大利亚在 1991 年 12 月发表了第 1026 号会计准则“现金流量表”准则。我国于 1993 年 7 月 1 日起实施“企业会计准则”，要求企业编制以营运资金为基础的财务状况变动表；1998 年 3 月颁布了《企业会计准则——现金流量表》，并于 1999 年 1 月 1 日起在全国实施；财政部于 2001 年 1 月 18 日对原“现金流量表”准则进行了修订。

2）现代企业财务报告体系

现代财务报告的发展经历了 100 多年的演进，这也是一个人们对会计本质逐步认识的过程。本质如同真理，只能无限接近，却难以穷尽。在早期各时代，财务报表分别以某使用者或集团作为唯一使用者以满足其要求。使用者或集团不要求财务报表遵循所谓“公认”的但定义却含糊的会计原则，而且通常并不期待会计师正确地计价资产和计量收益。在资产负债表是唯一报表的情况下，会计报表只是经常揭示各种资产和权益项目的记录，而不对它们进行现行价值的反映。随着社会经济和技术的发展，出现了第二张主要报表——利润表，会计重心由资产记录转移至利润计量，当时的会计本质可以说是费用与收入的配比过程。不久，又出现了第三张报表——现金流量表。这样，早期的会计分类账就演变成了今天的现代企业财务报告体系。

现代企业财务报告体系包括基本财务报表、附表和附注。其中，基本财务报表包括资产负债表、利润表和现金流量表。现金流量表与另两张报表有以下两个主要不同之处。一是资产负债表是反映企业在编表日这一天的全部财务资金状况的静态报表，利润表是反映企业在一定期间的经营成果的动态报表，而现金流量表是反映企业在一定期间的流动资金变动原因和结果的动态报表。二是资产负债表和利润表均是在应计制基础上编制的财务报表，它们报告的是企业在公认会计标准下“应该”具有的财务状况和财务成果。但“应该”具有的财务状况和“账面”的财务成果，并不等于企业真正具有这样现金流量水平的偿债和股利支付能力。而现金流量表是在现金制基础上编制的财务报表，它报告的是企业的现金流量信息，反映了企业经营活动、投资活动和筹资活动的现金流量变动原因和变动结果。这样，“第三表”就弥补了另两张报表披露信息的不足。

---

① 美国财务会计准则委员会（Financial Accounting Standards Board，FASB）成立于 1973 年，它的成立取代了前文提到的美国会计原则委员会（Accounting Principles Board，APB）。APB 是依附于美国注册会计师协会的组织，而 FASB 是一个独立于美国注册会计师协会和其他任何利益集团的民间职业组织。

我国会计准则要求的基本财务报表附表主要有利润表、所有者权益变动表(股东权益变动表)等。财务报表附注应提供关于会计报表的编制基础和企业针对重要经济业务采用的会计政策和会计估计的说明,对会计报表中重要项目的进一步解释,以及未在会计报表中列示但国家统一的会计制度要求披露或有助于准确、完整地理解会计报表的信息等。

财务报表分析产生于资产负债表分析,形成于美国20世纪初的信用分析。财务报表分析方法是在财务报表分析目标的不断变化中发展起来的。现代财务报表分析体系是一个多目标的分析体系,动态地看,从起初的对资产负债表状况的信用分析和一般投资分析到重视利润表的盈利能力分析,从资产负债表、利润表和现金流量表相结合的全面系统的筹资分析、投资分析、内部经营管理分析到企业价值评估、证券分析、并购与重组分析等,财务报表分析不断扩大分析的目标和内容。有趣的是,财务报表分析源于对资产负债表基本状况的一般了解,然而随着资本市场的发展和"现金流量""公允价值"等概念的日益重要,如今财务报表分析的重点和难点又回归到了资产和负债,只不过要解决的是定价问题,如资产定价、企业价值评估等。

好的分析源于好的理解,好的理解是建立在有助于分析者理解问题和组织思维的概念框架之上的。如今,财务报表分析的方法各式各样,分析的目标也不尽相同,通过回顾财务报表分析的历史可以帮助我们理解其概念框架,了解它是如何走到现在的,并指导我们更加有效地利用信息。

1.4.2 财务报表分析的主体和客体

1. 财务报表分析的主体

财务报表的使用者有许多不同的主体,包括债权人、投资人、经理人员、政府机构有关人员、其他与企业有利益关系的人士(如客户、供应商、企业员工)。如表1-1所示,他们采用不同的分析程序、出于不同目的分析财务报表。

1)债权人对财务报表数据的关注点

债权人是指借款给企业并得到企业还款承诺的人,包括贷款银行、融资租赁出租方等,可以分为短期债权人和长期债权人。企业与债权人之间是债权资金的取得与本息偿还的关系。债权人为了确保得到本金和利息,一般非常关注企业的偿债能力和支付能力。他们进行财务报表分析是为了获得以下几方面的问题的答案。

①企业的短期偿债能力和长期偿债能力如何?对以前的长短期借款是否按期偿还?

②企业用来偿还债务本息的资产是否充足?流动资产的质量和固定资产的价值如何?

③企业获得现金收入和现金支出情况如何?是否有充足的现金结余来偿付债务?

④企业的获利能力如何?持续盈利能力是否较强?为什么需要额外筹集资金?

2)投资人对财务报表数据的关注点

投资人是指公司的权益投资人即普通股东。普通股东给公司投资的目的是增加自己的财富。企业与投资人之间是利益共享、风险共担的关系。投资人拥有企业的收益权和剩余财产分配权。投资收益权只有在企业分红时才能实现,剩余财产分配权只有在企业破产清算时才能实现。投资人进行财务报表分析,是为了获得下几方面的问题的答案。

①公司当前和长期的收益水平如何?投资回报率是否足够高?是否需要追加投资以及

公司收益是否容易受重大变动的影响?

②目前的财务状况如何?公司资本结构决定的风险和报酬如何?

③与其他竞争者相比,公司的盈利能力和发展潜力处于何种水平?

④企业的利润分配政策如何?

3)经理人员对财务报表数据的关注点

经理人员是指被所有者聘用的、对公司资产和负债进行管理的个人组成的团体,有时称为“管理当局”。经理人员关心公司的财务状况、盈利能力和持续发展的能力。经理人员可以获取外部使用者无法得到的内部信息,完善财务报表,以便进一步优化经营管理。由于企业的经营活动涉及面广,因此他们所需要的信息往往是综合的信息,包括企业的盈利能力、成长潜力、财务实力、现金周转情况等。这些信息可以为其融资、投资及经营等提供决策依据。

4)政府机构有关人员对财务报表数据的关注点

政府机构主要包括工商、财政、税务、审计等部门。他们出于履行政府社会职能的需要,如进行宏观经济决策、征税、考核、评价,对财务报表信息产生需求。当然,财务信息并非政府在做出上述决策时所使用的唯一的信息。例如,政府在决定是否给一些面临财务困境的企业提供担保贷款或减免税收时,就业和社会安定问题可能是更为关键的因素。

5)客户和供应商对财务报表数据的关注点

企业与其客户之间的关系可能采取法律义务的方式(如产品质量保证、服务承诺等)加以规定,但公司是否有实际能力履行这些保证或承诺,则依赖于自身的经营状况。企业的供应商与企业之间的关系是采购与支付的关系,供应商能否及时且足额地收到货款,取决于公司的财务状况。企业的客户关心的是企业连续提供商品和劳务的能力,这同样取决于企业的经营状况。因此,财务信息就成了企业客户和供应商的一个重要的信息来源,他们可以根据财务信息来推断公司的财务状况,从而做出相应的决策。

6)企业员工对财务报表数据的关注点

企业员工之所以有着对财务报表信息的需求,往往缘于多种动机。首先,员工的基本利益,如基本薪酬,本身立足于企业的经营效益;其次,员工工作岗位的稳定性、工作环境的安全性,也都与企业的经营状况相关;最后,员工的奖励计划往往与企业的预期收益密切挂钩。因此,员工与企业之间在多个方面都存在着紧密的联系。员工更关心企业的获利能力和可持续发展能力。

表 1-1　不同主体分析财务报表的目的

主体	目的
债权人(企业借款的银行及金融部门,购买企业债券的单位与个人)	一是评估对企业的借款和其他债权能否及时、足额收回——偿债能力;二是评估收益状况与风险是否相适应——盈利能力
投资人(企业的所有者和潜在的投资者)	资本保值和增值——盈利能力、权益结构、支付能力、营运状况、发展前景、经营业绩等
经营者(企业的经理,各分厂、部门、车间的管理人员)	进行综合性和多方面分析,包括盈利能力、资产结构分析、营运状况、效率分析、经营风险、财务风险分析、支付能力与偿债能力分析等

续表

主体	目的
政府有关部门(工商、财政、税务及审计等部门)	掌握国家资源配置和运用情况,为决策提供依据(一是监督检查各项经济政策、法规、制度在企业的执行情况;二是保证企业财务信息和财务报表的真实性、准确性,为宏观决策提供可靠信息)
业务关联单位(材料供应商、产品购买者)	了解企业在商业上和财务上的信用状况
企业内部职工	了解就业机会及其稳定性、劳动报酬、职工福利等

2. 财务报表分析的客体

财务报表分析的客体是企业的各项基本活动。财务分析的对象主要包括企业的财务状况和经营成果。企业的财务状况主要包括企业的资金使用、分配、调度管理的现状,是企业资金在时间上和数量上相互协调情况的描述和反映。企业的经营成果是企业生产、供应和销售各环节经营活动的成果,揭示企业经营活动的效率或效益。

财务报表分析就是从报表中获取符合报表使用者分析目的的信息,认识企业活动的特点,评价其业绩,发现其问题。企业的基本活动分为筹资活动、投资活动和经营活动三类。

①筹资活动是指筹集企业投资和经营所需要的资金,包括发行股票和债券、取得借款、利用内部积累资金等。

②投资活动是指将所筹集到的资金分配于资产项目,包括购置各种长期资产和流动资产。投资是企业基本活动中最重要的部分。

③经营活动是在必要的筹资和投资前提下,运用资产赚取收益的活动,它至少包括研究与开发、采购、生产、销售和人力资源管理五项活动。经营活动是企业收益的主要来源。

企业的三类基本活动是相互联系的,在业绩评价时不应把它们割裂开来。财务报表分析的起点是阅读财务报表,终点是做出某种判断(包括评价和找出问题),中间的财务报表分析过程,由比较、分类、类比、归纳、演绎、分析和综合等认识事物的步骤和方法组成。其中分析和综合是两种最基本的逻辑思维方法。因此,财务报表分析的过程也可以说是分析与综合的统一。

1.4.3 财务报表分析的目标

财务报表分析是以企业基本活动为对象、以财务报表为主要信息来源、以分析和综合为主要方法的系统认识企业的过程,其目的是了解过去、评价现在和预测未来,以帮助报表使用者做出决策。

财务分析的根本目的就是充分利用会计报表及其分析所揭示的信息,作为决策的依据。概括起来就是:了解企业以前、现在和未来的发展状况;准确分析企业目前存在的困难;采取有效的措施解决企业所面临的难题;预测经营决策将会给企业带来何种财务上的影响。不同的报表使用者进行分析的具体目的和侧重点有所不同。

(1)了解公司的获利能力。公司利润的高低、利润额增长速度的快慢是公司有无活力、管理效能优劣的标志。作为投资者,购买股票时,当然首先选择利润丰厚的公司进行投资。

所以,分析财务报表,先要着重分析公司当期投入资本的收益性。

(2)分析公司的偿还能力。具体从两个方面进行分析:一是分析其短期偿债能力,看其有无能力偿还到期债务,这一点须从分析、检查公司资金流动状况来判断;二是分析其长期偿债能力,这一点是通过分析财务报表中不同权益项目之间的关系、权益与收益之间的关系、权益与资产之间的关系来进行检测的。

(3)洞察公司扩展经营的能力。分析公司扩展经营的能力即进行成长性分析,这是投资者选购股票进行长期投资最为关注的重要问题。

(4)了解公司的经营效率。分析公司的经营效率主要是分析财务报表中各项资金周转速度的快慢,以检测发行股票的公司各项资金的利用效果和经营效率。

从企业的重要主体角度来讲,他们对企业财务报表分析有自己的重要目的。

(1)为宏观经济决策提供依据。建立企业财务评价体系不仅是企业微观管理的需要,也是财政宏观管理的需要。对于政府及其有关部门而言,政府及有关部门正确的经济决策,建立在把握宏观经济运行情况的基础之上。微观经济运行正是宏观经济运行的基础,对企业财务的评价与分析,真实地反映了微观经济的运行状况,从而为政府及其有关部门的科学的经济决策提供保证。

(2)使投资者对企业的经营状况有较全面的了解。企业投资者根据财务评价的结果能较全面和系统地了解企业经营情况,同时根据财政部门的财务评价结果,建立对经营者的激励与约束机制。主管财政部门的财务评价结果还为企业潜在的投资者提供了进行合理投资的依据,有利于社会资源的有效配置。

(3)为债权人的贷款决策提供全面的信息。债权人最关心的问题是企业按时还本付息的能力,企业的财务信息恰恰反映了企业的偿债能力和经营情况。通过主管财政部门对企业财务的评价结果,债权人可以清晰地了解企业的经营情况、还本付息的能力和企业的信用水平,为债权人贷款的决策提供充分的信息,有利于债权人降低信用风险,避免造成较大的损失。

1.4.4　财务报告的概述

与财务报表有关的概念还有财务报告。一般认为财务报表是指用货币形式表现企业一定时期财务状况、经营成果和现金流量的书面文件,通常包括资产负债表、利润表、现金流量表和所有者权益变动表等。本书的财务报表分析所涉及的内容较为广泛,与通常所说的企业财务报告一致。财务报告是指企业对外提供的反映企业某一特定日期的财务状况和某一会计期间的经营成果、现金流量等会计信息的文件。财务报告包括基本财务报表和其他应当在财务报告中披露的相关信息和资料,如报表附注、审计报告等,以便读者理解和掌握财务报表分析的内容。

本节对财务报告中的相关概念和内容加以简要介绍。

1. 基本财务报表

1)资产负债表

资产负债表是企业的基本财务报表之一,它反映企业在某一特定日期(如月末、季末、年末)的全部资产、负债和所有者权益的情况,是企业经营活动的静态体现。它是根据“资产=负债+所有者权益”这一会计等式,依照一定的分类标准和一定的次序,将某一特定日期的资产、负债、所有者权益的具体项目加以适当排列编制而成的。它表明企业在某一特定日期所拥有或控制的经济资源、所承担的现时义务和企业所有者对净资产的要求权(即剩余权益)。

2)利润表

利润表也是企业的基本财务报表之一,它反映企业一定会计期间(如月度、季度、半年度或年度)的经营成果,是企业经营活动的动态体现,企业一定会计期间的经营成果既可能表现为盈利,也可能表现为亏损,因此利润表也称损益表。它全面揭示了企业在某一特定时期实现的各种收入,发生的各种费用、成本或支出,以及企业实现的利润或发生的亏损情况。利润表是根据“收入-费用=利润”这一基本关系编制的,其具体内容取决于收入、费用、利润等会计要素及其内容。利润表项目是收入、费用和利润等要素内容的具体体现。

3)现金流量表

现金流量表是反映企业一定时期(如月度、季度、半年度或年度)内经营活动、投资活动和筹资活动对其现金所产生的影响的财务报表。现金流量表详细描述了企业在一定会计期间分别由经营活动、投资活动与筹资活动所产生的现金流入与现金流出的具体情况。

需要说明的是,现金流量表中的“现金”指的是货币资金(包括库存现金、银行存款、其他货币资金等)和现金等价物(一般指企业持有的期限短、流动性强、易于转换为已知金额现金、价值变动风险很小的投资)。

4)所有者权益变动表

所有者权益变动表,又称为股东权益变动表,是反映构成所有者权益的各个组成部分当期增减变动情况的报表。所有者权益变动表既可以为报表使用者提供所有权益总量增减变动的信息,也能为其提供所有者权益增减变动的结构性信息,特别是能够让报表使用者了解所有者权益增减变动的根源。

上述会计报表中各具体项目的内涵与分析将在后面相关章节中详细介绍。

2. 报表附注

财务报表附注是对资产负债表、利润表、现金流量表和所有者权益变动表等报表中列示项目的文字描述或明细资料以及对未能在这些报表中列示项目的说明等,可以使报表使用者全面了解企业的财务状况、经营成果和现金流量。

1)报表附注的内容

企业的年度会计报表附注至少应披露如下内容,法律、行政法规和国家统一的会计制度另有规定的,从其规定。

(1)不符合会计核算前提的说明。

(2)重要会计政策和会计估计的说明。

(3)重要会计政策和会计估计变更的说明,以及重大会计差错更正的说明,主要包括以下事项。

①会计政策变更的内容和理由;

②会计政策变更的影响数;

③会计政策变更的累积影响数不能合理确定的理由;

④会计估计变更的内容和理由；

⑤会计估计变更的影响数；

⑥会计估计变更的影响数不能合理确定的理由；

⑦重大会计差错的内容；

⑧重大会计差错的更正金额。

（4）或有事项（过去的交易或事项形成的一种状况，其结果须通过未来不确定事项的发生或不发生予以证实）的说明。

①或有负债的类型及其影响，包括：

a. 已贴现商业承兑汇票形成的或有负债；

b. 未决诉讼、仲裁形成的或有负债；

c. 为其他单位提供债务担保形成的或有负债；

d. 其他或有负债（不包括极小可能导致经济利益流出企业的或有负债）；

e. 或有负债预计产生的财务影响（如无法预计，应说明理由）；

f. 或有负债获得补偿的可能性。

②如果或有资产很可能会给企业带来经济利益，则应说明其形成的原因及其产生的财务影响。

（5）资产负债表日后事项的说明。

应说明股票和债券的发行、对一个企业的巨额投资、自然灾害导致的资产损失以及外汇汇率发生较大变动等非调整事项的内容，估计对财务状况、经营成果的影响；如无法做出估计，应说明其原因。

（6）关联方关系及其交易的说明。

①在存在控制关系的情况下，关联方如为企业，不论他们之间有无交易，都应说明如下事项：

a. 企业经济性质或类型、名称、法定代表人、注册地、注册资本及其变化；

b. 企业的主营业务；

c. 所持股份或权益及其变化。

②在企业与关联方发生交易的情况下，企业应说明与关联方关系的性质、交易类型及其交易要素，这些要素一般包括：

a. 交易的金额或相应比例；

b. 未结算项目的金额或相应比例；

c. 定价政策（包括没有金额或只有象征性金额的交易）。

③关联方交易应分别对关联方以及交易类型予以说明，类型相同的关联方交易，在不影响会计报表使用者正确理解的情况下可以合并说明。

④如果关联方交易价格高于或低于一般交易价格，应说明其价格的公允性。

（7）重要资产转让及其出售的说明。

（8）企业合并、分立的说明。

（9）会计报表重要项目的说明。

①应收款项（不包括应收票据，下同）及计提坏账准备的方法。应说明坏账的确认标准

以及坏账准备的计提方法和计提比例，并重点说明如下事项：

a. 本年度全额计提坏账准备或计提坏账准备的比例较大（计提比例为40%或超过40%，下同）的，应单独说明计提的比例及其理由；

b. 以前年度已全额计提坏账准备或计提坏账准备的比例较大的，但在本年度又全额或部分收回的，或通过重组等其他方式收回的，应说明其原因、原估计计提比例的理由和原估计计提比例的合理性；

c. 对某些金额较大的应收款项不计提坏账准备或计提坏账准备的比例较低（计提比例为5%或低于5%）的理由；

d. 本年度实际冲销的应收款项及其理由，其中实际冲销的关联交易产生的应收款项应单独披露。

②存货核算方法。

③投资的核算方法。

④固定资产计价和折旧方法。

⑤无形资产的计价和摊销方法。

⑥长期待摊费用的摊销方法。

（10）收入。

（11）所得税的会计处理方法。

（12）合并会计报表的说明。

（13）有助于理解和分析会计报表需要说明的其他事项。

2）报表附注的重要性

财务报表附注的重要性主要体现在以下几个方面。

（1）提高会计信息的相关性和可靠性。会计信息既要相关又要可靠，相关性和可靠性是会计信息的两个基本质量特征。由于财务会计本身的局限性，相关性和可靠性的选择犹如鱼与熊掌的选择，很多时候都是不可兼得的。但是，财务报表附注披露可以在不降低会计信息可靠性的前提下提高信息的相关性，如或有事项的处理。或有事项由于发生的不确定性而不能直接在财务报表主表中进行确认，但等到完全可靠或基本能够预期的时候，又可能因为及时性的丧失而使信息失去相关性。为此，可以通过在财务报表附注中进行披露，揭示或有事项的类型和影响，以此来提高信息的相关性。

（2）增强不同行业和行业内部不同企业之间信息的可比性。会计信息是由多种因素综合促成的，经济环境的不确定性、不同行业的不同特点以及各个企业前后各期情况的变化，都会降低不同企业之间会计信息的可比性以及企业前后各期会计信息的一贯性。财务报表附注可以通过披露企业的会计政策和会计估计的变更等情况，向投资者传递相关信息，使投资者能够“看透”会计方法的实质，而不被会计方法所误导。

（3）与财务报表主表的不可分割性。财务报表主表与财务报表附注的关系可概括为：主表是根，附注是补充。没有主表的存在，附注就失去了依靠；而没有附注恰当的补充，财务报表主表的功能就难以有效地实现。

3）报表附注的必要性

财务报表附注的必要性主要体现在以下几个方面。

(1)满足使用者更全面地了解企业状况的要求。会计信息应全面充分地反映企业的财务状况、经营成果和现金流量,不得有意忽略或隐瞒重要的财务数据,以免使用者发生误解,这就是所谓的充分披露原则。作为会计信息的使用者,由于外部信息与企业信息的不对称,想要对企业有所了解,就必须依赖于其所提供的各项资料。因此就对披露的充分性提出了较高的要求:从横向来看,只要是反映企业生产经营全貌的信息,不论有利或不利的都应该予以披露;从纵向来看,不应只停留在披露对象的表面,而要深层次地进行揭示。由于成本等多种因素的限制,这些要求财务报表可能无法实现,而通过附注披露信息就显得尤为重要。

(2)基于缓解财务报表信息披露压力的考虑。信息需求者总是希望企业提供尽可能多的信息,以便他们据此做出各项正确决策,这无形中增加了财务报表披露信息的压力。但信息的披露应当是有一定限度的,过多地披露可能会适得其反。这主要基于两点考虑。第一,基于成本效益原则的考虑。只有披露的效益大于成本,企业才有披露信息的动力,过多披露信息一方面势必增加企业的披露成本,另一方面会泄露企业的商业秘密,使企业在竞争中处于劣势,不利于企业的经营运作。第二,基于重要性原则的考虑。重要性是指当一项会计信息不加以说明,即可能使财务报表使用者发生误解,从而足以影响或改变其决策。因此从披露目的出发,只有重要性的信息对需求者来说才是有用的。信息需求者依赖重要性的信息了解企业的财务状况、经营成果等情况,从而为其所用,做出合理判断。而过多地披露信息不仅不会对决策起到积极的作用,反而会影响使用者的理解、判断和掌握,使其无所适从,甚至产生误导作用,造成使用者的利益受损。报表附注将那些不符合成本效益原则和重要性原则的信息收纳其中,缓解了财务报表信息披露的压力,解决了企业和使用者在信息提供和需求之间的矛盾和冲突。

(3)增强财务报告体系的灵活性。财务报表固有的格式、项目和填列方法,使得表内信息并不能完整地反映一个企业的综合素质。而报表附注相对来说比较灵活,可以弥补表内信息存在局限性这一不足,使表内信息更容易理解,更具有相关性。具体说来,财务会计在确认计量上有严格的标准,使得一些与决策相关的信息不能进入财务报表,忽视它们的存在势必影响使用者做出正确的决策。因报表附注尚无统一的规范,财务会计可以借助多种计量手段、计量属性和不同的格式,对那些无法进入表内的信息加以适当地披露,这既有利于完整地反映企业生产经营的全貌,也提高了财务报告体系的总体水平和层次。

(4)满足保持原有报告模式的需要。经济环境的日新月异,使得会计标准的制定往往落后于会计实务的发展,原有的财务报表模式也不免过时。为满足人们决策时对有用信息的需求,就需要不断对财务报表的内容和体系进行相应的变革。这可以依靠新会计制度和会计准则的出台予以重新规范和指导,但这一过程往往费时费力,而且不利于保证财务信息的一贯性和可靠性。因此,借助财务报表附注和其他报告形式,增加表外信息披露,可以在保持原有报告模式的基础上对其进行完善和改进,这已成为人们普遍接受的一种改革方式。

4)报表附注内容的披露顺序

报表附注应当按照如下顺序披露有关内容。

(1)企业的基本情况。

①企业注册地、组织形式和总部地址。

②企业的业务性质和主要经营活动，如企业所处的行业、所提供的主要产品或服务、客户的性质、销售策略、监管环境的性质等。

③母公司以及集团最终母公司的名称。

④财务报告批准报出者和财务报告批准报出日。

（2）财务报表的编制基础。

（3）遵循企业会计准则的声明。

企业应当声明编制的财务报表符合企业会计准则的要求，真实、完整地反映了企业的财务状况、经营成果和现金流量等有关信息。以此明确企业编制财务报表所依据的制度基础。

如果企业编制的财务报表只是部分遵循了企业会计准则，则附注中不得做出这种表述。

（4）重要会计政策和会计估计。

根据财务报表列报准则的规定，企业应当披露采用的重要会计政策和会计估计，不重要的会计政策和会计估计可以不披露。

①重要会计政策的说明。

由于企业经济业务的复杂性和多样化，某些经济业务可以有多种会计处理方法，也即存在不止一种可供选择的会计政策。例如：存货的计价有先进先出法、加权平均法、个别计价法等；固定资产的折旧有平均年限法、工作量法、双倍余额递减法、年数总额法等。企业在发生某项经济业务时，必须从允许的会计处理方法中选择适合本企业特点的会计政策，企业选择不同的会计处理方法，可能会极大地影响到企业的财务状况和经营成果，进而编制出不同的财务报表。为了有助于报表使用者理解，有必要对这些会计政策加以披露。

需要特别指出的是，说明会计政策时还需要披露下列两项内容。

a. 财务报表项目的计量基础。会计计量属性包括历史成本、重置成本、可变现净值、现值和公允价值，这直接显著影响报表使用者的分析。这项披露要求便于使用者了解企业财务报表中的项目是按何种计量基础予以计量的，如存货是按成本还是按可变现净值计量的。

b. 会计政策的确定依据，主要是指企业在运用会计政策过程中所做的对报表中确认的项目金额最具影响的判断。例如：企业如何判断持有的金融资产是持有至到期的投资而不是交易性投资；对于拥有的持股不足50%的关联企业，企业如何判断企业拥有控制权因此将其纳入合并范围；企业如何判断与租赁资产相关的所有风险和报酬已转移给企业，从而符合融资租赁的标准；投资性房地产的判断标准是什么；等等。这些判断对在报表中确认的项目金额具有重要影响。因此，这项披露要求有助于使用者理解企业选择和运用会计政策的背景，增加财务报表的可理解性。

②重要会计估计的说明。

财务报表列报准则强调了对会计估计不确定因素的披露要求，企业应当披露会计估计中所采用的关键假设和不确定因素的确定依据，这些关键假设和不确定因素很可能导致在下一会计期间内要对资产、负债账面价值进行重大调整。

在确定报表中确认资产和负债的账面金额的过程中，企业有时需要在资产负债表日对这些资产和负债的影响加以估计。例如，固定资产可收回金额的计算需要根据其公允价值减去处置费用后的净额与预计未来现金流量的现值两者之间的较高者确定。在计算资产预计未来现金流量的现值时需要对未来现金流量进行预测，并选择适当的折现率，应当在附注中披露未来现金流量预测所采用的假设及其依据、所选择的折现率为什么是合理的等。这些假设的变动对资产和负债项目金额的确定影响很大,有可能导致在下一个会计年度内对相关金额做出重大调整。因此,强调这一披露要求,有助于提高财务报表的可理解性。

(5)会计政策和会计估计变更以及差错更正的说明。

企业应当按照《企业会计准则第28号——会计政策、会计估计变更和差错更正》及其应用指南的规定,披露会计政策和会计估计变更以及差错更正的有关情况。

(6)报表重要项目的说明。

企业应当以文字和数字描述相结合的形式,尽可能以列表形式披露报表重要项目的构成或当期增减变动情况,并且报表重要项目的明细金额合计应当与报表项目金额相衔接。一般应当按照资产负债表、利润表、现金流量表、所有者权益变动表的顺序及其项目列示的顺序披露。

(7)其他需要说明的重要事项。

这主要包括或有和承诺事项、资产负债表日后非调整事项、关联方关系及其交易等,具体的披露要求须遵循相关准则的规定。

3. 审计报告

上市公司年度报告中涉及的审计报告是指审计人员(即注册会计师)根据独立审计准则,在对被审计单位(即上市公司)制订审计计划的基础上,实施必要的审计程序,就被审计事项做出审计结论,提出审计意见和审计建议的书面文件。审计报告是注册会计师在完成审计工作后向委托人提交的最终产品,是注册会计师与财务报表使用者沟通所审计事项的主要手段,它具有法定证明效力,对增加会计信息的可靠性起着至关重要的作用。

审计报告一般包括标题、收件人、范围段、意见段、签章、会计师事务所地址和报告日期等基本内容。注册会计师根据审计结果和被审计单位对有关问题的处理情况,形成不同的审计意见,出具标准无保留意见、保留意见、无法表示意见和否定意见等四种基本类型审计意见的审计报告。

4. 合并财务报表与母公司财务报表

合并财务报表是指反映母公司及其全部子公司所形成的企业集团的整体财务状况、经营成果和现金流量的财务报表。其中,母公司是指有一个或一个以上子公司的企业(或主体,下同);子公司是指被母公司控制的企业。合并财务报表至少应当包括下列组成部分:合并资产负债表、合并利润表、合并现金流量表、合并所有者权益(或股东权益,下同)变动表以及报表附注。合并财务报表应当由母公司负责编制,反映作为经济主体的集团(母公司和子公司)合并的会计信息。母公司财务报表仅仅提供作为法律主体的母公司自身的会计信息。股东和债权人在决策过程中如何恰当利用合并财务报表和母公司财务报表信息,在理论界和实务界一直是一个颇具争议的话题。

尽管人们通常认为,相比母公司财务报表,合并财务报表可以为母公司的股东(特别是控股股东)提供更有用的信息,但是关于公司财务报表是否对合并财务报表具有补充性的作用尚存争议,关于合并财务报表对债权人的有用性问题也没有统一的认识。母公司和子公司的债权人对企业债务的求偿权是针对法律主体而非经济主体的,合并财务报表实际上是母公司和各子公司报表数据的混合,并不能反映每个法律主体的偿债能力。因此,只有当母公司与子公司存在债务交叉担保，或对企业集团进行整体授信时，合并财务报表才能为债权人提供更有用的信息。

由于存在上述争议，一些发达国家对母公司财务报表存在两种制度安排：一种是以合并财务报表取代母公司财务报表，母公司只对外提供合并财务报表，而不提供自身的财务报表，即单一披露制，美国和加拿大等采用此制度；另一种则是要求母公司同时提供合并财务报表和母公司财务报表，即双重披露制，英国、法国、德国和日本等采用此制度。我国目前实行的是双重披露制，中国证券监督管理委员会（以下简称“中国证监会”）要求作为母公司的上市公司同时提供母公司财务报表和合并财务报表。不论各国准则制定机构和相关证券监管机构选择单一披露制还是双重披露制，合并财务报表的作用是不言而喻的，它能提供有关母公司直接或间接控制的经济资源以及整个企业集团的经营成果等方面的综合信息，同时也全面反映了母公司的股东在企业集团中所享有的权益。

5. 年度财务报告与中期财务报告

1）年度财务报告

年度财务报告是指以整个会计年度为基础编制的财务报告。《中华人民共和国公司法》（以下简称《公司法》）第一百六十四条规定，公司应当在每一会计年度终了时编制财务会计报告，并依法经会计师事务所审计。为了规范上市公司年度报告的编制及信息披露行为，保护投资者的合法权益，根据《公司法》和《中华人民共和国证券法》（以下简称《证券法》）等法律法规及中国证监会的有关规定，由中国证监会多次修订的《公开发行证券的公司信息披露内容与格式准则第 2 号——年度报告的内容与格式》对公司年度报告中应披露的信息进行了更详细的规定和说明。同时还明确指出，该准则的规定是对公司年度报告信息披露的最低要求。凡对投资者投资决策有重大影响的信息，不论准则是否有明确规定，公司均应披露。

公司年度报告中的财务报告必须经符合《证券法》规定的会计师事务所审计，审计报告应当由该所至少两名注册会计师签字。公司应在年度报告文本扉页刊登如下（不限于）重要提示：“本公司董事会、监事会及董事、监事、高级管理人员保证本报告内容的真实、准确、完整，不存在虚假记载、误导性陈述或者重大遗漏，并承担个别和连带的法律责任。”如有董事、监事、高级管理人员对年度报告内容的真实性、准确性、完整性无法保证或存在异议，应当声明：“×× 董事（或监事、高级管理人员）无法保证本报告内容的真实性、准确性和完整性，理由是……，请投资者特别关注。”如有董事未出席董事会，应当单独列示其姓名。如执行审计的会计师事务所对公司出具了非标准审计报告，应当特别提示：“×× 会计师事务所为本公司出具了带有强调事项段、持续经营重大不确定性段落、其他信息段落中包含其他信息未更正重大错报说明的无保留意见、保留意见、否定意见、无法表示意见的审计报告，本公司董事会、监事会对相关事项亦有详细说明，请投资者注意阅读。”公司负责人、主管会计工作负责人及会计机构负责人（会计主管人员）应当声明：“保证年度报告中财务报告的真实、准确、完整。”

年度报告正文应包括如下内容：

①重要提示、目录和释义；

②公司简介和主要财务指标；

③管理层讨论与分析；

④公司治理；

⑤环境和社会责任；

⑥重要事项；

⑦股份变动及股东情况；

⑧优先股相关情况；

⑨债券相关情况；

⑩财务报告。

其中，在财务报告部分，公司应披露审计意见全文、经审计的会计报表及其附注。会计报表包括公司报告期末及其前一个年度末的比较式资产负债表、该两年度的比较式利润表和利润分配表（现应改为股东权益变动表）和该年度的现金流量表。编制合并财务报表的公司，除提供合并财务报表之外，还应提供母公司已审计的财务报表以及未予合并的特殊行业子公司的已审计的财务报表。被合并企业的财务报表必须经具有证券期货相关业务资格的会计师事务所审计。财务报表附注是财务报告中不可缺少的一个组成部分，它对比较式报表的两个日期或期间的数据均应做出说明。财务报表附注应当按照企业会计准则和中国证监会发布的相关规定编制。

年度报告应当在每个会计年度结束之日起4个月内完成，并按照中国证监会的有关规定予以披露。

2）中期财务报告

中期财务报告是指以中期为基础编制的财务报告。中期是指短于一个完整的会计年度（自公历1月1日起至12月31日止）的报告期间，它可以是一个月、一个季度或者半年，也可以是其他短于一个会计年度的期间，如1月1日至9月30日等。因此，中期财务报告包括月度财务报告、季度财务报告、半年度财务报告，也包括年初至本中期末的财务报告。

Ⅰ.中期财务报告编制应遵循的原则

（1）遵循与年度财务报告一致的会计政策原则。

（2）遵循重要性原则。

①重要性程度的判断应当以中期财务数据为基础，而不得以预计的年度财务数据为基础。

②重要性原则的运用应当保证中期财务报告包括了与理解企业中期末财务状况和中期经营成果及其现金流量相关的信息。

③重要性程度的判断需要根据具体情况进行具体分析和职业判断。

（3）遵循及时性原则。

Ⅱ.中期合并财务报表和母公司财务报表编制要求

（1）上年度编制合并财务报表的企业，其中期财务报告中也应当编制合并财务报表，而且合并财务报表的合并范围、合并原则、编制方法和合并报表的格式与内容等也应当与上年度合并财务报表一致。但当年新施行的企业会计准则有新规定的除外。

（2）上年度财务报告包括了合并财务报表，但报告中期内处置了所有应纳入合并范围的子公司的，中期财务报告应包括当年子公司处置前的相关财务信息。

（3）企业在报告中期内新增子公司的，在中期末就应当将该子公司财务报表纳入合并财务报表的合并范围。

（4）应当编制合并财务报表的企业，如果在上年度财务报告中除了提供合并财务报表外，还提供了母公司财务报表，那么在其中期财务报告中除了应当提供合并财务报表之外，也应当提供母公司财务报表。

Ⅲ. 比较财务报表编制要求

在中期财务报告中，企业应当提供以下比较财务报表：①中期末的资产负债表和上年度末的资产负债表；②本中期的利润表、年初至本中期末的利润表以及上年度可比期间的利润表（其中上年度可比期间的利润表是指上年度可比中期的利润表和上年度年初至上年度可比中期末的利润表）；③年初至本中期末的现金流量表和上年度年初至上年度可比中期末的现金流量表。

中期财务报告至少应当包括资产负债表、利润表、现金流量表以及报表附注等内容。

（1）资产负债表、利润表、现金流量表和报表附注是中期财务报告应当编制的法定内容，对于其他财务报表或者相关信息，如所有者报表权益变动表等，企业可以根据需要自行决定。

（2）中期资产负债表、利润表和现金流量表的格式和内容，应当与上年度财务报表一致。但如果当年新施行的企业会计准则对财务报表的格式和内容进行了修改，则中期财务报表应当按照修改后的报表格式和内容编制，与此同时，在中期财务报告中提供的上年度比较财务报表的格式和内容也应当进行相应的调整。

（3）中期财务报告中的报表附注相对于年度财务报告中的报表附注而言是适当简化的。中期财务报告中的报表附注的编制应当遵循重要性原则。

中期财务报告应当按照相关规定编制完成并披露。

1.4.5 财务报表分析的主要内容

财务报表分析不同于企业分析、经营分析和经济活动分析等概念。尽管对于不同的报表使用者，财务报表分析的内容会有所不同，但是概括起来，就是企业的财务状况和经营成果。由于会计报表使用者与企业的利害关系不同，因而在进行财务报表分析时有各自的侧重点。总结起来，财务报表分析的主要内容包含资本与资产结构分析、偿债能力分析、盈利能力分析、营运能力分析、发展能力分析和现金流量分析六个部分。

1. 资本与资产结构分析

企业在生产经营过程中使用的资金，其来源应该稳定可靠，这是企业得以长期生存和发展的根本保证。企业从不同的渠道取得所需资金，这些来源渠道从资产负债表上概括起来有三大部分：短期负债、长期负债和所有者权益。所谓资本结构，是指它们各自所占比例为多少，这个比例涉及企业的重大财务决策问题，如企业的融资决策和营运资本融资政策等。就资本结构理论而言，每个企业都有自身的最佳的负债和所有者权益的比例结构。在这一最佳结构下，企业的加权平均总资本成本最小，企业的价值最大。

资产是企业的经济资源。资源要能最大限度地发挥其功能，就必须有一个合理的配置，而资源配置的合理与否，主要是通过资产负债表的各类资产占总资产的比重以及各类资产之间的比例关系，即资产结构分析来反映的。企业有合理的资产结构，是企业有效经营和不断提高盈利能力的基础，是应对财务风险的基本保证。

2. 偿债能力分析

偿债能力是企业对到期债务清偿的能力或现金保证程度。企业在生产经营过程中，为了弥补自身资金不足就要对外举债。

举债经营的前提必须是能够按时偿还本金和利息，否则企业就会陷入困境甚至面临生存危机。

3. 盈利能力分析

盈利能力是企业利用各种经济资源赚取利润的能力。盈利既是企业生产经营的根本目的，又是企业经营成功的重要标志。

它不仅是企业所有者关心的重点，同时也是企业经营管理者和债权人极其关注的问题。

1）盈利主要指标分析

营业成本比率＝营业成本/主营业务收入 ×100%

在同行之间，营业成本比率最具有可比性，原因是原材料消耗大体一致，生产设备及工资支出也较为一致，发生在这一指标上的差异可以说明各公司在资源、区位、技术及劳动生产率等方面的状况。那些营业成本比率较低的同行，往往就存在某种优势，而且这些优势也造成了盈利能力上的差异。相反，那些营业成本比率较高的同行，在盈利能力上不免处于劣势地位。

营业利润率＝营业利润/主营业务收入 ×100%

销售毛利率＝（主营业务收入－主营业务成本）/主营业务收入 ×100%

税前利润率＝利润总额/主营业务收入 ×100%

税后利润率＝净利润/主营业务收入 ×100%

这几个指标都是从某一方面反映企业的获利能力的。

资产收益率＝净利润/[（期初资产总额＋期末资产总额）/2]×100%

资产收益率反映了企业的总资产利用效率，或者说是企业所有资产的获利能力。

净资产收益率＝净利润/净资产 ×100%

净资产收益率又称股东权益收益率，这个指标反映股东投入的资金能产生多少利润。

经常性净资产收益率＝剔除非经常性损益后的净利润/股东权益期末数 ×100%

一般来说资产只能产生“剔除非经常性损益后的净利润”，所以用这个指标来衡量资产状况更加准确。

主营业务利润率＝主营业务利润/主营业务收入 ×100%

一个企业如果要实现可持续性发展，主营业务利润率处于同行业前列并保持稳定十分重要。但是如果该指标异乎寻常地高于同行业的平均水平，那么应该谨慎对待了。

固定资产回报率＝营业利润/固定资产净值 ×100%

总资产回报率＝净利润/总资产期末数 ×100%

经常性总资产回报率＝剔除非经常性损益后的净利润/总资产期末数 ×100%

这几项都是从某一方面衡量资产收益状况的。

2)投资收益分析

市盈率=每股市场价/每股净利润

净资产倍率=每股市场价/每股净资产值

资产倍率=每股市场价/每股资产值

3)利润构成分析

为了让投资者清晰地看到利润表里的利润构成,这里对由股份有限公司会计制度规定必须有的损益项目(含:主营业务收入、其他业务收入、折扣与折让、投资收益、补贴收入、营业外收入、主营业务成本、主营业务税金及附加、其他业务支出、存货跌价损失、营业费用、管理费用、财务费用、营业外支出、所得税、以前年度损益调整)对净利润的比率列一个利润构成表。

4. 营运能力分析

营运能力是企业运用资产进行生产经营的能力。企业的生产经营过程,其实质是资产运用并实现资本增值的过程。资产运用状况直接关系到资本增值的程度和企业的偿债能力。

企业各种资产能否充分有效地使用,主要体现在资产周转速度的快慢和为企业带来收入能力的大小两方面。

5. 发展能力分析

企业的发展能力是企业在生存的基础上,扩大生产经营规模、壮大经济实力的潜在能力。企业的规模和实力,是企业价值的核心内容,表明企业未来潜在的盈利能力。企业可持续发展的能力,既是现实投资者关心的重点,也是潜在投资者和企业员工关注的问题。通过对企业营业收入增长能力、资产增长能力和资本扩张能力的计算分析,可以衡量和评价企业持续稳步发展的能力。

6. 现金流量分析

现金流量分析主要通过对企业现金的流入、流出及净流量的分析,了解企业在一定时期内现金流入的主要来源、现金流出的主要去向、现金净增减的变化和现金紧缺状况,评价企业的经营质量,预测企业未来现金流量的变化趋势,衡量企业未来时期的偿债能力,防范和化解由负债产生的财务风险。

上述六个方面是相互联系的。一个公司偿债能力很差,盈利能力也不会好;盈利能力很差,偿债能力也不会好。提高资产运用效率有利于改善偿债能力和盈利能力。偿债能力和盈利能力下降,必然表现为现金流动状况恶化。

1.4.6 财务报表编制的基本会计假设

企业的会计部门从事财务会计活动、编制财务报表要遵循一定的原则。而会计原则建立在一些基本会计前提(会计教材中更规范地称之为基本会计假设)的基础之上。因此,本节及下节将讨论基本会计假设与一般会计原则。基本会计假设与一般会计原则也是制约企业报表编制的基本假设与一般原则。

一般认为,基本会计假设是指会计机构和会计人员对那些未经确认或无法正面论证的经济业务或会计事项,根据客观的正常情况或变化趋势所做出的合乎情理的判断。

下面我们分别介绍基本会计假设的含义及其对报表编制的影响。

1. 会计主体假设

会计主体假设(accounting entity postulate)的基本含义是,每个企业的经济业务必须与企业的所有者及其他经济组织分开。会计主体假设规定了会计处理的财务报告的空间范围,也限定了企业的会计活动范围。有了会计主体假设,会计处理的经济业务和财务报告才可以按特定的主体来识别。

会计主体假设除了限定企业会计活动的空间范围外,还对会计概念、会计行为、会计法规建设及报表编制等方面有重大影响。比如对会计概念的影响,会计主体假设要求基本的会计概念具有鲜明的会计主体性。例如,会计中的资产概念指的是特定企业可以支配的经济资源。离开了一定的会计主体,就不可能谈论会计概念。这是会计学概念与其他经济学科概念的本质区别。又如对企业会计行为的影响,要求企业会计行为的出发点是企业主体而不是企业以外的立场。按照会计主体假设的要求,企业会计行为只能对企业管理层负责,而不能对企业以外的其他利益集团负责。实际上,《中华人民共和国会计法》(以下简称《会计法》)规定,“单位负责人对本单位的会计工作和会计资料的真实性、完整性负责”,这就是在法规建设中尊重会计活动基本规律和基本要求的体现。再如对报表编制的影响,要求特定会计主体的财务报表只能反映特定主体的财务状况与经营成果等。明确会计主体假设对会计的重要意义,对制定会计政策、评价企业会计行为等具有重要作用。

2. 持续经营假设

持续经营假设(going concern postulate)的基本含义是,企业会计方法的选择应以企业在可预见的未来将以它现时的形式并按既定的目标持续不断地经营下去为假设。通俗地讲,就是企业在可预见的将来不会面临破产、清算。对此,《企业会计准则——基本准则》的表述是:“企业会计确认、计量和报告应当以持续经营为前提。”

在这里,企业在可预见的未来保持持续经营并不意味着企业会永久存在,而是指企业能存在足够长的时间,按其既定的目标开展经营活动,按已有的承诺去偿清债务。

持续经营假设为企业在编制报表时选择会计方法奠定了基础。主要表现在:一是在一般情况下,资产以其取得时的历史成本计价,而不按其立即进入解散、清算状态的现行市价计价;二是对长期资产摊销,如固定资产折旧、无形资产摊销等问题的处理,均以企业在折旧年限或摊销期内会持续经营为假设;三是企业偿债能力的评价与分析也基于企业在会计报告期后仍能持续经营的假设;四是正是由于考虑到持续经营假设,才有了会计上除固定资产折旧与无形资产摊销以外的其他权责发生制方法(如坏账处理的备抵法、销售收入的确认等)。

不仅如此,持续经营假设还要求当传统方法可能危及企业的持续经营时,企业的会计活动能够选择对企业持续经营有利的方法。比如,在市场上存在通货膨胀的条件下,当简单的价值补偿已不能保证实物替换的持续经营时,就需要研究通货膨胀对持续经营的不利影响,并力求通过会计活动予以消除。

3. 会计分期假设

会计分期假设(accounting period postulate)的含义是,企业在持续经营过程中所发生的各种经济业务可以归属于人为划分的各个期间。这种因会计的需要而划分的期间称为会计期间,会计期间通常是按月、季和年来划分的。对此,《企业会计准则——基本准则》的表述是:"企业应当划分会计期间,分期结算账目和编制财务会计报告。"

会计分期假设是持续经营假设的必然结果。由于假设企业会在可预见的将来保持持续经营状态,因此在持续经营的过程中存在何时向与企业有利害关系的各方提供财务报告的问题。在会计实践中,绝不可能等到企业的全部经营活动完结以后才向外界提供财务报告。为了使财务报告的使用者能定期、及时地了解企业的财务状况和经营成果,在会计上应把持续经营的经济活动人为地进行划分,使其归属于各不相同的会计期间,并进行会计处理及财务报告的编制。

以年度划分的会计期间称为会计年度。会计年度既可与日历年度一致,又可与日历年度不一致。

《企业会计准则——基本准则》规定:"会计期间分为年度和中期。中期是指短于一个完整的会计年度的报告期间。"

会计期间的确定,实际上决定了企业对外报送报表的时间间隔以及企业报表所涵盖的时间跨度。从会计信息本身应当反映的经济内容以及报表信息使用者希望了解的内容来看,会计期间的划分应当体现较为完整的生产经营过程。在企业连续、大批、大量生产和经营产品且受季节性影响较小的条件下,会计期间的划分不会对信息披露以及信息使用者分析企业财务状况产生较大影响。但是,在企业季节性生产的条件下,整齐划一地以日历年度为会计年度,有可能因财务信息代表性较差而使企业所披露的部分信息(如资产负债表信息)难以反映企业的财务状况,从而误导信息使用者。会计分期假设除了为企业进行会计处理、计算损益和编制财务报告限定了时间区域,对会计信息质量有重要影响外,对会计的概念也有一定的影响。由于受会计分期假设的影响,许多会计概念具有鲜明的"时期"特性。比如,利润总额、收入、费用等均带有鲜明的时期特性。此外,会计分期假设与持续经营假设一起,构成了权责发生制原则的理论基础。

4. 货币计量假设

货币计量假设(monetary measurement postulate)的基本含义是,会计主体在财务会计确认、计量和报告时均采用货币作为计量单位,反映会计主体生产经营活动价值方面的表现。也就是说,只有能用货币反映的经济活动,才能纳入会计系统。这意味着以下两点。第一,会计所计量和反映的只是企业能用货币计量的方面,某些影响企业财务状况和经营成果的因素,如企业经营战略、研发能力、市场竞争力等,因难以用货币计量而无法反映在会计系统中。然而这些信息对于会计信息使用者来说也很重要,因此企业可以在财务报告中补充披露这些非财务信息。第二,不同实物形态的资产只有用货币作为统一计量单位,才能进行会计处理,揭示企业的财务状况。货币计量假设使得企业对大量复杂的经济业务进行统一汇总和计量成为可能。

1.4.7 财务报表编制的一般会计原则

会计原则是从会计实践中逐渐发展起来的,被公认为公正、妥善和有用的系统化的惯例,是会计人员据以辨认、计量和记录经济业务,提供财务报告的指南。

财政部发布的《企业会计准则——基本准则》对我国企业会计以及报表编制应遵循的

基本会计原则进行了规定。现分述如下。

1. 客观性原则

企业应当以实际发生的交易或者事项为依据进行会计确认、计量和报告，如实反映符合确认和计量要求的各项会计要素及其他相关信息，保证会计信息真实可靠，内容完整。客观性(objectivity)原则有两层含义：一是可验证性；二是会计人员对某些会计事项的估计判断合法、合规、合理。

可验证性是指企业的会计处理应当尽量以实际发生的业务为基础，以取得的业务凭证为依据。这样就能保证企业的会计处理从填制记账凭证、登记账簿到编制会计报表等以可靠的凭证为依据，也能保证会计上的账证、账账、账表和账实之间的相互一致。

在会计实务上，除了能够取得记载业务发生情况的凭证的业务以外，还有一些虽已发生但其金额需要靠会计人员的职业估计和判断才能确定的业务。对这类业务的处理，就很难要求其达到数据准确性。这些业务有：固定资产和无形资产、递延资产的摊销，坏账损失的预先估计，制造费用在完工产品和产成品之间的分摊，或有损失的估计，等等。很明显，这些业务在各个会计期间都会发生，但其金额大小不一，不同的会计人员可能会估计出不同的结果。对此，只能要求会计人员的处理尽量合法、合规、合理，不带主观偏见。美国会计界比较有代表性的见解认为，财务信息客观性的标志是，“如果两个以上有资格的人员查证同样的数据，基本上能得出相同的计量和结论”。

2. 相关性原则

企业所提供的会计信息应当与信息使用者相关，对信息使用者的决策有用。会计的相关性(relevance)原则是会计信息的生命力所在，因为企业会计信息的使用者都希望通过利用会计信息做出更加客观、科学的决策。如果会计信息不能起到这一作用，会计信息乃至会计工作就失去了意义。

企业提供的会计信息应当与财务会计报告使用者的经济决策需要相关，有助于财务会计报告使用者对企业过去、现在或者未来的情况做出评价或者预测。

3. 明晰性原则

企业提供的会计信息应当清晰明了，便于财务会计报告使用者理解和利用。强调明晰性(clarity)原则是由会计核算的目的决定的。会计核算的目的之一是向与企业有关的各个方面提供有用的会计信息，而要做到这一点，就必须要求企业的会计信息能够清晰完整地反映企业经济活动的来龙去脉。如果因为企业提供的会计信息清晰度不高而使信息使用者无法使用，不仅会给信息使用者造成困难，而且对提供信息的企业也是一种损失。

另外，为了保证企业提供的会计信息符合客观性原则的要求，还需要通过特定的方法对会计信息及其产生的过程进行审查和验证。这就要求企业的会计记录准确、清晰，会计凭证和账簿据实填制和登记，账户对应关系清楚，文字摘要属实，手续齐备，程序合理。

4. 可比性原则

企业提供的会计信息应当具有可比性。可比性(comparability)原则具有两个方面的要求。第一，同一企业不同时期发生的相同或者相似的交易或者事项，应当采用一致的会计政策，不得随意变更。确需变更的，应当在附注中说明。第二，不同企业发生的相同或者相似的交易或者事项，应当采用规定的会计政策，确保会计信息口径一致，相互可比。

坚持可比性原则，既可以使企业连续几个会计期间的会计信息对经营决策有使用价值，也可以对不同会计期间的会计报表和会计信息进行纵向分析和对比；还可以防止个别企业或个别人利用会计方法的变动，人为地操纵体现企业财务状况的指标（如成本、利润等）以粉饰企业的财务状况和经营成果。

另外，对于不同企业，特别是同一行业的不同企业，应当采用规定的会计政策，以使不同企业会计报表的编制建立在相同的基础上，从而有利于会计信息使用者进行企业间的分析比较。遵守可比性原则将使企业间的会计信息比较质量大大提高。

5. 实质重于形式原则

企业应当按照交易或者事项的经济实质进行会计确认、计量和报告，不应仅以交易或者事项的法律形式为依据。按照实质重于形式（substance over form）原则，企业在进行会计处理时，对那些经济实质与法律形式不相符的业务或者事项，可以按照经济实质进行处理。如对融资租入的固定资产，承租方在租赁期内应将租赁的固定资产视同自己的固定资产进行处理。

6. 重要性原则

企业提供的会计信息应当反映与企业财务状况、经营成果和现金流量等有关的所有重要交易和事项。重要性（materiality）原则主要表现为：对某些经济业务，因其金额或数量较小，不单独反映对揭示企业的财务状况不致发生重大影响，所以在处理时采取与其他项目合并以突出其他重要性项目的做法。例如：对低值易耗品的会计处理，尽管其受益期将持续若干会计期间，但其金额与固定资产相比较小，因而在实务上多采用简化的方法，如一次摊销法、五五摊销法等；对固定资产则采用比较规范的折旧处理。至于哪些项目可视为重要性项目，应视企业的实际情况而定。

7. 谨慎性原则

谨慎性（prudence）原则又称稳健性原则，是指在对企业不确定的经济业务进行处理时，应持保守态度。具体地说，凡是可以预见的损失和费用均应予以确认。对不确定的收入则不予确认。企业在对交易或者事项进行确认、计量和报告时应当保持应有的谨慎，不应高估资产或者收益，也不应低估负债或者费用。

必须指出的是，谨慎性原则是市场经济条件下企业会计活动必须遵循的一条重要原则，这是因为，在现实经济生活中存在许多不确定性因素。比如：企业只要与其他经济组织和个人发生商品赊销业务，就存在发生坏账损失的可能性；商业企业购入的商品在经营活动中可能存在削价处理损失以及其他一些或有损失；等等。所有这些都可能对企业的财务状况产生影响。对于上述可能发生的费用和损失，如果不进行预先处理，可能导致高估资产和收益、低估费用和损失，从而使企业在财务分配上处于不利的境地，并且影响企业未来的正常经营活动。

目前一般认为，允许企业采用谨慎性原则的方面有：对各种质量下降的资产计提减值准备，对企业进行预计负债的账务处理，对部分固定资产采用加速折旧法，等等。

8. 及时性原则

企业对于已经发生的交易或者事项，应当及时进行确认、计量和报告，不得提前或者延后。及时性（timeliness）原则有两方面的含义：一是在企业的经济活动发生以后，会计人员应对其进行及时的会计处理,将其纳入会计系统;二是在会计期间结束以后,应及时编制财务报告,便于利益相关者了解企业财务状况的最新变化。

及时性原则上述两方面的含义是相互联系的:只有对已发生的经济业务进行及时的会计处理,才有可能在会计期间结束以后迅速编制财务报告;但如果在会计期间结束以后未能及时编制财务报告,即使会计记录做到了及时性,也会使会计信息的价值大打折扣。

1.4.8　会计的确认基础和计量属性

1. 会计的确认基础

在财务会计理论和实务中,会计确认是一个十分重要的环节,它决定了会计核算主体何时将本单位具体的经济业务记录为何种要素,从而实现向企业外部的利益集团提供符合要求的会计信息这一根本目标。目前,无论从财务会计的理论还是实务来看,可选择的会计确认基础一般只有两个,即收付实现制和权责发生制。

1)收付实现制

收付实现制(cash basis)又称现金制,以款项的实收实付时间为入账标准来确认本期收入和费用,即凡是本期收到的收入款项和付出的费用款项,不论是否应该属于本期的收入和费用,均作为本期的收入和费用处理,期末不需要对收入和费用进行任何账项调整。

由于收付实现制是以企业实际收付现金的时间为确认收入和费用的基本标准,因而报表中所体现的企业当期经营成果与期末的现金余额相一致,这样可以使企业的经营成果具有非常高的含金量和可信度。但是在商业信用广泛应用的行业和领域,现金的收付时间往往和企业实际的收入赚取及费用发生的时间不一致,采用收付实现制将导致计入当期的收入和费用相互之间并不存在事实上的因果关系,使得报表中的利润并不反映企业真实的经营业绩,从而使其失去科学性及运用价值。这一致命缺陷导致当今世界范围内没有一个国家在会计上采用这一确认基础。

2)权责发生制

权责发生制(accrual basis)又称应计制,以业务的实际发生时间为入账标准来确认本期收入和费用,即凡是属于本会计期间发生的收入和费用,不论其款项是否收付,均应作为本期的收入和费用处理;凡是不属于本会计期间发生的收入和费用,即使其款项已在本期收取或付出,也不作为本期的收入和费用处理。

在这里,属于本期的收入也称已实现的收入,其确认主要关注实现收入的过程是否完成,并不关注货币的收取情况;只要商品销售的过程完成或收入的赚取过程完成,在会计上就确认收入。一般来说,企业会计上所确认的收入(体现为利润表中引起利润增加的因素)与货币收款情况有三种对应关系:一是在销售活动完结或劳务提供过程完结时立即收取货款(如现销),此时收入的确认引起货币同时增加;二是在销售活动完结或劳务提供过程完结时并不立即收取货款(部分或全部),但取得在未来确定的时间内收取货款的权利(如赊销),此时收入的确认引起债权增加;三是在向顾客提供商品和劳务以前已经收取了货币(如预收款销售),此时收入的确认引起债务减少。

属于本期的费用也称已发生的费用,是指在一定会计期间为产生收入而发生的耗费,在利润表中表现为使利润减少的因素。按照权责发生制原则对费用进行确认,主要关注资源的消耗与实现收入的过程是否相关，并不关注货币的支付情况：只要是为实现收入发生的资源消耗，在会计上就确认为费用。一般来说，企业会计上所确认的费用（体现为利润表中各项费用等）与货币支付情况有三种对应关系：一是在费用发生时立即支付货款（如小额的费用开支），此时费用的确认引起货币同时减少；二是在费用发生时并不立即支付款项（部分或全部），但承担在未来确定的时间内支付款项的义务（如先耗用他人资源，后付款），此时费用的确认引起债务增加；三是在费用发生以前已经对有关资源的取得进行了支付（如先付款购买，后耗用），此时费用的确认引起非货币资产减少。

权责发生制依据持续经营和会计分期两个基本前提来正确划分不同会计期间资产负债、收入、费用等会计要素的归属，并运用诸如应收、应付、预提、待摊等项目来记录由此形成的资产和负债等会计要素。企业的经营活动不是一次而是多次，其损益的记录要分期进行，每期损益的计算理应反映所有属于本期的真实经营业绩，收付实现制显然不能完全做到这一点。与收付实现制相比，权责发生制能更加准确地反映特定会计期间企业实际的财务状况和经营业绩，成为世界范围内普遍采用的会计确认基础。

然而，由于在实务中确认企业业务实际发生的时间往往以企业开发票的时间为标准，而开发票的时间易受人为控制，带有一定的主观性，这便为企业操纵利润提供了相当大的空间和可能性。同时，企业业务发生的时间往往和现金实际收付的时间不一致，导致一个从利润表来看经营很好、效率很高的企业，在资产负债表上却可能因没有足够的现金而陷入财务困境，即通常所说的"有利润没钱"的状况。在金融风险日益加剧的今天，现金为王的观念越来越深入人心，人们甚至认为现金与现金流量比会计利润更重要，因为企业的现金流量状况在很大程度上影响着企业的生存与发展。为满足人们的这一信息需求，可以通过编制以收付实现制为基础的现金流量表来弥补权责发生制的不足。

2. 会计的计量属性

会计计量是为了将符合确认条件的会计要素登记入账并列报于财务报表而确定其金额的过程。企业应当按照规定的会计计量属性进行计量，确定相关金额。计量属性是指所计量的某一要素的特性，如固定资产的数量、原材料的重量、楼房的高度等。从会计的角度看，计量属性反映的是会计要素金额的确定基础。按照《企业会计准则——基本准则》的要求，会计计量属性主要包括以下内容。

1）历史成本

历史成本（historical cost）又称实际成本，就是取得或制造某项财产物资时所实际支付的现金或者其他等价物。在历史成本计量下，资产按照购置时支付的现金或者现金等价物的金额，或者按照购置资产时支付的对价的公允价值计量；负债按照因承担现时义务而实际收到的款项或者资产的金额，或者按照承担现时义务的合同金额，或者按照日常活动中为偿还负债预计需要支付的现金或者现金等价物的金额计量。

采用历史成本原则计价的优越性在于：第一，由于交易价格是由企业与企业外部共同确定的，因而具有一定的客观性；第二，历史成本的确定通常要以一定的会计凭证为依据，具有可验证性；第三，历史成本原则可抑制因主观判断而产生的可能蓄意歪曲企业财务状况的事件发生。

2）重置成本

重置成本（replacement cost）又称现行成本，是指按照当前市场条件，重新取得同样一项资产所需支付的现金或现金等价物的金额。在重置成本计量下，资产按照当前市场条件下重新取得同样一项资产所需支付的现金或现金等价物的金额计量；负债按照现在偿付该项债务所需支付的现金或者现金等价物的金额计量。

3）可变现净值

可变现净值（net realizable value）是指在正常生产经营过程中以预计售价减去进一步加工的成本和销售所必需的预计税金、费用后的净值。在可变现净值计量下，资产按照其正常对外销售所能收到的现金或者现金等价物的金额扣减该资产至完工时估计将要发生的成本、估计的销售费用以及相关税费后的金额计量。

4）现值

现值（present value）是指对未来现金流量以恰当的折现率进行折现后的价值，是考虑货币时间价值因素等的一种计量属性。在现值计量下，资产按照预计从其持续使用和最终处置中产生的未来净现金流入量的折现金额计量；负债按照预计期限内需要偿还的未来净现金流出量的折现金额计量。

5）公允价值

公允价值（fair value）是指在公平交易中，熟悉情况的交易双方自愿进行资产交换或者债务清偿的金额。在公允价值计量下，资产和负债按照在公平交易中熟悉情况的交易双方自愿进行资产交换或者债务清偿的金额计量。

在实务中，一般应当采用历史成本计量。采用重置成本、可变现净值、现值、公允价值计量的，应当保证所确定的资产金额能够取得并可靠计量。

美国会计准则和国际财务报告准则比较侧重公允价值的运用，以体现会计信息的相关性。据悉，我国财政部为此多次与国际会计准则理事会讨论相关问题。考虑到中国市场发展的现状，现行准则体系中主要在金融工具、投资性房地产、非共同控制下的企业合并、债务重组和非货币性交易等方面采用了公允价值。总体上说，我国的会计准则体系对公允价值的运用还是比较谨慎的，只有在存在活跃市场、公允价值能够取得并可靠计量的情况下，才能采用公允价值计量。

1.4.9　上市公司的信息披露

信息披露制度也称公示制度或公开披露制度，是上市公司为保障投资者利益、接受社会公众的监督，依照法律规定将自身的财务变化、经营状况等信息和资料向证券管理部门和证券交易所报告，并向社会公开或公告，以便投资者充分了解情况的制度。

上市公司信息披露的内容主要分为两类：一是投资者评估公司状况所需要的信息；二是对股价运行有重要影响的事项。从上市公司披露信息的时段来看，包括上市前会计信息和上市后会计信息两部分内容。

我国现行的上市公司信息披露规范体系主要由证券发行信息披露制度和持续性信息披露制度（定期报告制度和临时报告制度等）两个方面组成。具体而言，会计信息披露文件一般包括招股说明书、上市公告书、年度报告、中期报告（包括半年度报告和季度报告）和临时报告(包括重大事件公告和收购与合并公告)。前两者构成首次披露,后三者构成持续披露。

信息披露的评价标准是及时性、有效性和充分性。信息披露制度的目的与证券市场监管的目标是一致的,都以维护投资者利益、提高证券市场的效率为宗旨。从各市场经济国家证券市场监管的实践来看,信息披露制度是一个国家证券监管制度不可分割的组成部分。为了应对证券市场中的欺诈行为和内幕交易等市场失灵现象,改善市场中客观存在的不公平竞争状态,世界上几乎所有国家的证券法规都规定,一切已经上市的和即将上市的股份有限公司都负有公开、公平和及时地向投资者和潜在投资者披露一切有关公司重要信息的持续性责任。因此,证券监管把信息披露监管作为重中之重。

近年来,随着上市公司数量的不断增加,我国上市公司的信息披露制度逐渐规范。中国证监会发布了《上市公司信息披露管理办法》《公开发行证券的公司信息披露内容与格式准则第2号——年度报告的内容与格式》《公开发行证券的公司信息披露内容与格式准则第3号——半年度报告的内容与格式》《公开发行证券的公司信息披露编报规则第13号——季度报告的内容与格式》《公开发行证券的公司信息披露内容与格式准则第11号——上市公司公开发行证券募集说明书》《公开发行证券的公司信息披露内容与格式准则第5号——公司股份变动报告的内容与格式》《公开发行证券公司信息披露的编报规则第12号——公开发行证券的法律意见书和律师工作报告》《公开发行证券的公司信息披露编报规则第19号——财务信息的更正及相关披露》《保险公司信息披露管理办法》《公开发行证券的公司信息披露编报规则第23号——试点红筹企业公开发行存托凭证招股说明书内容与格式指引》《公开发行证券的公司信息披露编报规则第22号——创新试点红筹企业财务报告信息特别规定(试行)》等。

针对新三板上市企业发布了环境治理信息披露制度《全国中小企业股份转让系统公开转让说明书信息披露指引——环境治理公司》与《全国中小企业股份转让系统挂牌公司信息披露指引——环境治理公司》。

针对科创板发布了《公开发行证券的公司信息披露内容与格式准则第41号——科创板公司招股说明书》《公开发行证券的公司信息披露内容与格式准则第42号——首次公开发行股票并在科创板上市申请文件》。

1.5 项目实施

1.5.1 项目任务一:财务报表分析的步骤

进行财务分析时,根据分析任务的不同,一般要经过以下步骤:确立分析标准、确定分析目标、制定分析方案、收集数据信息、核实并整理信息资料、分析现状、得出分析结论、反馈。

1)确立分析标准

这一步骤要解决两个问题:一是站在何种立场进行分析,二是以何种标准进行分析比较。财务报表使用者因为立场不同,所以分析目的也各有差异。没有比较,就不能称为分析,因此财务报表分析注重比较。对企业财务报表进行比较时,必须有一个客观的标准,并以此标准来衡量企业财务报表中的有关资料，从而较为客观地确定企业的财务状况和经营成果。

2）确定分析目标

财务报表分析目标，依分析类型的不同而不同：信用分析目标，主要分析企业的偿债能力和支付能力；投资分析目标，主要分析投资的安全性和营利性；经营决策分析目标，为企业产品、生产结构和发展战略方面的重大调整服务；税务分析目标，主要分析企业的收入和支出情况。

从分析形式来说，包括：日常经营分析，主要分析实际完成情况及其与企业目标偏离的情况；总结分析，要对企业当期的生产经营及财务状况进行全面分析；预测分析，要弄清企业的发展前景；检查分析，要进行专题分析研究。

3）制定分析方案

分析目标确定之后，要根据分析量的大小和分析问题的难易程度制定分析方案。例如，是全面分析还是重点分析，是协作进行还是分工负责。要列出分析项目，安排工作进度，确定分析的内容、标准和时间。

4）收集数据信息

分析方案确定后，根据分析任务，收集分析所需的数据资料。企业的各项经济活动都与内外部环境的变化相关联，会计信息只反映经济活动在某一时期的结果，并不反映经济活动发生发展的全过程；财务报表能部分地反映产生当前结果的原因，但不能全面揭示所分析的问题。因此，需要分析者收集相关资料信息。

信息收集内容一般包括：宏观经济形势信息；行业情况信息；企业内部数据，如企业产品市场占有率、销售政策、产品品种、有关预测数据等。

信息收集可通过查找资料、专题调研、座谈会或相关会议等多种渠道进行。

5）核实并整理信息资料

首先核对和明确财务报表是否反映了真实情况，是否与所收集到的资料有较大出入。作为企业内部分析者，如发现资料、数据不真实、不全面，可进一步查对，寻求真实情况。但对企业外部分析者来说，进一步查对就比较困难。对于具体资料的整理，首先要将资料分类，例如可以分成经济、产业和个别公司企业三大类，按时间先后顺序排列。资料分类后，对于重复的、过时的、矛盾的资料予以剔除，从而减少不必要的负担，在此基础上，再进行企业概况整理。因为习惯上必须在分析报表的前言部分对所分析企业的概况进行介绍，所以扼要整理诸如企业历史、业务范围、股东人数、职工人数、研究发展等资料，可以便于以后撰写报告。

6）分析现状

分析现状是指根据分析目标和内容，评价所收集的资料，寻找数据间的因果关系，联系企业客观环境情况，解释形成现状的原因，揭示经营失误，暴露存在的问题，提出分析意见，探讨改进的办法和途径。

7）做出分析结论

企业经济活动的复杂性和企业外部环境的多变性，要求撰写财务报表分析报告时遵守一定的原则。这些原则一般都是实践经验的总结。下面我们仅列出几条，更多的分析原则应该来自读者自身的实践经验。

①尽可能地收集所需资料，掌握真实情况。

财务报表分析的依据是所掌握的信息资料。由于各项财务报表分析目标之间具有相关性，所以在进行分析前，既要掌握分析目标所需指标的资料，又要了解相关指标的因果关系；既要收集企业内部的报表资料，又要掌握企业环境的变化情况；既要有客观数据资料，又要有文字意见材料。只有充分地掌握信息资料，才能得出正确的分析结论。一个新情况、新信息的出现，有可能改变分析结论。

②指标对比，综合判断。

企业的经济业务是相互制约和相互促进的，指标数值也具有相对性。同一指标数值，在不同的情况下反映不同的问题，要通过指标对比、指标综合来分析问题、揭露矛盾。比如，企业拥有大量银行存款，这可能是企业销售量剧增的结果，也可能是企业无事可做，不善于利用资金的反映。因此要通过指标对比，综合分析判断，得出分析结论。

③点面结合，抓住重点。

在进行财务报表分析时，往往一两个指标不能说明问题，既要对指标本身的数值做出分析解释，又要对该指标数值对其他方面所产生的影响做出解释，要通过一个指标的变化，追溯到其他指标的变化。要既见树木又见森林，不能就指标论指标。比如，企业资金结构的恶化，要根据企业实现利润情况、企业资金增减情况综合分析，看是否会导致企业财务状况恶化，通过分析，抓住关键和本质。

④定性分析和定量分析相结合。

任何事物都是质和量的统一，财务报表分析也需要定性分析和定量分析相结合。由于现代企业面临复杂而多变的外部环境，而这些外部环境有时很难定量，但环境的变化却对企业的产业发展、投资目标的实现以及企业销售情况产生重要影响。因此在定量分析的同时，要做出定性判断，在定性判断的基础上，再进一步进行定量分析和判断。

⑤静态与动态相结合。

企业的生产经营活动是一个动态的发展过程。我们所收集到的信息资料，一般是过去情况的反映。在新的形势下，同样的投入可能会有不同的产出。因此，要时刻注意数值的时间性，在弄清过去情况的基础上，分析在当前情况下的可能结果。要联系企业和投资者、决策者的实际情况，静态和动态相结合，对指标值的含义做出判断，以便为决策服务。不结合实际情况，就不可能提出建设性的分析意见。

8)反馈

反馈强调将新资料投入下一个资料处理系统，以改善产出，并且使分析结果及决策更为准确。由于经济的发展充满不确定性，随着时间的推移，新的资料产生了，原来重要的资料可能已变得次要，原来次要的或受忽略的资料，却变得非常重要。因此，财务报表分析是一个连续的过程，新资料的反馈工作不可忽视。例如，今年所做的财务分析，等到明年再分析时，应补充增加的资料，并剔除不合时宜的旧的资料。

1.5.2 项目任务二：财务报表分析使用的资料

财务报表分析使用的主要资料是公司对外发布的财务报表，但财务报表不是财务分析唯一的信息来源。公司还以各种形式发布补充信息,分析时需要经常查阅这些补充信息。

财务报表是根据统一规范编制的反映企业经营成果、财务状况及现金流量的会计报表,包括资产负债表及其附表、利润表及其附表、现金流量表、财务报表附注等。

1. 资产负债表及其附表

资产负债表是反映企业会计期末全部资产、负债和所有者权益情况的报表。它与企业基本活动的关系如表1-2所示。

表1-2 资产负债表与企业基本活动的关系

资产	投资活动结果(经营活动占用资源)	负债及所有者权益	筹资活动的结果
现金	投资剩余(满足经营意外支付)	短期借款	银行信用筹资
应收账款	应收账款投资(促进销售)	应付账款	商业信用筹资
存货	存货投资(保证销售或生产连续性)	长期负债	长期负债筹资
长期投资	对外长期投资(控制子公司经营)	资本	权益筹资
固定资产	对内长期投资(经营的基本条件)	留存利润	内部筹资

资产负债表有三张附表,包括资产减值明细表、所有者权益变动表和应交增值税明细表。

2. 利润表及其附表

利润表是反映企业在一定会计期间全部活动成果的报表,是两个资产负债表日之间的财务业绩。我国的利润表采用多步式格式,从主营业务收入、主营业务利润、营业利润、利润总额和净利润五个步骤分步反映净利润的形成过程。

利润表与企业基本活动的关系如表1-3所示。

表1-3 利润表与企业基本活动的关系

利润表项目	企业基本活动
一、主营业务收入	主要经营活动收入
减:主营业务成本	主要经营活动费用
主营业务税金及附加	主要经营活动费用
二、主营业务利润	主要经营活动毛利
加:其他业务利润	次要经营活动毛利
减:营业费用	经营活动费用
管理费用	经营活动费用
息前、税前经营利润(报表中未列示)	全部经营活动利润
财务费用	筹资活动费用(债权人所得)
三、营业利润	全部经营活动利润(已扣债权人利息)
加:投资收益	投资活动收益
补贴收入	非经营活动收益

续表

利润表项目	企业的基本活动
营业外收入	投资和其他非经营活动收益
减:投资和其他非经营活动损失	营业外支出
四、利润总额	全部活动净利润(未扣除政府所得)
减:所得税	全部活动费用(政府所得)
五、净利润	全部活动净利润(所有者所得)

利润表有六项补充资料,反映利润总额中的非正常损益,包括:①出售部门或投资的所得收益;②自然灾害发生的损失;③会计政策变更增加(或减少)的利润总额;④会计估计变更增加(或减少)的利润总额;⑤债务重组损失;⑥其他非正常损益。区分正常和非正常损益,对于考察企业的业绩有重要意义。非正常损益不具有可持续性,并非企业的经营目的,在分析企业收益能力时应将其排除。

利润表有三张附表,包括利润分配表、分部报表(业务分部)和分部报表(地区分部)。

3. 现金流量表

现金流量表反映企业一定会计期间有关现金和现金等价物的流入和流出的信息。该表的项目,按经营活动、投资活动和筹资活动三项基本活动分别列示。

现金流量表与企业基本活动的关系如表1-4所示。

表1-4 现金流量表与企业基本活动的关系

现金流量表项目	企业基本活动
经营现金流入	经营活动:会计期间经营活动现金流动量
经营现金流出	
经营现金流量净额	
投资现金流入	投资活动:会计期间投资活动现金流动量
投资现金流出	
投资现金流量净额	
筹资现金流入	筹资活动:会计期间筹资活动现金流动量
筹资现金流出	
筹资现金流量净额	

上述三张主要的财务报表,分别从一个侧面反映三项基本活动。无论是分析企业的经营活动,还是筹资活动或投资活动,都会涉及三张报表,而不是一张报表。

4. 财务报表附注

按照我国《企业会计制度》的规定,财务报表附注至少应披露以下十三项内容。

(1)不符合会计核算前提的说明。

(2)重要会计政策和会计估计的说明。

重要的会计政策具体说来包括：①合并原则；②外币折算方法；③收入确认的原则；④所得税的处理方法；⑤存货的计价方法；⑥长期投资的核算方法；⑦坏账损失的核算；⑧借款费用的处理；⑨其他会计政策。

需要进行会计估计的事项主要有：①坏账是否会发生以及坏账的数额；②存货的毁损和过时损失；③固定资产的使用年限和净残值大小；④无形资产的受益期；⑤长期待摊费用的摊销期；⑥收入能否实现以及实现的金额；⑦或有损失和或有收益的发生以及发生的数额。

（3）重要会计政策和会计估计变更的说明，以及重大会计差错更正的说明。

有关会计变更和差错更正的需要披露的重要事项主要有：①会计政策变更的内容和理由；②会计政策变更的影响数；③会计政策变更的累积影响数不能合理确定的理由；④会计估计变更的内容和理由；⑤会计估计变更的影响数；⑥会计估计变更的影响数不能合理确定的理由；⑦重大会计差错的内容；⑧重大会计差错的更正金额。

（4）或有事项的说明。

或有事项是指过去交易或事项形成的一种状况，其结果须通过未来不确定事项的发生或不发生予以证实。或有事项分为或有负债和或有资产两类。

企业在报表附注中应对以下或有负债进行披露：①已贴现商业承兑汇票形成的或有负债；②未决诉讼、仲裁形成的或有负债；③为其他单位提供债务担保形成的或有负债；④其他或有负债（不包括极小可能导致经济利益流出企业的或有负债）；⑤或有负债预计产生的财务影响（如无法预计，应说明理由）；⑥或有负债获得补偿的可能性。

或有资产是指有可能导致经济流入的或有事项。出于谨慎原则的考虑，一般不需要披露或有资产。但是，如果或有资产“很可能”给企业带来经济利益，则应说明其形成的原因，如果能预计其产生的财务影响，也应进行相应披露。

（5）资产负债表日后事项的说明。

资产负债表日后事项是指资产负债表日至报表报出日之间发生或存在的事项。有两种事项要进行特殊处理：调整事项和非调整事项。典型的调整事项有：已经证实资产发生减损、销售退回和已确定获得或支付的赔偿等。典型的非调整事项有：资产负债表日后发生的股票和债券的发行、对一个企业的巨额投资、自然灾害导致的资产损失以及外汇汇率发生较大变动等。

（6）关联方关系及其交易的说明。

关联方关系是指一方有能力直接或间接控制、共同控制另一方的财务和经营决策，或者能对另一方的财务和经营决策施加重大影响。这种企业或个人称为报告企业的“关联方关系”。

按照我国现行会计制度规定，在存在控制关系的情况下，关联方如为企业，不论他们之间有无交易，都应说明如下事项：①企业经济性质或类型、名称、法定代表人、注册地、注册资本及其变化；②企业的主营业务；③所持股份或权益及其变化。

在企业与关联方发生交易的情况下，企业应说明与关联方关系的性质、交易类型及其交易要素。这些要素一般包括：①交易的金额或相应比例；②未结算项目的金额或相应比例；③定价政策（包括没有金额或只有象征性金额的交易）。

（7）重要资产转让及其出售的说明。

(8)企业合并、分立的说明。

(9)会计报表重要项目的说明。

会计报表重要项目的说明通常包括:①应收款项(不包括应收票据,下同)及计提坏账准备的方法;②存货核算方法;③投资的核算方法;④固定资产计价和折旧方法;⑤无形资产的计价和摊销方法;⑥长期待摊费用的摊销方法。

(10)收入。

(11)所得税的会计处理方法。

(12)合并会计报表的说明。

(13)有助于理解和分析会计报表需要说明的其他事项。

另外,在进行财务报表分析时,除了依托财务报表之外,其他企业报告也是财务报表分析所需信息的一部分,分析人员应当给予足够重视。

1.5.3 项目任务三:财务报表分析的一般方法

财务报表分析分为三个方面:单个年度的财务比率分析、不同时期的财务报表比较分析、与同行业其他公司之间的财务指标比较分析。财务报表分析方法有以下几种。

1. 垂直分析——确定财务报表结构占比最大的重要项目

垂直分析又称纵向分析,实质上是结构分析。

第一步,通过计算确定财务报表中各项目占总额的比重或百分比。

第二步,通过各项目的比重,分析其在企业经营中的重要性。一般项目占比越大,其重要程度越高,对公司总体的影响程度越大。

第三步,将分析期各项目的比重与前期同项目的比重对比,研究各项目的比重变动情况,对变动较大的重要项目进一步分析。

经过垂直分析法处理后的会计报表通常称为同度量报表、总体结构报表、共同比报表。以利润表为例,要非常关注销售毛利率、销售费用率、销售税前利润率、销售净利率,这实质上就是对利润表进行垂直分析。

2. 水平分析——分析财务报表年度变化最大的重要项目

水平分析又称横向分析,是将财务报表各项目报告期的数据与上一期的数据进行对比,分析企业财务数据变动情况。水平分析进行的对比,一般不是只对比一两个项目,而是把财务报表报告期的所有项目与上一期进行全面综合的对比分析,揭示各方面存在的问题,为进一步全面深入分析企业财务状况打下基础,所以水平分析法是财务分析的基本方法。

这种本期与上期的对比分析,既要包括增减变动的绝对值,又要包括增减变动比率的相对值,只有这样才可以防止得出片面的结论。

将企业的主要财务指标与同行业的平均指标或同行业中先进企业的指标进行对比,可以全面评价企业的经营成绩。与同行业的平均指标对比,可以分析判断该企业在同行业中所处的位置;与同行业中先进企业的指标对比,有利于吸收先进经验,克服本企业的缺点。

3. 趋势分析——分析财务报表长期变化最大的重要项目

趋势分析是一种长期分析,计算一个或多个项目随后连续多个报告期数据与基期比较的定基指数,或者与上一期比较的环比指数,形成一个指数时间序列,以此分析这个报表项目的历史长期变动趋势，并作为预测未来长期发展趋势的依据之一。趋势分析法既可用于对财务报表的整体分析，即研究一定时期报表各项目的变动趋势，也可以只对某些主要财务指标的发展趋势进行分析。

4. 比率分析——最常用也是最重要的财务分析方法

比率分析是将两个财务报表数据相除得出相对比率，借此分析两个项目之间的关联关系。比率分析是最基本、最常用也是最重要的财务分析方法。财务比率一般分为四类：盈利能力比率、营运能力比率、偿债能力比率、增长能力比率。

四类比率中最值得关注的是：净资产收益率、总资产周转率、资产负债率、销售收入和利润增长率。财务比率分析的最大作用是，使不同规模的企业财务数据所传递的财务信息可以按照统一的标准进行横向对照比较。财务比率的常用标准有三种：历史标准、经验标准、行业标准。

5. 因素分析——分析最重要的驱动因素

因素替代法又称连环替代法，用来计算几个相互联系的驱动因素对综合财务指标的影响程度的大小。比如，销售收入取决于销量和单价两个因素，企业提价，往往会导致销量下降，我们可以用因素分析来测算价格上升和销量下降对收入的影响程度。

因素分析法也是财务报表分析常用的一种技术方法，它是把整体分解为若干个局部的分析方法，包括比率因素分解法和差异因素分解法。

1）比率因素分解法

比率因素分解法是指把一个财务比率分解为若干个影响因素的方法。例如，资产收益率可以视为资产周转率和销售利润率两个比率的乘积。财务比率是财务报表分析的特有概念，财务比率分解是财务报表分析特有的方法。

在实际的分析中，分解法和比较法是结合使用的。比较之后需要分解，以深入了解差异的原因；分解之后还需要比较，以进一步认识其特征。不断地比较和分解，构成了财务报表分析的主要过程。

2）差异因素分解法

为了解释比较分析中形成差异的原因，需要使用差异因素分解法。例如，产品材料成本差异可以分解为价格差异和数量差异。

差异因素分解法又分为定基替代法和连环替代法两种。

Ⅰ. 定基替代法

定基替代法是测定比较差异成因的一种定量方法。按照这种方法，需要分别用标准值（历史的、同行业企业的或预算的标准）替代实际值，以测定各因素对财务指标的影响。

Ⅱ. 连环替代法

连环替代法是另一种测定比较差异成因的定量分析方法。按照这种方法，需要依次用标准值替代实际值，以测定各因素对财务指标的影响。

6. 综合分析——多项重要指标结合进行综合分析

企业本身是一个综合性的整体，企业的各项财务活动、各张财务报表、各个财务项目、各个财务分析指标是相互联系的，只是单独分析一项或一类财务指标就会像盲人摸象一样陷入片面理解的误区。因此应该把相互依存、相互作用的多个重要财务指标结合在一起，从企业经营系统的整体角度来进行综合分析,对整个企业做出系统全面的评价。

目前使用比较广泛的综合分析法有杜邦财务分析体系、经济增加值法、帕利普财务分析体系等。

7. 对比分析——和最主要的竞争对手进行对比分析

通过分析期与前期(上月、上季、上年同期)财务报表中有关项目金额的对比,可以从差异中及时发现问题,查找原因,改进工作。连续数期的财务报表项目的比较,能够反映出企业的发展动态,揭示当期财务状况和营业情况的变化,从而既可以判断引起变动的主要项目是什么,这种变动的性质是有利的还是不利的,发现问题并评价企业财务管理水平,同时也可以预测企业未来的发展趋势。

对比分析法的主要作用在于揭示客观存在的差距以及形成这种差距的原因,帮助人们发现问题,挖掘潜力,改进工作。对比分析法是各种分析方法的基础,不仅报表中的绝对数要通过比较才能说明问题,而且计算出来的财务比率和结构百分数也都要与有关资料(比较标准)进行对比,才能得出有意义的结论。

1.5.4 项目任务四:财务报表之间的勾稽关系

财务报表的编制是专业性很强的工作,资产负债表、利润表、现金流量表之间存在着严密的勾稽关系,了解一些常见的勾稽关系,对于我们做好财务分析有很大的帮助。所谓勾稽关系主要是指在不同的财务报表之间以及同一财务报表的不同会计科目或报表项目之间存在一定的关联或逻辑对应关系。

勾稽关系一般可分为两种情况,一种是表内的勾稽关系,另一种是表间的勾稽关系。表内勾稽关系主要有:

①资产=负债+所有者权益;

②收入-成本-费用=利润;

③现金流入-现金流出=现金净流量。

表内勾稽关系一般比较简单,但表间的勾稽关系就比较复杂了,因为表间的勾稽关系一般涉及两张或两张以上的报表,比如资产负债表与利润表项目之间的勾稽关系,资产负债表与现金流量表之间的勾稽关系,利润表与现金流量表之间的勾稽关系等。

1.6 项目总结

本项目主要介绍了财务报表分析的历史演进、财务报表分析的主体和客体、财务报表分析的步骤、一般方法以及勾稽关系等知识内容,可以帮助教材学习者总结项目实施过程中存在的问题及解决问题的方法和思路,总结自己获得的财务分析基础相关知识点;总结在财会职业场景运用会计、金融和其他商务信息分析和解决财务分析问题的案例并进行讨论;反思提炼在解决财务分析案例问题时所体验的有效沟通等。

1.7　项目练习

1. 填空题

（1）从财务报表分析产生与发展的进程来看，依次出现了_____、_____和_____三个分析阶段，这三个分析阶段并不是后者对前者的否定，而是以后者为补充、三者并存。

（2）财务报表分析可以为_____和_____进行投资和信贷决策提供有用的信息；为_____进行经营决策提供有用的信息；为投资者评价企业管理层_____的履行情况提供重要的信息。

（3）_____通过对企业某一特定日期的财务状况以及一定时期的经营成果的具体列报，全面揭示企业各项经济活动的过程及其经济后果。

（4）在进行项目质量分析时，通常不需要面面俱到地对报表中的每一个项目逐一进行分析，而是可以根据_______原则和_______原则，找出_____项目和_____项目，这样便于提高分析效率。每个企业在利用项目质量分析法进行分析时，需要分析的项目可能各不相同，这就意味着，项目质量分析法更像是为每个企业量身定做的个性化的分析方案，而不是像_____分析法那样，对每个企业的财务状况都采用统一的一套财务指标体系进行衡量。

（5）一般来说，根据对比的对象不同，财务报表分析可以使用多种分析方法。企业某一年度的财务报表数据，可以在同一类项目之间进行对比，用以考察某特定项目在该类项目中所占比重，这种方法通常称为_____；也可以在相互联系的不同类项目之间进行对比，以揭示相互之间的依存关系和基本状况，这种方法就是最常用的_____；还可以将各项目该年度数据与历史年度数据进行对比，以寻找其变化规律、预测发展趋势，这种方法就是_____；更可以将各项目数据与同行业先进水平、平均水平甚至竞争对手的相关数据进行对比，以判断该企业在行业内的竞争优势和相对地位，这便构成了_____的基本内容。除此之外，还可以对各项目逐项展开分析，根据其自身特征和管理要求，在结合企业具体经营环境和经营战略的基础上对其质量进行评价与判断，这种分析方法被定义为_____。

（6）企业财务报告一般包括_____和其他应当在财务报告中披露的_____，如_____、_____等。

（7）资产负债表是企业的基本财务报表之一，它是根据_____这一会计等式，依照一定的分类标准和一定的次序，将某一特定日期的_____、_____、_____的具体项目加以适当排列编制而成的。它表明企业在某一特定日期所拥有或控制的_____、所承担的_____和企业所有者对净资产的_____。

（8）审计报告是指_____根据_____，在对被审计单位制订审计计划的基础上，实施必要的_____，就被审计事项做出审计结论，提出_____和_____的书面文件。

（9）合并财务报表是指反映_____及其全部_____所形成的_____的整体财务状况、经营成果和现金流量的财务报表。

（10）我国企业会计准则体系由_____、_____、_____和_____等组成。

2. 单项选择题

（1）以财务报表中的某个总体指标作为100%，计算出各组成项目占该总体指标的百分比,从而比较各个项目百分比的增减变动,揭示各个项目的相对地位和总体结构关系,以便分析比较同一报表内各项目变动的适当性,判断有关财务活动的变化趋势,这种财务报表分析方法称为(　　)。

A. 结构分析法　B. 比率分析法　C. 趋势分析法　D. 对比分析法
E. 项目质量分析法

(2)将两期或连续数期的财务报表中的相同指标进行对比,确定其增减变动的方向、数额和幅度,以说明企业财务状况和经营成果的变动趋势的财务报表分析方法称为(　　)。

A. 结构分析法　B. 比率分析法　C. 趋势分析法　D. 对比分析法
E. 项目质量分析法

(3)通过对财务报表各项目的规模、结构以及状态进行分析,还原企业所发生的经营活动和理财活动,并根据各项目自身特征和管理要求,结合企业具体经营环境和经营战略,对各项目的质量进行评价与判断,这种财务报表分析方法称为(　　)。

A. 结构分析法　B. 比率分析法　C. 趋势分析法　D. 对比分析法
E. 项目质量分析法

(4)不同的财务报表主体的(　　)存在明显差异,这就决定了他们在对企业财务报表进行分析时必然有不同的分析目的和侧重点。

A. 竞争地位　B. 分析依据　C. 利益倾向　D. 分析要求
E. 评价标准

(5)决策依赖于评价,而评价建立在对比的基础上。究其本质,企业财务报表分析就是通过对比来发现问题,进而分析问题和解决问题。所以,企业财务报表分析的灵魂在于(　　)。

A. 分析　B. 评价　C. 预测　D. 对比
E. 决策

(6)合并报表应当由(　　)负责编制。

A. 企业集团　B. 母公司　C. 子公司　D. 控股公司
E. 控股股东

(7)(　　)是调整我国经济活动中会计关系的法律总规范,是会计法律规范体系的最高层次,是制定其他会计法规的基本依据,也是指导会计工作的最高准则。

A.《会计法》　B.《企业会计准则——基本准则》
C.《企业具体会计准则》　D.《企业会计准则——应用指南》
E.《企业会计制度》

(8)若会计报表严重歪曲了被审计单位的财务状况、经营成果和现金流动情况,而且被审计单位拒绝进行调整,注册会计师应对其出具(　　)的审计报告。

A. 标准无保留意见　B. 保留意见　C. 否定意见　D. 拒绝表示意见
E. 不确定意见

(9)不需要在报表附注中列示的内容是(　　)。

A. 企业的基本情况　B. 企业注册地
C. 财务报表的编制基础　D. 财务报告批准报出日后提议

E. 企业的业务性质

（10）我国约束上市公司信息披露的法规体系中不包括（　　）。

A. 国家法律　B. 行政法规　C. 部门规章　D. 自律性规则

E. 企业制度

（11）下列可用于短期偿债能力的比率分析的是（　　）。

A. 资产负债比率　B. 所有者权益比率　C. 流动比率　D. 权益乘数

（12）应收账款周转率中的应收账款应为（　　）。

A. 未扣除坏账准备的应收账款　B. “应收账款”账户的期末余额

C. 扣除坏账准备后的全部赊销账款净额　D. 仅在本年度发生的应收账款

（13）评价净收益质量的比率是（　　）。

A. 支付现金股利比率　B. 现金充分性比率

C. 净利润现金保证比率　D. 现金比率

（14）“以各种方式把一个或多个信息关联在一起的信息结构，是客观世界规律的总结”，上面这句话是以下哪个名词的解释？（　　）

A. 信息　B. 数据　C. 资料　D. 知识

（15）某公司流动资产比率为 30%，固定资产比率为 50%，则流动资产与固定资产的比率为（　　）。

A.167%　B.120%　C.80%　D.60%

（16）某公司本年末资产总额为 1 000 万元，如果知道公司的产权比率为 15，有形净值债务比率为 2，则公司的无形资产和递延资产之和为（　　）。

A.250 万元　B.200 万元　C.150 万元　D.100 万元

（17）在财务分析中，最关心企业资本保值增值状况和盈利能力的利益主体是（　　）。

A. 企业所有者　B. 企业经营决策者

C. 企业债权人　D. 政府经济管理机构

（18）在资金需求量一定的情况下，提高（　　）意味着企业对短期借入资金依赖性的降低，从而减轻企业的当期偿债压力。

A. 资产负债比率　B. 长期负债比率

C. 营运资金与长期负债比率　D. 利息保障倍数

（19）利润表的共同比财务报表通常选用以下的哪个项目的金额作为 100？（　　）

A. 销售收入　B. 资产总额　C. 净利润　D. 净资产

（20）（　　）可以提高企业营业利润。

A. 增加营业外收入　B. 降低营业外支出　C. 降低所得税　D. 增加销售收入

3. 多项选择题

（1）财务报表分析的主体包括（　　）。

A. 企业所有者　B. 企业债权人　C. 经营管理者　D. 政府职能机构

E. 社会中介机构

（2）财务报表分析的基本方法有（　　）。

A. 结构分析法　B. 比率分析法　C. 趋势分析法　D. 对比分析法

E. 项目质量分析法

(3)财务报表分析框架的设计应以不同信息使用者的不同需求为导向,可以分别基于( )。

A. 投资决策　B. 信贷决策　C. 定价决策　D. 管理决策

E. 信息决策

(4)企业财务状况质量分析主要包括( )。

A. 资产质量分析　B. 资本结构质量分析

C. 利润质量分析　D. 现金流量质量分析

E. 财务状况整体质量分析

(5)通过企业财务状况质量分析,可以判断企业战略的遵守情况和实施后果评价企业的管理质量。分析路径包括( )。

A. 背景分析　B. 会计分析　C. 财务分析　D. 信用分析

E. 企业质量评价/发展前景预测

(6)基本财务报表包括( )。

A. 资产负债表　B. 利润表　C. 现金流量表　D. 合并报表

E. 所有者权益变动表

(7)制约企业报表编制的基本会计假设包括( )。

A. 会计主体　B. 持续经营　C. 会计分期　D. 实质重于形式

E. 货币计量

(8)制约企业财务报表编制的一般原则有( )。

A. 客观性　B. 相关性　C. 可比性　D. 及时性

E. 重要性

(9)中期财务报告包括( )。

A. 月度财务报告　B. 季度财务报告　C. 半年度财务报告　D. 年度财务报告

E. 年初至本中期末的财务报告

(10)年度财务报告应包括( )。

A. 重要提示　B. 公司治理　C. 财务报告　D. 公司简介

E. 重要事项

4. 判断题

(1)企业财务报表分析的框架和分析方法因分析者而异,并且可供选择的方法甚多。不同的人员或经济实体基于各自不同的经济利益,分析的侧重点也会有所不同。( )

(2)不管采用何种技术和方法,就企业财务报表分析的目的而言,都是为了揭示企业的财务状况与经营状况,进而为投资决策提供线索。( )

(3)传统的财务报表分析可归纳为三个主要方面:偿债能力分析、营运能力分析和盈利能力分析。其中盈利能力体现企业经营的效率,是财务目标实现的稳健保证;营运能力体现企业经营的效果,是财务目标实现的物质基础;偿债能力是两者共同作用的结果,体现企业经营追求的目标。( )

(4)企业的内在价值来源于企业的经营活动和投资活动,财务报表因反映了企业经营

活动、投资活动的财务后果，从而包含了大量有关企业内在价值的信息，所反映出的企业内在价值全面准确。(　　)

(5)尽管企业财务报表充满着数字，但是企业财务报表分析的基本思维必须跳出繁杂琐碎的数字迷宫，立足于企业经营环境和经营战略，分析企业经营范围和竞争优势，充分识别企业面临的各种机会和风险。(　　)

(6)企业财务报表或财务报告是指企业提供的反映企业某一特定日期的财务状况、经营成果和现金流量等会计信息的文件。(　　)

(7)审计报告一般包括标题、收件人、范围段、意见段、签章、会计师事务所地址和报告日期等基本内容。(　　)

(8)公司年度报告中的财务会计报告必须经会计师事务所审计，审计报告须由该所至少两名注册会计师签字。(　　)

(9)中期财务报告是指公司以半年为基础编制的财务报告。(　　)

(10)上市公司信息披露的内容主要分为两类：一是投资者评估公司状况所需要的信息；二是对股价运行有重要影响的事项。(　　)

5. 案例题

(1)某公司连续 5 年的销售收入与净利润资料如表 1-5 所示。

表 1-5　销售收入与净利润资料

单位：万元

项目	2018 年	2019 年	2020 年	2021 年	2022 年
销售收入	4 500	5 000	5 000	5 833	7 200
净利润	450	500	400	700	900

要求：

①计算各年销售收入和净利润的定基指数，编制该公司的销售收入和净利润趋势表。

②对该公司的经营情况及趋势进行分析。

(2)假定 A 产品的直接材料费用等有关资料如表 1-6 所示。

表 1-6　A 产品的直接材料费用等有关资料

项目	产品产量/件	单位产品消耗量/kg	材料价格/元	材料费用总额/元
计划费用	100	20	15	30 000
实际费用	120	18	20	43 200
差异				+13 200

要求：采用因素分析法计算各因素对产品直接材料费用的影响程度。

项目 2　企业主要财务报表分析

项目导读

提高报表认识水平　履行岗位职责

要成为一名优秀的财务主管，首先要具有“理必求真、事必求是，言必守信、行必踏实”的高尚情操；其次要用财务视角、专业方法为企业创造价值。资产负债表、利润表、现金流量表作为企业最核心的三张主表，理应成为财务主管的坚实专业基础。财务报表是会计信息的载体，是针对企业财务状况、经营成果和现金流量的结构性表述，以及对企业各种经济活动财务后果的综合反映。从基本财务报表的发展、演变过程来看，世界各国的报表体系逐渐在形式上趋于一致（尽管概念内涵、指标口径等在各国有不同程度的差异）。目前，世界各国的基本财务报表一般包括资产负债表（balance sheet）、利润表（income statement）、现金流量表（statement of cash flow）和所有者权益变动表（statement of changes in shareholders' equity）。

企业经营管理者、投资人、债权人等企业利益相关者需要了解企业财务状况、经营成果、现金流量构成等情况。资产负债表围绕企业资产、负债、权益揭示其某一特定日期的财务状况，利润表反映企业一定期间的生产经营成果，现金流量表反映一定会计期间企业现金和现金等价物流入和流出情况，各种报表使用者依据报表提供的财务信息进行决策。

2.1　培养目标

2.1.1　知识目标

（1）熟悉资产负债表、利润表、现金流量表、所有者权益变动表的格式。

（2）理解资产负债表、利润表、现金流量表、所有者权益变动表的内涵与作用。

（3）明确财务报告的分析目的。

（4）掌握财务报告的分析、评价方法。

2.1.2　能力目标

（1）能够进行企业资产负债表的结构分析、项目分析、质量分析。

（2）能够针对企业的财务状况进行评价。

（3）能够开展利润表的趋势分析、结构分析、质量分析。

（4）能够开展利润分配表的分析。

（5）能够对企业的经营成果、利润分配情况做出客观分析和评价。
（6）能够开展现金流量表的趋势分析、结构分析、比率分析。
（7）能够对企业的现金流量变动情况做出分析和评价。

2.2　用户需求

财务报表使用者需要通过资产负债表了解企业财务状况的变动情况及变动原因，了解企业资产、负债总额及其结构，需要解释、评价和预测企业的财务弹性，需要评价企业的偿债能力。

财务报表使用者需要通过利润表分析、了解企业实现收入的规模和成本耗费的水平，了解企业的盈利能力，评价企业的经营业绩，掌握企业利润的变化趋势，预测企业未来的获利能力，使投资者和债权人做出正确的投资与信贷决策，为企业在资本市场融资提供重要依据。

财务报表使用者需要通过现金流量表了解、评价企业获取现金和现金等价物的能力，进而评价企业的支付能力、偿债能力，预测企业未来的现金流量，分析企业收益质量及影响现金流量的因素。

2.3　需求分析

财务报表使用者了解企业财务状况的变动情况及其变动原因，解释、评价和预测企业的财务弹性，评价企业的偿债能力，需要掌握资产类项目分析信息、负债和所有者权益项目分析信息以及资产负债类综合分析信息。

财务报表使用者了解企业实现收入的规模和成本耗费的水平，了解企业的盈利能力，评价企业的经营业绩，需要掌握利润表的项目分析信息以及掌握水平、垂直等综合分析信息，了解和评价企业获取现金和现金等价物的能力，掌握现金流量表的经营领域、投资领域和筹资领域的项目分析，掌握水平、结构等综合分析信息。

2.4　知识准备

2.4.1　资产负债表

1. 资产负债表的格式

资产负债表是反映企业某一特定日期财务状况的会计报表。财务状况是指企业经营活动及其结果在报告日的资金结构状况及其表现，表明企业资金的来源方式与资金的使用状态及去向。简言之，就是在某一时日，企业“有什么财务家底”即资产，“有多少外债”即负债，股东对企业“享有多少完全收益”即所有者权益。资产负债表的格式一般分为两种：报告式和账户式。报告式资产负债表为上下结构，上半部列示资产，下半部列示负债及所有者权益；账户式资产负债表为左右结构，它的具体排列形式为“资产=负债+所有者权益”的会计等式结构，左面列示资产，右面列示负债及所有者权益。

中国的资产负债表采用账户式结构。左面列示资产各项目，以资产的流动性强弱进行排列，反映所有资产的分布及其存在形态；右面列示负债和所有者权益各项目，以对外清偿要求的期限长短的先后顺序排列，反映全部负债和所有者权益的内容及构成情况。资产负债表的基本格式如表 2-1 所示。

表 2-1 资产负债表的基本格式

资产	期末余额	期初余额	负债和所有者权益	期末余额	期初余额
流动资产			流动负债		
			非流动负债		
非流动资产			负债合计		
			所有者权益		
资产合计			负债和所有者权益合计		

资产负债表按照资产、负债、所有者权益之间的勾稽关系，以一定的分类标准和顺序，把报表报告日企业的资产、负债和所有者权益各项目进行适当排列。资产负债表反映的是企业在报告日所拥有或控制的经济资源、所承担的现时义务和企业所有者对净资产的要求权。报告日期一般包括一个完整会计年度的年末，以及中期的月末、季末、半年末（如 6 月 30 日）等。

资产负债表由表首、主表和补充资料三部分组成。

1）表首

表首是报表的标志，包括报表名称、编制单位名称、资产负债表日、报表编号和金额单位等。资产负债表是静态报表，编制日期应填写编报期末的最后一天的日期。

2）主表

主表是资产负债表的主体，以"资产=负债+所有者权益"这一会计等式为基础，包括资产负债表中各项目的名称、期初数、期末数等内容，分别按资产类、负债类和所有者权益类三类列示。

3）补充资料

在资产负债表的下端，可以根据行业特点和报表充分揭示的需要，列示补充资料。补充资料是报表附注的重要内容，主要反映报表使用者需要了解但在报表主体部分无法反映或无法充分反映的资料。

2. 资产负债表的编制

1）资产负债表项目的填列方法

资产负债表各项目均需填列"期末余额""期初余额"两栏。按照"资产=负债+所有者权益"会计等式，左面列示资产，右面列示负债和所有者权益，左右两面期末余额相等。

"期初余额"项目栏内的各项数字，依据上期期末资产负债表的"期末余额"项目栏内所列数字填列，如果上期资产负债表规定的各个项目的名称和内容发生变化而与本期不一致，应按照本期的规定，对上期期末资产负债表各项目的名称和数字进行调整，填入本表"期初余额"栏内。

"期末余额"栏的填列主要包括以下几种方法。

Ⅰ. 按照总账科目余额填列

此处分为直接填列和计算后填列。"短期借款""资本公积"等项目，根据"短期借款""资本公积"各总账科目的余额直接填列。"货币资金"等有些项目，则需根据相关总账科目的期末余额计算填列，例如，货币资金需将"库存现金""银行存款""其他货币资金"三个总账科目的期末余额计算合计数后填列。

Ⅱ. 按照明细账科目余额计算填列

"应付账款"项目应重分类，以"应付账款"和"预付账款"两个科目所属的末级明细科目的期末贷方余额计算填列。同样，"预付款项"项目需要根据"应付账款"科目加"预付账款"科目所属的相关明细科目的期末借方余额，减与"预付账款"有关的坏账准备贷方余额后计算填列。"预收款项"项目依据"应收账款"科目加"预收账款"科目所属的相关明细科目期末贷方金额计算填列。"开发支出"项目依据"研发支出"科目所属的"资本化支出"明细科目的期末余额计算填列。"应付职工薪酬"项目依据"应付职工薪酬"科目的相关明细科目期末余额计算填列。"一年内到期的非流动资产""一年内到期的非流动负债"等项目则需要根据非流动资产和非流动负债项目的相关明细科目余额计算填列。

Ⅲ. 按照总账科目和明细账科目余额分析后计算填列

"长期借款"项目依据"长期借款"总账科目余额减"长期借款"科目所属的相关明细科目中满足以下条件的金额后计算填列：①将于一年内到期；②清偿义务不能由企业自主展期。"长期待摊费用"项目依据"长期待摊费用"科目期末余额减一年以内（含一年）摊销数额后的金额计算填列。"其他非流动资产"项目依据有关科目期末余额减一年以内（含一年）收回数额后的金额计算填列。"其他非流动负债"项目依据有关科目期末余额减一年以内（含一年）到期偿还数额后的金额填列。

Ⅳ. 按照有关科目的余额减去备抵科目余额后的净额填列

"应收票据""应收账款""长期股权投资""在建工程"等资产项目，按照"应收票据""应收账款"期末余额减"坏账准备"，"长期股权投资"期末余额减"长期股权投资减值准备"，"在建工程"期末余额减"在建工程减值准备"相关备抵科目余额后的净额计算填列。"投资性房地产"（采用成本模式计量）、"固定资产"项目，按照"投资性房地产""固定资产"科目的期末余额减"投资性房地产累计折旧""投资性房地产减值准备""累计折旧""固定资产减值准备"等备抵科目的期末余额，以及"固定资产清理"科目期末余额后的净额填列。"无形资产"项目依据"无形资产"科目的期末余额减"累计摊销""无形资产减值准备"等备抵科目余额后的净额计算填列。

Ⅴ. 综合运用上述各种填列方法分析填列

资产类"存货"项目，应当汇总"原材料""库存商品""材料采购""委托加工物资""在途物资""周转材料""材料成本差异""发出商品"等总账科目期末余额合计数，减"存货跌价准备"科目余额后的净额计算填列。

2）资产负债表各项目填列

Ⅰ. 报表资产类项目

（1）“货币资金”，反映企业拥有的库存现金、银行汇票存款、银行本票存款、银行结算户存款、信用卡存款、外埠存款、信用证保证金存款等的合计数。本项目依据“银行存款”“库存现金”“其他货币资金”科目的期末余额的合计数填列。

（2）“交易性金融资产”，反映资产负债表日企业分类为以公允价值计量且其变动计入当期损益的金融资产和企业持有的指定为以公允价值计量且其变动计入当期损益的金融资产的期末账面价值。该项目依据“交易性金融资产”科目的明细科目期末余额分析填列。超过一年到期（自资产负债表日起）且预期持有超过一年、以公允价值计量且其变动计入当期损益的非流动金融资产的期末账面价值，在“其他非流动金融资产”项目中反映。

（3）“应收票据”，反映资产负债表日以摊余成本计量的，企业因销售商品、提供服务等收到的商业汇票（银行承兑汇票和商业承兑汇票）。该项目依据“应收票据”科目的期末余额减“坏账准备”科目中相关坏账准备期末余额后的金额分析填列。

（4）“应收账款”，反映资产负债表日以摊余成本计量的，企业因销售商品、提供服务等经营活动应收取的款项。该项目依据“应收账款”科目的期末余额减“坏账准备”科目中相关坏账准备期末余额后的金额分析填列。

（5）“应收款项融资”，反映资产负债表日以公允价值计量且其变动计入其他综合收益的应收票据和应收账款等。

（6）“预付款项”，反映企业依据购货合同的规定，提前支付给供应商的款项等。本项目依据“预付账款”和“应付账款”科目所属各明细科目的期末借方余额合计数，减去“坏账准备”科目中有关预付账款计提的坏账准备期末余额后的净额填列；“预付账款”科目需要重分类，其所属明细科目期末余额为贷方的，则需在资产负债表负债类项目“应付账款”内填列。

（7）“其他应收款”，反映除去应收票据、应收账款、预付账款等企业主要经营活动以外的其他各种应收、暂付的款项。本项目依据“应收利息”“应收股利”“其他应收款”科目的期末余额合计数，减去“坏账准备”科目中相关坏账准备期末余额后的金额填列。其中的“应收利息”仅反映相关金融工具应收而未收的利息（已到期可收取但于资产负债表日尚未收到）。基于实际利率法计提的金融工具的利息则应包含在相应金融工具的账面余额中。

（8）“存货”，主要有各种材料、在产品、半成品、商品、发出商品、包装物、低值易耗品等，反映企业期末各种在库的、在途的和在加工的存货的可变现净值或成本（选择成本与可变现净值两者中较低的一个作为存货计价的标准）。本项目依据“原材料”“材料采购”“周转材料”“委托加工物资”“生产成本”“库存商品”“发出商品”“受托代销商品”等科目的期末余额合计数，减“受托代销商品款”“存货跌价准备”科目期末余额后的净额计算填列。材料核算采用计划成本，应加（或减）材料成本差异，库存商品采用计划成本或售价核算的企业，应加（或减）商品进销差价后的金额计算填列。

（9）“合同资产”，反映企业按照《企业会计准则第14号——收入》的相关规定，根据本企业履行履约义务与客户付款之间的关系在资产负债表中列示的合同资产。“合同资产”项目依据“合同资产”科目的相关明细科目期末余额分析填列，同一合同下的合同资产和合同负债应当以净额列示。其中,净额为借方余额的,应当根据其流动性在“合同资产”或“其他非流动资产”项目中填列,已计提减值准备的,还应以减去“合同资产减值准备”科目中相关的期末余额后的金额填列;净额为贷方余额的,应当根据其流动性在“合同负债”或“其他非流动负债”项目中填列。

(10)“持有待售资产”,反映资产负债表日划分为持有待售类别的非流动资产及划分为持有待售类别的处置组中的流动资产和非流动资产的期末账面价值。该项目依据“持有待售资产”科目的期末余额,减去“持有待售资产减值准备”科目的期末余额后的金额填列。

(11)“一年内到期的非流动资产”,反映企业预计一年内(自资产负债表日起计)变现的非流动资产。本项目依据有关科目的期末余额分析填列。

(12)“债权投资”,反映资产负债表日企业以摊余成本计量的长期债权投资的期末账面价值。该项目依据“债权投资”科目的相关明细科目期末余额,减去“债权投资减值准备”科目中相关减值准备的期末余额后的金额分析填列。一年内(自资产负债表日起计)到期的长期债权投资的期末账面价值,在“一年内到期的非流动资产”项目中反映。企业购入的以摊余成本计量的一年内到期的债权投资的期末账面价值,在“其他流动资产”项目中反映。

(13)“其他债权投资”,反映资产负债表日企业分类为以公允价值计量且其变动计入其他综合收益的长期债权投资的期末账面价值。该项目依据“其他债权投资”科目的相关明细科目期末余额分析填列。一年内(自资产负债表日起计)到期的长期债权投资的期末账面价值,在“一年内到期的非流动资产”项目中反映。企业购入一年内到期的债权投资(以公允价值计量且其变动计入其他综合收益)期末账面价值,在“其他流动资产”项目中反映。

(14)“长期应收款”,反映企业租赁产生的应收款项,以及在形式上采用递延方式分期收款、在实质上具有融资性质的销售商品、提供劳务等经营活动产生的应收款项。项目按照“长期应收款”科目的期末余额,减对应的“未实现融资收益”科目和“坏账准备”科目所属相关明细科目期末余额后的金额填列。

(15)“长期股权投资”,反映投资方对被投资单位实施控制、有重大影响的权益性投资,与对其合营企业的权益性投资。项目按照“长期股权投资”科目的期末余额,减“长期股权投资减值准备”科目的期末余额后的净额填列。

(16)“其他权益工具投资”,反映资产负债表日企业指定为以公允价值计量且其变动计入其他综合收益的非交易性权益工具投资的期末账面价值。本项目依据“其他权益工具投资”科目的期末余额填列。

(17)“固定资产”,反映资产负债表日企业固定资产的期末账面价值和企业尚未清理完毕的固定资产清理净损益。本项目依据“固定资产”科目的期末余额减去“累计折旧”和“固定资产减值准备”科目的期末余额后的金额,以及“固定资产清理”科目的期末余额填列。

(18)“在建工程”,反映资产负债表日企业尚未达到预定可使用状态的在建工程的期末账面价值和企业为在建工程准备的各种物资的期末账面价值。本项目依据“在建工程”科目的期末余额减去“在建工程减值准备”科目的期末余额后的金额,以及“工程物资”科目的期末余额减去“工程物资减值准备”科目的期末余额后的金额填列。

(19)“使用权资产”,反映资产负债表日承租人企业持有的使用权资产的期末账面价值。本项目依据“使用权资产”科目的期末余额,减去“使用权资产累计折旧”和“使用权资产减值准备”科目的期末余额后的金额填列。

(20)“无形资产”,反映企业持有的专利权、非专利技术、商标权、著作权、土地使用权等无形资产的成本减去累计摊销和减值准备后的净值。项目按照“无形资产”科目的期末余额,减去“累计摊销”和“无形资产减值准备”科目期末余额后的净额填列。

(21)“开发支出”,反映企业开发无形资产过程中能够资本化形成无形资产成本的支出部分。项目按照“研发支出”科目所属的“资本化支出”明细科目的期末余额填列。

(22)“长期待摊费用”,反映企业已经发生但是应该由本期和以后各期负担且分摊期限在一年以上的各项费用。项目依据“长期待摊费用”科目的期末余额,减将于一年内(含一年)摊销的数额后的金额计算分析填列。注意,长期待摊费用的摊销年限只剩一年或不足一年,或者预计在一年内(含一年)进行摊销的部分,不得归类为流动资产,仍在本应所在的非流动资产项目中填列,不转入“一年内到期的非流动资产”项目。

(23)“递延所得税资产”,反映企业按照准则所得税条款确认的可抵扣暂时性差异产生的所得税资产。项目按照“递延所得税资产”科目的期末余额填列。

(24)“其他非流动资产”,反映企业除了上述非流动资产以外的其他非流动资产。本项目依据有关科目的期末余额填列。

Ⅱ.报表负债类项目

(1)“短期借款”,反映企业向银行或者其他金融机构等借入的、期限在一年内(含一年)的各种借款。项目按照“短期借款”科目的期末余额填列。

(2)“交易性金融负债”,反映企业资产负债表日承担的交易性金融负债,以及企业持有的直接指定为以公允价值计量且其变动计入当期损益的金融负债的期末账面价值。本项目依据“交易性金融负债”科目的相关明细科目期末余额填列。

(3)“应付票据”,反映资产负债表日以摊余成本计量的,企业因购买材料、商品和接受服务等开出、承兑的商业汇票,包括银行承兑汇票和商业承兑汇票。本项目依据“应付票据”科目的期末余额填列。

(4)“应付账款”,反映资产负债表日以摊余成本计量的,企业因购买材料、商品和接受服务等经营活动应支付的款项。本项目依据“应付账款”和“预付账款”科目所属的相关明细科目的期末贷方余额合计数填列。

(5)“预收款项”,反映企业依据合同规定的预收款项。项目按照“预收账款”和“应收账款”科目所属有关明细科目的期末贷方余额合计数填列。“预收账款”所属明细科目期末余额为借方的,应在资产负债表“应收账款”项目内填列。

(6)“合同负债”,反映企业已收或者应收客户对价而应向客户转让商品的义务,依据本企业履行履约义务与客户付款之间的关系在资产负债表中列示合同负债。本项目依据“合同负债”的相关明细科目期末余额分析填列。

(7)“应付职工薪酬”,反映企业为获得职工提供的服务或者解除劳动关系而给予的各种形式的报酬或补偿。项目按照“应付职工薪酬”科目所属各明细科目的期末贷方余额分析填列。

(8)“应交税费”,反映企业按照税法规定计算应交纳的各种税费,包括增值税、消费税、城市维护建设税、教育费附加、企业所得税、资源税、土地增值税、房产税、城镇土地使用税、车船税、环境保护税等。企业代扣代缴个人所得税也在本项目中列示，企业交纳的税金如果不需要计提应交数的（如印花税、耕地占用税等），则不在本项目中列示。项目按照“应交税费”科目的期末余额贷方数填列。需要注意的是，“应交税费”科目下的“应交增值税”“未交增值税”“待认证进项税额”“待抵扣进项税额”“增值税留抵税额”等明细科目期末借方余额依据具体情况，在资产负债表中的“其他流动资产”或“其他非流动资产”中列示；“应交税费——待转销项税额”等科目期末贷方余额依据情况在资产负债表中的“其他流动负债”或“其他非流动负债”中列示；“应交税费”的二级科目“未交增值税”“转让金融商品应交增值税”“简易计税”“代扣代交增值税”等科目期末贷方余额应在资产负债表的“应交税费”中列示。

（9）“其他应付款”，反映企业除了应付票据、预收账款、应付账款、应交税费、应付职工薪酬等经营活动以外的其他各项应付、暂收款项。项目按照“应付利息”“应付股利”“其他应付款”科目的期末余额合计数填列。其中，“应付利息”科目仅反映相关金融工具已到期应支付但于资产负债表日尚未支付的利息。基于实际利率法计提的金融工具的利息应包含在相应金融工具的账面余额中。

（10）“持有待售负债”，反映资产负债表日处置组中与划分为持有待售类别的资产直接相关的负债的期末账面价值。本项目依据“持有待售负债”科目的期末余额填列。

（11）“一年内到期的非流动负债”，反映企业非流动负债中将于资产负债表日后一年内（含一年）到期部分的金额，如将于一年内（含一年）偿还的长期借款。项目按照有关科目的期末余额分析计算填列。

（12）“长期借款”，反映企业向银行或者其他金融机构借入的期限在一年以上（不含一年）的各项款项。项目按照“长期借款”科目的期末余额，扣除“长期借款”科目所属的明细科目中将在资产负债表日起一年内（含一年）到期且企业不能自主地将清偿义务展期的长期借款后的金额计算填列。

（13）“应付债券”，反映企业为了筹集长期资金而发行的债券本金及应付的利息。本项目依据“应付债券”科目的期末余额分析填列。对于资产负债表日企业发行的金融工具，分类为金融负债的，应在本项目中填列，对于优先股和永续债还应在本项目下的“优先股”项目和“永续债”项目中分别填列。

（14）“租赁负债”，反映资产负债表日承租人企业尚未支付的租赁付款额的期末账面价值。本项目依据“租赁负债”科目的期末余额填列。自资产负债表日起一年内（含一年）到期应予以清偿的租赁负债的期末账面价值，在“一年内到期的非流动负债”项目中反映。

（15）“长期应付款”，依据“长期应付款”科目的期末余额减去相关的“未确认融资费用”科目的期末余额后的金额，以及“专项应付款”科目的期末余额填列。

（16）“预计负债”，反映企业按照或有事项等相关准则确认的各项预计负债，包括对外提供担保、产品质量保证、未决诉讼、重组义务，以及固定资产和矿区权益弃置义务等产生的预计负债。项目按照“预计负债”科目的期末余额填列。企业按照《企业会计准则第 22 号——金融工具确认和计量》的相关规定，对贷款承诺等项目计提的损失准备，应当在本项目中填列。

（17）“递延收益”，反映尚待确认的收入或收益。本项目包括企业按照政府补助准则确认的、应在以后期间计入当期损益的各项政府补助金额，以及售后租回形成融资租赁的售价与资产账面价值差额等其他递延性质的收入。项目按照“递延收益”科目的期末余额填列。项目中摊销期限只剩一年或不足一年的，或预计在一年内（含一年）进行摊销的部分，不得归类为流动负债，仍在本项目中填列，不转入“一年内到期的非流动负债”项目。

（18）“递延所得税负债”，反映企业按照准则所得税条款确认的应纳税暂时性差异产生的所得税负债。项目按照“递延所得税负债”科目的期末余额填列。

Ⅲ.报表所有者权益类项目

（1）“实收资本（或股本）”，反映企业各投资人实际投入的资本（或股本）总额。项目依据“实收资本（或股本）”科目的期末余额填列。

（2）“其他权益工具”，反映资产负债表日企业发行在外的除普通股以外分类为权益工具的金融工具的期末账面价值，并下设“优先股”和“永续债”两个项目，分别反映企业发行的分类为权益工具的优先股和永续债的账面价值。

（3）“资本公积”，反映企业收到投资人出资超出其在注册资本或股本中所占的份额和直接计入所有者权益的利得和损失等。项目按照“资本公积”科目的期末余额填列。

（4）“其他综合收益”，反映企业其他综合收益的期末余额。项目按照“其他综合收益”科目的期末余额填列。

（5）“专项储备”，反映高危行业企业按国家规定提取的安全生产费的期末账面价值。本项目依据“专项储备”科目的期末余额填列。

（6）“盈余公积”，反映企业盈余公积的期末余额。项目按照“盈余公积”科目的期末余额填列。

（7）“未分配利润”，反映企业尚未分配的利润。项目按照“本年利润”“利润分配”科目的余额计算填列。企业未弥补的亏损在本项目内以“-”号填列。

3. 资产负债表的主要分析内容

分析资产负债表，通常以“资产=负债+所有者权益”会计等式作为引导，从框架到明细层层深入，先了解企业整体财务状况，再了解大类项目，进而逐层分解，最后到每个具体项目。资产负债表主要包括以下分析内容。

1）资产负债表增减变动情况分析

运用水平分析法，通过对企业的各项资产、负债和所有者权益的增减变动对比分析，揭示企业资金来源与资金占有形式的变化，从而分析与揭示企业生产经营活动、经营管理水平、会计政策及会计变更对其变化的影响。

2）资产负债表结构分析

运用垂直分析法，通过对资产负债表中每个项目占有总资产的比重对比，分析企业的资产构成、负债构成和所有者权益构成，揭示企业的资产结构与资本结构的合理程度，分析企业资产结构优化、资本结构优化，以及资产结构与资本结构相适应程度的优化。

3）资产负债表项目分析

项目分析是在资产负债表整体框架性分析的基础上，对报表中的资产、负债和所有者权益的主要项目进行深一层分析。

2.4.2　利润表

1. 利润表的格式

利润表又称损益表,是动态的时期报表,是反映企业在一定会计期间的生产经营成果的报表。利润表需以利润的计算顺序对各项目进行分类分项列示,利润包括营业收入减去成本费用后的净额、直接计入当期利润的利得和损失等。利润表的主要格式分为单步式和多步式两种。中国企业利润表主要采用多步式格式,即通过对当期的收入、费用等项目按照项目性质加以归类,按照利润形成的主要环节分步计算当期净损益,通过营业利润、利润总额、净利润、其他综合收益的税后净额、综合收益总额、每股收益六个层次的顺序分步披露企业的收益,逐步揭示企业收益的形成过程,以便报表使用者理解企业经营成果的各项来源。企业利润表对于各种费用的列报按照功能加以分类,即分为营业成本、管理费用、销售费用和财务费用等,这样可以直观地帮助报表使用者了解费用发生的活动区域。

利润表中每个项目均有“本月数”“本年累计数”两个数据。其中“本月数”栏内的各项目数字是根据当期有关损益类账户所记录的数字填列,反映编报当月的损益情况。“本年累计数”栏内所列数据根据本年度第一个月开始至编报月为止的相应项目数据累计计算填列。为了帮助报表使用者判断企业经营成果的未来发展趋势,企业需要提供比较利润表,这就需要将利润表各项目再分为“本期金额”和“上期金额”两栏,并分别填列。

利润表中各项目之间的联系可简单地通过下列计算公式给出:

营业利润 = 营业收入 − 营业成本 − 税金及附加 − 销售费用 − 管理费用− 研发费用 − 财务费用 − 资产减值损失 − 信用减值损失 + 其他收益 + 投资收益 + 公允价值变动收益 + 资产处置收益

利润总额 = 营业利润 + 营业外收入 − 营业外支出

净利润 = 利润总额 − 所得税费用

综合收益总额 = 净利润 + 其他综合收益的税后净额

2. 利润表的编制

利润表编制的主要依据为“收入−费用=利润”会计等式以及收入与成本费用的配比原则。利润表内应当单独列示的主要项目有:营业收入、营业成本、税金及附加、管理费用、销售费用、财务费用、投资收益、公允价值变动收益(或损失)、资产减值损失、非流动资产处置损益、利润总额、所得税费用、净利润等。

1)利润表的编制要求

利润表中一般应单独列报的项目如下。①营业利润、利润总额、净利润、其他综合收益的税后净额、综合收益总额和每股收益等。其中,营业利润单独列报的项目包括营业收入、营业成本、税金及附加、销售费用、管理费用、研发费用、财务费用、信用减值损失、资产减值损失、其他收益、投资收益、公允价值变动收益、资产处置收益等。②利润总额项目为营业利润加上营业外收入减去营业外支出。③净利润项目为利润总额减去所得税费用,包括持续经营净利润和终止经营净利润等项目。④其他综合收益的税后净额包括不能重分类进损益的其他综合收益和将重分类进损益的其他综合收益等项目。⑤综合收益总额为净利润加上其他综合收益的税后净额。⑥每股收益包括基本每股收益和稀释每股收益两个项目。

利润表中的每个项目都应填列“本期金额”和“上期金额”。“上期金额”依据上年该期利润表的“本期金额”所列数字填列。“本期金额”,除“基本每股收益”和“稀释每股收益”外,需要按照相关科目的发生额分析填列,如“营业收入”根据“主营业务收入”“其他业务收入”的发生额分析计算填列,“营业成本”根据“主营业务成本”“其他业务成本”的发生额分析计算填列。

2)利润表的填列方法

利润表“本期金额”的填列方法,应依据损益类科目和所有者权益类相关科目的发生额填列。

(1)“营业收入”,反映企业经营的主要业务,以及其他业务所确认的收入总额,按照“主营业务收入”和“其他业务收入”科目的发生额分析填列。

(2)“营业成本”,反映企业经营的主要业务,以及其他业务所发生的成本总额,按照“主营业务成本”和“其他业务成本”科目的发生额分析填列。

(3)“税金及附加”,反映企业经营业务所负担的消费税、城市维护建设税、教育费附加、印花税、土地增值税、资源税、车船税、城镇土地使用税、环境保护税、房产税等相关税费,按照“税金及附加”科目的发生额分析填列。

(4)“销售费用”,反映企业在销售商品的过程中发生的广告费、包装费等费用,以及为了销售本企业商品而设置的销售机构的职工薪酬、业务费等经营费用,按照“销售费用”科目的发生额分析填列。

(5)“管理费用”,反映企业为组织和管理生产经营发生的管理费用。本项目依据“管理费用”科目的发生额分析填列。

(6)“研发费用”,反映企业进行研究与开发过程中发生的费用化支出以及计入管理费用的自行开发无形资产的摊销。本项目依据“管理费用”科目下“研发费用”明细科目的发生额以及“管理费用”科目下“无形资产摊销”明细科目的发生额分析填列。

(7)“财务费用”,反映企业为筹集生产经营所需资金等而发生的应予费用化的利息支出。本项目依据“财务费用”科目的相关明细科目发生额分析填列。其中,“利息费用”项目,反映企业为筹集生产经营所需资金等而发生的应予费用化的利息支出,依据“财务费用”科目的相关明细科目的发生额分析填列;“利息收入”项目,反映企业应冲减财务费用的利息收入,依据“财务费用”科目的相关明细科目的发生额分析填列。

(8)“其他收益”,反映计入其他收益的政府补助,以及其他与日常活动相关且计入其他收益的项目。本项目依据“其他收益”科目的发生额分析填列。企业作为个人所得税的扣缴义务人,根据《中华人民共和国个人所得税法》(以下简称《个人所得税法》)收到的扣缴税款手续费,应作为其他与日常活动相关的收益在本项目中填列。

(9)“投资收益”,反映企业以各种方式对外投资所取得的收益。本项目依据“投资收益”科目的发生额分析填列。如为投资损失,本项目以“-”号填列。

(10)“净敞口套期收益”,反映净敞口套期下被套期项目累计公允价值变动转入当期损益的金额或现金流量套期储备转入当期损益的金额。本项目依据“净敞口套期损益”科目的发生额分析填列。如为套期损失,本项目以“-”号填列。

(11)“公允价值变动收益”,反映企业应当计入当期损益的资产或负债公允价值变动收益,按照"公允价值变动收益(或损失)"科目的发生额分析填列。如是净损失,本项目以"-"号填列。

(12)"信用减值损失",反映企业按照《企业会计准则第22号——金融工具确认和计量》的要求计提的各项金融工具信用减值准备所确认的信用损失。本项目依据"信用减值损失"科目的发生额分析填列。

(13)"资产减值损失",反映企业有关资产发生的减值损失,按照"资产减值损失"科目的发生额分析填列。

(14)"资产处置收益",反映企业出售划分为持有待售的非流动资产(金融工具、长期股权投资和投资性房地产除外)或处置组(子公司和业务除外)时确认的处置利得或损失,以及处置未划分为持有待售的固定资产、在建工程、生产性生物资产及无形资产而产生的处置利得或损失。债务重组中因处置非流动资产(金融工具、长期股权投资和投资性房地产除外)产生的利得或损失和非货币性资产交换中换出非流动资产(金融工具、长期股权投资和投资性房地产除外)产生的利得或损失也包括在本项目内。本项目依据"资产处置损益"科目的发生额分析填列。如为处置损失,本项目以"-"号填列。

(15)"营业利润",反映企业已实现的营业利润。如是亏损,本项目以"-"号填列。

(16)"营业外收入",反映企业已发生的除营业利润以外的收益,主要包括非流动资产毁损报废收益,与企业日常活动无关的政府补助、盘盈利得、捐赠利得(企业接受股东或股东的子公司直接或间接的捐赠,经济实质属于股东对企业的资本性投入的除外)等。本项目按照"营业外收入"科目的发生额分析填列。

(17)"营业外支出",反映企业发生的除营业利润以外的支出,主要包括公益性捐赠支出、非常损失、盘亏损失、非流动资产毁损报废损失等。本项目依据"营业外支出"科目的发生额分析填列。

(18)"利润总额",反映企业已实现的利润。如是亏损,本项目以"-"号填列。

(19)"所得税费用",反映企业应该从本期利润总额中扣除的所得税费用,按照"所得税费用"科目的发生额分析填列。

(20)"净利润",反映企业已实现的净利润。如是亏损,本项目以"-"号填列。

(21)"其他综合收益的税后净额",反映企业按照企业会计准则规定、未在当期损益中确认的各项利得和损失扣除所得税影响后的净额。

(22)"综合收益总额",反映企业净利润加上其他综合收益(税后净额)的合计金额。

(23)"每股收益",包括基本每股收益和稀释每股收益,反映普通股或潜在普通股已公开交易企业的每股收益信息,以及正处在公开发行普通股或潜在普通股过程中企业的每股收益信息。

3.利润表的主要分析内容

利润表分析应按照利润表及相关信息进行。利润表分析的主要内容有以下几项。

1)利润水平增减变动分析

利润水平增减变动分析主要是利用利润表内的各项数据编制水平分析表,以利润的动态形成角度揭示利润额的变动情况,从而反映企业在利润形成过程中的管理业绩及存在的问题。

2)利润结构变动分析

利润结构变动分析,主要是利用利润表各项目在营业收入中所占的比重进行垂直分析,反映各项利润、成本费用与收入的关系,从而揭示企业各环节利润构成、利润和成本费用水平。

3)利润表项目分析

利润表项目分析主要是对利润表中的营业利润、利润总额和净利润进行分析,同时对形成各层次利润的重要项目进行分析。

分析利润表首先应从比较各项利润的差异入手,进行增减变动分析和结构变动分析,初步评估本期经营业绩的优劣和变动的趋势,并为进一步分析提供线索;其次在各项利润增减变动和结构变动分析的基础上,对存在较大差异的重要利润项目应进行深入分析,主要分析各因素变动对利润的影响,以便采取有针对性的措施,除弊兴利,改善经营管理,提升企业经济效益。

2.4.3 现金流量表

1. 现金流量表概述

1)现金流量表的含义

现金流量表是反映企业在一定会计期间的现金及现金等价物流入和流出的报表。它是以资产负债表和利润表等会计核算资料为依据,按照收付实现制基础要求对现金流量的结构性表述,以展示企业在一定会计期间获取现金及现金等价物的能力。

现金是指企业库存的现金以及可以随时用于支付的存款,不能即时用于企业支付的存款不属于现金。

现金等价物是指企业持有的期限短、流动性强,容易转换成已知金额现金、价值变动风险很小的投资。期限短即从购买日起三个月内到期,一般包括三个月内到期的债券投资等。权益性投资不属于现金等价物,因为它变现的金额通常不确定。企业自当视具体情况确定现金等价物范围,并且一经确定不能随意变更。本节表述的现金均指现金及现金等价物(除了同时提及现金等价物的情况)。

现金流量表有助于报表使用者了解、评价企业获取现金与现金等价物的能力,有助于评价企业的支付能力、偿债能力,有助于预测企业未来的现金流量、分析企业收益的含金质量和影响现金流量的因素等。

2)现金流量表的结构分类

现金流量表采用报告式结构,基本结构根据“现金流入量-现金流出量=现金净流量”公式设计。现金流量包括现金流入量、现金流出量、现金净流量,主要现金流量按照企业的业务活动性质与现金流量功能的不同分为三类:由经营活动产生的现金流量、由投资活动产生的现金流量和由筹资活动产生的现金流量。每一项皆有现金流入量、现金流出量和现金净流量分项列示,最后汇总反映出企业某一期间现金及现金等价物的净增加额。

经营活动领域的现金流量是指与销售商品、提供劳务相关的活动产生的现金流量,包括企业投资活动和筹资活动以外的所有交易和事项产生的现金流量。例如,销售商品收到的现金、购买商品支付的现金以及经营性租赁、广告宣传、制造产品、缴纳税款产生的现金流量等。经营活动产生的现金流量分为经营活动带来的现金流入量、经营活动导致的现金流出量和经营活动产生的现金净流量。

投资活动领域的现金流量是指与非流动资产的取得或处置相关的活动产生的现金流量,包括企业长期资产的购建,以及不包括在现金等价物范围内的投资及其处置的有关活动产生的现金流量。例如,购买股票、债券支付的现金,购建或处置固定资产产生的现金流量,销售长期投资收回现金,购建或处置无形资产产生的现金流量,等等。投资活动产生的现金流量分为投资活动带来的现金流入量、投资活动导致的现金流出量和投资活动产生的现金净流量。

筹资活动领域的现金流量是指与企业财务规模的更改或财务结构组成的变化有关的活动产生的现金流量,即导致企业资本、债务规模及构成发生变动的相关活动产生的现金流量。例如,向银行借入款项收到的现金、归还银行借款支付的现金以及发行股票、吸收投资、分配利润产生的现金流量等。筹资活动产生的现金流量分为筹资活动带来的现金流入量、筹资活动导致的现金流出量和筹资活动产生的现金净流量。

除上述三类主要现金流量外,当企业持有除记账本位币外的以外币为计量单位的资产负债及往来款项时,现金流量表应列示汇率变动对现金及现金等价物的影响。

2. 现金流量表的格式

现金流量表的格式是指现金流量表结构内容的编排顺序和方式。现金流量表的格式应有利于反映企业业务活动的性质和现金流量的来源,其基本原理是以将权责发生制作为基础提供的会计核算资料为依据,按照收付实现制基础进行调整计算,以反映现金流量增减变动及其结果,即将以权责发生制为基础编制的资产负债表和利润表资料按照收付实现制基础调整计算编制现金流量表。调整计算方法通常有直接法和间接法两种。

直接法是指通过企业现金收入和现金支出的主要类别列示企业经营活动现金流量的一种方法。例如, PXH股份有限公司(以下简称“PXH公司”)2021年度利润表中列示的营业收入为100万元,资产负债表中列示的应收账款年末金额为30万元、上年年末金额为20万元,不考虑其他因素影响,则表明该企业当年度100万元的营业收入中有10万元尚未收到现金,即销售商品收到的现金为90万元。

间接法是指将净利润调整为经营活动现金流量的一种方法。直接法是以利润表中的营业收入为基础正向计算经营活动产生的现金净流量,而间接法则是以净利润为基础反向计算经营活动产生的现金净流量,最终二者的结果是一致的。间接法计算的经营活动产生的现金净流量加上投资活动产生的现金净流量和筹资活动产生的现金净流量形成报告期的现金及现金等价物净增加额,再加上报告期期初现金及现金等价物余额,得到期末现金及现金等价物余额。

直接法编制的现金流量表的优点是能够分析经营活动产生的现金流量的来源和用途,由此预测企业现金流量的未来前景;间接法编制的现金流量表的优点是易于将净利润与经营活动产生的现金净流量进行比较,了解净利润的形成与经营活动产生的现金流量存在差异的原因,从现金流量的角度分析净利润的含金质量。二者能够相互验证和补充。

按照我国现行会计准则规定,企业应当采用直接法列示经营活动产生的现金流量。同时规定,企业应当在附注中披露将净利润调整为经营活动现金流量的信息。由此,现金流量表的格式分为直接法格式和间接法格式两种。

3. 现金流量表的编制

1)现金流量表的编制要求

现金流量表应当分别以经营活动、投资活动和筹资活动列报现金流量，现金流量应当分别按照现金流入和现金流出总额列报，但是下列特殊的事项可以按照净额列报。

(1)替代客户收取或支付的现金。

(2)金额大、周转快、期限短的项目现金流入和现金流出。

(3)金融企业相关项目，包括短期贷款发放与收回的贷款本金、同业存款和存放同业款项的存取、活期存款的吸收与支付、证券的买入与卖出、向其他金融企业拆借资金等。

(4)保险索赔、自然灾害损失等特殊项目，应当按照其性质，分别归并到经营活动、投资活动和筹资活动现金流量类别中单独列报。

(5)外币现金流量以及境外子公司的现金流量，需要采用现金流量发生日的即期汇率或按照系统合理的方法确定的、和现金流量发生日即期汇率近似的汇率折算。汇率变动对现金的影响额需要作为调整项，在现金流量表“汇率变动对现金及现金等价物的影响”中单独列报。

2)直接法

企业一般采用工作底稿法或T形账户法两种直接法的形式编制现金流量表，也可以根据有关会计科目分析填列。

(1)工作底稿法。工作底稿法主要是以会计工作底稿为手段，以资产负债表和利润表的数据为基础，分别对每一个项目进行分析、编制调整会计分录，最终编制现金流量表的一种方法。

(2)T形账户法。T形账户法主要是以T形账户为手段，以资产负债表和利润表的数据为基础，分别对每一个项目进行分析、编制调整会计分录，最终编制现金流量表的一种方法。

T形账户法的具体步骤如下。

①为资产负债表和利润表的所有非现金项目分别开设T形账户，同时将各项目的期末、期初变动额对应计入各账户。如果某项目的期末数大于期初数，则将其差额过入和该项目余额相同的方向；反之，过入相反的方向。对于资产项目而言，如果期末余额大于期初余额，过入相关资产项目的借方，表明报告期内某项资产项目增加引发现金流出量增加；反之，如果期末余额小于期初余额，过入相关资产项目的贷方，表明报告期内某项资产项目减少引发现金流入量增加。

②开设一级大账户“现金及现金等价物”T形账户，分设“经营活动”“投资活动”“筹资活动”三个二级T形账户，左面是借方登记现金流入，右面是贷方登记现金流出，借方余额为现金流入净额，贷方余额为现金流出净额。

③分析当期业务并编制调整分录。编制调整分录的原则是以利润表的项目为基础，从“营业收入”开始，参照资产负债表对应的项目对非现金项目逐一进行分析调整。

④将调整分录计入T形账户，并检查核对。

⑤根据T形账户编制正式的现金流量表。

3)间接法

企业采用间接法编制现金流量表的基本步骤如下。

Ⅰ.将报告期利润表中净利润调节为经营活动产生的现金流量

具体方法为以净利润为起算点,加上利润表中作为净利润减少却并没有同步发生现金流出的填列项目,减去利润表中作为净利润增加却并没有同步发生现金流入的填列项目,以及不属于经营活动的现金流量。

Ⅰ)需加回的项目

此类项目属于净利润中并没有支付现金的费用,需要在净利润的基础上分析调整的项目。

(1)“资产减值准备”,反映企业报告期计提的存货跌价准备、长期股权投资减值准备、债权投资减值准备、投资性房地产减值准备、使用权资产减值准备、固定资产减值准备、无形资产减值准备、在建工程减值准备、商誉减值准备等对现金流量的影响。本项目在利润表中作为净利润的减除项已经扣除,但在报告期内并未支付现金,应予以加回,本项目可按照利润表中“资产减值损失”项目的填列金额直接填列。

(2)“信用损失准备”,反映企业报告期计提的坏账准备对现金流量的影响。该项目在利润表中作为净利润项目的减项已经扣除,但在报告期内不需要支付现金,应予以加回。本项目可根据利润表中“信用减值损失”项目的填列金额直接填列。

(3)“固定资产折旧、油气资产折耗、生产性生物资产折旧”,反映企业报告期计提的固定资产折旧、油气资产折耗、生产性生物资产折旧、使用权资产折旧、投资性房地产折旧等对现金流量的影响。该项目在利润表中作为净利润项目的减项已经扣除,但在报告期内不需要支付现金,应予以加回。本项目可根据资产负债表及其报表附注中或“累计折旧”“累计折耗”“生产性生物资产累计折旧”“使用权资产累计折旧”“投资性房地产累计折旧”科目的贷方发生额等分析计算填列。

(4)“无形资产摊销”,反映企业报告期计提的无形资产摊销对现金流量的影响。该项目在利润表中作为净利润项目的减项已经扣除,但在报告期内不需要支付现金,应予以加回。本项目可根据资产负债表及其报表附注中或“累计摊销”科目的贷方发生额等分析计算填列。

(5)“长期待摊费用摊销”,反映企业报告期计提的长期待摊费用摊销对现金流量的影响。该项目在利润表中作为净利润项目的减项已经扣除,但在报告期内不需要支付现金,应予以加回。本项目可根据资产负债表及其报表附注中或“长期待摊费用累计摊销”科目的贷方发生额等分析计算填列。

Ⅱ)应加回或减去的项目

此类项目属于净利润中并没有实际支付现金的费用或者没有实际收到现金的收益,应该在净利润的基础上调整。

(1)“处置固定资产、无形资产和其他长期资产的损失(收益以‘-’号填列)”,反映企业报告期内发生的处置固定资产、无形资产和其他长期资产的净损益对现金流量的影响。本内容属于计入净利润项目的投资活动产生的现金流量,在编制经营活动产生的现金流量时应予以扣除,对于发生的处置固定资产、无形资产和其他长期资产的净损失则予以加回;相反,对于已实现的处置固定资产、无形资产和其他长期资产的净收益应予以减去。此项目可按照“资产处置损益”科目分析填列。

(2)“固定资产报废损失(收益以‘-’号填列)”,反映企业本期发生的固定资产报废净损益对现金流量的影响。此项目内容属于计入净利润的投资活动产生的现金流量,在编制经营活动产生的现金流量时需予以扣除,对于已发生的固定资产报废净损失予以加回;相反,对于已实现的固定资产报废净收益予以减去。此项目可根据利润表中“营业外收入”和“营业外支出”分析填列。在分析计算营业外收支时,要注意对于企业日常活动之外、不经常发生的特殊项目,例如自然灾害损失、保险赔款、捐赠等等,如果其中存在确实属于流动资产损失的应当列入经营活动产生的现金流量,则不予调整。

(3)“公允价值变动损失(收益以‘-’号填列)”,反映企业本期公允价值变动收益(或损失)对于现金流量的影响。此项目内容属于计入企业净利润项目的投资活动产生的现金流量,同时公允价值变动收益也未产生现金流量,在列报经营活动产生的现金流量时应予以扣除,对于发生的公允价值变动损失应予以加回;反之,对于发生的公允价值变动收益应予以减去。本项目可根据利润表中“公允价值变动收益(损失以‘-’号填列)”项目分析计算填列。

(4)“财务费用(收益以‘-’号填列)”,反映企业报告期内发生的财务费用(或收益)对现金流量的影响。本项目内容的性质较为复杂,可能分别归属于经营活动、投资活动或筹资活动产生的现金流量。各种借款利息等属于筹资活动的现金流量项目,应收票据贴现利息、办理银行转账结算的手续费等属于经营活动产生的现金流量项目。对于属于筹资活动或投资活动的财务费用应予以加回;反之,对于属于筹资活动或投资活动的财务收益应予以减去;对于属于经营活动产生的现金流量项目依据利息费用或利息收入等具体情况分析计算调整。本项目可根据“财务费用”和“其他应收款——应收利息”“其他应付款——应付利息”等项目的具体内容分析计算填列。

(5)“投资损失(收益以‘-’号填列)”,反映企业报告期内发生的投资损失(或收益)对现金流量的影响。本项目内容属于计入净利润项目的投资活动产生的现金流量,在列报经营活动产生的现金流量时应予以扣除,对于发生的投资损失应予以加回;反之,对于发生的投资收益应予以减去。本项目依据利润表中“投资收益(损失以‘-’号填列)”项目分析计算填列。

(6)“递延所得税资产减少(增加以‘-’号填列)”,反映企业报告期内产生的递延所得税资产减少(或增加)对现金流量的影响。递延所得税资产属于企业未来期间的应纳税所得额及应交所得税,不构成报告期的现金流量。具体而言,本项目内容属于计入净利润项目中“所得税费用”项目的内容,在计算“所得税费用”时,递延所得税资产减少额计入“所得税费用”科目的增加额,减少了报告期利润表中的净利润,应予以加回;反之,递延所得税资产增加额,计入“所得税费用”科目的减少额,增加了报告期利润表中的净利润,应予以减去。本项目可根据资产负债表中“递延所得税资产”项目的期末期初金额的差额分析计算填列。

(7)“递延所得税负债增加(减少以‘-’号填列)”,反映企业报告期内产生的递延所得税负债增加(或减少)对现金流量的影响。递延所得税负债属于企业未来期间的应纳税所得额及应交所得税，不构成报告期的现金流量。具体而言，本项目内容属于计入净利润项目中"所得税费用"项目的内容，在计算"所得税费用"时，递延所得税负债增加额计入"所得税费用"科目的增加额，减少了报告期利润表中的净利润，应予以加回；反之，递延所得税负债减少额计入"所得税费用"科目的减少额，增加了报告期利润表中的净利润，应予以减去。本项目可根据资产负债表中"递延所得税负债"项目的期末期初金额的差额分析计算填列。

（8）"存货的减少（增加以'-'号填列）"，反映企业报告期内产生的存货减少（或增加）对现金流量的影响。资产负债表中"存货"项目的年末较年初减少的差额，说明报告期消耗或发出了期初存货，这部分存货在报告期不需要支付现金，但按报告期营业成本等计算的净利润已经减去了这部分不需要支付的现金，应予以加回；反之，资产负债表中"存货"项目的年末较年初增加的差额，这部分存货在报告期已经支付了现金，但按报告期营业成本计算的净利润并未减去这部分需要支付的现金，应予以减去。此外，存货减少可能有属于投资活动或筹资活动的现金流量部分，填列该项目时需要分析计算调整非经营活动的现金流量。本项目可根据资产负债表中"存货"项目期末期初数的差额和报表附注中"存货跌价准备"项目的期末期初数的差额分析计算填列。

Ⅲ）经营性应收应付项目的增减变动

本项目属于不直接影响净利润的经营活动产生的现金流入或者流出，需要在净利润的基础上分析调整。

（1）"经营性应收项目的减少（增加以'-'号填列）"，反映企业本期内发生的经营性应收项目减少（或增加）对现金流量的影响。经营性应收项目包括应收票据、预付账款、应收账款、其他应收款、合同资产和长期应收款等项目中与经营活动有关的部分。资产负债表中经营性应收项目减少，表明本期内收到了以前年度应收项目的现金，形成在净利润之外的营业活动现金流入量，应予以加回；反之，经营性应收项目增加，表明报告期的净利润中有尚未收到的现金流入量，应予以减去。本项目可根据资产负债表中"经营性应收项目"期末期初数的差额和报表附注中"坏账准备"项目的期末期初数的差额分析计算填列。

（2）"经营性应付项目的增加（减少以'-'号填列）"，反映企业本期内发生的经营性应付项目增加（或减少）对现金流量的影响。经营性应付项目包括应付票据、预收账款、应付账款、其他应付款、合同负债和长期应付款等项目中与经营活动有关的部分。资产负债表中经营性应付项目增加，表明报告期内"存货"等项目中存在尚未支付的应付项目的现金，在计算净利润时通过"营业成本"等项目已经扣除，形成净利润中存在尚未发生的经营活动现金流出量，应予以加回；反之，经营性应付项目减少，表明报告期计算净利润时存在尚未扣除的现金流出量，应予以减去。本项目可根据资产负债表中"经营性应付项目"期末期初数的差额分析填列。

Ⅱ.分析调整不涉及现金收支的重大投资及筹资活动

此项目反映企业一定的会计期间内影响资产或负债但不影响该期现金收支的各项投资或筹资活动的信息资料。如企业报告期内实施的债务转为资本、一年内到期的可转换的公司债券、融资租入固定资产等。该类项目虽然不涉及报告期实际的现金流入流出，但对以后各期的现金流量有重大影响。此类需要列报的项目如下。

（1）"债务转为资本"，反映企业报告期内转为资本的债务金额。此项目可根据资产负债表中“应付债券”“长期应付款”“实收资本”“资本公积”等项目分析计算填列。

(2)“一年内到期的可转换公司债券”,反映企业本期内到期的可转换公司债券的本息。本项目可按照资产负债表中“应付债券——优先股”等项目计算填列。

(3)“融资租入固定资产”,反映企业本期内融资租入的固定资产。本项目可根据资产负债表中“使用权资产”“长期应付款”“租赁负债”等项目分析填列。

Ⅲ.分析调整现金及现金等价物净变动情况

本项目反映现金及现金等价物增减变动及其净增加额,按照资产负债表中“货币资金”项目及现金等价物期末期初余额及净增额计算填列。

Ⅳ.编报正式规范的现金流量表补充资料

编报方法可采用前述工作底稿法或T形账户法,也可以按照有关会计科目记录分析填列。

4.现金流量表的主要分析内容

现金流量表反映了企业在一定时期内的现金流入量、流出量和净流量数额。分析现金流量表,可以动态了解企业的现金变动情况和变动原因,从而判断企业获取现金的能力;可以评价企业已获盈利的含金量,以了解企业的支付能力、偿债能力与营运能力;可以预测企业在未来期间的现金流量。

现金流量表分析的内容有以下四项。

①现金流量增减变动分析。

②现金流量结构分析。

③现金流量表项目分析。

④现金流量表比率分析。

2.4.4 所有者权益变动表

1.所有者权益变动表概述

1)所有者权益变动表的含义

所有者权益变动表,是构成企业所有者权益各组成部分当期增减变动情况的报表。它可以看成是对资产负债表的补充,以及进一步对所有者权益增减变动的解释。主要作用包括两个方面:①所有者权益变动表可以为财务报表使用者提供所有者权益总量增减变动的信息,也可以为其提供所有者权益增减变动的结构性信息,特别是可以使财务报表使用者理解所有者权益增减变动的根源;②所有者权益变动表将综合收益和所有者的资本交易导致的所有者权益的增减变动分项列示,有助于掌握导致所有者权益增减变动的原因与责任,对于考察评价企业一定会计期间的所有者权益的保值增值、正确反映管理当局受托责任的履行情况等具有重要的作用。

2)所有者权益变动表的内容

所有者权益变动表至少应当单独列示以下信息项目:综合收益总额、所有者投入资本和向所有者分配利润、资本公积、提取的盈余公积、会计政策变更和差错更正的累积影响金额、实收资本、其他权益工具、其他综合收益、专项储备、盈余公积及未分配利润的期初和期末余额及其调节情况。具体如下。

Ⅰ.“上年年末余额”

“上年年末余额”反映企业上年度资产负债表中，所有者权益所涉及的实收资本（或股本）、资本公积、盈余公积、未分配利润、其他权益工具、库存股、其他综合收益、专项储备等项目的年末余额。

Ⅱ.“会计政策变更”“前期差错更正”

“会计政策变更”“前期差错更正”两项分别反映企业采用追溯调整法处理的会计政策变更的累积影响金额，以及采用追溯重述法处理的会计差错更正的累积影响金额。追溯调整法，是针对企业如果发生某项交易或事项变更会计政策，则应该视同该项交易或事项初次发生时采用变更后的会计政策，并以此对报表的相关项目进行调整的方法。追溯重述法，是针对企业在发现报表前期差错时，应该按照该项前期差错从未发生过的标准，对报表相关项目进行更正的方法。前期差错一般包括应用会计政策错误、计算错误、疏忽或曲解事实、由舞弊产生的影响，以及存货、固定资产盘盈等。

Ⅲ.“本年增减变动金额”

“本年增减变动金额”反映所有者权益各项目本年增减变动的金额，具体内容如下。

（1）“综合收益总额”，列报净利润与其他综合收益扣除所得税影响后的净额相加后的合计金额。

（2）“所有者投入和减少资本”，列报企业当期所有者投入的资本和减少的资本。主要内容包括：①“所有者投入的普通股”，企业接受投资者实际投入形成的实收资本（或股本）和资本溢价或股本溢价；②“其他权益工具持有者投入资本”，企业发行的除普通股份以外、分类为权益工具的金融工具的持有者投入资本的金额；③“股份支付计入所有者权益的金额”，列报企业处于等待期的权益结算的股份支付当年计入资本公积的金额。

（3）“利润分配”，列报企业当期的利润分配金额。

（4）“所有者权益内部结转”，列报企业构成所有者权益的组成项目之间当期增减变动情况。主要内容如下。

①“资本公积转增资本（或股本）”，列报企业当期以资本公积转增资本或股本的金额。②“盈余公积转增资本（或股本）”，列报企业当期以盈余公积转增资本或股本的金额。③“盈余公积弥补亏损”，列报企业当期以盈余公积弥补亏损的金额。④“设定受益计划变动额结转留存收益”，列报企业因重新计量设定受益计划净负债或净资产所产生的变动计入其他综合收益，结转到留存收益的金额。⑤“其他综合收益结转留存收益”，主要列报：第一，企业指定为，以公允价值计量且其变动计入其他综合收益的非交易性权益工具投资终止确认时，以前计入其他综合收益的累计利得或损失、从其他综合收益中转入留存收益的金额；第二，企业指定为，以公允价值计量且其变动计入当期损益的金融负债终止确认时，以前由企业自身信用风险变动引起而计入其他综合收益的累计利得或损失、从其他综合收益中转入留存收益的金额等。

3）所有者权益变动表的结构

所有者权益变动表的结构为纵横交叉的矩阵式结构。

Ⅰ.纵向结构

纵向结构按所有者权益增减变动时间及内容分为“上年年末余额”“本年年初余

额”“本年增减变动金额”和“本年年末余额”四栏。

上年年末余额+会计政策变更、前期差错更正及其他变动=本年年初余额

本年年初余额+本年增减变动金额=本年年末余额

其中,本年增减变动金额按照所有者权益增减变动的交易或事项列示如下:

本年增减变动金额=综合收益总额 ± 所有者投入和减少资本 ± 利润分配 ± 所有者权益内部结转

Ⅱ.横向结构

横向结构采用比较式结构,分为“本年金额”和“上年金额”两栏,每栏的具体结构按照所有者权益构成内容逐项列示如下:

实收资本(或股本)+其他权益工具+资本公积-库存股+其他综合收益+未分配利润=所有者权益合计

矩阵填列结果归结到本年年末所有者权益合计数,保持所有者权益变动表的表内填列数额的平衡。

所有者权益变动表按照矩阵式结构呈现,一面是,列报导致所有者权益变动的交易或事项,就是所有者权益变动的来源,对一定会计期间的所有者权益的变动情况进行全面反映;另一面是,根据实收资本、资本公积、盈余公积、未分配利润、其他权益工具、其他综合收益以及库存股等所有者权益各组成项目及其总额列示交易或事项对所有者权益各项目的影响。同时,所有者权益变动表采用比较式结构,逐项地比较本年金额和上年金额,这样能够清楚地表明构成所有者权益的各组成项目当期的增减变动情况以及与上期的增减变动情况的比较分析。

2.所有者权益变动表的编制

所有者权益变动表的填列方法是根据上年度所有者权益变动表和本年已编制的资产负债表、利润表及相关会计政策、前期差错更正和会计科目记录等资料分析计算填列。各项目具体填列方法如下。

1)上年金额栏

所有者权益变动表“上年金额”栏内的各项数据,按照上年度所有者权益变动表中“本年金额”栏内所列示的数字填报。上年度所有者权益变动表内各个项目的名称和内容与本年度不一致的,应当对上年度的所有者权益变动表内各项目的名称与数据依本年度的标准予以调整,填入所有者权益变动表的“上年金额”栏。

2)本年金额栏

所有者权益变动表的“本年金额”栏内的各项数据,按照资产负债表中的“实收资本(或股本)”“资本公积”“盈余公积”“利润分配”“其他权益工具”“库存股”“其他综合收益”“专项储备”“以前年度损益调整”等科目及其明细科目的发生额分析填报。

3.所有者权益变动表的主要分析内容

1)所有者权益变动表分析的目的

所有者权益变动表的分析,是通过表内反映的所有者权益的来源及其变动情况,了解一定会计期间影响所有者权益增减变动的具体原因,据此分析构成所有者权益各明细项目的合法、合理性,为报表使用者提供客观真实的所有者权益总额及其变动信息。

对所有者权益变动表分析的目的有以下几个方面。

①反映一定会计期间内,构成所有者权益各明细项目的变动规模与结构,了解其变动趋势,体现企业净资产的实力,提供企业保值增值的重要数据信息。

②从全面收益的角度,报告更全面、更有用的财务业绩信息,为报表使用者投资、信贷及其他经济决策提供依据。

③揭示会计政策变更的合理性及会计差错更正的幅度,具体列报会计政策变更,以及会计差错更正对于所有者权益的影响。

④列报股东分配政策、股权分置、再筹资方案等财务政策对企业所有者权益的影响。

2)所有者权益变动表的主要分析方法

Ⅰ.所有者权益变动表的水平分析

所有者权益变动表的水平分析,是将所有者权益各个明细项目的本期数与上期数进行对比,列报公司报告期相关明细项目的水平及其变动情况,反映公司净资产的变动原因,并据此进行有关决策的过程。

Ⅱ.所有者权益变动表的垂直分析

所有者权益变动表的垂直分析,是按照所有者权益各个明细项目本期的变动占所有者权益变动的比重列示,并按此进行分析评价,列报公司本期的所有者权益各个明细项目的比重及其变动情况,反映公司净资产构成的变动原因,并据此进行有关决策的过程。本书在项目实施部分将以 PXH 公司所有者权益变动表为基础资料,编制所有者权益变动表垂直分析表。

Ⅲ.所有者权益变动表的主要项目分析

所有者权益变动表的主要项目分析,是针对组成所有者权益的主要明细项目进行剖析对比,分析其中变动的成因、合法性、合理性,以及是否存在人为操纵的迹象等事项的过程。所有者权益变动表中,应当单独列报的信息包括:综合收益总额、所有者投入资本和向所有者分配利润、资本公积、提取的盈余公积、会计政策变更和差错更正的累积影响金额、实收资本、其他权益工具、其他综合收益、专项储备、盈余公积及未分配利润的期初和期末余额及其调节情况,有关利润形成及其分配的分析这里不再赘述,本部分主要的分析项目如下。

(1)分析直接计入所有者权益的利得和损失。

直接计入所有者权益的利得和损失,是指按照会计准则规定不应计入当期损益,但是会导致所有者权益发生增减变动的、与所有者投入资本或向所有者分配利润无关的利得或损失。主要包括:①权益法下被投资单位其他所有者权益变动的影响;②不能计入当期损益的其他综合收益;③其他。通过直接计入所有者权益的利得和损失分析,可以进一步说明会计期间所有者权益是如何增减变化的。

(2)分析会计政策变更。

会计政策变更,是在特定的情况下,企业对同一交易或事项放弃原来采用的会计政策而改用另一种会计政策。会计政策变更可以增强会计信息的可靠性与相关性,需要采用追溯调整法进行处理,将由于会计政策变更产生的累积影响金额追溯调整至报告最早期初留存收益。

会计政策变更的累积影响金额,是依据变更后的会计政策,对以前各期追溯计算的报告最早期初留存收益调整后金额与调整前金额之间的差额。会计政策变更的累积影响金额需要在所有者权益变动表中单独编报。

分析会计政策变更的累积影响金额，主要是为了合理区分哪些业务或事项属于会计政策变更，哪些业务或事项不属于会计政策变更。以下业务或事项一般不属于会计政策变更：

①按照实质重于形式原则，同一交易或事项，当期和前期相比具有本质的差别因而采用新的会计政策；

②对初次发生的或者不重要的交易或事项采用新的会计政策。

(3)分析前期差错更正。

前期差错更正，是指企业在报告期发现重要的前期差错后，在财务报表中调整前期有关数据。前期差错更正一般采用追溯重述法。追溯重述法是指在发现前期重要差错时，应当以该差错从未发生过的标准，调整更正财务报表有关项目。

报告当期发现与前期相关的重大会计差错，如果影响损益，应当按照差错对损益的影响金额调整至发现当期的期初留存收益，会计报表其他有关项目的期初数也需要一并调整；如果不影响损益，应当调整会计报表有关项目的期初数。

分析前期差错更正累积影响金额，主要是为了及时发现与更正前期差错，合理判断和区分哪些业务或事项属于会计政策变更，哪些业务或事项属于会计差错更正。会计差错不论是否重大，都应自发现的报告当期对前期差错进行更正，在所有者权益变动表中适时披露，以确保会计信息的准确性。

2.5 项目实施

2.5.1 项目任务一：分析资产负债表

PXH公司于2011年12月1日注册登记成立，注册资金为7 266万元，股份总数为7 266万股，每股面值1元。PXH公司属教育所需产品制造以及教育、培训、智力服务行业，经营范围为高校办学所需产品制造、高等人才培训、财会技术咨询、医疗服务技术、智能电信技术成果转让等。

PXH公司2021年年末资产负债表如表2-2所示。

表2-2 PXH公司2021年年末资产负债表

编制单位：PXH　　2021年12月31日　　单位：万元

资产	期末余额	期初余额	负债和所有者权益	期末余额	期初余额
流动资产：			流动负债：		
货币资金	12 650	13 052	短期借款	40 332	37 789
交易性金融资产	34	0	交易性金融负债	34	9
衍生金融资产	0	0	应付票据	13 648	21 141
应收票据	0	0	应付账款	22 523	25 143
应收账款	43 934	49 284	合同负债	4 502	3 469

续表

资产	期末余额	期初余额	负债和所有者权益	期末余额	期初余额
应收款项融资	7 009	7 773	应付职工薪酬	3 783	3 856
预付款项	363	359	应交税费	614	1 081
其他应收款	1 561	1 010	其他应付款	7 391	9 031
存货	25 572	26 330	其中:应付利息	560	390
合同资产	6 987	6 300	应付股利	10	10
持有待售资产	0	0	预计负债	1 824	1 855
一年内到期的非流动资产	1 061	2 730	一年内到期的非流动负债	8 747	7 483
其他流动资产	7 796	8 371	其他流动负债	5 201	6 112
流动资产合计	106 967	115 209	流动负债合计	108 599	116 969
非流动资产:			非流动负债:		
长期应收款	1 240	2 134	长期借款	11 948	6 848
长期股权投资	4 060	3 561	应付债券	9 969	7 077
其他权益工具投资	1 922	1 621	租赁负债	549	
其他非流动金融资产	47	84	递延所得税负债	103	66
投资性房地产	97	90	其他非流动负债	2 443	3 317
固定资产	49 443	43 679	非流动负债合计	25 012	17 308
在建工程	10 675	9 684	负债合计	133 611	134 277
油气资产	0	0	所有者权益:		
无形资产	12 650	11 314	股本	7 266	7 266
开发支出	5 748	5 385	其他权益工具	4 395	4 196
商誉	66	66	资本公积	24 531	24 524
长期待摊费用	132	167	其他综合收益	-47	-33
递延所得税资产	1 515	1 388	盈余公积	4 099	3 842
其他非流动资产	349	188	未分配利润	21 056	20 498
非流动资产合计	87 944	79 361	所有者权益合计	61 300	60 293
资产总计	194 911	194 570	负债和所有者权益总计	194 911	194 570

1. 分析资产负债表增减变动情况

分析资产负债表的增减变动情况,是运用水平分析法将当期资产负债表各项目金额与基期(上年或计划、预算)金额进行比较,计算任一项目的变动额和变动率。同时,还应计算本项目的变动对总资产或负债及所有者权益总额的影响程度,依据比重数的大小来确定影响总资产或负债及所有者权益总额的重点项目,然后对重点项目加以分析以帮助报表使用者掌握企业资产、负债及所有者权益的变动情况。

资产负债表中任一项目变动对总资产或负债及所有者权益总额的影响程度的计算公式为

$$任一项目变动对总资产的影响=\frac{该项目的变动额}{基期总资产或总权益}\times 100\%$$

1)编制资产负债表水平分析表

根据表2-2,编制PXH公司资产负债表水平分析表,如表2-3所示。

表2-3 PXH公司资产负债表水平分析表

资产	期末余额/万元	期初余额/万元	变动额/万元	变动率/%	对总资产的影响/%	负债和所有者权益	期末余额/万元	期初余额/万元	变动额/万元	变动率/%	对总资产的影响/%
流动资产:						流动负债:					
货币资金	12 650	13 052	-402	-3.08	-0.21	短期借款	40 332	37 789	2 543	6.73	1.31
交易性金融资产	34	0	34		0.02	交易性金融负债	34	9	25	277.78	0.01
衍生金融资产	0	0	0		0	应付票据	13 648	21 141	-7 493	-35.44	-3.85
应收票据	0	0	0		0	应付账款	22 523	25 143	-2 620	-10.42	-1.35
应收账款	43 934	49 284	-5 350	-10.86	-2.75	合同负债	4 502	3 469	1 033	29.78	0.53
应收款项融资	7 009	7 773	-764	-9.83	-0.39	应付职工薪酬	3 783	3 856	-73	-1.89	-0.04
预付款项	363	359	4	1.11	0	应交税费	614	1 081	-467	-43.20	-0.24
其他应收款	1 561	1 010	551	54.55	0.28	其他应付款	7 391	9 031	-1 640	-18.16	-0.84
存货	25 572	26 330	-758	-2.88	-0.39	其中:应付利息	560	390	170	43.59	0.09
合同资产	6 987	6 300	687	10.90	0.35	应付股利	10	10	0	0	0
持有待售资产	0	0	0		0	预计负债	1 824	1 855	-31	-1.67	-0.02
一年内到期的非流动资产	1 061	2 730	-1 669	-61.14	-0.86	一年内到期的非流动负债	8 747	7 483	1 264	16.89	0.65
其他流动资产	7 796	8 371	-575	-6.87	-0.30	其他流动负债	5 201	6 112	-911	-14.91	-0.47
流动资产合计	106 967	115 209	-8 242	-7.15	-4.24	流动负债合计	108 599	116 969	-8 370	-7.16	-4.30
非流动资产:						非流动负债:					
长期应收款	1 240	2 134	-894	-41.89	-0.46	长期借款	11 948	6 848	5 100	74.47	2.62
长期股权投资	4 060	3 561	499	14.01	0.26	应付债券	9 969	7 077	2 892	40.86	1.49
其他权益工具投资	1 922	1 621	301	18.57	0.15	租赁负债	549	0	549		0.28
其他非流动金融资产	47	84	-37	-44.05	-0.02	递延所得税负债	103	66	37	56.06	0.02
投资性房地产	97	90	7	7.78	0	其他非流动负债	2 443	3 317	-874	-26.35	-0.45
固定资产	49 443	43 679	5 764	13.20	2.96	非流动负债合计	25 012	17 308	7 704	44.51	3.96
在建工程	10 675	9 684	991	10.23	0.51	负债合计	133 611	134 277	-666	-0.50	-0.34
油气资产	0	0	0		0	所有者权益:					
无形资产	12 650	11 314	1 336	11.81	0.69	股本	7 266	7 266	0	0	0
开发支出	5 748	5 385	363	6.74	0.19	其他权益工具	4 395	4 196	199	4.74	0.10

续表

资产	期末余额/万元	期初余额/万元	变动额/万元	变动率/%	对总资产的影响/%	负债和所有者权益	期末余额/万元	期初余额/万元	变动额/万元	变动率/%	对总资产的影响/%
商誉	66	66	0	0	0	资本公积	24 531	24 524	7	0.03	0.003 6
长期待摊费用	132	167	−35	−20.96	−0.02	其他综合收益	−47	−33	−14	42.42	−0.01
递延所得税资产	1 515	1 388	127	9.15	0.07	盈余公积	4 099	3 842	257	6.69	0.13
其他非流动资产	349	188	161	85.64	0.08	未分配利润	21 056	20 498	558	2.72	0.29
非流动资产合计	87 944	79 361	8 583	10.82	4.41	所有者权益合计	61 300	60 293	1 007	1.67	0.52
资产总计	194 911	194 570	341	0.18	0.18	负债和所有者权益总计	194 911	194 570	341	0.18	0.18

2）资产负债表变动情况分析

Ⅰ. 基于投资或资产角度分析

（1）总资产规模变动状况及各类、各项资产变动状况的分析。揭示资产变动的主要原因，帮助报表使用者从总体上了解企业经过一个会计期间的生产经营后资产的变动情况。

（2）重点分析变动幅度较大或对总资产影响较大的各类项目。分析的第一步是找出变动幅度较大的资产类别或资产项目，特别是其中发生异常变动的项目；第二步是把对总资产变动影响较大的资产项目作为本期分析的重点。资产负债表中各项目变动对总资产的影响，一方面取决于该项目本身的变动程度，另一方面取决于该项目在总资产中所占的比重。这意味着任一项目即使本身变动幅度较大，但如果该项目在总资产中所占比重较小，则该项变动对总资产的变动不会有太大影响；相反，即使任一项目本身变动幅度较小，但如果该项目在总资产中所占比重较大，则该项目对总资产变动的影响程度也会很大。

（3）分析资产规模变动与所有者权益总额变动之间的适应程度，从而评判企业财务结构的稳定性与安全性。资产负债表的平衡等式为：资产总额=负债总额+所有者权益总额。在分析中，如果发现企业资产总额的增长幅度>所有者权益总额的增长幅度，则表明企业债务负担加重。原因可能是企业筹资政策发生变化，这意味着企业偿债保证程度降低，企业偿债压力升高。总的来说，确保企业财务结构的稳定性和安全性是必要的，因而资产规模变动与所有者权益总额的变动应匹配。

根据表 2-3，对 PXH 公司总资产变动情况分析如下。

PXH 公司 2021 年资产总规模为 194 911 万元，较 2020 年总资产增加了 341 万元，增长幅度为 0.18%，表明该公司 2021 年资产规模有小幅度增长，进一步分析如下。

①企业流动资产呈下降趋势，主要集中在货币资金下降了 402 万元，降幅为 3.08%，表明企业资产流动性降低，即期支付能力降低；应收账款及应收账款融资降低了 6 114 万元，降幅达到 10.72%，对此应进一步考察企业经营业务开展情况，结合该公司销售规模变动、信用政策和收账政策等进行评价；一年内到期的非流动资产降幅最大，降低额为 1 669 万元，降幅达 61.14%，这说明在过去的一年中，公司集中处置了大量到期资产，优化了公司资产结构，同时变现增加了流动性；增加的流动资产中主要为其他应收款，增加额为 551 万元，增长了 54.55%，说明公司除经营活动以外的应收款项增长很快，应进一步查明原因，确保公司资产

安全。

②非流动资产增长较快，本年度增长额为 8 583 万元，增幅达 10.82%。其主要原因是长期股权投资、固定资产增长迅速。长期股权投资增长额为 499 万元，增幅为 14.01%，说明该公司对外扩张意图明显；固定资产增加额为 5 764 万元，增幅为 13.20%，表明该公司未来的生产能力将在一定程度上提高。另外，其他权益工具投资、在建工程、无形资产增加也较为突出，说明在过去的一年中，公司在各个领域的投资都较为积极。但是降低类非流动资产也很明显，集中体现在：长期应收款降低 894 万元，降幅为 41.89%；其他非流动金融资产降低 37 万元，降幅为 44.05%；长期待摊费用降低 35 万元，降幅为 20.96%。这说明公司非流动资产的结构性调整围绕经营主业积极开展，该扩张的扩张，该收缩的收缩，以使非流动资产结构最优化。

Ⅱ. 基于筹资或权益角度分析

(1)分析权益总额及各项筹资的变动状况，反映权益总额变动的主要方面，帮助报表使用者从总体上了解企业生产经营经过一个会计期间后的权益总额的变动情况。

(2)找出变动幅度较大或对权益总额影响较大的重点项目，为下一步分析做好准备。

根据表 2-3，对 PXH 公司权益总额的变动情况分析如下。

PXH 公司整体的负债及权益总额较上年增加 341 万元，增长幅度为 0.18%，进一步分析可发现如下两点。

①本年度负债下降 666 万元，降幅为 0.5%。其中，流动负债下降 8 370 万元，降幅为 7.16%，主要表现为应付票据、应付账款、应交税费、其他应付款的下降，有利于减轻企业的偿债压力；非流动负债增加了 7 704 万元，增幅高达 44.51%，主要表现为长期借款的增加，增幅达到 74.47%。企业的偿债负担虽然短期无忧但是从长期来看压力较大。

②本年度股东权益增加了 1 007 万元，增幅达 1.67%，使总资产提升 0.52%。这主要是由其他权益工具、资本公积、盈余公积、未分配利润等增长引起的。

总体来看，企业资产与所有者权益的适应程度较好，资产扩张的同时，企业资金实力较强，偿债风险逐步降低，企业积累增加，财务状况稳定。

2. 分析资产负债表结构

分析资产负债表结构主要采用垂直分析法，首先计算报表中各项目占总资产的比重，然后分析企业资产结构和权益结构变动的合理程度，详细分析企业资产结构与资本结构的变动情况、合理性以及适应程度等。

PXH 公司资产负债表垂直分析表如表 2-4 所示。

表 2-4 PXH 公司资产负债表垂直分析表

资产	期末余额/万元	期初余额/万元	期末占比/%	期初占比/%	变动情况/%	负债和所有者权益	期末余额/万元	期初余额/万元	期末占比/%	期初占比/%	变动情况/%
流动资产:						流动负债:					
货币资金	12 650	13 052	6.49	6.71	−0.22	短期借款	40 332	37 789	20.69	19.42	1.27
交易性金融资产	34	0	0.02	0	0.02	交易性金融负债	34	9	0.02	0.00	0.01
衍生金融资产	0	0	0	0	0	应付票据	13 648	21 141	7.00	10.87	-3.86
应收票据	0	0	0	0	0	应付账款	22 523	25 143	11.56	12.92	-1.37
应收账款	43 934	49 284	22.54	25.33	−2.79	合同负债	4 502	3 469	2.31	1.78	0.53
应收款项融资	7 009	7 773	3.60	3.99	−0.40	应付职工薪酬	3 783	3 856	1.94	1.98	−0.04
预付款项	363	359	0.19	0.18	0	应交税费	614	1 081	0.32	0.56	−0.24
其他应收款	1 561	1 010	0.80	0.52	0.28	其他应付款	7 391	9 031	3.79	4.64	−0.85
存货	25 572	26 330	13.12	13.53	−0.41	其中:应付利息	560	390	0.29	0.20	0.09
合同资产	6 987	6 300	3.58	3.24	0.35	应付股利	10	10	0.01	0.01	0
持有待售资产	0	0	0	0	0	预计负债	1 824	1 855	0.94	0.95	−0.02
一年内到期的非流动资产	1 061	2 730	0.54	1.40	−0.86	一年内到期的非流动负债	8 747	7 483	4.49	3.85	0.64
其他流动资产	7 796	8 371	4.00	4.30	−0.30	其他流动负债	5 201	6 112	2.67	3.14	−0.47
流动资产合计	106 967	115 209	54.88	59.21	−4.33	流动负债合计	108 599	116 969	55.72	60.12	−4.40
非流动资产:						非流动负债:					
长期应收款	1 240	2 134	0.64	1.10	−0.46	长期借款	11 948	6 848	6.13	3.52	2.61
长期股权投资	4 060	3 561	2.08	1.83	0.25	应付债券	9 969	7 077	5.11	3.64	1.48
其他权益工具投资	1 922	1 621	0.99	0.83	0.15	租赁负债	549	0	0.28	0	0.28
其他非流动金融资产	47	84	0.02	0.04	−0.02	递延所得税负债	103	66	0.05	0.03	0.02
投资性房地产	97	90	0.05	0.05	0	其他非流动负债	2 443	3 317	1.25	1.70	−0.45
固定资产	49 443	43 679	25.37	22.45	2.92	非流动负债合计	25 012	17 308	12.83	8.90	3.94
在建工程	10 675	9 684	5.48	4.98	0.50	负债合计	133 611	134 277	68.55	69.01	−0.46
油气资产	0	0	0	0	0	所有者权益:					
无形资产	12 650	11 314	6.49	5.81	0.68	股本	7 266	7 266	3.73	3.73	-0.01
开发支出	5 748	5 385	2.95	2.77	0.18	其他权益工具	4 395	4 196	2.25	2.16	0.10
商誉	66	66	0.03	0.03	0	资本公积	24 531	24 524	12.59	12.60	−0.02
长期待摊费用	132	167	0.07	0.09	−0.02	其他综合收益	−47	−33	−0.02	−0.02	-0.01
递延所得税资产	1 515	1 388	0.78	0.71	0.06	盈余公积	4 099	3 842	2.10	1.97	0.13

续表

资产	期末余额/万元	期初余额/万元	期末占比/%	期初占比/%	变动情况/%	负债和所有者权益	期末余额/万元	期初余额/万元	期末占比/%	期初占比/%	变动情况/%
其他非流动资产	349	188	0.18	0.10	0.08	未分配利润	21 056	20 498	10.80	10.54	0.27
非流动资产合计	87 944	79 361	45.12	40.79	4.33	所有者权益合计	61 300	60 293	31.45	30.99	0.46
资产总计	194 911	194 570	100.00	100.00	0	负债和所有者权益总计	194 911	194 570	100.00	100.00	0

1)分析资产结构

①静态分析企业各类资产的配置情况,重点关注流动资产、非流动资产占总资产的比重。

资产负债表中流动资产变现能力强,资产风险较小。这意味着当流动资产占总资产的比重较大时,企业资产的流动性强而经营风险小;当非流动资产占总资产的比重较大时,企业资产弹性较差,不利于企业灵活调动资金,经营风险较大。

②动态分析资产结构的变动情况,评价资产的稳定性。

在企业实际经营中,资产的基本构成会受到企业的经营规模、自身所处行业、经营策略、盈利模式等诸因素的影响,因此分析时需要结合具体情况来进行。

从表2-4可以看出,从静态角度分析,PXH公司本期流动资产的比重为54.88%,非流动资产的比重为45.12%。根据公司的资产结构数据,该公司的资产流动性较强,资产风险不大。

但同时要防止矫枉过正,过多的流动资产会限制企业的盈利能力。从动态角度分析,PXH公司当期流动资产的比重为54.88%,较上期59.21%下降了4.33%,变动幅度不大。虽然流动资产的比重呈下降趋势,但由于仍保持了超过50%的比例,显示出该企业资产较强的流动性。

2)分析资本结构

分析企业资本的构成以及资本结构的变动情况,需要结合其盈利能力和经营风险,评价资本结构的合理性。

从表2-4可以看出,PXH公司负债比重为68.55%,所有者权益比重为31.45%,资产负债率超过60%,财务风险较高。但是本年度负债比重较上年度负债比重69.01%下降了0.46%,所有者权益比重上升了0.46%,表明该公司资本结构有所改善,财务实力有所增加。

3)分析资产结构与资本结构适应程度

资产结构与资本结构的适应性是指企业已形成的资产、资本结构与企业实际经营和战略发展所需相匹配的情况。不同的企业资产结构与资本结构的适应形式多样,简单归纳,分为保守结构、稳健结构、平衡结构和风险结构四种类型。

Ⅰ.保守结构

保守结构是指企业持有的全部资产所需资金都源自长期资本,即所有者权益和非流动负债。

优点:企业短期还款压力小、风险较低。

缺点:非流动负债带来的资金成本较高;筹资结构流动性差、弹性较弱。

适用范围:一般很少被企业采用。

Ⅱ.稳健结构

稳健结构是指非流动负债大于流动负债,因此企业非流动资产依靠长期资金予以解决,流动资产依靠短期资金和长期资金共同解决。

优点:相对于保守结构,稳健结构的负债资金成本较低,具有一定的弹性,风险较小。

适用范围:大多数企业。

Ⅲ.平衡结构

平衡结构是指企业持有的流动资产源自流动负债形成的资金,非流动资产源自长期资金。

优点:当资产与资本完全适应时,企业风险较小,资本成本低。

缺点:当资产与资本不适应时,有导致企业陷入财务危机的风险。

适用范围:适用于经营状况良好、流动资产与流动负债内部结构相互适应的企业。

Ⅳ.风险结构

风险结构是指企业的流动负债大于流动资产,因此流动负债不仅能够满足流动资产的资金需要,而且能够满足部分非流动资产的资金需要。

优点:企业资本成本最低。

缺点:企业财务风险较大。

适用范围:资产的流动性很好且经营现金流量较为充足、处在发展壮大期的企业短期内可采用。

根据表 2-4 及上述分析, PXH 公司本年的流动资产比重为 54.88%,流动负债比重为 55.72%,非流动负债比重为 12.83%,负债比重为 68.55%。该公司的流动负债不仅用于满足流动资产的资金需要,而且用于满足部分非流动资产的资金需要,已涉及风险结构,但风险不高。

该公司上年的流动资产比重为 59.21%,流动负债比重为 60.12%,虽然本年的资产结构和资本结构有所改变,但资产结构与资本结构适应程度的性质并未改变,仍涉及风险结构,但风险不高。

3. 分析资产负债表主要项目

1)资产类项目

资产类项目的分析主要是针对货币资金、应收账款、其他应收款、应收票据、交易性金融资产、存货、固定资产、无形资产等项目进行深入分析。

Ⅰ.货币资金

货币资金反映企业库存现金、银行结算户存款、银行汇票存款、外埠存款、银行本票存款、信用证保证金存款、信用卡存款等的合计数。货币资金构成了确保企业流动的“血液”,也是现金流量表中关于概念“现金”的主体。但是,货币资金并不是愈多愈好,相反,货币资金沉淀过多意味着企业资金运作效率和质量低下。货币资金本身意味着机会成本,闲置资金会影响货币资金的使用效率,还会增加企业的筹资成本。因此,企业根据自身的经营需求确定一个最佳货币资金持有量,确定和保持一个较为合理的货币资金持有数量,以适当调度货币资金的余缺,防止货币资金过多或过少造成不良后果。货币资金项目分析的重点是货币资金规模的合理性。决定企业货币资金规模的因素主要包括以下几个方面。

①企业的资产规模、业务规模。企业资产总额越大,相应的货币资金规模越大,业务越频繁,货币资产也会越多。

②企业筹集资金的渠道。企业信誉好,可以从银行借款或发行股票、债券等多元化筹集资金,从而适当减少持有的货币资金数量。

③企业经营者的金融意识。企业管理人员如果善于经营,具有金融意识,善于利用货币资金从事其他经营或投资活动,生财有道,运用货币资金的能力越强,则企业越没有必要保留过多的货币资金。

④企业财务定位。企业财务是围绕战略落地展开的,企业不同发展时段的不同财务定位决定了存量货币资金的规模不同。这时,货币资金结构的差异反映的是融资行为的结果,而非经营活动的经济结果。

⑤企业的行业特点。各个行业的企业所具有的行业特点决定了其合理的货币资金规模会有所差异,比如,银行、保险等金融企业相对于制造业,其货币资金规模在资产规模相同的条件下差异很大。

对于同一家企业,在分析货币资金变动情况时,常见的主要原因包括:第一,销售收入发生变化,企业销售商品或提供劳务是取得货币资金的主要途径,当销售收入发生变动时,货币资金存量规模必然会发生相应的变动;第二,信用政策变化,收入给定的前提下,如果企业信用政策宽松,增加赊销、减少现销比例,货币资金的存量规模会减少,如果企业信用政策收紧,收账政策严格,回款力度大,货币资金的存量规模就会增大;第三,为大笔现金支出做准备,如企业扩大生产需大量现款采购时,需储备货币资金以备所需,这会使货币资金存量规模变大;第四,资金调度,当企业货币资金规模过小时,企业能及时进行资金调度筹措资金,反之,会通过资本市场投资的方法提高资金使用效率,降低现金规模;第五,所筹资金尚未使用,企业通过发行新股等收到大量现金,尚未运用或未找到合适的投资机会时,货币资金余额较大。

根据表2-3和表2-4,可以对PXH公司的货币资金项目做出分析:从存量规模及变动情况看,该公司本年货币资金比上年下降402万元,降幅为3.08%,结合营业收入降低1.78%进行综合判断,其货币资金存量规模较为适宜;从比重及变动情况看,该公司期末货币资金比重为6.49%,期初比重为6.71%,比重基本持平,结合公司资产、销售及投资规模来看,其货币资金比重较为合理。

Ⅱ.交易性金融资产

交易性金融资产是指企业在公开证券市场中购买的,企业分类为以公允价值计量且其变动计入当期损益的,主要为交易目的而持有的股票、债券、基金等,以及企业持有的指定为以公允价值计量且其变动计入当期损益的金融资产。对于非金融机构而言,交易性金融资产不是主要经营业务范围,一般只是辅助现金资产,用于调剂货币资金余缺,在保持流动性的前提下,获取一定的收益,避免资金闲置而给企业带来机会损失。因此,对持有交易性金融资产的企业来说,应当注意防范风险,以增加投资的变现能力。此外,交易性金融资产是企业利用暂时闲置的资金进行的短期投资，主要目的是获利，因此企业还应结合投资的效益情况进行分析。

根据 PXH 公司年报数据及报表附注信息，2021 年年末交易性金融资产为 34 万元，属于本年度新增项目，主要是公司利用闲置资金购买了短期金融产品股票、债券以获得收益，但应把握控制投资风险。

Ⅲ. 应收票据

应收票据反映企业因销售商品、提供服务等收到的商业汇票，以摊余成本计量，包括两种形式，即银行承兑汇票和商业承兑汇票。应收票据相对于一般的应收账款，流动性、安全性更强，易于在市场上流通转让，比较受供货商欢迎。但它毕竟是一种商业信用，因此存在风险，依据会计准则规定，应收票据也要视实际需要计提坏账准备，并按照减去坏账准备后的净额列报。

Ⅳ. 应收账款

应收账款反映企业因销售商品、提供服务等经营活动而向购买单位收取的各种款项，例如应收的价款、增值税税款及代垫的运杂费等。应收账款在报表日以摊余成本计量，正常情况应收账款在一年内可以收回，因此在流动资产中列报。但企业在实际经营中，可能会因种种原因导致应收账款超期难以收回，故资产负债表日列报时应估计应收账款的坏账损失，按照应收账款科目期末余额减去坏账准备期末余额后分析填列。应收账款分析需要与企业的销售收入、现金流共同分析，应收账款源自销售，止于收到货款回流的现金，通常销售增加会引起应收账款的增加，现金的存量和经营现金流也会随之增加。如果一个企业应收账款日益增加，而销售的现金日益减少，则可能存在企业赊销政策过于宽松，乃至有人为隐匿收入、操纵利润之嫌。

根据 PXH 公司 2021 年年报，应收账款的账面价值为 43 934 万元，无坏账准备；2020 年应收账款的账面价值为 49 284 万元，无坏账准备。2021 年应收账款占流动资产的比重为 41.07%，2020 年应收账款占流动资产的比重为 42.78%。上述数据表明该公司应收账款占流动资产比重较大且长期持续，对公司的资金周转有一定的影响。通过对比可以看到，PXH 公司应收账款账面价值本年降低 5 350 万元，比上年降低了 10.86%，主要是公司本年度加大了货款回收力度，结合营业收入降低 2 316 万元，降幅为 1.78%分析，公司回款力度虽然加大但仍需收紧赊销政策，加强现款销售。

Ⅴ. 其他应收款

其他应收款是指除应收账款、应收票据、应收利息、预付账款、应收股利等经营活动外的其他应收或暂付款项。例如，企业与下属部门、职工之间的借款等内部往来项目，以及应收的赔款等，其他应收款既为“其他”，则应该不属于企业主要债权项目，数额及所占比例不应过大，可以从以下几方面展开分析：

①其他应收款的规模及变动是否存在异常；

②其他应收款涵盖的内容是否在核算范围之内；

③关联方往来数额及账龄情况；

④违规拆借资金等问题。

本项目按照实际可能收到的相关价值金额反映，也要扣除相应的坏账准备，在报表中用净额反映。由于其他应收款与企业主要业务无关,表中余额应明显小于应收账款的余额,且各期变动幅度不应过大。另外,该项目因种类繁多、规律性不强,极易成为造假者转移销售收入、偷逃税款的藏身处,因此在分析时,要借助报表附注深入分析,对金额较大、时间较长、来自关联方的其他应收款应多加关注是否为正常现象,需要警惕企业变相的资金拆借行为。

PXH公司资产负债表水平分析表和垂直分析表的数据显示,该公司2021年年末其他应收款为1 561万元,上年年末为1 010万元,虽然水平分析表显示其变动率高达54.55%,但是垂直分析表显示其占比变动仅为0.28%,故仍在合理范围之内。

Ⅵ. 存货

存货反映企业在生产经营过程中为销售或耗用而储存的各种有形资产。在资产负债表中,存货按照企业报表日在库、在途和加工中的各类存货的成本与可变现净值孰低计价。成本为取得存货的历史成本;可变现净值为日常活动中,存货估计售价减去至完工(主要为原材料)时预计将要发生的成本、预计的销售费用及相关税费后的金额。存货的这种计价方式体现了会计的稳健性原则,可以避免存货价值虚增。存货金额的大小应结合行业企业特点来看,一般传统制造业存货项目可能规模较大,占用资金较多且其内部品种繁多,存货意味着较大的成本负担,因而需要深入分析其具体明细构成,以免造成库存"积压滞销",但也不排除企业在特殊情况下,为了"囤积居奇"或降低未来成本,或行业专用性需要而囤积大量存货。

根据PXH公司提供的2021年年报,2021年存货的年末数为25 572万元,年初数为26 330万元,存货减少了758万元;2021年年末存货占流动资产的比重为23.91%,年初存货占流动资产的比重为22.85%。公司存货比重略有上升,存货总额降低但是比重上升,说明公司的存货下降幅度低于流动资产的下降幅度,这时应通过报表附注中的信息洞察存货与流动资产的项目构成变化,针对变化较大的项目,进一步分析变动的主要原因并进行合理性分析。

Ⅶ. 固定资产

固定资产是企业为了满足生产商品、提供劳务或者经营管理的需要而持有的、使用寿命超过一个会计年度的有形资产。固定资产金额的大小显示了企业经营规模的大小,是企业重要的生产要素之一,是企业提高经济效益和竞争力的保障。

进行分析时,应注意以下几个方面。

①固定资产规模与变动情况。固定资产作为企业赖以生存的物质基础,是企业产生效益的源泉,固定资产的投资规模必须按照自身行业特点,与企业整体的生产经营水平、发展战略相匹配。在企业经营中,一旦企业规模达到既定水平,固定资产就不是一个频繁大幅度变动的项目了,如果固定资产项目有大额变动,就需要充分关注。企业投资新项目、翻新厂房、升级生产设备、扩大生产线等都有可能导致固定资产增加,但这些项目的增加,应与企业销售收入、生产效率等关联起来分析。

②固定资产的结构配置情况。制造业所持各类固定资产并非完全为生产所需,还有相当数量的非生产用固定资产,如办公大楼、职工餐厅等,以及生产中不需用的固定资产,但是一个合理的固定资产结构配置,一定是生产用固定资产比重最大,且全部投入使用,满负荷运转,产能饱满。据此可以分析企业固定资产的利用情况及生产用固定资产的占比,如果这

两个比率较低,应当降低对固定资产总体质量的评价。

③固定资产的会计政策情况。企业在固定资产的初始入账、折旧及减值等环节对会计政策的选择具有一定主观性,能否客观反映企业固定资产状况,决定了固定资产的分析质量好坏。以折旧为例,资产负债表中固定资产依据固定资产原值减去累计折旧、固定资产减值准备后的净额列示。计提累计折旧存在多种方法,企业可主观选择,通常基于税收或利润的考虑,企业会选用不同的折旧方法,不同的计提方法会导致固定资产账面价值发生变化,应结合实际情况进一步分析,在必要时可以还原固定资产的原始价值,以便对其使用效率和真实竞争水平予以全面而公允的评价。

PXH 公司 2021 年年末固定资产原值为 55 353 万元,累计折旧为 5 850 万元,固定资产净值为 49 503 元,固定资产减值准备为 60 万元,固定资产的账面价值为 49 443 万元,固定资产占总资产的比重为 25.37%,比上年年末比重 22.45%上升 2.92%,为新购生产设备所致,属正常生产经营扩大所需;2021 年年末固定资产与流动资产的比例为 46.22%,相较 2020 年年末的 37.91%,比例上升较大。PXH 公司作为一个以高等教育培训、智力技术服务为主营业务的公司,固定资产与流动资产比例上升,意味着公司经营战略可能发生调整,未来经营战略是否偏重产品制造,应进行进一步深入了解,分析该变化趋势对企业提升运营能力是否有利,对是否会增强企业盈利能力应加以关注。

Ⅷ. 无形资产

数字经济时代,无形资产对企业越来越有着举足轻重的影响,大数据成为新的市场要素,企业控制的无形资产越多,其可持续发展能力和竞争能力就越强。资产负债表上列示的无形资产反映企业持有的专利权、非专利技术、商标权、著作权、土地使用权等无形资产的成本减去累计摊销和无形资产减值准备后的净值。因此,仅凭资产负债表数据,难以完全呈现无形资产的增减变化,无形资产的减少主要是因为其价值摊销,少数才是因为出售、对外投资等,因此无形资产的分析,应注意企业是否存在利用无形资产摊销而人为调节当期利润的行为。

根据 PXH 公司的资产负债表数据, 2021 年度该公司无形资产为 12 650 万元,比上年的 11 314 万元增加了 1 336 万元,增长幅度为 11.81%,无形资产占总资产的比重为 6.49%,开发支出为 5 748 万元,两项合计占总资产的比重为 9.44%。PXH 公司作为一家以高等教育培训、智力技术服务为主营业务的公司,这个占比一是说明公司控制的无形资产还比较少,二是说明公司高度重视创新技术研发支出,其智能电信成果转让、医疗服务技术正在成为公司加大投入的切入点。数字经济是继农业经济、工业经济之后的主要经济形态,国家“十四五”期间重点发展数字经济,PXH 公司加大智能电信等成果研发与时代机遇和国家发展相契合。

笃行不怠:数字经济与我们的未来

国务院印发《“十四五”数字经济发展规划》

国发〔2021〕29 号

“十四五”数字经济发展规划

数字经济是继农业经济、工业经济之后的主要经济形态,是以数据资源为关键要素,以现代信息网络为主要载体,以信息通信技术融合应用、全要素数字化转型为重要推动力,促进公平与效率更加统一的新经济形态。数字经济发展速度之快、辐射范围之广、影响程度之深前所未有,正推动生产方式、生活方式和治理方式深刻变革,成为重组全球要素资源、重塑全球经济结构、改变全球竞争格局的关键力量。"十四五"时期,我国数字经济转向深化应用、规范发展、普惠共享的新阶段。为应对新形势新挑战,把握数字化发展新机遇,拓展经济发展新空间,推动我国数字经济健康发展,依据《中华人民共和国国民经济和社会发展第十四个五年规划和2035年远景目标纲要》,制定本规划。

一、发展现状和形势

(一)发展现状。

"十三五"时期,我国深入实施数字经济发展战略,不断完善数字基础设施,加快培育新业态新模式,推进数字产业化和产业数字化取得积极成效。2020年,我国数字经济核心产业增加值占国内生产总值(GDP)比重达到7.8%,数字经济为经济社会持续健康发展提供了强大动力。

信息基础设施全球领先。建成全球规模最大的光纤和第四代移动通信(4G)网络,第五代移动通信(5G)网络建设和应用加速推进。宽带用户普及率明显提高,光纤用户占比超过94%,移动宽带用户普及率达到108%,互联网协议第六版(IPv6)活跃用户数达到4.6亿。

产业数字化转型稳步推进。农业数字化全面推进。服务业数字化水平显著提高。工业数字化转型加速,工业企业生产设备数字化水平持续提升,更多企业迈上"云端"。

新业态新模式竞相发展。数字技术与各行业加速融合,电子商务蓬勃发展,移动支付广泛普及,在线学习、远程会议、网络购物、视频直播等生产生活新方式加速推广,互联网平台日益壮大。

数字政府建设成效显著。一体化政务服务和监管效能大幅度提升,"一网通办"、"最多跑一次"、"一网统管"、"一网协同"等服务管理新模式广泛普及,数字营商环境持续优化,在线政务服务水平跃居全球领先行列。

数字经济国际合作不断深化。《二十国集团数字经济发展与合作倡议》等在全球赢得广泛共识,信息基础设施互联互通取得明显成效,"丝路电商"合作成果丰硕,我国数字经济领域平台企业加速出海,影响力和竞争力不断提升。

与此同时,我国数字经济发展也面临一些问题和挑战:关键领域创新能力不足,产业链供应链受制于人的局面尚未根本改变;不同行业、不同区域、不同群体间数字鸿沟未有效弥合,甚至有进一步扩大趋势;数据资源规模庞大,但价值潜力还没有充分释放;数字经济治理体系需进一步完善。

(二)面临形势。

当前,新一轮科技革命和产业变革深入发展,数字化转型已经成为大势所趋,受内外部多重因素影响,我国数字经济发展面临的形势正在发生深刻变化。

发展数字经济是把握新一轮科技革命和产业变革新机遇的战略选择。数字经济是数字时代国家综合实力的重要体现,是构建现代化经济体系的重要引擎。世界主要国家均高度重视发展数字经济,纷纷出台战略规划,采取各种举措打造竞争新优势,重塑数字时代的国际新格局。

数据要素是数字经济深化发展的核心引擎。数据对提高生产效率的乘数作用不断凸显，成为最具时代特征的生产要素。数据的爆发增长、海量集聚蕴藏了巨大的价值，为智能化发展带来了新的机遇。协同推进技术、模式、业态和制度创新，切实用好数据要素，将为经济社会数字化发展带来强劲动力。

数字化服务是满足人民美好生活需要的重要途径。数字化方式正有效打破时空阻隔，提高有限资源的普惠化水平，极大地方便群众生活，满足多样化个性化需要。数字经济发展正在让广大群众享受到看得见、摸得着的实惠。

规范健康可持续是数字经济高质量发展的迫切要求。我国数字经济规模快速扩张，但发展不平衡、不充分、不规范的问题较为突出，迫切需要转变传统发展方式，加快补齐短板弱项，提高我国数字经济治理水平，走出一条高质量发展道路。

二、总体要求

（一）指导思想。

以习近平新时代中国特色社会主义思想为指导，全面贯彻党的十九大和十九届历次全会精神，立足新发展阶段，完整、准确、全面贯彻新发展理念，构建新发展格局，推动高质量发展，统筹发展和安全、统筹国内和国际，以数据为关键要素，以数字技术与实体经济深度融合为主线，加强数字基础设施建设，完善数字经济治理体系，协同推进数字产业化和产业数字化，赋能传统产业转型升级，培育新产业新业态新模式，不断做强做优做大我国数字经济，为构建数字中国提供有力支撑。

（二）基本原则。

坚持创新引领、融合发展。坚持把创新作为引领发展的第一动力，突出科技自立自强的战略支撑作用，促进数字技术向经济社会和产业发展各领域广泛深入渗透，推进数字技术、应用场景和商业模式融合创新，形成以技术发展促进全要素生产率提升、以领域应用带动技术进步的发展格局。

坚持应用牵引、数据赋能。坚持以数字化发展为导向，充分发挥我国海量数据、广阔市场空间和丰富应用场景优势，充分释放数据要素价值，激活数据要素潜能，以数据流促进生产、分配、流通、消费各个环节高效贯通，推动数据技术产品、应用范式、商业模式和体制机制协同创新。

坚持公平竞争、安全有序。突出竞争政策基础地位，坚持促进发展和监管规范并重，健全完善协同监管规则制度，强化反垄断和防止资本无序扩张，推动平台经济规范健康持续发展，建立健全适应数字经济发展的市场监管、宏观调控、政策法规体系，牢牢守住安全底线。

坚持系统推进、协同高效。充分发挥市场在资源配置中的决定性作用，构建经济社会各主体多元参与、协同联动的数字经济发展新机制。结合我国产业结构和资源禀赋，发挥比较优势，系统谋划、务实推进，更好发挥政府在数字经济发展中的作用。

（三）发展目标。

到2025年，数字经济迈向全面扩展期，数字经济核心产业增加值占GDP比重达到10%，数字化创新引领发展能力大幅提升，智能化水平明显增强，数字技术与实体经济融合取得显著成效，数字经济治理体系更加完善，我国数字经济竞争力和影响力稳步提升。

——数据要素市场体系初步建立。数据资源体系基本建成，利用数据资源推动研发、生产、流通、服务、消费全价值链协同。数据要素市场化建设成效显现,数据确权、定价、交易有序开展,探索建立与数据要素价值和贡献相适应的收入分配机制,激发市场主体创新活力。

——产业数字化转型迈上新台阶。农业数字化转型快速推进,制造业数字化、网络化、智能化更加深入,生产性服务业融合发展加速普及,生活性服务业多元化拓展显著加快,产业数字化转型的支撑服务体系基本完备,在数字化转型过程中推进绿色发展。

——数字产业化水平显著提升。数字技术自主创新能力显著提升,数字化产品和服务供给质量大幅提高,产业核心竞争力明显增强,在部分领域形成全球领先优势。新产业新业态新模式持续涌现、广泛普及,对实体经济提质增效的带动作用显著增强。

——数字化公共服务更加普惠均等。数字基础设施广泛融入生产生活,对政务服务、公共服务、民生保障、社会治理的支撑作用进一步凸显。数字营商环境更加优化,电子政务服务水平进一步提升,网络化、数字化、智慧化的利企便民服务体系不断完善,数字鸿沟加速弥合。

——数字经济治理体系更加完善。协调统一的数字经济治理框架和规则体系基本建立,跨部门、跨地区的协同监管机制基本健全。政府数字化监管能力显著增强,行业和市场监管水平大幅提升。政府主导、多元参与、法治保障的数字经济治理格局基本形成,治理水平明显提升。与数字经济发展相适应的法律法规制度体系更加完善,数字经济安全体系进一步增强。

展望2035年,数字经济将迈向繁荣成熟期,力争形成统一公平、竞争有序、成熟完备的数字经济现代市场体系,数字经济发展基础、产业体系发展水平位居世界前列。

“十四五”数字经济发展主要指标

指标	2020年	2025年	属性
数字经济核心产业增加值占GDP比重/%	7.8	10	预期性
IPv6活跃用户数/亿户	4.6	8	预期性
千兆宽带用户数/万户	640	6 000	预期性
软件和信息技术服务业规模/万亿元	8.16	14	预期性
工业互联网平台应用普及率/%	14.7	45	预期性
全国网上零售额/万亿元	11.76	17	预期性
电子商务交易规模/万亿元	37.21	46	预期性
在线政务服务实名用户规模/亿	4	8	预期性

三、优化升级数字基础设施

(一)加快建设信息网络基础设施。建设高速泛在、天地一体、云网融合、智能敏捷、绿色低碳、安全可控的智能化综合性数字信息基础设施。有序推进骨干网扩容,协同推进千兆光纤网络和5G网络基础设施建设,推动5G商用部署和规模应用,前瞻布局第六代移动通信(6G)网络技术储备,加大6G技术研发支持力度,积极参与推动6G国际标准化工作。积极稳妥推进空间信息基础设施演进升级,加快布局卫星通信网络等,推动卫星互联网建设。

提高物联网在工业制造、农业生产、公共服务、应急管理等领域的覆盖水平,增强固移融合、宽窄结合的物联接入能力。

专栏 1 信息网络基础设施优化升级工程
1. 推进光纤网络扩容提速。加快千兆光纤网络部署,持续推进新一代超大容量、超长距离、智能调度的光传输网建设,实现城市地区和重点乡镇千兆光纤网络全面覆盖。 2. 加快 5G 网络规模化部署。推动 5G 独立组网(SA)规模商用,以重大工程应用为牵引,支持在工业、电网、港口等典型领域实现 5G 网络深度覆盖,助推行业融合应用。 3. 推进 IPv6 规模部署应用。深入开展网络基础设施 IPv6 改造,增强网络互联互通能力,优化网络和应用服务性能,提升基础设施业务承载能力和终端支付能力,深化对各类网站及应用的 IPv6 改造。 4. 加速空间信息基础设施升级。提升卫星通信、卫星遥感、卫星导航定位系统的支撑能力,构建全球覆盖、高效运行的通信、遥感、导航空间基础设施体系。

(二)推进云网协同和算网融合发展。加快构建算力、算法、数据、应用资源协同的全国一体化大数据中心体系。在京津冀、长三角、粤港澳大湾区、成渝地区双城经济圈、贵州、内蒙古、甘肃、宁夏等地区布局全国一体化算力网络国家枢纽节点,建设数据中心集群,结合应用、产业等发展需求优化数据中心建设布局。加快实施"东数西算"工程,推进云网协同发展,提升数据中心跨网络、跨地域数据交互能力,加强面向特定场景的边缘计算能力,强化算力统筹和智能调度。按照绿色、低碳、集约、高效的原则,持续推进绿色数字中心建设,加快推进数据中心节能改造,持续提升数据中心可再生能源利用水平。推动智能计算中心有序发展,打造智能算力、通用算法和开发平台一体化的新型智能基础设施,面向政务服务、智慧城市、智能制造、自动驾驶、语言智能等重点新兴领域,提供体系化的人工智能服务。

(三)有序推进基础设施智能升级。稳步构建智能高效的融合基础设施,提升基础设施网络化、智能化、服务化、协同化水平。高效布局人工智能基础设施,提升支撑"智能+"发展的行业赋能能力。推动农林牧渔业基础设施和生产装备智能化改造,推进机器视觉、机器学习等技术应用。建设可靠、灵活、安全的工业互联网基础设施,支撑制造资源的泛在连接、弹性供给和高效配置。加快推进能源、交通运输、水利、物流、环保等领域基础设施数字化改造。推动新型城市基础设施建设,提升市政公用设施和建筑智能化水平。构建先进普惠、智能协作的生活服务数字化融合设施。在基础设施智能升级过程中,充分满足老年人等群体的特殊需求,打造智慧共享、和睦共治的新型数字生活。

四、充分发挥数据要素作用

(一)强化高质量数据要素供给。支持市场主体依法合规开展数据采集,聚焦数据的标注、清洗、脱敏、脱密、聚合、分析等环节,提升数据资源处理能力,培育壮大数据服务产业。推动数据资源标准体系建设,提升数据管理水平和数据质量,探索面向业务应用的共享、交换、协作和开放。加快推动各领域通信协议兼容统一,打破技术和协议壁垒,努力实现互通互操作,形成完整贯通的数据链。推动数据分类分级管理,强化数据安全风险评估、监测预警和应急处置。深化政务数据跨层级、跨地域、跨部门有序共享。建立健全国家公共数据资源体系,统筹公共数据资源开发利用,推动基础公共数据安全有序开放,构建统一的国家公共数据开放平台和开发利用端口,提升公共数据开放水平,释放数据红利。

专栏2　数据质量提升工程
1. 提升基础数据资源质量。建立健全国家人口、法人、自然资源和空间地理等基础信息更新机制。持续完善国家基础数据资源库建设、管理和服务。确保基础信息数据及时、准确、可靠。 2. 培育数据服务商。支持社会化数据服务机构发展,依法依规开展公共资源数据、互联网数据、企业数据的采集、整理、聚合、分析等加工业务。 3. 推动数据资源标准化工作。加快数据资源规划、数据治理、数据资产评估、数据服务、数据安全等国家标准研制,加大对数据管理、数据开放共享等重点国家标准的宣贯力度。

(二)加快数据要素市场化流通。加快构建数据要素市场规则,培育市场主体、完善治理体系,促进数据要素市场流通。鼓励市场主体探索数据资产定价机制,推动形成数据资产目录,逐步完善数据定价体系。规范数据交易管理,培育规范的数据交易平台和市场主体,建立健全数据资产评估、登记结算、交易撮合、争议仲裁等市场运营体系,提升数据交易效率。严厉打击数据黑市交易,营造安全有序的市场环境。

专栏3　数据要素市场培育试点工程
1. 开展数据确权及定价服务试验。探索建立数据资产登记制度和数据资产定价规则,试点开展数据权属认定,规范完善数据资产评估服务。 2. 推动数字技术在数据流通中的应用。鼓励企业、研究机构等主体基于区块链等数字技术,探索数据授权使用、数据溯源等应用,提升数据交易流通效率。 3. 培育发展数据交易平台。提升数据交易平台服务质量,发展包含数据资产评估、登记结算、交易撮合、争议仲裁等的运营体系,健全数据交易平台报价、询价、竞价和定价机制,探索协议转让、挂牌等多种形式的数据交易模式。

(三)创新数据要素开发利用机制。适应不同类型数据特点,以实际应用需求为导向,探索建立多样化的数据开发利用机制。鼓励市场力量挖掘商业数据价值,推动数据价值产品化、服务化,大力发展专业化、个性化数据服务,促进数据、技术、场景深度融合,满足各领域数据需求。鼓励重点行业创新数据开发利用模式,在确保数据安全、保障用户隐私的前提下,调动行业协会、科研院所、企业等多方参与数据价值开发。对具有经济和社会价值、允许加工利用的政务数据和公共数据,通过数据开放、特许开发、授权应用等方式,鼓励更多社会力量进行增值开发利用。结合新型智慧城市建设,加快城市数据融合及产业生态培育,提升城市数据运营和开发利用水平。

五、大力推进产业数字化转型

(一)加快企业数字化转型升级。引导企业强化数字化思维,提升员工数字技能和数据管理能力,全面系统推动企业研发设计、生产加工、经营管理、销售服务等业务数字化转型。支持有条件的大型企业打造一体化数字平台,全面整合企业内部信息系统,强化全流程数据贯通,加快全价值链业务协同,形成数据驱动的智能决策能力,提升企业整体运行效率和产业链上下游协同效率。实施中小企业数字化赋能专项行动,支持中小企业从数字化转型需求迫切的环节入手,加快推进线上营销、远程协作、数字化办公、智能生产线等应用,由点及面向全业务全流程数字化转型延伸拓展。鼓励和支持互联网平台、行业龙头企业等立足自身优势,开放数字化资源和能力,帮助传统企业和中小企业实现数字化转型。推行普惠性“上云用数赋智”服务,推动企业上云、上平台,降低技术和资金壁垒,加快企业数字化转型。

（二）全面深化重点产业数字化转型。立足不同产业特点和差异化需求，推动传统产业全方位、全链条数字化转型，提高全要素生产率。大力提升农业数字化水平，推进“三农”综合信息服务，创新发展智慧农业，提升农业生产、加工、销售、物流等各环节数字化水平。纵深推进工业数字化转型，加快推动研发设计、生产制造、经营管理、市场服务等全生命周期数字化转型，加快培育一批“专精特新”中小企业和制造业单项冠军企业。深入实施智能制造工程，大力推动装备数字化，开展智能制造试点示范专项行动，完善国家智能制造标准体系。培育推广个性化定制、网络化协同等新模式。大力发展数字商务，全面加快商贸、物流、金融等服务业数字化转型，优化管理体系和服务模式，提高服务业的品质与效益。促进数字技术在全过程工程咨询领域的深度应用，引领咨询服务和工程建设模式转型升级。加快推动智慧能源建设应用，促进能源生产、运输、消费等各环节智能化升级，推动能源行业低碳转型。加快推进国土空间基础信息平台建设应用。推动产业互联网融通应用，培育供应链金融、服务型制造等融通发展模式，以数字技术促进产业融合发展。

专栏4　重点行业数字化转型提升工程

1. 发展智慧农业和智慧水利。加快推动种植业、畜牧业、渔业等领域数字化转型，加强大数据、物联网、人工智能等技术深度应用，提升农业生产经营数字化水平。构建智慧水利体系，以流域为单元提升水情测报和智能调度能力。

2. 开展工业数字化转型应用示范。实施智能制造试点示范行动，建设智能制造示范工厂，培育智能制造先行区。针对产业痛点、堵点，分行业制定数字化转型路线图，面向原材料、消费品、装备制造、电子信息等重点行业开展数字化转型应用示范和评估，加大标杆应用推广力度。

3. 加快推动工业互联网创新发展。深入实施工业互联网创新发展战略，鼓励工业企业利用5G、时间敏感网络（TSN）等技术改造升级企业内外网，完善标识解析体系，打造若干具有国际竞争力的工业互联网平台，提升安全保障能力，推动各行业加快数字化转型。

4. 提升商务领域数字化水平。打造大数据支撑、网络化共享、智能化协作的智慧供应链体系。健全电子商务公共服务体系，汇聚数字赋能服务资源，支持商务领域中小微企业数字化转型升级，提升贸易数字化水平。引导批发零售、住宿餐饮、租赁和商务服务等传统业态积极开展线上线下、全渠道、定制化、精准化营销创新。

5. 大力发展智慧物流。加快对传统物流设施的数字化改造升级，促进现代物流业与农业、制造业等产业融合发展。加快建设跨行业、跨区域的物流信息服务平台，实现需求、库存和物流信息的实时共享，探索推进电子提单应用。建设智能仓储体系，提升物流仓储的自动化、智能化水平。

6. 加快金融领域数字化转型。合理推动大数据、人工智能、区块链等技术在银行、证券、保险等领域的深化应用，发展智能支付、智慧网点、智能投顾、数字化融资等新模式，稳妥推进数字人民币研发，有序开展可控试点。

7. 加快能源领域数字化转型，推动能源产、运、储、销、用各环节设施的数字化升级，实施煤矿、油气田、油气管网、电厂、电网、油气储备库、终端用能等领域设备设施、工艺流程的数字化建设与改造。推进微电网等智慧能源技术试点示范应用。推动基于供需衔接、生产服务、监督管理等业务关系的数字平台建设，提升能源体系智能化水平。

（三）推动产业园区和产业集群数字化转型。引导产业园区加快数字基础设施建设，利用数字技术提升园区管理和服务能力。积极探索平台企业与产业园区联合运营模式，丰富技术、数据、平台、供应链等服务供给，提升线上线下相结合的资源共享水平，引导各类要素加快向园区集聚。围绕共性转型需求，推动共享制造平台在产业集群落地和规模化发展。探索发展跨越物理边界的“虚拟”产业园区和产业集群，加快产业资源虚拟化集聚、平台化运营和网络化协同，构建虚实结合的产业数字化新生态。依托京津冀、长三角、粤港澳大湾区、成渝地区双城经济圈等重点区域，统筹推进数字基础设施建设，探索建立各类产业集群跨区域、跨平台协同新机制，促进创新要素整合共享，构建创新协同、错位互补、供需联动的区域数字化发展生态,提升产业链供应链协同配套能力。

(四)培育转型支撑服务生态。建立市场化服务与公共服务双轮驱动,技术、资本、人才、数据等多要素支撑的数字化转型服务生态,解决企业"不会转"、"不能转"、"不敢转"的难题。面向重点行业和企业转型需求,培育推广一批数字化解决方案。聚焦转型咨询、标准制定、测试评估等方向,培育一批第三方专业化服务机构,提升数字化转型服务市场规模和活力。支持高校、龙头企业、行业协会等加强协同,建设综合测试验证环境,加强产业共性解决方案供给。建设数字化转型促进中心,衔接集聚各类资源条件,提供数字化转型公共服务,打造区域产业数字化创新综合体,带动传统产业数字化转型。

专栏5 数字化转型支撑服务生态培育工程

1. 培育发展数字化解决方案供应商。面向中小微企业特点和需求,培育若干专业型数字化解决方案供应商,引导开发轻量化、易维护、低成本、一站式解决方案。培育若干服务能力强、集成水平高、具有国际竞争力的综合型数字化解决方案供应商。

2. 建设一批数字化转型促进中心。依托产业集群、园区、示范基地等建立公共数字化转型促进中心,开展数字化服务资源条件衔接集聚、优质解决方案展示推广、人才招聘及培养、测试试验、产业交流等公共服务。依托企业、产业联盟等建立开放型、专业化数字化转型促进中心,面向产业链上下游企业和行业内中小微企业提供供需撮合、转型咨询、定制化系统解决方案开发等市场化服务。制定完善数字化转型促进中心遴选、评估、考核等标准、程序和机制。

3. 创新转型支撑服务供给机制。鼓励各地因地制宜,探索建设数字化转型产品、服务、解决方案供给资源池,搭建转型供需对接平台,开展数字化转型服务券等创新,支持企业加快数字化转型。深入实施数字化转型伙伴行动计划,加快建立高校、龙头企业、产业联盟、行业协会等市场主体资源共享、分工协作的良性机制。

六、加快推动数字产业化

(一)增强关键技术创新能力。瞄准传感器、量子信息、网络通信、集成电路、关键软件、大数据、人工智能、区块链、新材料等战略性前瞻性领域,发挥我国社会主义制度优势、新型举国体制优势、超大规模市场优势,提高数字技术基础研发能力。以数字技术与各领域融合应用为导向,推动行业企业、平台企业和数字技术服务企业跨界创新,优化创新成果快速转化机制,加快创新技术的工程化、产业化。鼓励发展新型研发机构、企业创新联合体等新型创新主体,打造多元化参与、网络化协同、市场化运作的创新生态体系。支持具有自主核心技术的开源社区、开源平台、开源项目发展,推动创新资源共建共享,促进创新模式开放化演进。

专栏6 数字技术创新突破工程

1. 补齐关键技术短板。优化和创新"揭榜挂帅"等组织方式,集中突破高端芯片、操作系统、工业软件、核心算法与框架等领域关键核心技术,加强通用处理器、云计算系统和软件关键技术一体化研发。

2. 强化优势技术供给。支持建设各类产学研协同创新平台,打通贯穿基础研究、技术研发、中试熟化与产业化全过程的创新链,重点布局5G、物联网、云计算、大数据、人工智能、区域链等领域,突破智能制造、数字孪生、城市大脑,边缘计算、脑机融合等集成技术。

3. 抢先布局前沿技术融合创新。推进前沿学科和交叉研究平台建设,重点布局下一代移动通信技术、量子信息、神经芯片、类脑智能、脱氧核糖核酸(NDA)存储、第三代半导体等新兴技术,推动信息、生物、材料、能源等领域技术融合和群体性突破。

（二）提升核心产业竞争力。着力提升基础软硬件、核心电子元器件、关键基础材料和生产装备的供给水平，强化关键产品自给保障能力。实施产业链强链补链行动，加强面向多元化应用场景的技术融合和产品创新，提升产业链关键环节竞争力，完善5G、集成电路、新能源汽车、人工智能、工业互联网等重点产业供应链体系。深化新一代信息技术集成创新和融合应用，加快平台化、定制化、轻量化服务模式创新，打造新兴数字产业新优势。协同推进信息技术软硬件产品产业化、规模化应用，加快集成适配和迭代优化，推动软件产业做大做强，提升关键软硬件技术创新和供给能力。

（三）加快培育新业态新模式。推动平台经济健康发展，引导支持平台企业加强数据、产品、内容等资源整合共享，扩大协同办公、互联网医疗等在线服务覆盖面。深化共享经济在生活服务领域的应用，拓展创新、生产、供应链等资源共享新空间。发展基于数字技术的智能经济，加快优化智能化产品和服务运营，培育智慧销售、无人配送、智能制造、反向定制等新增长点。完善多元价值传递和贡献分配体系，有序引导多样化社交、短视频、知识分享等新型就业创业平台发展。

专栏 7　数字经济新业态培育工程

1. 持续壮大新兴在线服务。加快互联网医院发展，推广健康咨询、在线问诊、远程会诊等互联网医疗服务，规范推广基于智能康养设备的家庭健康监护、慢病管理、养老护理等新模式，推动远程协同办公产品和服务优化升级，推广电子合同、电子印章、电子签名、电子认证等应用。

2. 深入发展共享经济。鼓励共享出行等商业模式创新，培育线上高端品牌，探索错时共享、有偿共享新机制。培育发展共享制造平台，推进研发设计、制造能力、供应链管理等资源共享，发展可计量可交易的新型制造服务。

3. 鼓励发展智能经济。依托智慧街区、智慧商圈、智慧园区、智能工厂等建设，加强运营优化和商业模式创新，培育智能服务新增长点。稳步推进自动驾驶、无人配送、智能停车等应用，发展定制化、智慧化出行服务。

4. 有序引导新个体经济。支持线上多样化社交、短视频平台有序发展，鼓励微创新、微产品等创新模式。鼓励个人利用电子商务、社交软件、知识分享、音视频网站、创客等新型平台就业创业，促进灵活就业、副业创新。

（四）营造繁荣有序的产业创新生态。发挥数字经济领军企业的引领带动作用，加强资源共享和数据开放，推动线上线下相结合的创新协同、产能共享、供应链互通。鼓励开源社区、开发者平台等新型协作平台发展，培育大中小企业和社会开发者开放协作的数字产业创新生态，带动创新型企业快速壮大。以园区、行业、区域为整体推进产业创新服务平台建设，强化技术研发、标准制修订、测试评估、应用培训、创业孵化等优势资源汇聚，提升产业创新服务支撑水平。

七、持续提升公共服务数字化水平

（一）提高“互联网+政务服务”效能。全面提升全国一体化政务服务平台功能，加快推进政务服务标准化、规范化、便利化，持续提升政务服务数字化、智能化水平，实现利企便民高频服务事项“一网通办”。建立健全政务数据共享协调机制，加快数字身份统一认证和电子证照、电子签章、电子公文等互信互认，推进发票电子化改革，促进政务数据共享、流程优化和业务协同。推动政务服务线上线下整体联动、全流程在线、向基层深度拓展，提升服务便利化、共享化水平。开展政务数据与业务、服务深度融合创新，增强基于大数据的事项办理需求预测能力，打造主动式、多层次创新服务场景。聚焦公共卫生、社会安全、应急管理等领域，深化数字技术应用，实现重大突发公共事件的快速响应和联动处置。

（二）提升社会服务数字化普惠水平。加快推动文化教育、医疗健康、会展旅游、体育健身等领域公共服务资源数字化供给和网络化服务，促进优质资源共享复用。充分运用新型数字技术，强化就业、养老、儿童福利、托育、家政等民生领域供需对接，进一步优化资源配置。发展智慧广电网络，加快推进全国有线电视网络整合和升级改造。深入开展电信普遍服务试点，提升农村及偏远地区网络覆盖水平。加强面向革命老区、民族地区、边疆地区、脱贫地区的远程服务，拓展教育、医疗、社保、对口帮扶等服务内容，助力基本公共服务均等化。加强信息无障碍建设，提升面向特殊群体的数字化社会服务能力。促进社会服务和数字平台深度融合，探索多领域跨界合作，推动医养结合、文教结合、体医结合、文旅融合。

专栏8　社会服务数字化提升工程
1. 深入推进智慧教育。推进教育新型基础设施建设，构建高质量教育支撑体系。深入推进智慧教育示范区建设，进一步完善国家数字教育资源公共服务体系，提升在线教育支撑服务能力，推动“互联网+教育”持续健康发展，充分依托互联网、广播电视网络等渠道推进优质教育资源覆盖农村及偏远地区学校。 2. 加快发展数字健康服务。加快完善电子健康档案、电子处方等数据库，推进医疗数据共建共享。推进医疗机构数字化、智能化转型，加快建设智慧医院，推广远程医疗。精准对接和满足群众多层次、多样化、个性化医疗健康服务需求，发展远程化、定制化、智能化数字健康新业态，提升“互联网+医疗健康”服务水平。 3. 以数字化推动文化和旅游融合发展。加快优秀文化和旅游资源的数字化转化和开发，推动景区、博物馆等发展线上数字化体验产品，发展线上演播、云展览、沉浸式体验等新型文旅服务，培育一批具有广泛影响力的数字文化品牌。 4. 加快推进智慧社区建设。充分依托已有资源，推动建设集约化、联网规范化、应用智能化、资源社会化，实现系统集成、数据共享和业务协同，更好提供政务、商超、家政、托育、养老、物业等社区服务资源，扩大感知智能技术应用，推动社区服务智能化，提升城乡社区服务效能。 5. 提升社会保障服务数字化水平。完善社会保障大数据应用，开展跨地区、跨部门、跨层级数据共享应用，加快实现“跨省通办”。健全风险防控分类管理，加强业务运行监测，构建制度化、常态化数据核查机制。加快推进社保经办数字化转型，为参保单位和个人搭建数字全景图，支持个性服务和精准监管。

（三）推动数字城乡融合发展。统筹推动新型智慧城市和数字乡村建设，协同优化城乡公共服务。深化新型智慧城市建设，推动城市数据整合共享和业务协同，提升城市综合管理服务能力，完善城市信息模型平台和运行管理服务平台，因地制宜构建数字孪生城市。加快城市智能设施向乡村延伸覆盖，完善农村地区信息化服务供给，推进城乡要素双向自由流动，合理配置公共资源，形成以城带乡、共建共享的数字城乡融合发展格局。构建城乡常住人口动态统计发布机制，利用数字化手段助力提升城乡基本公共服务水平。

专栏9　新型智慧城市和数字乡村建设工程
1. 分级分类推进新型智慧城市建设。结合新型智慧城市评价结果和实践成效，遴选有条件的地区建设一批新型智慧城市示范工程，围绕惠民服务、精准治理、产业发展、生态宜居、应急管理等领域打造高水平新型智慧城市样板，着力突破数据融合难、业务协同难、应急联动难等痛点问题。 2. 强化新型智慧城市统筹规划和建设运营。加强新型智慧城市总体规划与顶层设计，创新智慧城市建设、应用、运营等模式，建立完善智慧城市的绩效管理、发展评价、标准规范体系，推进智慧城市规划、设计、建设、运营的一体化、协同化，建立智慧城市长效发展的运营机制。 3. 提升信息惠农服务水平。构建乡村综合信息服务体系，丰富市场、科技、金融、就业培训等涉农信息服务内容，推进乡村教育信息化应用，推进农业生产、市场交易、信贷保险、农村生活等数字化应用。 4. 推进乡村治理数字化。推动基本公共服务更好向乡村延伸，推进涉农服务事项线上线下一体化办理。推动农业农村大数据应用，强化市场预警、政策评估、监管执法、资源管理、舆情分析、应急管理等领域的决策支持服务。

（四）打造智慧共享的新型数字生活。加快既有住宅和社区设施数字化改造，鼓励新建小区同步规划建设智能系统，打造智能楼宇、智能停车场、智能充电桩、智能垃圾箱等公共设施。引导智能家居产品互联互通，促进家居产品与家居环境智能互动，丰富"一键控制"、"一声响应"的数字家庭生活应用。加强超高清电视普及应用，发展互动视频、沉浸式视频、云游戏等新业态。创新发展"云生活"服务，深化人工智能、虚拟现实、8K高清视频等技术的融合，拓展社交、购物、娱乐、展览等领域的应用，促进生活消费品质升级。鼓励建设智慧社区和智慧服务生活圈，推动公共服务资源整合，提升专业化、市场化服务水平。支持实体消费场所建设数字化消费新场景，推广智慧导览、智能导流、虚实交互体验、非接触式服务等应用，提升场景消费体验。培育一批新型消费示范城市和领先企业，打造数字产品服务展示交流和技能培训中心，培养全民数字消费意识和习惯。

八、健全完善数字经济治理体系

（一）强化协同治理和监管机制。规范数字经济发展，坚持发展和监管两手抓。探索建立与数字经济持续健康发展相适应的治理方式，制定更加灵活有效的政策措施，创新协同治理模式。明晰主管部门、监管机构职责，强化跨部门、跨层级、跨区域协同监管，明确监管范围和统一规则，加强分工合作与协调配合。深化"放管服"改革，优化营商环境，分类清理规范不适应数字经济发展需要的行政许可、资质资格等事项，进一步释放市场主体创新活力和内生动力。鼓励和督促企业诚信经营，强化以信用为基础的数字经济市场监管，建立完善信用档案，推进政企联动、行业联动的信用共享共治。加强征信建设，提升征信服务供给能力。加快建立全方位、多层次、立体化监管体系，实现事前事中事后全链条全领域监管，完善协同会商机制，有效打击数字经济领域违法犯罪行为。加强跨部门、跨区域分工协作，推动监管数据采集和共享利用，提升监管的开放、透明、法治水平。探索开展跨场景跨业务跨部门联合监管试点，创新基于新技术手段的监管模式，建立健全触发式监管机制。加强税收监管和税务稽查。

（二）增强政府数字化治理能力。加大政务信息化建设统筹力度，强化政府数字化治理和服务能力建设，有效发挥对规范市场、鼓励创新、保护消费者权益的支撑作用。建立完善基于大数据、人工智能、区块链等新技术的统计监测和决策分析体系，提升数字经济治理的精准性、协调性和有效性。推进完善风险应急响应处置流程和机制，强化重大问题研判和风险预警，提升系统性风险防范水平。探索建立适应平台经济特点的监管机制，推动线上线下监管有效衔接，强化对平台经营者及其行为的监管。

专栏10 数字经济治理能力提升工程

1. 加强数字经济统计监测。基于数字经济及其核心产业统计分类，界定数字经济统计范围，建立数字经济统计监测制度，组织实施数字经济统计监测。定期开展数字经济核心产业核算，准确反映数字经济核心产业发展规模、速度、结构等情况。探索开展产业数字化发展状况评估。

2. 加强重大问题研判和风险预警。整合各相关部门和地方风险监测预警能力，健全完善风险发现、研判会商、协同处置等工作机制，发挥平台企业和专业研究机构等力量的作用，有效监测和防范大数据、人工智能等技术滥用可能引发的经济、社会和道德风险。

3. 构建数字服务监管体系。加强对平台治理、人工智能伦理等问题的研究，及时跟踪研判数字技术创新应用发展趋势，推动完善数字中介服务、工业APP、云计算等数字技术和服务监管规则。探索大数据、人工智能、区块链等数字技术在监管领域的应用。强化产权和知识产权保护，严厉打击网络侵权和盗版行业，营造有利于创新的发展环境。

（三）完善多元共治新格局。建立完善政府、平台、企业、行业组织和社会公众多元参与、有效协同的数字经济治理新格局，形成治理合力，鼓励良性竞争，维护公平有效市场。加快健全市场准入制度、公平竞争审查机制，完善数字经济公平竞争监管制度，预防和制止滥用行政权力排除限制竞争。进一步明确平台企业主体责任和义务，推进行业服务标准建设和行业自律，保护平台从业人员和消费者合法权益。开展社会监督、媒体监督、公众监督，培育多元治理、协调发展新生态。鼓励建立争议在线解决机制和渠道，制定并公示争议解决规则。引导社会各界积极参与推动数字经济治理，加强和改进反垄断执法，畅通多元主体诉求表达、权益保障渠道，及时化解矛盾纠纷，维护公众利益和社会稳定。

专栏11　多元协同治理能力提升工程

1. 强化平台治理。科学界定平台责任与义务，引导平台经营者加强内部管理和安全保障，强化平台在数据安全和隐私保护、商品质量保障、食品安全保障、劳动保护等方面的责任，研究制定相关措施，有效防范潜在的技术、经济和社会风险。

2. 引导行业自律。积极支持和引导行业协会等社会组织参与数字经济治理，鼓励出台行业标准规范、自律公约，并依法依规参与纠纷处理，规范行业企业经营行为。

3. 保护市场主体权益。保护数字经济领域各类市场主体尤其是中小微企业和平台从业人员的合法权益、发展机会和创新活力，规范网络广告、价格标示、宣传促销等行为。

4. 完善社会参与机制。拓宽消费者和群众参与渠道，完善社会举报监督机制，推动主管部门、平台经营者等及时回应社会关切，合理引导预期。

九、着力强化数字经济安全体系

（一）增强网络安全防护能力。强化落实网络安全技术措施同步规划、同步建设、同步使用的要求，确保重要系统和设施安全有序运行。加强网络安全基础设施建设，强化跨领域网络安全信息共享和工作协同，健全完善网络安全应急事件预警通报机制，提升网络安全态势感知、威胁发现、应急指挥、协同处置和攻击溯源能力。提升网络安全应急处置能力，加强电信、金融、能源、交通运输、水利等重要行业领域关键信息基础设施网络安全防护能力，支持开展常态化安全风险评估，加强网络安全等级保护和密码应用安全性评估。支持网络安全保护技术和产品研发应用，推广使用安全可靠的信息产品、服务和解决方案。强化针对新技术、新应用的安全研究管理，为新产业新业态新模式健康发展提供保障。加快发展网络安全产业体系，促进拟态防御、数据加密等网络安全技术应用。加强网络安全宣传教育和人才培养，支持发展社会化网络安全服务。

（二）提升数据安全保障水平。建立健全数据安全治理体系，研究完善行业数据安全管理政策。建立数据分类分级保护制度，研究推进数据安全标准体系建设，规范数据采集、传输、存储、处理、共享、销毁全生命周期管理，推动数据使用者落实数据安全保护责任。依法依规加强政务数据安全保护，做好政务数据开放和社会化利用的安全管理。依法依规做好网络安全审查、云计算服务安全评估等，有效防范国家安全风险。健全完善数据跨境流动安全管理相关制度规范。推动提升重要设施设备的安全可靠水平，增强重点行业数据安全保障能力。进一步强化个人信息保护，规范身份信息、隐私信息、生物特征信息的采集、传输和使用，加强对收集使用个人信息的安全监管能力。

（三）切实有效防范各类风险。强化数字经济安全风险综合研判，防范各类风险叠加可能引发的经济风险、技术风险和社会稳定问题。引导社会资本投向原创性、引领性创新领域，避免低水平重复、同质化竞争、盲目跟风炒作等，支持可持续发展的业态和模式创新。坚持金融活动全部纳入金融监管，加强动态监测，规范数字金融有序创新，严防衍生业务风险。推动关键产品多元化供给，着力提高产业链供应链韧性，增强产业体系抗冲击能力。引导企业在法律合规、数据管理、新技术应用等领域完善自律机制，防范数字技术应用风险。健全失业保险、社会救助制度，完善灵活就业的工伤保险制度。健全灵活就业人员参加社会保险制度和劳动者权益保障制度，推进灵活就业人员参加住房公积金制度试点。探索建立新业态企业劳动保障信用评价、守信激励和失信惩戒等制度。着力推动数字经济普惠共享发展，健全完善针对未成年人、老年人等各类特殊群体的网络保护机制。

十、有效拓展数字经济国际合作

（一）加快贸易数字化发展。以数字化驱动贸易主体转型和贸易方式变革，营造贸易数字化良好环境。完善数字贸易促进政策，加强制度供给和法律保障。加大服务业开放力度，探索放宽数字经济新业态准入，引进全球服务业跨国公司在华设立运营总部、研发设计中心、采购物流中心、结算中心，积极引进优质外资企业和创业团队，加强国际创新资源"引进来"。依托自由贸易试验区、数字服务出口基地和海南自由贸易港，针对跨境寄递物流、跨境支付和供应链管理等典型场景，构建安全便利的国际互联网数据专用通道和国际化数据信息专用通道。大力发展跨境电商，扎实推进跨境电商综合试验区建设，积极鼓励各业务环节探索创新，培育壮大一批跨境电商龙头企业、海外仓领军企业和优秀产业园区，打造跨境电商产业链和生态圈。

（二）推动"数字丝绸之路"深入发展。加强统筹谋划，高质量推动中国—东盟智慧城市合作、中国—中东欧数字经济合作。围绕多双边经贸合作协定，构建贸易投资开放新格局，拓展与东盟、欧盟的数字经济合作伙伴关系，与非盟和非洲国家研究开展数字经济领域合作。统筹开展境外数字基础设施合作，结合当地需求和条件，与共建"一带一路"国家开展跨境光缆建设合作，保障网络基础设施互联互通。构建基于区块链的可信服务网络和应用支撑平台，为广泛开展数字经济合作提供基础保障。推动数据存储、智能计算等新兴服务能力全球化发展。加大金融、物流、电子商务等领域的合作模式创新，支持我国数字经济企业"走出去"，积极参与国际合作。

（三）积极构建良好国际合作环境。倡导构建和平、安全、开放、合作、有序的网络空间命运共同体，积极维护网络空间主权，加强网络空间国际合作。加快研究制定符合我国国情的数字经济相关标准和治理规则。依托双边和多边合作机制，开展数字经济标准国际协调和数字经济治理合作。积极借鉴国际规则和经验，围绕数据跨境流动、市场准入、反垄断、数字人民币、数据隐私保护等重大问题探索建立治理规则。深化政府间数字经济政策交流对话，建立多边数字经济合作伙伴关系，主动参与国际组织数字经济议题谈判，拓展前沿领域合作。构建商事协调、法律顾问、知识产权等专业化中介服务机制和公共服务平台，防范各类涉外经贸法律风险，为出海企业保驾护航。

十一、保障措施

（一）加强统筹协调和组织实施。建立数字经济发展部际协调机制，加强形势研判，协调解决重大问题，务实推进规划的贯彻实施。各地方要立足本地区实际，健全工作推进协调机制,增强发展数字经济本领,推动数字经济更好服务和融入新发展格局。进一步加强对数字经济发展政策的解读与宣传,深化数字经济理论和实践研究,完善统计测度和评价体系。各部门要充分整合现有资源,加强跨部门协调沟通,有效调动各方面的积极性。

(二)加大资金支持力度。加大对数字经济薄弱环节的投入,突破制约数字经济发展的短板与瓶颈,建立推动数字经济发展的长效机制。拓展多元投融资渠道,鼓励企业开展技术创新。鼓励引导社会资本设立市场化运作的数字经济细分领域基金,支持符合条件的数字经济企业进入多层次资本市场进行融资,鼓励银行业金融机构创新产品和服务,加大对数字经济核心产业的支持力度。加强对各类资金的统筹引导,提升投资质量和效益。

(三)提升全民数字素养和技能。实施全民数字素养与技能提升计划,扩大优质数字资源供给,鼓励公共数字资源更大范围向社会开放。推进中小学信息技术课程建设,加强职业院校(含技工院校)数字技术技能类人才培养,深化数字经济领域新工科、新文科建设,支持企业与院校共建一批现代产业学院、联合实验室、实习基地等,发展订单制、现代学徒制等多元化人才培养模式。制定实施数字技能提升专项培训计划,提高老年人、残障人士等运用数字技术的能力,切实解决老年人、残障人士面临的困难。提高公民网络文明素养,强化数字社会道德规范。鼓励将数字经济领域人才纳入各类人才计划支持范围,积极探索高效灵活的人才引进、培养、评价及激励政策。

(四)实施试点示范。统筹推动数字经济试点示范,完善创新资源高效配置机制,构建引领性数字经济产业集聚高地。鼓励各地区、各部门积极探索适应数字经济发展趋势的改革举措,采取有效方式和管用措施,形成一批可复制推广的经验做法和制度性成果。支持各地区结合本地区实际情况,综合采取产业、财政、科研、人才等政策手段,不断完善与数字经济发展相适应的政策法规体系、公共服务体系、产业生态体系和技术创新体系。鼓励跨区域交流合作,适时总结推广各类示范区经验,加强标杆示范引领,形成以点带面的良好局面。

(五)强化监测评估。各地区、各部门要结合本地区、本行业实际,抓紧制定出台相关配套政策并推动落地。要加强对规划落实情况的跟踪监测和成效分析,抓好重大任务推进实施,及时总结工作进展。国家发展改革委、中央网信办、工业和信息化部要会同有关部门加强调查研究和督促指导,适时组织开展评估,推动各项任务落实到位,重大事项及时向国务院报告。

2)负债及所有者权益项目

负债及所有者权益项目的分析主要围绕短期借款、应付账款与应付票据、应交税费和应付股利、其他应付款、长期借款、实收资本(或股本)、未分配利润等企业常用项目展开。

Ⅰ.短期借款

企业在资金不足的情况下,一般会向银行或其他金融机构等借入一定数量的各种资金。短期借款的主要特点包括:一是要在一年以内(含一年)归还,企业的短期偿债压力较大;二是短期借款的利率较长期借款的利率低,企业的利息负担相对较轻。对企业而言,一定数量的短期借款是企业经营的必要条件,但如果数量太大,超过企业的偿债能力,则会带来财务风险。企业可以考量流动负债的总量、自己现有现金库存等情况,以及预计未来一年以内(含一年)的现金流量,以此来分析短期借款负债水平的合理性。

PXH公司本年度短期借款为40 332万元,较上年37 789万元增加2 543万元,增幅为

6.73%。一方面说明企业本年度自有资金较为紧张,需要大量借入短期资金保障生产运营的稳定;另一方面,需要关注短期内借入大量资金如遇生产经营存在问题,现金不能及时回笼所带来的财务风险。

Ⅱ.应付账款与应付票据

应付账款与应付票据因企业购买原材料、商品和接受服务而产生,相当于企业的短期资金来源,分析时应考量以下几个方面。

①企业销售规模发生变动。当企业的销售市场扩大时需要生产规模同时扩大,这样必然要求原材料等存货增加,购买原材料等会使应付账款与应付票据等债务数量增加,反之则会减少。

②关注无成本资金的收益。应付账款与应付票据是因商业信用产生的一种无资金成本或资金成本极低的资金来源,企业应在维护信用的条件下充分利用该方式,在采购供应商的选择上,应考虑本项资金的收益高低。

③供应商商业信用政策的变动。如果供应商改变赊销信用政策,会对企业的采购(资金)成本造成影响,信用政策放宽则企业的应付账款和应付票据规模增加,反之则会减少。

④企业现金流状况。企业现金流状况良好,回款及时,付款自然及时债务规模也就小些;相反企业资金较为紧张时,就会影响应付账款和应付票据的支付。

在市场经济条件下,企业之间进行相互商业信用往来是正常的。利用应付账款和应付票据延迟支付本质上是一种融资行为,且可以说是无代价的融资方式。需要注意的是企业应在增强市场竞争力的同时,合理使用应付账款与应付票据,以避免造成企业信誉损失。

PXH公司2021年年末应付票据为13 648万元,较上年年末的21 141万元下降7 493万元,降幅为35.44%,属已到承兑期的应付票据偿还后的正常减少;本年年末应付账款为22 523万元,比上年年末25 143万元减少2 620万元,降幅为10.42%,说明企业现金流充裕,还款较为积极,偿付压力较小。

Ⅲ.应交税费和应付股利

应交税费反映企业在报表日应交未交的各种税金及附加,包括增值税、所得税及各种附加费等。应交税费的计算源于营业收入、利润总额,因此其变动与这两项指标变动相关,分析时应注意查明企业有无拖欠税款现象。2021年度PXH公司应交税费减少了467万元,降幅为43.20%,应注意查明大幅度降低是否存在企业经营业务萎缩而带来的潜在风险。

应付股利反映企业应向投资者支付而未付的现金股利,支付股利需要有现金准备,PXH公司本年度应付股利金额为10万元且对比上年无变化,说明尚未对企业现金流造成影响。

Ⅳ.其他应付款

重点分析以下两个方面:

①其他应付款的规模与变动;

②是否存在关联方资金长期挂账的行为。

2021年度PXH公司其他应付款期末余额7 391万元,比期初余额9 031万元减少了1 640万元,公司支付了因工程建设收取的施工方保证金等暂收款,属于正常变动。

Ⅴ.长期借款

长期借款反映公司向银行或其他金融机构借入的期限在一年以上(不含一年)的各项

借款。作为企业筹集资金的重要渠道之一,长期借款在一定时期内的借款次数并不多,但是因为数额大,一旦发生就会立刻改变企业的资本结构和财务风险水平。

影响长期借款变动的因素主要包括以下几个方面。

①银行信贷政策及资金市场的资金供应状况。资金成本如长期借款利率等是影响企业贷款决策的主要因素。如果金融业调整利率降低到与企业意愿相吻合的水平,那么会增加企业长期借款的愿望,加上长期借款具有还款时间充裕的优点,从而企业将频繁借贷的短期借款转成借一笔长期借款。

②企业项目建设的资金需要。企业扩大生产规模或者投资新领域等盈利水平较好的项目时,一般都是大型、长期的在建项目,需要大额资金支持且回报期较长,通过担保、抵押等方式借入长期借款是企业最常见的筹集资金方式。

③企业权益结构的稳定性。当企业的收益率远远高于资本市场的收益率时,企业股东可以借助财务杠杆效应获得更大收益,因为债权人需要的仅仅是固定的利息,高出利息的企业收益将全部由股东享有,借入大量长期资金,在保持权益结构稳定的同时,可以为股东带来更丰厚的回报。

④企业负债结构和财务风险控制。长期借款资金款项一般数额巨大,如果不加以控制,会带来财务风险,给企业经营带来重大影响,因此审慎决策借款、适时归还都会引起长期借款项目余额的变化。

PXH公司2021年度长期借款为11 948万元,较2020年度的6 848万元增加了5 100万元,增幅为74.47%,增幅很大。进一步了解分析可得知,PXH公司为适应数字经济的大发展,新建上马了一项智能电信建设项目,该项目总投资5亿元,建设期为5年,一期投资1亿元,虽然本年度长期借款大幅增加,但是流动负债较上年降低,资产负债率还略有下降,说明企业现金流良好,企业资本结构在合理范围内。

Ⅵ. 实收资本(或股本)

实收资本(或股本)是所有者权益项目的主要构成部分,反映企业各投资者实际投入的资本(或股本)总额,如果资产负债表中本期实收资本(或股本)有变动,则其原因主要有以下几个方面。

①投资者追加投资,上市的企业增发新股或配股。这种变动是由投资者追加投资引起的股本变化,如果减资则会降低。

②资本公积或盈余公积转增股本。本项变动仅仅引起实收资本(或股本)发生变化,所有者权益总额不会改变。

③上市的企业利润分配按照送股方式实施。未分配利润减少的同时股本会同等增加,因此所有者权益总额并未改变。

Ⅶ. 未分配利润

未分配利润反映企业尚未分配的利润,作为企业盈利累积是所有者权益的重要项目,每期都在变化。未分配利润项目发生变化主要有以下几个方面的原因。

①生产经营活动的盈利所得。它包括截止到资产负债表日,企业所有尚未分配的经营累积,未分配利润是数年生产经营业绩所得。

②利润分配政策的执行。利润是企业扩大再生产的内源资金,眼光长远谋发展的企业

都会基于可持续性的考虑审慎决策利润分配，如果本期进行利润分红，未分配利润就会减少，相应的股东权益也减少；如果企业暂时不分配利润，未分配利润就会积累下来。

对比分析未分配利润项目数年的变化状态，可以了解企业的盈利状况以及股东投资企业的偏好，从而判断企业是否为具有可持续发展能力的常青树企业。在本例中，PXH 公司本年末所有者权益总额为 61 300 万元，比上年末 60 293 万元增加了 1 007 万元，增幅为 1.67%，本年度经营尚可，未来值得期待。

2.5.2　项目任务二：分析利润表

PXH 公司利润表如表 2-5 所示。

表 2-5　利润表

编制单位：PXH 公司　　2021 年　　单位：万元

项目	本年数	上年数
一、营业总收入	127 738.5	130 054.7
其中：营业收入	127 738.5	130 054.7
二、营业总成本	125 615.2	126 985.6
其中：营业成本	106 924.3	108 725.3
税金及附加	1 560.6	2 145.63
销售费用	4 345.9	4 729.48
管理费用	4 141	3 760.41
研发费用	5 629.37	4 989.36
财务费用	3 014.03	2 635.34
其中：利息费用	3 487.41	3 118.75
利息收入	353.76	187.23
加：其他收益	1 723.68	2 328.46
投资收益	−808.7	−113.35
其中：对联营企业和合营企业的投资收益	−422.78	−224.72
以摊余成本计量的金融资产终止确认收益	−519.13	−361.77
公允价值变动收益	9.75	−5.47
信用减值损失	−477.03	−332.08
资产减值损失	−159	−686.42
资产处置收益	−99.75	−18.53
三、营业利润	2 312.29	4 241.76
加：营业外收入	226.32	229.93
减：营业外支出	107.48	86.05
四、利润总额	2 431.13	4 385.64
减：所得税费用	312.27	829.45

续表

项目	本年数	上年数
五、净利润	2 118.86	3 556.19
（一）持续经营净利润（损失以"-"号填列）	2 118.86	3 556.19
（二）终止经营净利润（损失以"-"号填列）		
六、其他综合收益的税后净额		
（一）不能重分类进损益的其他综合收益		
1. 重新计量设定受益计划变动额		
2. 权益法下不能转损益的其他综合收益		
3. 其他权益工具投资公允价值变动		
4. 企业自身信用风险公允价值变动		
（二）将重分类进损益的其他综合收益		
1. 权益法下可转损益的其他综合收益		
2. 其他债权投资公允价值变动		
3. 金融资产重分类计入其他综合收益的金额		
4. 其他债权投资信用减值准备		
5. 现金流量套期储备		
6. 外币财务报表折算差额		
七、综合收益总额	2 118.86	3 556.19
八、每股收益		
（一）基本每股收益		
（二）稀释每股收益		

1. 分析利润水平增减变动

根据案例资料，对PXH公司利润水平增减变动情况进行如下分析。

1）编制水平分析表

水平分析表的编制采用增减额和增减变动百分比（变动率）两种方式，根据表2-5的资料信息编制利润水平分析表，如表2-6所示。

表2-6 PXH公司利润水平分析表

项目	本年数/万元	上年数/万元	增减额/万元	变动率/%
一、营业总收入	127 738.5	130 054.7	-2 316.2	-1.78
其中：营业收入	127 738.5	130 054.7	-2 316.2	-1.78
二、营业总成本	125 615.2	126 985.6	-1 370.4	-1.08
其中：营业成本	106 924.3	108 725.3	-1 801	-1.66
税金及附加	1 560.6	2 145.63	-585.03	-27.27
销售费用	4 345.9	4 729.48	-383.58	-8.11

续表

项目	本年数	上年数	增减额	变动率
管理费用	4 141	3 760.41	380.59	10.12
研发费用	5 629.37	4 989.36	640.01	12.83
财务费用	3 014.03	2 635.34	378.69	14.37
其中:利息费用	3 487.41	3 118.75	368.66	11.82
利息收入	353.76	187.23	166.53	88.94
加:其他收益	1 723.68	2 328.46	-604.78	-25.97
投资收益	-808.7	-113.35	-695.35	613.45
其中:对联营企业和合营企业的投资收益	-422.78	-224.72	-198.06	88.14
以摊余成本计量的金融资产终止确认收益	-519.13	-361.77	-157.36	43.50
公允价值变动收益	9.75	-5.47	15.22	-278.24
信用减值损失	-477.03	-332.08	-144.95	43.65
资产减值损失	-159	-686.42	527.42	-76.84
资产处置收益	-99.75	-18.53	-81.22	438.32
三、营业利润	2 312.29	4 241.76	-1 929.47	-45.49
加:营业外收入	226.32	229.93	-3.61	-1.57
减:营业外支出	107.48	86.05	21.43	24.90
四、利润总额	2 431.13	4 385.64	-1 954.51	-44.57
减:所得税费用	312.27	829.45	-517.18	-62.35
五、净利润	2 118.86	3 556.19	-1 437.33	-40.42

2)利润水平增减变动分析评价

利润水平增减变动分析应将各层次的利润指标作为关键指标进行分析。

Ⅰ.净利润

净利润反映企业所有已实现的经营性盈利,以及投资获得的收益、资本利得和非经常性损益,因此净利润的增减变动是利润表中每一个项目增减变动的综合结果。分析净利润的增减变动情况,应重点分析哪些项目影响本期净利润的增减变动,特别需要区分哪些是经营性、经常性损益项目的影响,哪些是非经营性、非经常性损益项目的影响。

营业利润是由企业日常经营的主要业务带来的收益,因此分析任何一家企业的利润指标,首先要重点关注经营性的营业利润。一般正常经营情况下,企业营业利润的金额应远高于非经常性损益项目的收益。两家利润总额相同的企业,如果其中一家企业的营业利润很小甚至是亏损,主要依赖出售固定资产、收回长期股权投资以及各种补贴收入等形成利润总额,即使其收益是真实客观的,也显示其主业盈利能力不强,靠的是一次性的、偶然的、不稳定的收益所得。因此分析净利润的增减变动时需要结合营业收入的增减变动,并特别警惕非经常性损益项目对当期净利润的异常影响。

从表2-6可知，PXH公司2021年实现净利润2 118.86万元，比上年3 556.19万元降低1 437.33万元，降幅为40.42%。从PXH公司利润水平分析表可以看出，造成净利润降低的主要因素包括：营业收入降低2 316.2万元，降幅为1.78%；政府补贴收入等形成的其他收益降低604.78万元，降幅为25.97%；对外投资形成的投资亏损增长695.35万元，亏损增幅为613.45%；金融工具信用减值形成的损失增长144.95万元，损失增幅为43.65%。净利润降低主要是新冠肺炎疫情以来受经济大环境影响，公司不管是生产经营，还是对外投资，收益都呈现下降趋势。

Ⅱ.利润总额

逆向看报表，利润总额是净利润加上所得税费用，反映企业当期实现的利润；正向看报表，利润总额是企业的营业利润加上营业外收入减去营业外支出，虽然营业外收支项目与生产经营没有直接联系，属非经营性损益项目，但也是公司的资源收益或消耗，因此也要加以关注。

案例中，PXH公司2021年利润总额比2020年降低1 954.51万元，降幅达44.57%，较营业利润进一步下降，主要是由于营业外收入降低3.61万元的同时，营业外支出增加21.43万元，企业应分析营业外收支形成的原因及合理性，查找、改进管理上的问题。

Ⅲ.营业利润

营业利润是企业营业收入减去营业成本、税金及附加、期间费用、资产减值损失、资产变动损益的差额。营业利润既包括企业的主营业务利润和其他业务利润，也包括企业的公允价值变动损益、对外投资损益等，是企业最为主要的经营业务的财务成果，代表了企业的核心盈利能力与总体经营管理水平及效果，能够客观地反映企业管理者的经营业绩。正常生产经营活动良好的企业，营业利润有两个特点：一是营业利润金额大于0，二是营业利润总额占利润总额的比重至少为50%。这表明企业能够通过自己主业的经营活动盈利，保持可持续发展。

案例中，PXH公司2021年营业利润比2020年降低1 929.47万元，降幅达45.49%，原因除前述因素外，还包括：管理费用本期增长380.59万元，增幅为10.12%；研发费用增长640.01万元，增幅为12.83%；财务费用增长378.69万元，增幅为14.37%。成本费用类项目的增长，也是导致公司利润降低的主要原因。其中研发费用的增长，主要是公司增加了智能电信、医疗服务等技术研发的投入，此类投入后期会给企业带来收益。因此应该重点关注管理费用、财务费用增长的原因：管理费用的增长是否存在管理不到位导致的各种浪费、超消费；财务费用则要与企业现金流关联起来，以评判公司现金流是否良好。

2. 分析利润结构变动

分析利润结构变动主要通过运用垂直分析法，依据利润表中的数据计算各项目要素或各项财务成果占营业收入的比重，分析说明财务成果的结构及其增减变动的合理性。

1)编制垂直分析表

按照表2-5的案例资料信息，可编制如表2-7所示的利润垂直分析表。

表 2-7　PXH 公司利润垂直分析表

项目	本年数/万元	上年数/万元	占比/%		占比变动/%
			本年数	上年数	
一、营业总收入	127 738.5	130 054.7	100.00	100.00	0.00
其中:营业收入	127 738.5	130 054.7	100.00	100.00	0.00
二、营业总成本	125 615.2	126 985.6	98.34	97.64	0.70
其中:营业成本	106 924.3	108 725.3	83.71	83.60	0.11
税金及附加	1 560.6	2 145.63	1.22	1.65	-0.43
销售费用	4 345.9	4 729.48	3.40	3.64	-0.23
管理费用	4 141	3 760.41	3.24	2.89	0.35
研发费用	5 629.37	4 989.36	4.41	3.84	0.57
财务费用	3 014.03	2 635.34	2.36	2.03	0.33
其中:利息费用	3 487.41	3 118.75	2.73	2.40	0.33
利息收入	353.76	187.23	0.28	0.14	0.13
加:其他收益	1 723.68	2 328.46	1.35	1.79	-0.44
投资收益	-808.7	-113.35	-0.63	-0.09	-0.55
其中:对联营企业和合营企业的投资收益	-422.78	-224.72	-0.33	-0.17	-0.16
以摊余成本计量的金融资产终止确认收益	-519.13	-361.77	-0.41	-0.28	-0.13
公允价值变动收益	9.75	-5.47	0.01	0.00	0.01
信用减值损失	-477.03	-332.08	-0.37	-0.26	-0.12
资产减值损失	-159	-686.42	-0.12	-0.53	0.40
资产处置收益	-99.75	-18.53	-0.08	-0.01	-0.06
三、营业利润	2 312.29	4 241.76	1.81	3.26	-1.45
加:营业外收入	226.32	229.93	0.18	0.18	0.00
减:营业外支出	107.48	86.05	0.08	0.07	0.02
四、利润总额	2 431.13	4 385.64	1.90	3.37	-1.47
减:所得税费用	312.27	829.45	0.24	0.64	-0.39
五、净利润	2 118.86	3 556.19	1.66	2.73	-1.08

2)利润结构变动分析评价

表 2-7 根据利润表各个财务指标占营业收入的比重揭示了各项财务成果的构成情况。2021 年度,营业利润占营业收入的比例为 1.81%,比上年度的 3.26%下降 1.45%;利润总额的比重为 1.90%,比上年度的 3.37%下降 1.47%。可见从公司利润的构成情况看,营业利润、利润总额两年间的变化基本趋于一致,说明企业虽然利润下降了,但是其主业经营与非经常性损益的影响在正常范围内,企业主业仍保持了一定的发展能力,同时公司报表的披露质量也是值得肯定的。从营业利润的结构下降看,主要是营业成本、管理费用、研发费用、财务费

用结构上升，投资亏损、资产减值损失结构上升给营业利润、利润总额和净利润带来了一定的不利影响。

3. 分析利润表项目

利润表的核心项目是收入、成本费用和利润，理解各项目的含义及项目分析的基本思路，可以使报表使用者更好地确认利润表的披露质量和企业客观的盈利水平。

1)分析主要项目

Ⅰ. 营业收入

营业收入反映的是企业主要经营业务和其他业务所确认形成的收入总额。收入是企业在日常经营活动中形成的，会导致所有者权益增加，但是与所有者投入资本无关的经济利益的总流入。日常经营活动是指企业按照其经营业务而开展的经常性活动及其他相关业务活动。收入分为主营业务收入和其他业务收入两个部分，不同行业从事的主业不同，要获得市场份额、核心竞争力必有其相应的主要业务、主要产品：制造业销售产品形成主营业务收入，如果出售生产产品使用的原材料或者出租包装物等，这样获得的收入则是其他业务收入；银行业的利息、手续费等收入是其主要业务收入。

经营质量良好的企业的利润应该主要来源于主营业务，主业创造的利润具有持续性、稳定性和可预测性等特点。分析营业收入时，一般从营业收入的确认和营业收入占利润的比重两个方面进行分析。

①营业收入的确认。企业应在履行了合同中的履约义务后，在客户能够主导该商品的使用并从中获得几乎全部经济利益（同时也意味着客户有能力阻止其他方主导该商品的使用及阻止其获利）即客户取得相关商品的控制权时确认收入。在满足收入确认的条件后收入才能予以入账。

在分析本项目时，要关注基于操纵利润粉饰报表的目的而进行的收入确认的行为：第一，提前确认收入，如提前开具销售发票、滥用完工百分比法、存在重大不确定性时确认收入、尚未提供产品或服务的预收账款确认收入等；第二，延迟确认收入，如已实现可确认的收入不及时确认；第三，虚增收入，如签订虚假销售合同通过虚增收入实现年度财务指标的美化。

②营业收入占利润的比重。营业收入占企业利润的比重大说明企业主业经营状况良好，可持续发展韧力足，利润质量较高。如A公司和B公司两家企业利润总额相同，其中A公司营业利润远低于B公司，甚至是负数（亏损），则A公司的经营质量远不如B公司，其盈利能力是不可持续的，乃至是虚假的。因为营业利润低而利润总额高只能说明其利润源自非日常所得的营业外收入，而营业外收入容易成为虚假业务的依托。

Ⅱ. 投资收益

投资收益反映企业以各种方式对外投资所取得的收益，如为投资损失以“-”号显示。这部分收益增加了企业的利润，但不是一般制造业企业的主要业务，若投资收益占利润的比重很高，则需要进一步分析收益来源；如果收益来自资本市场的腾挪转移如企业频繁收购、出售被投资公司，则企业利润不稳定且经营风险高。因此分析时要遵循实质重于形式原则深入了解数据资料后予以客观评价，注意分析投资收益是否有相应的现金流正常流动以及牵强确认有巨额收益等非正常现象。

Ⅲ. 公允价值变动收益(或损失)

公允价值变动收益(或损失)是指交易性金融资产等公允价值变动形成的应计入当期损益的利得(或损失)。列报公允价值变动收益(或损失),可以全面反映企业的收益情况(包括经常性收益和非经常性收益),帮助投资者了解企业因公允价值变动而形成的收益(或损失)金额及其占企业利润的比重,从而更好地进行分析和决策。分析该项目时,应重点关注企业获取的相关资产的公允价值是否公允客观、合理;是否存在将不适用公允价值计量的资产或负债划分到此类中;企业在出售相关资产或偿付相关负债后,前期发生的公允价值变动收益(或损失)是否计入了当期投资收益;等等。

Ⅳ. 营业外收入

营业外收入是指企业确认的与其日常经营活动无直接关联的各项利得。营业外收入实际上是企业经济利益的净流入,不是由企业经营资金耗费产生的,不需要与有关成本费用相配比。营业外收入主要包括非流动资产毁损报废收益、与企业日常活动无关的政府补助、盘盈利得、捐赠利得等,分析时应注意如果企业营业外收入过高,则其经营水平、盈利质量有待检验。

2)分析成本费用类项目

成本费用类项目主要包括营业成本、税金及附加、销售费用、管理费用、财务费用、资产减值损失、营业外支出等。

Ⅰ. 营业成本

营业成本是指企业为了生产产品、提供劳务等发生的可归属于产品成本、劳务成本等项目进行核算的费用,是企业日常活动所发生的经济利益的流出,它反映企业经营主要业务和其他业务发生的实际总成本。分析营业成本时,应重点关注企业选择的发出存货的计价方法及其变动,检查企业形成的营业收入与其营业成本之间是否匹配,以及跨年度的成本收入比例是否高低异常,以判断企业是否存在操纵营业成本的行为。企业操纵成本同操纵收入的目的不同,操纵收入是为了提高利润、显示盈利能力以吸引投资者等企业相关受益人,操纵成本主要是为了逃避税款。企业除利用隐匿、转移、分解收入等手段偷逃税款外,还会利用超额列支成本,或者乱摊成本、转移成本,或者通过掩盖各项成本要素分配的真实性等手法偷逃企业所得税,因此营业成本是核查企业所得税申报的一个涉税分析重点。

Ⅱ. 税金及附加

一般而言,企业的税金及附加与营业收入应有配比关系,发生金额较小,一般不是分析的重点。

Ⅲ. 销售费用

销售费用主要反映企业在销售商品、提供服务过程中发生的各项费用,如企业销售人员的工资薪金福利费、运输费、销售佣金、差旅费、装卸费、商品维修费、包装费、保险费、展览费、委托代销手续费、检验费、广告费等。企业若要降低销售费用,可以对广告费、销售人员的工资薪金福利费等严格限制支出,但基于企业长远发展的视角,这种严格限制可能存在对企业长期发展不利的一面,比如有可能影响销售人员的积极性等。因此,在进行具体分析时,应将发生的销售费用增减变动同销售量的变动结合起来,分析这种变动的合理性、有效性。一般说来,当企业处于拓展市场的上升期时,销售费用需要适当宽松,如果一味地追求费用降低，就有可能限制市场影响力的扩大。

Ⅳ. 管理费用

管理费用是企业为组织和管理生产经营发生的各种费用，包括企业筹建期间内发生的开办费、董事会和行政管理部门在企业经营管理中发生的以及应由企业统一负担的公司经费（包括管理部门职工薪酬、物料消耗费、低值易耗品摊销费、办公费、差旅费、业务招待费、研发费、职工教育经费、租赁费、咨询费、审计费、诉讼费、修理费等）。管理费用的降低可增加公司利润，但分析时不能一概而论，有些费用与企业规模有关，对其可从提高管理效率的角度严格把控；有些费用如研发费、职工教育经费等，盲目降低会影响企业长期发展；折旧费、摊销费等是企业以前年度已经支出的费用，更多地受企业会计政策的影响，不存在控制其支出规模的问题。因此一般认为，在企业规模、组织结构等保持一定的情况下，企业的管理费用需相应稳定，不能一味地追求降低。

本案例中的PXH公司，近年管理费用始终保持稳定，其中占比最大的部分为职工薪酬，平均占管理费用的50%以上。管理费用中还包含研发人员薪酬、期权费用、研发费等，显示出PXH公司高度重视研发及人力资源的投入，这符合当下数字经济、智能科技大发展的时代需求，为公司顺应时代谋发展的趋势奠定坚实基础。PXH公司智能电信、医疗服务技术等研发初期费用投入很大，且全部符合费用化，这也是造成管理费用上升、数额较大的重要原因，但是研发支出一般来讲是前期集中投入，未来研发技术推广市场以后，PXH公司在收入持续增长的情况下，管理费用发生额会大幅减少，从而进入高额盈利期。

Ⅴ. 财务费用

财务费用是企业为了筹集经营所需资金等而发生的各项费用，包括利息支出（减利息收入）、汇兑损益、手续费等。其中，日常经营发生的贷款利息支出是财务费用的主要构成。所以分析时应当将财务费用的增减变动情况同企业的筹资活动联系起来，通过贷款规模、贷款利率和贷款期限的异同对比，分析财务费用增减变动的合理性及有效性，发现其中存在的问题，以期控制费用，降低成本，提高企业的盈利能力。

Ⅵ. 资产减值损失

资产减值损失是企业按照会计准则计提各项资产的减值准备所形成的损失。分析时应关注附表、附注中的企业资产减值准备明细表，了解其构成，评价每项资产减值准备的计提是否客观充分，企业是否存在计提不足或计提过度的情况。同时，分析减值准备的异常变化，判断企业是否存在利用资产减值来调节利润的情况。

Ⅶ. 营业外支出

营业外支出反映企业发生的与日常经营活动无直接关系的损失支出，例如非流动性资产毁损报废损失、公益性捐赠支出、罚款支出、盘亏损失和非常损失等。对于这些损失，企业应将其控制在最低限度。

3）分析利润类项目

利润表中反映的利润包括营业利润、利润总额和净利润。

Ⅰ. 营业利润

营业利润是企业经营活动中，营业收入减去营业成本、期间费用后的差额，再与资产减值损失、公允价值变动收益、投资收益等项目相加减所得。它既反映了企业经营活动的经营成果，同时也揭示了企业经营过程中资产价值的变动损益状况，代表了企业的总体经营管理水平和效益效果。分析营业利润，应当围绕核心利润的含金量展开，包括企业主要业务的收入形成及现金回款情况，多种经营的发展及占比情况，以及期间费用的规模、是否与收入匹配等问题。

Ⅱ. 利润总额

利润总额揭示了企业全部盈利状况，包含了收入减去成本费用后的净额，以及计入当期利润的利得和损失。在分析利润总额时，应以营业利润为界，注意区分经营性与非经营性项目的影响。如果一家公司的利润总额主要来自非经营性项目，这就提示其经营质量与盈利能力有待详查。

Ⅲ. 净利润

净利润是利润总额减去所得税费用以后，归属企业所有者最终取得的财务成果。一般企业所得税政策相对稳定，企业所得税税率多年不变，利润总额较大的企业，其净利润也较高。对该指标的分析，可同企业历史发展水平相结合，研究其发展趋势及增长速度，也可以与同行业标准、先进水平相比较，考察企业在同行业中所处的地位。如前述营业利润、利润总额的分析，如果企业净利润主要来自非经营性项目，这就提示其经营质量与盈利能力有待详查，需持续关注利润表的真实性和企业的可持续发展能力。

2.5.3　项目任务三：分析现金流量表

PXH 公司现金流量表如表 2-8 所示。

表 2-8　PXH 公司现金流量表

编制单位：PXH 公司　　2021 年度　　单位：万元

项目	本年数	上年数
一、经营活动产生的现金流量：		
销售商品、提供劳务收到的现金	112 341	104 307
收到的税费返还	1 465	1 879
收到其他与经营活动有关的现金	51 510	8 310
经营活动现金流入小计	165 316	114 496
购买商品、接受劳务支付的现金	105 224	74 899
支付给职工以及为职工支付的现金	3 453	3 342
支付的各项税费	9 443	9 482
支付其他与经营活动有关的现金	19 406	13 157
经营活动现金流出小计	137 526	100 880
经营活动产生的现金流量净额	27 790	13 616
二、投资活动产生的现金流量：		
收回投资收到的现金	4 302	1 520
取得投资收益收到的现金	201	39

续表

项目	本年数	上年数
处置固定资产、无形资产和其他长期资产收回的现金净额	3	5
处置子公司及其他营业单位收到的现金净额	0	0
收到其他与投资活动有关的现金	7 274	5 025
投资活动现金流入小计	11 780	6 589
购建固定资产、无形资产和其他长期资产支付的现金	1 390	684
投资支付的现金	8 174	11 009
取得子公司及其他营业单位支付的现金净额	0	1 247
支付其他与投资活动有关的现金	14 656	7 785
投资活动现金流出小计	24 220	20 725
投资活动产生的现金流量净额	-12 440	-14 136
三、筹资活动产生的现金流量:		
吸收投资收到的现金	0	0
取得借款收到的现金	16 640	23 443
发行债券收到的现金	0	0
收到其他与筹资活动有关的现金	3 805	1 727
筹资活动现金流入小计	20 445	25 170
偿还债务支付的现金	23 372	17 648
分配股利、利润或偿付利息支付的现金	13 031	768
支付其他与筹资活动有关的现金	2 041	458
筹资活动现金流出小计	38 444	18 874
筹资活动产生的现金流量净额	-17 999	6 296
四、汇率变动对现金的影响	693	953
五、现金及现金等价物净增加额	-2 649	5 776
加:期初现金及现金等价物余额	32 315	25 586
六、期末现金及现金等价物余额	30 359	32 315

1. 分析现金流量增减变动

现金流量的增减变动分析主要通过对比本年度与上年度现金流量的增减变化,编制水平分析表,了解企业的现金收入、现金支出及其余额的增减变动情况,分析差异形成的原因,掌握企业财务状况的变动趋势,为企业经营决策提供数据分析。根据表2-8,编制如表2-9所示的PXH公司现金流量水平分析表。

表2-9 2021年PXH公司现金流量水平分析表

项目	本年数/万元	上年数/万元	增减额/万元	变动率/%
一、经营活动产生的现金流量:				

续表

项目	本年数/万元	上年数/万元	增减额/万元	变动率/%
销售商品、提供劳务收到的现金	112 341	104 307	8 034	7.70
收到的税费返还	1 465	1 879	-414	-22.03
收到其他与经营活动有关的现金	51 510	8 310	43 200	519.86
经营活动现金流入小计	165 316	114 496	50 820	44.39
购买商品、接受劳务支付的现金	105 224	74 899	30 325	40.49
支付给职工以及为职工支付的现金	3 453	3 342	111	3.32
支付的各项税费	9 443	9 482	-39	-0.41
支付其他与经营活动有关的现金	19 406	13 157	6 249	47.50
经营活动现金流出小计	137 526	100 880	36 646	36.33
经营活动产生的现金流量净额	27 790	13 616	14 174	104.10
二、投资活动产生的现金流量:				
收回投资收到的现金	4 302	1 520	2 782	183.03
取得投资收益收到的现金	201	39	162	415.38
处置固定资产、无形资产和其他长期资产收回的现金净额	3	5	-2	-40.00
处置子公司及其他营业单位收到的现金净额	0	0	0	
收到其他与投资活动有关的现金	7 274	5,025	2 249	44.76
投资活动现金流入小计	11 780	6 589	5 191	78.78
购建固定资产、无形资产和其他长期资产支付的现金	1 390	684	706	103.22
投资支付的现金	8 174	11 009	-2 835	-25.75
取得子公司及其他营业单位支付的现金净额	0	1 247	-1 247	-100.00
支付其他与投资活动有关的现金	14 656	7 785	6 871	88.26
投资活动现金流出小计	24 220	20 725	3 495	16.86
投资活动产生的现金流量净额	-12 440	-14 136	1 696	-12.00
三、筹资活动产生的现金流量:				
吸收投资收到的现金	0	0	0	
取得借款收到的现金	16 640	23 443	-6 803	-29.02
发行债券收到的现金	0	0	0	
收到其他与筹资活动有关的现金	3 805	1 727	2 078	120.32
筹资活动现金流入小计	20 445	25 170	-4 725	-18.77
偿还债务支付的现金	23 372	17 648	5 724	32.43
分配股利、利润或偿付利息支付的现金	13 031	768	12 263	1 596.74
支付其他与筹资活动有关的现金	2 041	458	1 583	345.63
筹资活动现金流出小计	38 444	18 874	19 570	103.69
筹资活动产生的现金流量净额	-17 999	6 296	-24 295	-385.88
四、汇率变动对现金的影响	693	953	-260	-27.28

续表

项目	本年数/万元	上年数/万元	增减额/万元	变动率/%
五、现金及现金等价物净增加额	-2 649	5 776	-8 425	-145.86
加:期初现金及现金等价物余额	32 315	25 586	6 729	26.30
六、期末现金及现金等价物余额	30 359	32 315	-1 956	-6.05

PXH公司2021年净现金流量(现金及现金等价物净增加额)比2020年减少8 425万元,降低145.86%。其中,经营活动产生的现金流量净额较上年度增加14 174万元,增幅为104.10%;投资活动产生的现金流量净额较上年度减少支出1 696万元,减少额降幅达-12.00%;筹资活动产生的现金流量净额较上年减少流入24 295万元,降幅达385.88%。

经营领域现金流增长主要表现为:销售商品、提供劳务收到的现金较上年增加8 034万元,增幅为7.70%;收到其他与经营活动有关的现金较上年增加43 200万元,增幅为519.86%,这主要是公司本年度集中收到了大客户退回的发货保证金,从侧面反映了公司的市场信誉大幅提高和行业地位的提升;购买商品、接受劳务支付的现金较上年增加30 325万元,增幅为40.49%;支付其他与经营活动有关的现金较上年增加6 249万元,增幅为47.50%。由于经营活动现金流入小计较上年增加50 820万元,经营活动现金流出小计较上年增加36 646万元,二者相差14 174万元,因此本年度经营领域现金净流量增长104.10%。

投资活动产生的现金流量净额较上年度减少支出1 696万元,主要是由于公司调整了经营主业结构及未来发展战略,收缩了不符合公司发展战略的投资,收回投资所收到的现金较上年增加2 782万元,增幅为183.03%。

筹资活动产生的现金流量净额比上年减少24 295万元,主要是因为公司向股东分配利润导致现金大量流出以及大额长期借款本年度到期偿还。

2. 分析现金流量结构

现金流量结构分析是通过各类现金流入量、各类现金流出量,以及各类现金净流量分别占企业总的现金流入量、总的现金流出量和全部净现金流量中的比重,揭示企业经营业活动、投资活动、筹资活动的特点及对现金净流量的影响。在进行现金流量结构分析时,可把现金流量结构分为现金流入结构、现金流出结构和净现金流量结构,采用垂直分析法分析。

1)分析现金流入结构

现金流入结构分析反映企业全部现金流入中,经营活动、投资活动和筹资活动分别所占的比例。现金流入结构分析可用于了解企业的现金主要来源,以帮助决策筹集资金的最佳渠道。PXH公司现金流入结构表如表2-10所示。

表2-10 2021年PXH公司现金流入结构表

项目	本年数/万元	占比/%
销售商品、提供劳务收到的现金	112 341	56.87
收到的税费返还	1 465	0.74
收到其他与经营活动有关的现金	51 510	26.08

续表

项目	本年数/万元	占比/%
一、经营活动现金流入小计	165 316	83.69
收回投资收到的现金	4 302	2.18
取得投资收益收到的现金	201	0.10
处置固定资产、无形资产和其他长期资产收回的现金净额	3	0.00
处置子公司及其他营业单位收到的现金净额	0	0.00
收到其他与投资活动有关的现金	7 274	3.68
二、投资活动现金流入小计	11 780	5.96
吸收投资收到的现金	0	0.00
取得借款收到的现金	16 640	8.42
发行债券收到的现金	0	0.00
收到其他与筹资活动有关的现金	3 805	1.93
三、筹资活动现金流入小计	20 445	10.35
现金流入合计	197 541	100.00

PXH 公司 2021 年现金流入总量为 197 541 万元。其中，经营活动现金流入量所占比重为 83.69%，投资活动现金流入量所占比重为 5.96%，筹资活动现金流入量所占比重为 10.35%。公司的现金流入量主要由经营活动和筹资活动产生。在经营活动中，销售商品、提供劳务收到的现金为 112 341 万元，占比最高，达 56.87%；在筹资活动中，取得借款收到的现金为 16 640 万元，占比最高，达 8.42%；投资活动现金流入量占比最低，为 5.96%。企业的经营发展仍处于上升期。

2）分析现金流出结构

现金流出结构分析反映企业全部现金流出中，经营活动、投资活动和筹资活动分别所占的比例。现金流出结构可用于了解企业的资金流向，从中分析如何优化资金分配使企业效益最大化。PXH 公司现金流出结构表如表 2-11 所示。

表 2-11　2021 年 PXH 公司现金流出结构表

项目	本年数/万元	占比/%
购买商品、接受劳务支付的现金	105 224	52.56
支付给职工以及为职工支付的现金	3 453	1.72
支付的各项税费	9 443	4.72
支付其他与经营活动有关的现金	19 406	9.69
一、经营活动现金流出小计	137 526	68.70
购建固定资产、无形资产和其他长期资产支付的现金	1 390	0.69
投资支付的现金	8 174	4.08
取得子公司及其他营业单位支付的现金净额	0	0.00

续表

项目	本年数/万元	占比/%
支付其他与投资活动有关的现金	14 656	7.32
二、投资活动现金流出小计	24 220	12.10
投资活动产生的现金流量净额	−12 440	−6.21
偿还债务支付的现金	23 372	11.67
分配股利、利润或偿付利息支付的现金	13 031	6.51
支付其他与筹资活动有关的现金	2 041	1.02
三、筹资活动现金流出小计	38 444	19.20
现金流出合计	200 190	100.00

PXH 公司 2021 年现金流出总量为 200 190 万元。其中，经营活动现金流出量所占比重为 68.70%，投资活动现金流出量所占比重为 12.10%，筹资活动现金流出量所占比重为 19.20%。在现金流出总量中，经营活动现金流出中所占比重最大的是购买商品、接受劳务支付的现金，数额为 105 224 万元，占比 52.56%；筹资活动现金流出中所占比重最大的是偿还债务支付的现金，数额为 23 372 万元，占比 11.67%。这说明企业经营状况较好，采购等经营活动付款及时，到期借款偿还能力较强。

3）分析净现金流量结构

净现金流量结构反映企业经营活动、投资活动及筹资活动的净现金流量占企业全部现金流量的比例。通过分析，可以了解影响企业本期净现金流量的主要渠道，以及净现金流量结构是否还可以再优化调整。PXH 公司现金净流量结构表如表 2-12 所示。

表 2-12　2021 年 PXH 公司现金净流量结构表

项目	本年数/万元	占比/%
经营活动产生的现金流量净额	27 790	−1 049.08
投资活动产生的现金流量净额	−12 440	469.61
筹资活动产生的现金流量净额	−17 999	679.46
净额合计	−2 649	100.00

从表 2-12 分析可以看出，PXH 公司现金净流量主要来自经营活动，投资活动、筹资活动领域都以流出为主。这表明 PXH 公司目前处于发展壮大时期，随着对外投资活动的增加，投资付款金额不断加大，导致资金大量流出，公司应围绕主业发展定位布局谋篇，防止因盲目扩大规模引发财务风险进而导致企业的经营风险。筹资活动净流量显示为净流出，主要是公司偿还了部分债务，降低了财务风险，这说明企业现金流整体而言较佳。

PXH 公司的现金流量基本上体现了处于上升期的成长型公司的现金状况：经营活动的现金净流量为正数，表明经营业务开展良好，销售回款及时；投资活动的现金净流量为负数，这是因为对外投资不断扩大需要大量资金；筹资活动的现金净流量为负数，说明企业还款能力较强。

3. 分析现金流量项目

1)分析经营活动现金流量项目

Ⅰ. 销售商品、提供劳务收到的现金

此项目反映:①企业本期销售商品、提供劳务收到的现金;②前期实现销售商品、提供劳务但于本期收到的现金(包括应向购买者收取的增值税销项税额);③本期预收的款项;④减去本期销售本期退回商品和前期销售本期退回商品支付的现金。企业销售原材料和代购代销业务中收到的现金,也于此反映。

销售商品、提供劳务收到的现金是企业现金流入的主要来源,与利润表中的营业收入总额相比,可以判断企业销售收现率等销售收入的含金量,较高的收现率表明企业市场竞争力较强,销售的商品受市场欢迎程度高,形成了卖方市场,例如某些手机新款首发时用户排队购买的情景。

Ⅱ. 收到的税费返还

此项目反映企业实际收到返还的增值税、所得税、消费税、关税和教育费附加等各种税费,一般金额不大,对现金流的影响有限。

Ⅲ. 收到其他与经营活动有关的现金

此项目主要包括企业收到的罚款收入、经营租赁收到的租金等其他与经营活动有关的现金流入。此项目一般都是偶尔发生的业务,因此金额不应过大。

Ⅳ. 购买商品、接受劳务支付的现金

此项目反映:企业本期购买商品、接受劳务实际支付的现金(包括增值税进项税额);虽然是本期支付现金,但却是前期购买的商品、接受的劳务应付而未付的款项;本期预付款项减去本期发生的购货退回收到的现金。企业代购代销业务中支付的现金,也于此反映。

此项目是企业现金的主要流出,将其与营业成本相比较,可以判断企业购买商品付现率的高低,付现率高说明企业现金流较为充裕,但也可能是企业市场信誉不足,在与供应商的合作中处于弱势地位,因此需要全面了解企业的经营状况,包括企业资金状况、企业的商业信用情况等。

Ⅴ. 支付给职工及为职工支付的现金

此项目反映企业实际支付给在职职工的工资、奖金、各种津贴和补贴、养老金和社会保险等职工薪酬福利费(包括代扣代缴的职工个人所得税)。企业离退休人员的各种费用在支付的其他与经营活动有关的现金中反映。支付给在建工程人员的工资及其他事项在投资活动现金流中反映。

在企业人员数量、薪酬结构较为稳定的情况下此项目金额一般变化较小。

Ⅵ. 支付的各项税费

此项目反映企业本年度发生并支付、以前年度发生本年支付及预交的各项税费,包括企业所得税、消费税、增值税、房产税、土地增值税、印花税、车船税、教育费附加等。

本项目金额会随着企业的销售收入的高低而变化。

Ⅶ. 支付其他与经营活动有关的现金

此项目反映企业经营租赁支付的租金、保险费、业务招待费、差旅费、罚款支出等其他与经营活动有关的现金流出。

2)分析投资活动现金流量主要项目

Ⅰ.收回投资收到的现金

此项目反映企业出售、转让或到期收回除现金等价物以外的交易性金融资产、长期股权投资而收到的现金等。

投资现金流一般金额较大,需要审慎分析,科学决策。处于上升成长期的企业会按照既定发展战略进行投资扩张,以创造企业未来利润的增长点;处于生命周期衰退期或者战略调整期的企业会缩小投资收回资金,以规避无效益投资带来的财务风险或者战略调整带来的投资转换、资金紧张等问题。

Ⅱ.取得投资收益收到的现金

此项目反映企业除现金等价物以外的对其他企业的长期股权投资分回的现金股利和利息等。对此项目的分析,可用于了解投资回报率的高低及质量。

Ⅲ.处置固定资产、无形资产和其他长期资产收回的现金净额

此项目反映企业出售、报废固定资产、无形资产和其他长期资产所取得的现金(包括因资产毁损而收到的保险赔偿收入)减去为处置相关资产而支付的费用后的净额。

一般情况下,此项目金额不应过大。如果数额很大,则表明企业产业、产品结构有所调整,或者企业以出售设备变现,维持运营,乃至企业经营难以为继的预警。

Ⅳ.处置子公司及其他营业单位收到的现金净额

此项目反映企业处置子公司及其他营业单位所取得的现金减去子公司或其他营业单位持有的现金及现金等价物、与相关处置费用后的净额。

此项目表明企业在调整经营范围,单笔交易数额较大但偶尔发生,如果频繁发生则应该关注企业经营动向是否与主业相关。

Ⅴ.收到其他与投资活动有关的现金

此项目反映企业除了以上各项流量之外,收到的其他与投资活动有关的现金流入,如工程前期款、工程往来款等。

Ⅵ.购建固定资产、无形资产和其他长期资产支付的现金

此项目反映企业购买、建造固定资产,取得无形资产和其他长期资产所支付的现金,以及本期现金支付的在建工程和无形资产中核算的职工薪酬。

购建固定资产而发生的借款利息资本化部分,以及融资租入固定资产支付的租赁费等不在本项目中反映,这些项目应在筹资活动产生的现金流量中反映。

本项目反映企业扩大再生产的愿望与能力的强弱,揭示企业未来经营方式和经营战略的核心定位。

Ⅶ.投资支付的现金

此项目反映企业取得的除了现金等价物以外的对其他企业的长期股权投资所支付的现金,以及支付的佣金、手续费等附加费用,但是,取得子公司及其他营业单位支付的现金净额不在本项目中反映。

3）分析筹资活动现金流量主要项目

Ⅰ. 吸收投资收到的现金

此项目反映企业以发行股票、债券等方式筹集资金实际收到的款项减去支付的相关佣金、手续费、咨询费、宣传费、印刷费等发行费用后的净额。对此项目的分析，可用于了解企业通过资本市场筹集资金能力的强弱。

Ⅱ. 取得借款收到的现金

此项目反映企业举借各种短期、长期借款而收到的现金。这些现金数额的大小反映了企业通过银行等金融机构筹集资金能力的强弱，代表了企业商业信用的高低。

Ⅲ. 偿还债务支付的现金

此项目反映企业为偿还债务本金而支付的现金。企业支付的借款利息、债券利息在“分配股利、利润或偿付利息支付的现金”项目中反映。分析偿还债务支付的现金能够反映企业资金周转是否已经进入良性循环状态。

Ⅳ. 分配股利、利润或偿付利息支付的现金

此项目反映企业实际支付的现金股利、支付给其他投资单位的利润，以及用现金支付的借款利息、债券利息。利润的分配情况反映了企业的盈利状况及现金的充裕程度。

4. 分析现金流量比率

现金流量比率分析通过含有现金的各项财务评价指标判断企业的经营质量，包括债务、资产、盈利的含金量等。

进行现金流量比率分析，可以进一步揭示企业现金流量信息，有助于从现金流量的角度评价企业的获现能力、偿债能力和支付能力，对企业的财务状况和经营业绩进行进一步核心评价。本项分析可与权责发生制下的财务比率分析指标互为补充。

现金流量的比率分析分为债务含金量分析、资产含金量分析和收益含金量分析。

1）债务含金量分析

债务含金量分析主要考察企业经营活动产生的现金流量与债务之间的关系，主要指标包括以下内容。

Ⅰ. 现金流动负债比率

现金流动负债比率 = 经营现金净流量/年末流动负债 ×100%

现金流动负债比率从现金流入和流出的动态角度对企业的实际偿债能力进行考察，直观地反映了企业偿还流动负债的实际能力，当评价企业短期偿债能力时，本指标比流动比率和速动比率更为谨慎。本指标越大，表明企业经营活动产生的现金净流量越多，越能保障企业按期偿还到期债务。但如果指标过大则表明企业流动资金利用不充分，闲置资金其实也是一种浪费。

Ⅱ. 现金流量债务比率

现金流量债务比率 = 经营现金净流量/负债总额 ×100%

现金流量债务比率反映企业经营活动产生的现金流量净额对其全部负债的满足程度。一般情况下，债务总额使用年末和年初的加权平均数。本指标越高，企业偿还全部债务的能力越强。

Ⅲ. 现金流量利息保障倍数

现金流量利息保障倍数 = 经营现金流量净额/利息费用

现金流量利息保障倍数表明 1 元的利息费用能够有多少倍的经营现金流量做保障，它比以权责发生制为核算基础的利息保障倍数更为谨慎。

2）资产含金量分析

资产现金回收率 = 经营现金净流量/平均资产总额 ×100%

资产现金回收率反映企业利用资产获取现金的能力。本指标数值越大，说明企业的投资现金回报越高，获现能力越强。

3）收益含金量分析

Ⅰ. 营业收入收现率

营业收入收现率 = 销售商品、提供劳务收到的现金/营业收入 ×100%

Ⅱ. 盈余现金保障倍数

盈余现金保障倍数 = 经营现金净流量/净利润

本指标数值越接近 1，越说明企业市场销路好，企业核心竞争力强，销售信用政策适当，现款销售占比高，收益质量高；反之，则说明企业市场竞争力弱，销售属于买方市场，赊销占比高，货款回收不及时，收益质量差。本指标可以结合资产负债表中的“应收账款”项目和利润表中的“利润总额”项目的变化趋势来分析。

本指标能反映会计利润的含金量，防止企业采取虚增营业收入的方式提高账面利润而无相应的现金流入的情况。人为操纵利润会导致会计信息使用者决策失误、误导资本市场投资者，一般情况下，盈利企业的盈余现金保障倍数等于或大于 1。本指标数值越大，表明企业利润的含金量越高，企业的经营质量也就越高。

2.5.4 项目任务四：分析所有者权益变动表

PXH 公司所有者权益变动表（简表）如表 2-13 所示。

表 2-13 PXH 公司所有者权益变动表（简表）

编制单位：PXH 公司 2021 年度 单位：万元

项目	本年金额							上年金额						
	实收资本（或股本）	其他权益工具	资本公积	其他综合收益	盈余公积	未分配利润	所有者权益合计	实收资本（或股本）	其他权益工具	资本公积	其他综合收益	盈余公积	未分配利润	所有者权益合计
一、上年年末余额	7 266	4 196	24 524	-33	3 842	20 498	60 293	（略）						
加：会计政策变更														
前期差错更正														
二、本年年初余额	7 266	4 196	24 524	-33	3 842	20 498	60 293							

续表

项目	本年金额							上年金额						
	实收资本（或股本）	其他权益工具	资本公积	其他综合收益	盈余公积	未分配利润	所有者权益合计	实收资本（或股本）	其他权益工具	资本公积	其他综合收益	盈余公积	未分配利润	所有者权益合计
三、本年增减变动金额（减少以“-”号填列）	0	199	7	-14	257	558	1 007							
（一）综合收益总额				-14		815	801							
（二）所有者投入和减少资本														
1. 所有者投入的普通股			7				7							
2. 其他权益工具持有者投入资本		199					199							
3. 股份支付计入所有者权益的金额														
（三）利润分配														
1. 计提盈余公积					257	-257	0				（略）			
2. 对所有者（或股东）的分配														
3. 其他														
（四）所有者权益内部结转														
1. 资本公积转增资本（或股本）														
2. 盈余公积转增资本（或股本）														
3. 盈余公积弥补亏损														
4. 设定受益计划变动额结转留存收益														
5. 其他综合收益结转留存收益														
6. 其他														
四、本年年末余额	7 266	4 395	24 531	-47	4 099	21 056	61 300	7 266	4 196	24 524	-33	3 842	20 498	60 293

1. 所有者权益变动表水平分析

所有者权益变动表的水平分析揭示公司当期所有者权益各个项目的水平及其变动情况，将所有者权益各个项目的本期数与上期数进行对比，解释评价公司净资产的变动原因。以PXH公司所有者权益变动表为基础资料，编制PXH公司所有者权益变动表水平分析表如表2-14所示。

表2-14　2021年PXH公司所有者权益变动表水平分析表

项目	本年金额/万元	上年金额/万元	变动额/万元	变动率/%
一、上年年末余额	60 293	59 372	921	1.55
加：会计政策变更				
前期差错更正				
二、本年年初余额	60 293	59 372	921	1.55
三、本年增减变动金额（减少以"-"号填列）	1 007	921	86	9.34
（一）综合收益总额	801	750	51	6.80
（二）所有者投入和减少资本				
1. 所有者投入的普通股	7	5	2	40.00
2. 其他权益工具持有者投入资本	199	166	33	19.88
3. 股份支付计入所有者权益的金额				
（三）利润分配				
1. 计提盈余公积				
2. 对所有者（或股东）的分配				
3. 其他				
（四）所有者权益内部结转				
1. 资本公积转增资本（或股本）				
2. 盈余公积转增资本（或股本）				
3. 盈余公积弥补亏损				
4. 设定受益计划变动额结转留存收益				
5. 其他综合收益结转留存收益				
6. 其他				
四、本年年末余额	61 300	60 293	1 007	1.67

从表2-14可以看出，PXH公司2021年所有者权益比2020年增加了1 007万元，增长幅度为1.67%；从影响的主要项目看，本年度综合收益总额增长51万元，增幅为6.80%；所有者投入和减少资本增加2万元，增幅40.00%；其他权益工具持有者投入资本33万元，增幅19.88%，说明本年度公司包含净利润在内的财务指标均有上涨，企业经营效益有所提升。此外，公司未分配利润本年度除计提盈余公积外，没有其他分配，说明处于上升成长期的PXH公司将企业未来发展作为利润分配政策的首要考虑，以内源性资金为企业发展奠定基础。

2. 所有者权益变动表垂直分析

所有者权益变动表的垂直分析，是基于所有者权益变动额的构成角度反映各明细项目的变动对其影响，找出主要影响因素并进行分析评价，从而揭示企业所有者权益变动的主要原因，以提供企业科学决策依据。以 PXH 公司所有者权益变动表为基础资料，编制 PXH 公司所有者权益变动表垂直分析表，如表 2-15 所示。

表 2-15　2021 年 PXH 公司所有者权益变动表垂直分析表

项目	本年金额/万元	上年金额/万元	变动额/万元	变动额占比/%
一、上年年末余额	60 293	59 372	921	91.46
加：会计政策变更				
前期差错更正				
二、本年年初余额	60 293	59 372	921	91.46
三、本年增减变动金额（减少以“-”号填列）	1 007	921	86	8.54
（一）综合收益总额	801	750	51	5.06
（二）所有者投入和减少资本				
1. 所有者投入的普通股	7	5	2	0.20
2. 其他权益工具持有者投入资本	199	166	33	3.28
3. 股份支付计入所有者权益的金额				
（三）利润分配				
1. 计提盈余公积				
2. 对所有者（或股东）的分配				
3. 其他				
（四）所有者权益内部结转				
1. 资本公积转增资本（或股本）				
2. 盈余公积转增资本（或股本）				
3. 盈余公积弥补亏损				
4. 设定受益计划变动额结转留存收益				
5. 其他综合收益结转留存收益				
6. 其他				
四、本年年末余额	61 300	60 293	1 007	100.00

从前述分析已知，PXH 公司 2021 年所有者权益比 2020 年增加了 1 007 万元。从表 2-15 可以看出，上年金额即多年经营的累积占 91.46%。在本年增减变动金额中，占比最高的是综合收益总额，占 5.06%，其中未分配利润增加 558 万元影响最大，说明 PXH 公司盈利能力带来的可持续发展动力最强。在所有者投入和减少资本项目中，资本公积增加 2 万元，占比 0.20%；其他权益工具持有者投入资本增加 33 万元，占比 3.28%，说明投资者出于对公司的信心增加了投资。

3. 分析所有者权益变动表的主要项目

所有者权益变动表主要项目的分析是从动态的角度，针对所有者权益主要构成项目的具体变动情况进行财务状况质量信息的分析，主要包括以下几个方面。

1）直接计入所有者权益的利得和损失分析

直接计入所有者权益的利得和损失是指不计入当期利润表损益，但是会导致所有者权益发生增减变动，与所有者投入资本或向所有者分配利润无关的利得或损失。如果企业所有者权益的增加主要是通过直接计入所有者权益的利得取得的，那说明企业获得"外援性"为美化报表的可能性很大，比如权益法下被投资单位其他所有者权益变动，被投资单位作为关联方，其变动的真正原因值得关注。真正高质量发展的企业应该通过自身盈利增加而使所有者权益增加。

2）会计政策变更的分析

会计政策存在企业主观选择的空间，在特定情况下，企业可以对同类交易或事项变更政策，采用更加准确的会计政策能够提供更可靠、更相关的会计信息，企业应当采用追溯调整法进行处理。追溯调整法，是指如果对某项交易或事项变更了会计政策，则应该按照该项交易或事项初次发生时采用变更后的会计政策的标准形成的累积影响金额，调整报表的期初留存收益。

分析会计政策变更的累积影响金额，关键在于合理区分哪些属于会计政策变更的业务或事项，哪些不属于会计政策变更的业务或事项。常见的不属于会计政策变更的业务或事项具体包括：遵循实质重于形式原则，当期发生的交易或事项较以前相比具有本质差别而采用新的会计政策，以及对初次发生的或不重要的交易（事项）而采用新的会计政策。

3）前期差错更正的分析

前期差错更正反映企业采用追溯重述法处理的会计差错更正的累积影响金额，企业应当在报表日依据累积影响金额调整报表相关项目。追溯重述法是指在发现前期差错时，视同该项前期差错从未发生过，从而对财务报表相关项目进行更正的方法。前期差错一般包括计算错误、应用会计政策错误、疏忽或曲解事实，舞弊产生的影响，以及存货、固定资产盘盈等。

当期发现的、与以前期相关的重大会计差错，如果影响损益，则应该依据影响的数额调整本期的期初留存收益，同时调整会计报表其他有关项目的期初数；如果不影响损益，则只需调整会计报表有关项目的期初数。

分析前期差错更正形成的累积影响金额，可以及时发现、及时更正前期差错，合理判断和区分有关业务是属于会计政策变更还是属于会计差错更正。会计差错无论是否重大，都应在当期进行差错更正，在编报的所有者权益变动表中适时披露，以确保会计信息的准确客观。

2.6 项目总结

本项目介绍了资产负债表、利润表、现金流量表以及所有者权益变动表的各项分析，以水平分析表、垂直分析表、主要项目分析为主线，分别探讨了企业在资产结构、资本结构、利润构成、现金流构成、所有者权益变动构成等方面的结构分析，综合反映企业的财务状况。

2.7　项目练习

KJX 公司是一家实现 A 股 IPO（首次公开募股）的教育企业，注册资本为 10 000 万元人民币，是以产学研融合为导向的职业教育集团。公司致力于培养高精尖数字化人才，为国家建设现代化经济体系的战略目标培养科技人才，主要培养人工智能、Python+大数据开发、智能制造、软件、互联网等数字化专业人才和数据分析、网络营销、新媒体等数字化应用人才。公司经营范围主要包括：教育相关产品的生产销售；财务大数据分析软件开发与销售；计算机信息技术服务；教育信息咨询服务；远程软件技术服务；文化创意服务；知识产权服务；从事互联网文化活动；等等。

2.7.1　资产负债表质量分析

1. 项目练习目标

通过实训，在全面分析资产负债表的基础上，能对资产负债表中的资产、负债和所有者权益的主要项目进行深入分析，对企业资产和权益的变动情况及企业的财务状况做出恰当的评价。

2. 项目练习资料

2021 年 KJX 公司资产负债表有关分析资料如表 2-16 所示。

表 2-16　2021 年 KJX 公司资产负债表

资产	期末余额/万元	期初余额/万元	变动额/万元	变动率/%	对总资产的影响/%	负债和所有者权益	期末余额/万元	期初余额/万元	变动额/万元	变动率/%	对总资产的影响/%
流动资产：						流动负债：					
货币资金	12 900	11 000	1 900	17.27	2.70	短期借款	19 860	16 560	3 300	19.93	4.70
交易性金融资产	80	50	30		0.04	交易性金融负债	30	10	20	200.00	0.03
衍生金融资产	0	0	0			应付票据	3 650	1 120	2 530	225.89	3.60
应收票据	0	0	0			应付账款	2 520	5 120	−2 600	−50.78	−3.70
应收账款	2 962	1 850	1 112	60.11	1.58	合同负债					
应收款项融资	910	620	290	46.77	0.41	应付职工薪酬	3 780	3 860	−80	−2.07	−0.11
预付款项	380	520	−140	−26.92	−0.20	应交税费	610	1 080	−470	−43.52	−0.67
其他应收款	1 600	3 860	−2 260	−58.55	−3.22	其他应付款	7 480	9 200	−1 720	−18.70	−2.45
存货	15 000	12 000	3 000	25.00	4.27	其中：应付利息	560	390	170	43.59	0.24

续表

资产	期末余额/万元	期初余额/万元	变动额/万元	变动率/%	对总资产的影响/%	负债和所有者权益	期末余额/万元	期初余额/万元	变动额/万元	变动率/%	对总资产的影响/%
合同资产						应付股利	100	180	-80	-44.44	-0.11
持有待售资产						预计负债					
一年内到期的非流动资产						一年内到期的非流动负债					
其他流动资产						其他流动负债					
流动资产合计	33 832	29 900	3 932	13.15	5.59	流动负债合计	37 930	36 950	980	2.65	1.39
非流动资产：						非流动负债：					
长期应收款						长期借款	11 900	6 800	5 100	75.00	7.26
长期股权投资	5 260	3 500	1 760	50.29	2.50	应付债券					
其他权益工具投资						租赁负债					
其他非流动金融资产						递延所得税负债	190	90	100	111.11	0.14
投资性房地产						其他非流动负债					
固定资产	12 390	19 660	-7 270	-36.98	-10.34	非流动负债合计	12 090	6 890	5 200	75.47	7.40
在建工程	7 200	1 000	6 200	620.00	8.82	负债合计	50 020	43 840	6 180	14.10	8.79
油气资产						所有者权益：					
无形资产	15 935	11 300	4 635	41.02	6.60	股本	10 000	10 000	0		
开发支出	7 660	3 600	4 060	112.78	5.78	其他权益工具					
商誉						资本公积	2 660	2 100	560	26.67	0.796 8
长期待摊费用	150	120	30	25.00	0.04	其他综合收益					
递延所得税资产	1 500	1 200	300	25.00	0.43	盈余公积	4 533	3 842	691	17.98	0.98
其他非流动资产						未分配利润	16 714	10 498	6 216	59.21	8.84
非流动资产合计	50 095	40 380	9 715	24.06	13.82	所有者权益合计	33 907	26 440	7 467	28.24	10.62
资产总计	83 927	70 280	13 647	19.42	19.42	负债和所有者权益总计	83 927	70 280	13 647	19.42	19.42

3. 项目练习程序与要求

（1）进行分组，每组 6~8 人。

（2）分组讨论，针对表 2-16 所示的 2021 年 KJX 公司资产负债表进行分析评价。

（3）分组汇报（要求：制作 PPT，展示分析评价内容）。

2.7.2　利润表质量分析

1. 项目练习目标

加深对利润表中各种利润数据的理解，洞察企业实现利润的途径、利润的稳定性和企业的发展潜力，正确进行企业经营业绩的评价。

2. 项目练习资料

2021 年 KJX 公司利润表水平分析表如表 2-17 所示。

表 2-17　2021 年 KJX 公司利润表水平分析表

项目	本年金额/万元	上年金额/万元	增减额/万元	变动率/%
一、营业收入	29 620	31 500		
减：营业成本	14 810	18 900		
税金及附加	2 962	3 150		
销售费用	1 481	1 575		
管理费用	741	670		
研发费用	296	260		
财务费用	592	662		
其中：利息费用	1 878	1 690		
利息收入	−1 285	−1 028		
加：其他收益				
投资收益（损失以“−”号填列）	350	315		
其中：对联营企业和合营企业的投资收益				
以摊余成本计量的金融资产终止确认收益（损失以“−”号填列）				
净敞口套期收益（损失以“−”号填列）				
公允价值变动收益（损失以“−”号填列）				
资产减值损失（损失以“−”号填列）				
信用减值损失（损失以“−”号填列）				
资产处置收益（损失以“−”号填列）				
二、营业利润（损失以“−”号填列）	9 088	6 598		
加：营业外收入	290	220		
减：营业外支出	169	150		
三、利润总额（损失以“−”号填列）	9 209	6 668		

续表

项目	本年金额/万元	上年金额/万元	增减额/万元	变动率/%
减：所得税费用	2 302	1 667		
四、净利润（损失以“-”号填列）	6 907	5 001		
（一）持续经营净利润（损失以“-”号填列）	6 907	5 001		
（二）终止经营净利润（损失以“-”号填列）				
五、其他综合收益的税后净额				
（一）不能重分类进损益的其他综合收益				
1. 重新计量设定受益计划变动额				
2. 权益法下不能转损益的其他综合收益				
3. 其他权益工具投资公允价值变动				
4. 企业自身信用风险公允价值变动				
（二）将重分类进损益的其他综合收益				
1. 权益法下可转损益的其他综合收益				
2. 其他债权投资公允价值变动				
3. 金融资产重分类计入其他综合收益的金额				
4. 其他债权投资信用减值准备				
5. 现金流量套期储备				
6. 外币财务报表折算差额				
六、综合收益总额	6 907	5 001		
七、每股收益				
（一）基本每股收益				
（二）稀释每股收益				

3. 项目练习程序与要求

（1）计算增减额及变动率并填入表内。

（2）结合行业背景和新冠肺炎疫情以来的全球经济大环境，列举2021年KJX公司营业收入下降的外部原因及内部原因。

（3）根据计算结果与内外部原因分析，进行KJX公司利润额增减变动水平分析。

2.7.3 现金流量表质量分析

1. 项目练习目标

掌握现金流量比率分析，通过分析现金流量表，了解现金流量状况，分析企业现金流的合理性；利用有关比率，进行企业盈利含金量分析、筹资与支付能力分析。

2. 项目练习资料

2021年KJX公司现金流量统计如表2-18所示。

表 2-18　2021 年 KJX 公司现金流量统计

项目	本年金额/万元	占比/%
经营活动现金流入小计	17 700	66.92
经营活动现金流出小计	15 500	73.18
经营活动产生的现金流量净额	2 200	41.75
投资活动现金流入小计	350	1.32
投资活动现金流出小计	3 810	17.99
投资活动产生的现金流量净额	−3 460	−65.65
筹资活动现金流入小计	8 400	31.76
筹资活动现金流出小计	1 870	8.83
筹资活动产生的现金流量净额	6 530	123.91
现金流入总额	26 450	100.00
现金流出总额	21 180	100.00
现金及现金等价物净增加额	5 270	100.00

3. 项目练习程序与要求

1)现金流量结构分析

依据 KJX 公司 2021 年度现金流量表结构从现金流入总额结构、现金流出总额结构和现金及现金等价物净增加额结构分析经营活动、投资活动和筹资活动三大板块分别对总额的影响。

2)盈利含金量分析

按照表 2-16 至表 2-18 的数据计算营业收入收现率和盈余现金保障倍数,并利用这两个指标分析 KJX 公司本年度盈利含金量。

3)筹资与支付能力分析

按照表 2-16 至表 2-18 的数据计算现金流动负债比率、现金债务比率、现金流量利息保障倍数、资产现金回收率,并利用这四个指标分析 KJX 公司本年度筹资与支付能力。

2.7.4　所有者权益变动表质量分析

1. 项目练习目标

掌握所有者权益变动表的结构,分析所有者权益的来源及其变动情况,查找会计期间内影响所有者权益增减变动的具体原因,审慎判断构成所有者权益各个项目变动的合法性与合理性,为报表使用者提供真实客观的所有者权益总额及其变动信息。

2. 项目练习资料

2021 年 KJX 公司所有者权益变动表如表 2-19 所示。

表 2-19 2021年KJX公司所有者权益变动表

单位:万元

项目	本年金额	上年金额
一、上年年末余额	26 440	20 540
加:会计政策变更		
前期差错更正		
二、本年年初余额	26 440	20 540
三、本年增减变动金额(减少以"-"号填列)	7 467	5 900
(一)综合收益总额	6 907	5 200
(二)所有者投入和减少资本	560	700
1. 所有者投入的普通股	0	0
2. 其他权益工具持有者投入资本		
3. 股份支付计入所有者权益的金额		
(三)利润分配		
1. 计提盈余公积		
2. 对所有者(或股东)的分配		
3. 其他		
(四)所有者权益内部结转		
1. 资本公积转增资本(或股本)		
2. 盈余公积转增资本(或股本)		
3. 盈余公积弥补亏损		
4. 设定受益计划变动额结转留存收益		
5. 其他综合收益结转留存收益		
6. 其他		
四、本年年末余额	33 907	26 440

3. 项目练习程序与要求

(1)编制KJX公司所有者权益变动表的水平分析表。

(2)利用水平分析表进行KJX公司所有者权益状况评价。

(3)编制KJX公司所有者权益变动表的垂直分析表。

(4)利用垂直分析表进行KJX公司所有者权益状况评价。

项目3　企业财务效率分析

项目导读

数字经济时代，必须学会让比率说话

财务指标的选择对企业的信用等级评价有重要影响。用通俗的语言解读财务报表，其功能有三个：一是了解企业能不能活；二是了解企业活得累不累；三是了解企业幸福指数有多高。

《企业财务通则》为企业规定的三种财务指标为：偿债能力指标、营运能力指标、盈利能力指标。企业发展潜力如何，同样也受到财务报表使用者的广泛关注，企业偿债能力、盈利能力、营运能力、发展能力分析成为财务比率分析的主流。

数字经济时代，必须学会让比率说话。

"活着"（即会计上所讲的持续经营）是企业的最高境界，但能不能活，要看一个指标——资产负债率。看企业活得累不累也有一个指标——资产周转率。一般情况下，资产周转率越高，资产使用的效率越高，盈利能力也越强。从财务的角度看，考察管理层的工作效率，主要看资产周转率指标。该指标越高，意味着管理层工作越努力。虽然企业累，但效率、效益都会提高。当然还有一些指标如应收账款周转率、存货周转率也是需要一并考核的。

对企业而言，累并不可怕，关键是累完以后有没有效果，即幸福指数高不高。从财务的角度看，衡量企业幸福指数要看净资产收益率。这个指标越高，企业越幸福；反之，企业越痛苦。这个指标要结合资产负债表和利润表一起考察。表中有数，数可以计算成率，率可以直观反映问题。可见，表、数、率三者相互联系，互为补充，点面结合，共显功能。

准备好了吗？让我们踏上本次以"率"为轨道的新时代数字经济的幸福列车，朝着我们的目的地——提高企业的经济效益、服务社会经济发展的总目标，快乐出发吧！

3.1　培养目标

3.1.1　知识目标

（1）了解偿债能力、营运能力、盈利能力、发展能力的含义。

（2）理解影响企业偿债能力、营运能力、盈利能力、发展能力的因素。

（3）明确企业财务效率分析的目的和内容。

（4）掌握衡量企业财务效率指标的计算方法。

(5)掌握企业财务效率的分析、评价方法。

3.1.2　能力目标

(1)能够正确计算衡量企业的短期、长期偿债能力的分析指标。
(2)能够评价企业的偿债能力。
(3)能够正确计算衡量企业营运能力的财务指标。
(4)能够评价企业的营运能力。
(5)能够正确计算衡量企业盈利能力的财务指标。
(6)能够评价企业的盈利能力,洞察企业的盈利质量。
(7)能够分析和评价企业的发展能力。

3.2　用户需求

企业股东雇佣职业经理人对企业进行经营管理。股东如何考核经理人的业绩呢?股东需要对公司的财务状况、经营成果、生产运营情况以及未来的发展情况等方面做出专业判断,了解经理人一年的工作业绩,对经理人的贡献进行评估,从而决定其年终绩效或者是否继续聘用该经理人。

3.3　需求分析

要深入了解企业的财务状况、经营成果、生产运营情况以及未来的发展前景,就需要对企业的财务效率进行分析。而企业财务效率分析主要是指对企业偿债能力、盈利能力、营运能力和发展能力的评价。因此,要满足企业股东的需求,就需要对公司财务效率进行分析和评价。

3.4　知识准备

3.4.1　企业偿债能力分析

1. 偿债能力分析的内涵

偿债能力是指企业偿还各种到期债务的能力,一般分为短期偿债能力和长期偿债能力。短期偿债能力是指企业利用流动资产偿还流动负债的能力,反映企业短期资产对短期债务的保障程度;长期偿债能力是指企业偿付长期债务的能力,企业长期偿债能力与企业资本结构以及获利能力密切相关。企业偿债能力是经营者、债权人以及其他主体都十分关心的问题,也是财务指标分析的重点内容。

2. 偿债能力分析的目的和内容

1)偿债能力分析的目的

财务报表分析的主体不同,其对企业偿债能力分析的侧重点也就有所差异。

债权人对企业偿债能力的分析，对其做出正确的借贷决策，保证其资金安全至关重要。债权人在进行借贷决策时，要对对方企业的财务状况进行重点分析，尤其要对对方企业的偿债能力状况进行深入细致的分析。只有企业具有较强的偿债能力，才能保障债权人的债务及时收回，并按照合同规定按期取得利息收入。

投资人作为企业的四大主体之一，他们不仅关注其投入的资产能否增值，更关注其投入的资产的保全程度。因此，他们同样关注企业的偿债能力。投资人分析企业的偿债能力，有助于他们做出正确的投资决策。偿债能力的强弱是企业能否正常经营的前提，企业拥有良好的财务环境和较强的偿债能力，是其提高盈利能力的保障。

企业经营者分析企业偿债能力的目的在于进行正确的经营决策。通过对企业偿债能力的分析，企业经营者了解企业的财务状况，揭示企业所承担的财务风险程度，预测企业的筹资前景，为企业进行各种经营活动提供参考。

企业其他利益相关者也同样关注企业的偿债能力。政府及相关管理部门，通过对企业偿债能力的分析，可以了解企业经营的安全性，从而制定相应的财政金融政策；业务关联企业，通过对长期偿债能力的分析，可以了解企业是否具有长期的支付能力，借以判断企业的信用状况和未来业务能力，并做出是否建立长期稳定的业务合作关系的决定。可见，企业偿债能力的强弱，不仅是企业自身关心的问题，也是各方利益相关者都非常重视的问题。

2）偿债能力分析的内容

短期偿债能力是指企业偿付短期债务的能力，即企业以流动资产偿付即将到期债务的能力。短期偿债能力的分析是偿债能力分析的一个重要方面，其主要研究企业流动资产和流动负债之间的关系及其保障程度。企业短期偿债能力分析，首先要明确影响企业短期偿债能力的因素，其次运用短期偿债能力的评价指标对企业短期偿债能力的强弱进行分析评价。

长期偿债能力是企业偿还总体债务的能力或者对总体债务的保障程度。长期偿债能力分析的目的在于评价企业资产、负债以及所有者权益之间的关系，企业资本结构以及企业盈利状况对企业债务的保障程度。长期偿债能力的分析主要包括对其影响因素的分析以及长期偿债能力衡量指标的计算分析。通过分析和评价长期偿债能力，企业利益相关者可以了解企业长期偿债能力的强弱及其变化情况，进而对企业整体财务状况和偿债情况做出评价。

3. 影响偿债能力的因素

1）影响短期偿债能力的因素

影响企业短期偿债能力的因素主要有：流动资产的规模与结构、流动负债的规模与结构、企业经营活动的现金流量水平。

（1）流动资产的规模与结构。企业短期偿债能力的分析通常是将企业的流动资产与流动负债进行比较，计算其比率的大小，并以此作为评价企业短期偿债能力强弱的依据。一般来说，流动资产规模越大，企业短期偿债能力越强，其对负债的保障程度越高。流动资产能否及时变现成为影响企业短期偿债能力的关键。流动资产是指预计在一年或者超过一年的一个营业周期内变现、出售或者耗用的资产。在资产负债表中，流动资产按照流动性由强到弱依次为货币资金、短期金融资产、应收账款、应收票据、存货等。随着资产流动性的减弱，资产偿债的可靠性也在降低。流动资产的流动性从根本上决定了企业偿还流动负债的能力,像应收账款、存货等变现能力差的资产结构占比情况影响着企业整体的流动资产变现能力。

(2)流动负债的规模与结构。流动负债规模越大,企业短期偿债的压力就越大。除流动负债的规模之外还要关注企业流动负债的结构,它也是影响企业短期偿债能力的重要因素。流动负债的结构直接影响企业的短期偿债能力,如流动负债是以现金偿还,还是以劳务偿还,表现为偿还方式结构,还有流动负债的期限结构。一般来说,时间刚性强的债务会增加企业的偿债压力,而时间刚性弱的债务会减轻企业的偿债压力。

(3)企业经营活动的现金流量水平。现金是流动性最强的资产,大多数短期债务都需要通过现金来偿还。企业现金流入与流出的数量会直接影响企业的短期偿债能力。现金流量包括经营活动、投资活动和筹资活动带来的现金流量。其中,经营活动带来的现金流量是指企业日常的生产经营活动带来的现金流量。由于经营活动带来的现金流量在各期之间波动不是很大,能够相对稳定地满足企业的短期现金支付,所以经营活动的现金流量与企业流动性和短期偿债能力的关系最为密切。当企业经营活动的现金流量水平较高时,企业能获得持续和稳定的现金收入,从根本上保障了债权人的权益;当企业经营活动的现金流入不足以抵补现金流出时,企业营运资本缺乏、现金短缺,偿债能力必然下降。

2)影响长期偿债能力的因素

长期偿债能力是企业偿还长期债务的能力。长期偿债能力的分析有助于企业利益相关者做出正确的经营决策。对债权人而言,长期偿债能力的分析可以帮助他们做出信贷决策;对投资者而言,长期偿债能力的分析有助于他们衡量企业投资风险;对经营者而言,长期偿债能力的分析有助于他们分析企业经营风险,做出正确的经营决策。企业长期偿债能力的分析对企业利益相关者而言至关重要。企业长期偿债能力与企业的资本结构、盈利能力以及资产规模与结构密切相关。

企业的资本结构是指企业的资金来源和构成情况,包括企业各种资本的构成和所占比例。从企业的资金来源的渠道和方式来看,企业资本来源多种多样,但资金来源总体包括权益资本和债务资本两大部分。权益资本和债务资本无论是在来源上还是在资金使用上均有不同。权益资本是企业投资者投入企业的资本金,为企业的发展提供基础保障。权益资本是企业的净资产,企业可以在生产经营中长期使用,不用考虑偿还问题。同时,权益资本也是对债权人的保障,一旦企业不能按时归还借款,或者企业进行破产清算,法院可以强制出售财产偿还债权人债务。对于企业而言,权益资本是企业资金来源的基础。企业自身拥有的权益资本越多,对债权人的保障程度就越高;反之,企业拥有的权益资本越少,获得借款的可能性就越小,债权人蒙受损失的可能性也就越大。企业要想在资金市场上筹集更多的资金,其自身的资金实力就要越强。企业发展离不开资金的支持,单凭自有资金很难满足企业的需要。因此,在企业的实际经营中,大多数企业通过筹集债务资本进行生产经营活动,适度的负债经营是有利于企业发展的。这是由于,一方面,债务资本的利息可以在企业缴纳所得税之前扣除,有利于企业降低融资成本;另一方面,固定的债务利息产生财务杠杆效应,如果企业经营得好,就有可能获取财务杠杆利益。企业债务资本占全部资本的比重越大,财务杠杆发挥的作用就越明显。通常情况下,债务筹集资金成本较低,筹资弹性较大,企业通过债务筹资调节企业资本结构及资金余缺。负债融资有一定的优势。但是,债务筹资需要按照合同约定按时偿还本金和利息，无论企业经营状况如何，企业必须按时支付，这使得企业面临一定的偿债压力和财务风险。企业的资本结构一方面影响企业长期债务取得的难易程度，另一方面决定企业财务风险的大小，从而对企业的偿债能力产生影响。

知识链接1:资本结构类型

保守型资本结构。保守型资本结构是指企业资本中长期资本占主要组成部分，即企业资金主要来源于股权融资和长期负债融资。保守型资本结构的企业对流动负债的依赖性不强，所以企业短期偿债压力较小，企业财务风险较低。但这种资本结构由于企业主要依靠股权融资和长期负债融资，所以资金成本较高。所以，保守型结构是一种低财务风险、高资金成本的结构。

适中型资本结构。适中型资本结构是企业长期资本能够刚好满足企业长期资产的资金需要，流动负债为企业的流动资产提供资金支持的资本结构。在这种结构下，企业的股权融资与债务融资的比重保持在较为合理的水平上。企业面临的财务风险和承担的资金成本均处于中等水平。因此，这种结构是一种中等财务风险和资金成本的结构。

风险型资本结构。风险型资本结构中短期负债不仅为短期资产提供资金，还要满足部分长期资产的资金需求。在这种资本结构下，企业承担了较高的财务风险，因此付出的资金成本较低。

知识链接2:资本结构的影响因素

资本结构是指企业各项资本的构成及其比例关系，影响企业资本结构的因素主要包括以下方面。

企业融资方式的选择范围。在不同国家或同一国家金融发展的不同发展时期，可供企业选择的融资方式可能有很大的不同。例如：长期以来，在以美、英为代表的资本市场主导的金融体系中，企业主要采用权益融资的方式；而以德、日为代表的银行主导的金融体系中，企业主要采用债务融资的方式。再从历史发展来看，早期企业融资主要采用银行贷款的方式，融资渠道较为单一。后来，随着各地金融市场的不断发展完善，融资方式也日趋多样化。因此，企业权益融资所占的比重也在不断增大。

行业因素。企业所处的行业不同，所需资产占用的长、短期资金的比例也存在很大差异。因此，不同行业的企业需要筹集的短期资本和长期资本的比例也会不同。在长期资本中债务资本和所有者权益资本的比例也会有所差异。例如制造业企业长期资产比重大，对长期资本的需求也就大一些。

现金流量状况。企业现金流量反映企业资金的流入和流出情况。当企业预计其现金净流入量比较大时，企业可以多采用债务融资的方式；相反，当企业需要扩大规模或者面临较大的经营风险，现金净流入量小或流入很不稳定时，企业更倾向采用权益融资的方式。

风险偏好。企业资本结构是否与资产结构相匹配，在一定程度上取决于企业管理层的风险偏好。风险偏好型的管理者，更加偏向于债务融资，或者更加偏向于短期债务融资；风险厌恶型的管理者可能更加偏向于长期资本融资，以降低企业面临的财务风险。

其他环境因素。企业面临的其他环境因素，如税收政策、银行和信用评级机构的态度、利息率水平等也会对企业的资本结构产生影响。企业的资本结构正是在这些因素的共同作用下确定和变化的，因此在企业资本结构分析中必须考虑这些因素可能产生的影响。

企业长期资产的规模与结构。长期偿债能力是指企业长期资产对长期负债的保障程度。一般在分析企业长期偿债能力时将企业长期资产与企业长期负债进行比较，企业长期资产规模越大，对企业长期负债的偿还就越有保障。因此，企业长期资产规模的大小在一定程度上影响企业长期偿债能力的强弱。企业长期资产主要包括固定资产、无形资产、长期投资等。长期资产的专用性越强，其变现能力越差，企业长期偿债能力越低。

企业的盈利能力。企业债务的承担能力一方面取决于企业的资本结构，另一方面在很大程度上取决于企业的获利能力。企业通过举债方式取得资金，一方面定期偿还利息，另一方面需要偿还本金。短期债务可以通过流动资产变现来偿付，因为大多数流动资产往往以短期负债为其资金来源。企业长期资产一般由长期资本提供资金，企业的长期资本通过购买生产用的固定资产，形成企业的固定资产能力。在这种情况下，企业不可能靠出售资产作为偿还长期债务的资金来源，因此偿还债务的资金主要来源于生产经营。另外，企业支付给长期债权人的利息支出，也要从所融通资金创造的收益中予以偿付。综上所述，企业的长期偿债能力是与企业的获利能力密切相关的。如果一个企业长期亏损，失去了创造资金的来源，保全其权益资本都很困难，那么债权人也就失去了保障。通常情况下，企业的获利能力越强，长期偿债能力越强；相反，企业的获利能力越弱，长期偿债能力越弱。处于长期亏损状态的企业，要想偿还企业的债务就必须通过变卖资产来实现，这会影响投资者和债权人的利益。因此，企业的盈利能力是影响长期偿债能力的重要因素。

3）影响企业偿债能力的其他因素

（1）可动用的银行贷款指标。可动用的银行贷款指标可以随时增加企业的现金流量，提高企业的短期偿债能力。

（2）准备很快变现的非流动资产。企业可能会有一些长期资产可以随时出售变现，却不在“一年内到期的非流动资产”中列示。例如，储备的土地、未开采的采矿权、正在出租的房屋等，在企业资金周转困难时，出售这些非流动资产并不会影响企业的持续经营。

（3）偿债能力的声誉。偿债能力声誉良好的企业，当在短期偿债方面出现困难时，通常比较容易筹集到资金，从而提高企业的短期偿债能力。

（4）或有事项。或有事项是指过去的交易或者事项形成的，其结果须由某些未来事件的发生或不发生才能决定的不确定事项。常见的或有事项有未决诉讼或仲裁、债务担保等。例如，未决诉讼如果判决失败就会使企业的偿债能力减弱，因此在评价时应该考虑其影响。这类或有负债具有后果严重、金额巨大等特点，通常应采用概率统计分析方法，按照一定的概率区间进行判断。

（5）债务担保。对于弱势客户，担保措施是银行对其授信的前提条件。在经济活动中，企业可能会以本企业的资产为其他企业提供法律上的担保，这种担保责任却未能反映于财务报表之中。在分析时应该结合相关材料考虑担保责任带来的长期负债问题，从而正确衡量企业的长期偿债能力。

4. 偿债能力指标计算与分析

1）短期偿债能力指标计算与分析

反映企业短期偿债能力的主要指标包括营运资本、流动比率、速动比率、现金比率和现金流动负债比率等。

Ⅰ. 营运资本

营运资本又称营运资金，是流动资产减去流动负债之后的余额，反映流动资产偿还流动负债后的剩余部分。

营运资本 = 流动资产 − 流动负债

一般当企业的流动资产大于流动负债时，营运资本为正数。此时，给企业流动资产提供资金的不仅包括流动负债，还包括非流动负债或所有者权益。当企业流动资产小于流动负债时，企业的营运资本为负数。这表明企业流动负债不仅为流动资产提供资金，还为一部分长期资产提供资金，此时企业的短期偿债风险较大。通常，企业营运资本越多，企业短期偿债能力就越强。营运资本并不是越多越好，营运资本过多，说明企业流动资产占用资金过多或者流动负债过少。虽然较多的流动资产给企业带来了较强的流动性，但是却影响了企业的盈利能力。企业持有过多的流动资产，导致资金利用效率降低，不利于企业提高盈利能力。当流动负债过少时，企业没有充分利用债务融资的杠杆效应，不利于企业扩大生产经营。对此，企业应该保持适度的营运资本规模，根据企业所处的内外部经济环境和自身经营规划来确定相应的持有量。

Ⅱ. 流动比率

流动比率是流动资产对流动负债的比率，是衡量企业短期偿债能力的核心比率，用来反映企业短期偿债能力的强弱。其计算公式为

$$\text{流动比率} = \frac{\text{流动资产}}{\text{流动负债}} \times 100\%$$

通常认为，流动比率越高，企业的短期偿债能力越强，债权人利益的保障程度越高。但流动比率过高，将导致企业流动资产的闲置，降低企业的盈利能力。造成企业流动比率过高的原因有很多，主要是：企业对资金未能有效利用；企业赊销过多，流动资产中有大量的应收账款；企业销售不力，致使产品、产成品积压，库存商品过多等。一般认为，流动比率的合理值为 200%，即流动负债要用流动资产来偿还，而流动资产中，存货占一半左右。如果流动资产中变现能力最差的存货金额约占流动资产总额的一半，那么剩下的流动性较强的流动资产至少要能够偿还企业的流动负债，只有这样企业短期债务的偿还才有保障。同时，企业流动资产能否偿还债务，还要看它们是否能顺利地转换成现金。在对流动资产流动性分析时通过报表附注，可以了解各项流动资产的变现能力。

根据 PXH 公司提供的资产负债表资料，可以计算出 PXH 公司 2020 年和 2021 年的流动比率，如表 3-1 所示。

表 3-1 PXH 公司 2020 年和 2021 年的流动比率计算分析

项目	2020 年	2021 年
流动资产/万元	115 209	106 967
流动负债/万元	116 969	108 599
流动比率/%	98.50	98.50

该公司 2020 年和 2021 年的流动比率均小于公认标准 200%，表明该公司短期偿债能力

较弱，对债权人利益的保障程度较低，企业应该关注财务杠杆所带来的财务风险。为了更准确地判断企业的短期偿债能力，还应该结合行业特点及同行业平均水平进行分析。

在计算流动比率的过程中，必要时应进一步分析分子上的资产质量，根据资产能否正常变现，将存在变现限制的资产从指标计算中剔除，使计算得到的流动比率能够反映真实的偿债能力。指标分析要点如下。

（1）结合动态偿债能力的相关指标分析。对于持续经营的企业，其流动负债并非完全依靠流动资产变卖的现金偿还，而是依靠流动资产循环使用产生持续不断的现金流量进行偿还。流动资产价值高的企业，其偿债能力不一定强于资产利用效率高的企业。

（2）考虑利益相关者定位差异。不同立场的分析者对流动比率所体现的偿债能力强弱持有不同的态度。从债权人的角度看，流动比率越高，企业偿还短期债务的保障程度越高。但是，从股东的角度看，流动比率高，说明企业流动资产占用了更多较高资金成本的长期资金，过高的流动比率将导致资金成本的上升。

（3）重视行业和战略差异。流动比率的比较标准因行业、企业战略等的不同而有很大的差异，对目标企业流动比率指标的评价需要考虑这些因素，并没有绝对标准的比率值。传统上认为流动比率的合理值为200%，这是美国20世纪60年代制造业的标准的流动比率值，不宜不加思考地使用在当今的企业财务分析上。通常而言，营业周期短的行业流动资产转换为现金的速度快，流动比率相对较低，零售业营业周期长的行业流动资产转换为现金的速度慢，相应的资金来源中长期资金的比重要高一些，短期负债相对少一些，流动比率相对较高；房地产开发行业，资产具有良好抵押能力的企业，或与银行关系密切的企业，短期借款相对较多，也可能导致其流动比率相对较低。

知识链接3：流动比率并非越高越好

企业短期债务的期限短，一般只能用变现时间短的流动资产来偿付。因此，一般用流动资产对流动负债及时足额偿还的保证程度来衡量企业的短期偿债能力。其主要衡量指标有流动比率、速动比率和现金比率。流动比率是流动资产与流动负债之比。一般认为，工业生产性企业合理的流动比率最低应该是200%。但这是一个长期以来形成的经验性标准，并不能从理论上证明，也无法在实践中形成统一标准。尤其需要说明的是，流动比率不低于200%，适用于一般性的企业，但并不完全适用于巴菲特最喜欢选择的具有强大持续性竞争优势的超级明星公司。一般的企业流动比率低于200%，意味着可能面临偿还短期债务的困难。但这些超级明星公司具有强大的销售渠道，销售回款速度很快，能够产生充足的现金流量，保证按期偿还流动负债。而且公司盈利能力非常强，能够快速产生较多的利润，足以保证还债的能力。同时，公司信用评级很高，短期融资能力巨大，公司可以利用短期商业票据或信用贷款等手段迅速融资还债。越是赚钱的公司，流动资产的周转速度越快，流动资产占用的资金量越小，流动比率反而越低。

另外，不同行业的流动比率差别较大。因此，计算出来的流动比率，需要与同行业平均流动比率进行比较，并与本企业的历史流动比率进行比较，才能判断公司的流动比率是否过高或过低。在此基础上，进一步分析流动资产和流动负债所包括的项目及经营上的因素，才能确定流动比率过高或过低的原因。一般情况下，营业周期、流动资产中的应收账款和存货的周转速度是影响流动比率的主要因素。流动比率高，一般表明偿债保证程度较强。但是有些企业虽然流动比率较高，但账上却没有多少真正能够迅速用来偿债的现金和存款，其流动资产中大部分是变现速度较慢的存货、应收账款等。因此，在分析流动比率时，还需进一步分析流动资产的构成项目，计算并比较公司的速动比率和现金比率。

Ⅲ. 速动比率

速动比率，又称酸性测验比率，是指速动资产对流动负债的比率。它是衡量企业流动资产中可以立即变现用于偿还流动负债的能力的指标。速动比率的内涵是每 1 元的流动负债都有速动资产做保障。速动比率的计算公式为

$$速动比率=\frac{速动资产}{流动负债}\times 100\%$$

速动资产是指现金和易于变现、几乎可以随时用来偿还债务的流动资产。速动资产为流动资产减去变现能力较差且不稳定的存货、预付账款、一年内到期的非流动资产和其他流动资产等之后的余额。也就是说，存货、预付账款、一年内到期的非流动资产和其他流动资产不属于速动资产。

在计算速动比率时要把存货从流动资产中剔除。其主要原因是：①存货变现能力较差，影响流动资产流动性；②现有存货中可能包括已经损失、报废、丧失变现价值的存货；③现有存货中可能存在已经行使抵押权的存货；④存货成本与市场价值之间可能存在差异。因此，从流动资产中扣除存货而计算出的速动比率反映的短期偿债能力更加可靠。

速动比率也有其局限性：①速动比率只是揭示了速动资产与流动负债的关系，是一项静态指标；②速动资产中包含了流动性较差的应收账款，使速动比率所反映的偿债能力受到怀疑，特别是当速动资产中含有大量不良应收账款时，必然会减弱企业的短期偿债能力。

一般来说，速动比率越高，说明企业的流动性越强，流动负债的安全程度越高。但与流动比率类似，从企业角度看，速动比率也不是越高越好，对速动比率的分析要视具体情况而定。根据经验，通常认为正常的速动比率为 100%，速动比率低于 100%的企业被认为短期偿债能力偏低。这仅是一般的看法，因为行业不同，速动比率会有很大的差别，没有统一标准的速动比率。

根据 PXH 公司提供的资产负债表资料，可以计算 PXH 公司 2020 年和 2021 年的速动比率，如表 3-2 所示。

表 3-2　PXH 公司 2020 年和 2021 年的速动比率计算分析

项目	2020 年	2021 年
流动资产/万元	115 209	106 967
存货/万元	26 330	25 572
流动负债/万元	116 969	108 599
速动比率/%	75.99	74.95

该公司 2021 年速动比率低于 2020 年，且两年均低于公认标准 100%。这表明该公司短期偿债能力较弱。

Ⅳ.现金比率

现金比率是现金类资产对流动负债的比率。它最能反映企业直接偿付流动负债的能力。现金类资产包括货币资金和交易性金融资产。现金比率的计算公式为

$$现金比率=\frac{现金类资产}{流动负债}\times 100\%$$

现金比率反映企业的即时付现能力,也就是随时可以还债的能力。企业保持一定的合理的现金比率是很必要的。一般认为,现金比率越高,表明企业可立即用于支付债务的现金类资产越多,对到期的流动负债保障程度越高。但这一比率过高,将意味着企业流动资产未能得到合理运用,而现金类资产获利能力低,这类资产金额太高会导致企业机会成本增加,所以并不鼓励企业保留过多的现金类资产,一般认为这一比率应在20%左右。

根据PXH公司提供的资产负债表资料,可以计算PXH公司2020年和2021年的现金比率,如表3-3所示。

表3-3 PXH公司2020年和2021年现金比率计算分析

项目	2020年	2021年
货币资金/万元	13 052	12 650
交易性金融资产/万元	0	34
流动负债/万元	116 969	108 599
现金比率/%	11.16	11.68

计算结果显示,该公司2020年和2021年现金比率均在11%左右。这表明企业现金持有量较低,短期偿债能力较弱。

知识链接4:流动比率、速动比率与现金比率的相互关系

第一,以全部流动资产作为偿付流动负债的基础,所计算的指标是流动比率。

第二,速动比率以流动资产扣除变现能力较差的存货作为偿付流动负债的基础,弥补了流动比率反映短期偿债能力不可靠的不足。

第三,现金比率以现金类资产(货币资金+交易性金融资产)作为偿付流动负债的基础。但现金持有量过大会对企业资产利用效果产生负面作用,这种指标仅在企业面临财务危机时使用,相对于流动比率和速动比率来说,其作用力度较小。

第四,速动比率与流动比率一样,反映的都是单位资产的流动性以及快速偿还到期负债的能力和水平。一般而言,流动比率是200%,速动比率为100%。但是实务分析中,该比率往往在不同的行业差别非常大。

第五,速动比率相对流动比率而言,扣除了一些流动性非常差的资产。另外,考虑存货的毁损、所有权、现值等因素,其变现价值可能与账面价值的差别非常大。因此,将存货也从速动比率中扣除。这样的结果是,速动比率非常准确地反映了一个单位能够立即还债的能力和水平。

Ⅴ.现金流动负债比率

现金流动负债比率是企业在一定时期内经营活动现金流量净额对流动负债的比率,该

指标从企业经营创造现金流量的角度分析企业偿还流动负债的能力。

现金流动负债比率的计算公式为

$$现金流动负债比率=\frac{经营活动现金流量净额}{流动负债}\times 100\%$$

该指标从现金流入和流出的动态角度对企业的实际偿债能力进行考察,直观地反映企业偿还流动负债的实际能力。它对企业短期偿债能力的评价比流动比率和速动比率更谨慎。

根据 PXH 公司提供的资产负债表、现金流量表资料,可以计算 PXH 公司 2020 年和 2021 年的现金流动负债比率,如表 3-4 所示。

表 3-4　PXH 公司 2020 年和 2021 年的现金流动负债比计算分析

项目	2020 年	2021 年
经营活动现金流量净额/万元	13 616	27 790
流动负债/万元	116 969	108 599
现金流动负债比/%	11.64	25.59

该指标越大,表明企业经营活动产生的现金流量净额越多,越能保障企业按期偿还到期债务。计算结果显示,该企业 2021 年现金流动负债比率明显高于 2020 年,企业自身经营活动产生的现金流量明显增加,企业短期偿债能力有所增强。

知识链接 5:短期偿债能力的分析方法

短期偿债能力分析主要运用比率比较法,包括横向比较、纵向比较以及预算比较的方法。

第一,横向比较分析。横向比较通常是将企业与同行业先进水平、同行业平均水平和竞争对手进行比较。通过比较判断企业在同行业中短期偿债能力的强弱。

第二,纵向比较分析。纵向比较是与企业过去某一时点的短期偿债能力的实际指标值进行比较。比较标准可以是企业历史最高水平的值,也可以是企业正常经营条件下的实际值。通常情况,选择与前期实际指标进行对比。

纵向比较分析的优点是:第一,比较基础较为可靠,纵向比较是与企业的历史指标进行比较,可以观察企业偿债能力的变动趋势;第二,具有较强的可比性,便于找出企业存在的问题。缺点是:第一,历史指标代表企业过去的实际水平,未考虑指标的合理水平,因此纵向比较分析主要用于揭示差异,分析原因,推断趋势;第二,经营环境发生变化,也会减弱历史比较的可比性。

第三,预算比较分析。预算比较是将指标的本期实际数与预算数进行比较。预算比较分析采用的比较标准是反映企业偿债能力的预算标准,用于评价企业预算的执行情况。

2)长期偿债能力指标计算与分析

反映企业长期偿债能力的主要指标包括资产负债率、产权比率、有形净值债务率、权益乘数、利息保障倍数等。

Ⅰ.资产负债率

资产负债率(债务比率)是负债总额对资产总额的比率,也就是负债总额与资产总额的比例关系,是体现长期偿债能力的重要指标。资产负债率的计算公式为

$$资产负债率=\frac{负债总额}{资产总额}\times 100\%$$

资产负债率中负债总额指企业全部负债,包括流动负债和非流动负债;资产总额包括流动资产和非流动资产。该指标反映总资产中有多大比例是通过负债取得的,是衡量企业负债水平和风险的重要指标。资产负债率越低,企业资产中负债所占的比例越小,企业偿债越有保证,对于债权人而言贷款越安全;反之,资产负债率越高,负债所占的比例越大,企业财务风险也越大。一般认为,资产负债率的适宜水平是40%~60%。对于经营风险比较高的企业,为减少财务风险应选择比较低的资产负债率;对于经营风险低的企业,为增加股东收益应选择比较高的资产负债率。资产负债率在一定程度上也可以反映企业的举债能力,一个企业的资产负债率越低,举债越容易。

企业债权人希望资产负债率越低越好。债权人关注的是债权的安全和利息能否足额、及时地给付。资产负债率低,债权人提供的资金占企业资本总额的比例低,企业不能偿债的可能性小,企业的风险主要由股东承担,这对债权人来讲,是十分有利的。

企业股东则希望保持较高的资产负债率水平。股东的目标是提高投资收益水平。资产负债率越高,说明利用较少的自有资本形成了较多的生产经营用资产,不仅扩大了经营规模,而且还可以利用财务杠杆效应得到更多的投资利润,所以投资者期望利用债务来扩大经营,以便赚取更多的超出利息的利润。对股东而言,当全部资本利润率高于借款利息率时,负债比例越高越好。

企业经营者则必须将资产负债率控制在适度水平上。他们关心的是在充分利用借入资本给企业带来好处的同时,尽可能降低财务风险。在考虑资金成本负担能力的同时,还要考虑通过适度负债满足企业发展对资金的需求,既不能过于保守,也不能盲目举债,而应该适当负债。

企业应努力使负债比率维持在一个合理的水平上,企业的最终目的是实现股东价值最大化,获得更多的利润收入,在企业的负债比率不致发生偿债危机的情况下,尽可能选择较高的资产负债率,发挥财务杠杆效应。这样的负债比率不仅能保护债权人利益,稳定市场秩序,而且能使企业和所有者的风险较小而利益较大,这是一种风险成本和收益相称的负债比率,也是企业不断寻求的合适的负债比率。

根据PXH公司提供的资产负债表资料,可以计算PXH公司2020年和2021年的资产负债率,如表3-5所示。

表3-5　PXH公司2020年和2021年的资产负债率计算分析

项目	2020年	2021年
负债总额/万元	134 277	133 611
资产总额/万元	194 570	194 911

续表

项目	2020 年	2021 年
资产负债率/%	69.01	68.55

计算结果表明，PXH 公司这两年的资产负债率相对较高，均在 69%左右，企业财务杠杆风险较大，公司长期偿债能力较弱，对债权人的保障程度较低。

Ⅱ. 产权比率

产权比率是企业负债总额对所有者权益总额的比率，也称为负债与股东权益比率、债务股权比率，反映企业所有者对债权人利益的保障程度。其计算公式为

$$产权比率 = \frac{负债总额}{所有者权益总额} \times 100\%$$

$$产权比率 = \frac{资产负债率}{1-资产负债率} \times 100\%$$

产权比率也是衡量企业偿债能力的指标，该指标越大，负债所占比重越大，企业承担的风险越大，企业长期偿债能力越低。产权比率越低，负债所占比重越小，企业长期偿债能力越强，债权人权益的保障程度越高、承担的风险越小，但企业不能充分发挥负债的财务杠杆效应。产权比率反映出所有者权益对企业债权的保障程度。当企业面临破产清算时，债权人的索偿权优先于所有者，因此，债权人投入企业的资本比重越低，债权人受保护的程度就越高。产权比率与资产负债率是正相关关系，该指标越大，企业财务杠杆效应越明显，但同时偿债风险也有所增加，二者分析的侧重点不同，产权比率侧重于揭示财务结构的稳定程度及自有资金对偿付风险的承受能力。

根据 PXH 公司提供的资产负债表资料，可以计算 PXH 公司 2020 年和 2021 年的产权比率，如表 3-6 所示。

表 3-6　PXH 公司 2020 年和 2021 年的产权比率计算分析

项目	2020 年	2021 年
负债总额/万元	134 277	133 611
所有者权益总额/万元	60 293	61 300
产权比率/%	222.71	217.96

计算结果表明，PXH 公司这两年的产权比率均高于 200%，但 2021 年比 2020 年略有下降，企业长期偿债能力较弱，对债权人的保障程度需要提高。这种产权结构的企业财务风险较大。

Ⅲ. 有形净值债务率

有形净值债务率是企业负债总额与有形净值的比值。有形净值是企业所有者权益总额减去无形资产净值之后的余额，即所有者拥有的有形净资产。有形净值债务率反映企业的长期偿债能力，反映债权人在企业破产时的被保护程度。其计算公式为

$$有形净值债务率=\frac{负债总额}{所有者权益总额-无形资产净值}\times100\%$$

有形净值债务率主要用于衡量企业的风险程度和对债务的偿还能力。该指标越大,企业承担的风险越大,企业长期偿债能力越弱;反之,该指标越小,企业承担的风险越小,企业长期偿债能力越强。

有形净值债务率能够计量债权人在企业处于破产清算时能获得多少有形财产保障。从评价企业长期偿债能力的角度,该指标越小越好。该指标最大的特点是在可用于偿还债务的净资产中扣除了无形资产。无形资产的计价不能准确衡量,从资产中扣除更为谨慎和保守。

根据PXH公司提供的资产负债表资料,可以计算PXH公司2020年和2021年的有形净值债务率,如表3-7所示。

表3-7 PXH公司2020年和2021年的有形净值债务率计算分析

项目	2020年	2021年
负债总额/万元	134 277	133 611
所有者权益总额/万元	60 293	61 300
无形资产净值/万元	11 314	12 650
有形净值债务率/%	274.15	274.64

计算结果表明,PXH公司这两年的有形净值债务率均保持较高水平。债务人承担的风险较高,企业长期偿债能力较弱。但是,无形资产更多体现出了企业的研发能力,需要从财务和经营角度综合考虑。

Ⅳ.权益乘数

权益乘数是资产总额相当于所有者权益总额的倍数,表明每1元股东权益所拥有的资产,其计算公式为

$$权益乘数=\frac{资产总额}{所有者权益总额}=1/(1-资产负债率)$$

权益乘数越大,表明所有者投入企业的资本占全部资产的比重越小,企业负债的程度越高;反之,该指标越小,表明所有者投入企业的资本占全部资产的比重越大,企业的负债程度越低,债权人权益受保护的程度越高,企业的偿债能力也就越强。

权益乘数的倒数称为所有者权益比率,表明企业的资产中有多少是所有者投入资本形成的。所有者权益比率的计算公式为

$$所有者权益比率=\frac{所有者权益总额}{资产总额}\times100\%=1-资产负债率$$

所有者权益比率越大,企业全部资本中所有者权益占比越大,企业负债的程度越低,面临的偿债压力越小;反之,所有者权益比率越小,表明所有者投入企业的资本占全部资产的比重越小,企业的负债程度越高,对债权人的保护程度越小,企业的偿债能力也就越弱。

根据PXH公司提供的资产负债表资料,可以计算PXH公司2020年和2021年的权益

乘数和所有者权益比率,如表 3-8 所示。

表 3-8　PXH 公司 2020 年和 2021 年的权益乘数和所有者权益比率计算分析

项目	2020 年	2021 年
资产总额/万元	194 570	194 911
所有者权益总额/万元	60 293	61 300
权益乘数	3.23	3.18
所有者权益比率/%	30.99	31.45

从计算结果可以看出,该公司权益乘数较高,偿债能力较弱,对债权人的保障程度较低,企业偿债压力较大。

Ⅴ. 利息保障倍数

利息保障倍数(已获利息倍数)是企业息税前利润与利息费用的比值,反映公司获利能力对企业所产生的利息的保障程度。其计算公式为

$$利息保障倍数=\frac{息税前利润}{利息费用}$$

其中,息税前利润 = 净利润 + 所得税 + 利息费用。

利息保障倍数越高,表明企业的债务偿还越有保障;反之,则表明企业没有足够的资金来源偿还债务利息,企业偿债能力低下。因企业所处的行业不同,利息保障倍数有不同的标准界限,一般认为该指标至少应该大于 1,标准值为 3~4。如果利息保障倍数小于 1,表明自身产生的经营收益不能支持现有的债务规模。利息倍数等于 1 也很危险,因为息税前利润受经营风险影响很不稳定,而利息支付却是固定的。利息保障倍数越大,公司拥有的偿还利息的缓冲资金就越多。从长远来看,应选择多个会计期间进行比较,以保证分析评价客观准确。从稳健的角度出发,应选择几年中最低的利息保障倍数指标作为最基本的标准,特别是在盈利发生周期性变动的情况下。

根据 PXH 公司提供的资产负债表和利润表资料,计算 PXH 公司 2020 年和 2021 年的利息保障倍数,如表 3-9 所示。

表 3-9　PXH 公司 2020 年和 2021 年的利息保障倍数计算分析

项目	2020 年	2021 年
净利润/万元	3 556.19	2 118.86
所得税费用/万元	829.45	312.27
利息费用/万元	3 118.75	3 487.41
利息保障倍数	2.41	1.70

从计算结果可以看出,该公司利息保障倍数较低,自身生产经营收益在满足现有利息支出后剩余不多,企业承担的偿债压力较大。

Ⅵ. 其他衡量长期偿债能力的指标

Ⅰ)负债/EBITDA 比率

负债/EBITDA 比率也是用于衡量企业长期偿债能力的一个重要指标。其中 EBITDA 是指息税摊折前利润,即企业净利润和所得税、固定资产折旧、摊销及偿付利息所支付的现金之和。该指标的计算公式为

负债/EBITDA 比率 = 负债/EBITDA

= 负债/(净利润 + 所得税 + 固定资产折旧 + 摊销 + 利息)

负债/EBITDA 比率反映以企业所创造的税前利润和留在企业内部的固定资产折旧费用、摊销费用在支付利息前对企业总债务的保障能力。该指标越小,企业偿债能力越强;反之,企业偿债能力越弱。该指标一般为 5 左右,一些优秀企业的该指标可在 1 以内。

Ⅱ)全部资本化比率

全部资本化比率是指付息总债务和付息总债务与所有者权益之和的比值。其计算公式为

全部资本化比率=付息总债务/(付息总债务+所有者权益)×100%

付息总债务是指企业需要支付利息的债务,比如企业筹集的短期借款、一年内到期的非流动负债、长期借款和应付债券等,如果其他负债项目发生利息支付也应计入付息总债务。全部资本化比率指标反映了企业付息总债务占企业付息总债务与所有者权益之和的比例大小。通常,该比率越大,企业所要支付的利息费用和偿付本金的压力就越大,对债务的保障能力也就越弱。

知识链接 6:企业财务杠杆

财务杠杆又叫筹资杠杆或融资杠杆,它是指由于固定债务利息和优先股股利的存在而导致普通股每股利润变动幅度大于息税前利润变动幅度的现象。

无论企业营业利润多少,债务利息和优先股的股利都是固定不变的。当息税前利润增大时,每 1 元盈余所负担的固定财务费用就会相对减少,这能给普通股股东带来更多的盈余。这种债务对投资者收益的影响,称为财务杠杆,财务杠杆影响的是企业的息税后利润而不是息税前利润。

财务杠杆系数(DFL)=每股收益变化率/息税前利润变化率

财务杠杆系数(DFL)=基期息税前利润/(基期息税前利润-基期利息支出)

财务杠杆系数越大,表明财务风险越大。

财务风险是因为企业借入资金而承担的在未来经营所得收益不确定的情况下,由所有权资本承担的额外风险。当企业经营良好时,企业投资收益率大于负债利息率,企业因此获得财务杠杆正效应。当企业经营不良时,企业投资收益率可能小于负债利息率,则获得财务杠杆负效应,甚至导致企业破产。这种不确定性就是企业运用负债所承担的财务风险。财务杠杆系数越大,企业承担的财务风险越大。一般情况下,财务杠杆系数越大,每股收益的变化率对于息税前利润率的弹性就越大。如果息税前利润率上升,则权益资本收益率会以更快的速度上升。如果息税前利润率下降,则权益资本利润率下降的速度更快,企业的风险也越大;相反,企业面临的财务风险就越小。由此,可以看出财务风险存在的原因是负债经营使得负债所负担的经营风险转嫁给了权益资本。

笃行不怠：以法治企建设中的财务合规警示

经典案例：2021年经典财务舞弊案例

1）康美药业

2021年4月29日，康美药业发布更正公告，称其2017年的年报数据存在重大差错。存货少计195亿元，现金多计299亿元。资产负债表、利润表、现金流量表几乎所有数据都需要更正，对2017年财报做出重大调整。4月30日晚间，上海证券交易所（以下简称“上交所”）立刻向康美药业发监管函，称公司在财务管理、信息披露、内部控制等方面可能存在重大疑问，予以高度关注。此外，中国证监会已对康美药业审计机构广东正中珠江会计师事务所涉嫌未勤勉尽责立案调查。

5月17日下午，中国证监会通报了康美药业调查进展。据中国证监会称，现已初步查明，康美药业披露的2016—2020年财务报告存在重大虚假信息：一是使用虚假银行单据虚增存款；二是通过伪造业务凭证进行收入造假；三是部分资金转入关联方账户买卖本公司股票。康美药业涉嫌违反《证券法》第六十三条等相关规定。

康美药业是曾经的千亿市值“白马股”、中药行业的龙头，前期已经屡遭质疑，但没有确凿的证据。如今，随着中国证监会调查进展的通报，其财务造假有了确凿的证据。截至2021年12月31日，康美药业市值仅剩186亿元，较上年末458.09亿元缩水六成。

2）康得新

康得新2015年虚增利润总额23.81亿元，占年报披露利润总额的144.65%；2016年虚增利润总额30.89亿元，占年报披露利润总额的134.19%；2017年虚增利润总额39.74亿元，占年报披露利润总额的136.47%；2018年虚增利润总额24.77亿元，占年报披露利润总额的722.16%。合计四年虚增利润约119亿元，这成为A股史上最大的利润造假案。公司股票自2019年7月8日起，一直处于停牌状态。截至2021年12月31日，康得新市值仅剩125亿元，较上年末270.53亿元市值缩水逾五成。为其提供审计服务的瑞华会计师事务所已经被立案调查。

康得新利润造假的方法是通过伪造海外客户、炮制虚假业务合同、临摹国外客户签名等虚构外销业务产业链。

康得新坚称截至2020年底账上有着150亿元的现金。然而令人惊讶的是，这150亿元现金中存放于北京银行西单支行的122亿元的巨款，瑞华会计师事务所无法确认它们的存在。与此同时，公司有数位董事、监事也均不保证该笔巨款的真实性。实际控制人钟某因涉嫌犯罪被执行逮捕。

3）獐子岛

2021年11月，獐子岛再一次收到深圳证券交易所（以下简称“深交所”）的关注函，要求其说明计提存货跌价准备的依据。这并不是獐子岛第一次出现此类事件。公司被处罚60万元，董事长被处罚30万元，公司24个人终身市场禁入。

在之前的2020年2月9日，獐子岛收到了中国证监会的《调查通知书》，因獐子岛涉嫌信息披露违法违规，中国证监会决定对其立案调查。中国证监会的调查结果显示，獐子岛这场财务造假从2016年就已开始。

獐子岛2016年的年度报告中以虚减营业成本、虚减营业外支出的方式，虚增利润1.3亿元，虚增的利润占当期披露利润总额的158.15%，獐子岛披露的2016年度报告中净利润为7 571万元，实际上獐子岛在2016年的真实利润总额为-4 822.23万元，净利润为-5 543.31万元。

獐子岛2017年年度报告虚减利润2.8亿元，占当期披露利润总额的38.57%，追溯调整后，业绩仍为亏损。

獐子岛在此前的2014年和2015年的净利润均为负数，如果2016年和2017年净利润继续为负，则按照深交所规定，连续亏损三年将被暂停上市，连续亏损四年将被终止上市。然而，獐子岛2016年的净利润并没有追溯调整，依然为正数，2020年的净利润也为正数，彻底躲过了净利润连续四年为负将被终止上市的规则，把投资者糊弄得团团转。

獐子岛具体如何调整？这与养殖方法有关。据獐子岛内部人士介绍，獐子岛养殖扇贝的主要技术是深水贝类底播增殖技术，即通过撒播的方式将贝苗放在适宜养殖的海域，让贝苗在海底自然生长，长到合适大小再进行捕捞。

而在会计存货科目的盘点方面，生物资产由于其自身的特殊性，一直处于运动过程中，存货盘点存在困难，且从审计的角度，审计师也很难深入海底进行扇贝的监盘，且扇贝大小不一，定价也不同，存在着巨大的会计估计，也容易被上市公司用来操纵利润。A股至今出现过多起因为农产业存货监盘困难而出现财务造假的案例。

4）东旭光电

市场公认的“白马股”东旭光电在2021年遭遇股债双杀。一方面，其货币资金充裕，2020年和2021年前三季度，其账上的货币资金分别为198亿元和183亿元。另一方面，2020年和2021年前三季度其有息负债总额分别为205.38亿元和221.13亿元。

2021年11月18日，在债券“17东旭01”出现37%的“离奇”暴跌之后，深交所于次日发布公告：未收到东旭光电发行的中期票据付息兑付资金。简而言之，“白马股”东旭光电出现了债券兑付实质性技术性违约。

账上那么多钱，而东旭光电却连20亿元的债都还不起，且连公司员工的工资支付都出现延期，不得不让人怀疑其货币资金是否真实存在。

5）雏鹰农牧

雏鹰农牧曾经进行一系列可疑的股权倒卖活动，对一些官司缠身的“老赖”公司进行投资，同时又通过一些关联公司对相关投资进行接盘，短时间内以高溢价收购投资标的，从而达到通过“可供出售金融资产”项目虚增公司业绩的目的。

雏鹰农牧以募投项目的名义，在资本市场上募集大量资金，用于建设猪圈等养殖场所，但随后将猪圈及相关土地进行出售，回笼资金并获得利润。之后，雏鹰农牧将这些资金用于前述投资项目，短期持有后找到关联方进行接盘，从而“创造”投资收益。

需要说明的是，雏鹰农牧已经于2021年10月因股票面值连续20个交易日低于1元被强制从A股退市，成为继中弘股份以来的面值退市第二股。

6）风华高科

2021年8月，风华高科收到广东监管局下发的《行政处罚事先告知书》，其存在公司信息披露存在虚假记载和未及时披露董事会监事会决议两项违法事实。

公司应收账款对应债权转让存在问题，并且 2015 年年度报告、2016 年半年度报告、2016 年年度报告均存在虚假记载。公司在开展贸易业务时，形成约 6 319 万元的应收账款，且对应债权并没有抵押物等担保，且几次向债务人催款未果。

为了解决应收账款账目挂账问题、延长应收账款计提坏账准备时间，风华高科竟玩起了花招儿。其通过两种方式来处置应收账款。一是通过粤盛资产和宁夏顺亿配合操作，由风华高科于 2016 年 3 月出资 5 500 万元，购买粤盛资产的一项理财产品，粤盛资产收到该笔资金后，全部转至宁夏顺亿，宁夏顺亿以 2015 年 12 月 31 日为基准日，原价受让风华高科的约 5 470 万元应收账款，并以支付受让款的名义，将收到的上述款项全部转回风华高科。二是通过案外人刘某华实际控制的深圳市全聚能实业有限公司（以下简称“深圳全聚能”）配合操作，由该公司以 2015 年 12 月 31 日为基准日，以八折的价格（680.3 万元）受让风华高科应收 850 万元应收账款，其所支付的受让款，来源于风华高科向刘某华实际控制的另一家公司支付的预付款约 250 万元以及对该公司的应收账款约 430 万元。风华高科在分别与宁夏顺亿、深圳全聚能签署债权转让合同时，分别另行签署补充协议，均明确约定：自合同生效之日起，风华高科仍负有追收对应应收账款的权利和义务。若款项未足额收回，损失由风华高科承担。

经核实，本案所涉应收账款对应债权并未实质发生转让，其转让时已预计难以按时收回。也就是说，风华高科本该计提坏账准备，但却通过这种令人眼花缭乱的方式来延期计提坏账，使得利润表相对好看，也就是变相地虚增了利润。风华高科 2016 年半年度报告和年度报告均虚增利润超过 6 000 万元，分别占当期利润总额的 60.21%和 33.05%。

此次风华高科财务“做手脚”的入手之处是应收账款，具体手法是花式逃避坏账计提，甚至倒手就把坏账当成利润来算，金额高达 6 000 万元之多。对此，中国证监会对风华高科处以 40 万元罚款，并对涉案的 26 名公司人员加以处罚。而在这 26 人中，三任董事长就赫然在列，包括公司的前前任、前任和现任董事长。这 3 人都是这起信息披露违法事件的始作俑者，被处罚金额都是 20 万元，也是涉案人员中被处罚力度最大的。

7）藏格控股

藏格控股超过 21 亿元资金被控股股东非经营性占用。

2021 年 12 月 3 日，藏格控股收到青海证监局《行政处罚决定书》，藏格控股存在的违法事项包括：虚增营业收入和营业利润、虚增应收账款和预付账款、隐报大股东占用上市公司巨额资金这三项违规事项。

其中，关于虚增营业收入和营业利润，青海证监局认定藏格控股通过开展虚假贸易业务的方式，在 2017 年和 2020 年分别虚增利润总额 1.28 亿元和 4.77 亿元，导致该公司 2017 年和 2020 年的年度财务报告存在虚假记载。

关于虚增应收账款和预付账款，青海证监局认定藏格控股通过开展虚假贸易业务的方式，在 2017 年和 2020 年分别虚增预付账款 2.41 亿元和 2.81 亿元，也就是相当于虚增了同等数量的资产。

关于控股股东违规占用上市公司资金问题，青海证监局认定，2020 年 1 月—2021 年 4 月，藏格控股的控股股东西藏藏格创业投资集团有限公司及其关联方利用虚假贸易业务预付账款、钾肥销售业务应收账款非经营性占用藏格控股资金共计 22.14 亿元。截至 2021 年

6月30日，占用资金余额为21.63亿元。藏格控股未按规定及时披露上述事项，也未在2020年半年度报告和2020年年度报告中予以披露。

针对上述违规事件，藏格控股被青海证监局责令改正，给予警告，并处以60万元的罚款。同时，公司实控人肖某被采取5年市场禁入措施，并处以90万元的罚款。

8）香溢融通

2019年1月10日，香溢融通发布公告称，公司对2015年度、2016年度、2017年度会计差错进行更正，以上年度净利润分别减少7 937.37万元、增加2 471.74万元、减少358.56万元，其中2015年度减少的净利润占当年原披露净利润的56%。

对于会计差错产生的原因，香溢融通称，公司在全面自查时发现，在收益权转让的同时，存在对交易对手的担保补偿协议：控股子公司香溢担保分别与开泰投资、超宏投资、九牛投资签订了担保服务合同，承诺相关投资产品清算后，所得分配款项少于转让款以及年化12%收益的，不足部分由香溢担保补足；且公司对超宏投资、九牛投资亦有差额补足的承诺。

因此以上两笔投资收益并不满足收益确认的条件。根据我国的《企业会计准则》，只有在资管计划收益权的风险和报酬全部转移给了交易对手的情况下，才能确认所有权的转移和投资收益。所以，这一会计差错将导致2015年公司确认的两项投资收益共1.03亿元存在差错。

9）辅仁药业

在回复上交所问询的公告中，辅仁药业承认，截至2021年7月19日，公司及子公司拥有现金总额为1.27亿元，其中受限金额1.23亿元，未受限金额377.87万元。辅仁药业一季度报表中的期末18.16亿元货币资金，近17亿元资金凭空蒸发。

17亿元资金是否真实存在过？是否存在控股股东与关联方占款以及违规关联担保等情形？事发至今，监管部门已经进行多番、多角度的问询，直指辅仁药业资金链之谜，但目前还没有明确的答案。

10）仁智股份

2021年4月，上市公司仁智股份（股票代码：002629）披露了《关于公司前期会计差错更正及追溯调整的公告》，经公司自查，公司相关人员在处理2017年部分业务时存在虚假记载。该公司通过虚假合同虚增的营业收入和营业成本分别为9 041.72万元和6 079.52万元，虚增利润3 203.46万元。

仁智股份与新增客户签订施工业务转包合同，该笔业务毛利率为70.29%。对于上述产品毛利率显著高于同行业水平的情况，会计师未执行分析性复核及其他审计程序；签字会计师未合理关注项目重大审计风险，未实质性参与项目执业，存在未勤勉尽责的情形，被中国证监会出示警示函。

同时，该次前期会计差错更正后将导致公司2017年度净利润为负值。同时，公司在2018年的净利润也为负，连续两年为负，被监管机构出具退市风险警示。

3.4.2 企业营运能力分析

1. 营运能力分析的内涵

企业营运能力是衡量企业资产运营的效率和效益的指标，其本质是企业利用最少的资金占用额获取尽可能多的收益的能力。企业营运能力是影响企业财务状况和获利能力的关键。

营运能力分析主要是分析企业各项资产运营的效率与效益。其中效率是指企业资产所占用资金的周转速度,反映企业资金利用的效率,从一定程度上表明了企业管理人员经营管理、运用资金的能力。效益分析主要是分析企业产出额和资金占用额的比值,分析企业营运资产的利用效果。通过对企业反映资产营运效率和效益的指标进行计算分析,评价企业资产的营运与管理能力。

2. 营运能力分析的目的和内容

1)营运能力分析的目的

企业的营运能力取决于资产的周转速度、资产运行状况、资产管理水平等多种因素。一般而言,周转速度越快,资产的使用效率越高,资产营运能力越强;反之,营运能力就越差。企业营运能力分析的目的主要包括以下几个方面。

(1)营运能力分析可以发现企业资产营运中存在的问题,并反映企业对现有资产的管理水平和使用效率。通过营运能力指标的计算,并且对指标进行横向、纵向对比,可以发现企业资产营运过程中存在的问题,帮助企业制定合适的方案来解决问题,提高企业的资产使用效率。营运能力分析是对企业现有资产营运能力进行的分析,通过分析可以了解企业资产的周转效率、使用效率,从而可以了解企业对其拥有资产的管理水平和使用效率。

(2)营运能力分析是盈利能力分析和偿债能力分析的基础与补充。资产结构中流动性及变现能力强的资产所占的比重越大,企业的偿债能力越强。企业存量资产的周转速度越快,企业实现收益的能力也越强。这就说明,企业营运能力是企业偿债能力和盈利能力的保障。

企业营运能力分析对企业的不同利益相关人员具有不同的作用。

(1)对于企业的经营管理者而言,分析企业的营运能力有利于企业管理者改善经营管理。职业经理人接受企业所有者或股东的委托,负责企业的经营管理,对企业的资产负有保值增值的责任。经理人负责企业的日常管理活动,通过合理配置企业的各项资源为企业创造利润,实现股东收益最大化的管理目标,履行自身的受托责任。因此,对企业管理者而言,他们在关心企业盈利的同时,更加关心企业经营的整个过程。他们通过资产结构分析和效率分析,可发现和揭示与企业经营性质、经营时期不相适应的资产结构比例,并及时加以调整,形成合理的资产结构,使资产保持足够的流动性,提高资金周转速度,改善财务状况,以赢得外界对企业的信心。通过营运能力分析,管理者可以发现企业存在的闲置资产、低质量资产或虚拟资产,分析企业的资产结构,将企业闲置以及低运营效率的资产迅速处理,使企业能够降低甚至消除资产的浪费,提高企业资产的运营效率和效果,进而提高盈利能力,使企业现有资源盈利更多,而且保持持续增长。营运能力除分析企业资产的配置效率之外,还可以分析企业人力资源等其他资产的配置效率,降低经营风险,为企业进行财务决策和财务预算提供支持,预防财务危机的发生。

(2)对企业现有的投资者或者潜在投资者而言,进行营运能力分析可以帮助他们进行投资决策。对于企业的投资者,他们进行财务分析的主要目的是分析企业的盈利能力和财务安全性。当他们分析判断企业具有良好的发展能力,能够实现资本的保值增值时,才会对企业进行投资。而企业营运能力分析正有助于判断企业财务的安全性、资本的保全程度以及评估企业的价值创造能力,并可用以进行相应的投资决策。第一,企业的资产结构影响企业的财务安全性,通常企业资产的流动性及变现能力越强,企业的偿债能力越强,企业的财务安全性也就越高。第二,要吸引新的投资者,保全现有投资者的投入资本,就必须将资金投入高质量运营的资产上,通过资产管理效率分析,可以很好地判断资产的安全程度。第三,企业的资产结构和运营效率直接影响着企业的收益额。比如:企业资产的周转速度越快,实现收益的能力越强;企业资产中商品资产越多,实现的收益额也越大;商品资产中毛利额高的商品所占比重越高,取得的利润越多。企业拥有良好的资产结构和高效的资产管理效率是企业未来盈利的能力保证。对企业所有者来说,企业资金使用效率的高低,也能够反映经营者的经营业绩的好坏,有助于及时发现经营中的不足之处,从而通过行使股东权利为企业未来的发展制定合理的决策。

(3)对于债权人而言,营运能力的分析有助于债权人进行信贷决策。企业的营运能力影响着企业的偿债能力和盈利能力,高效的营运能力是企业达成经营绩效的重要保障。企业的债权人通过对企业营运能力的分析,判明债权的保证程度及安全性,进而做出信用决策。对于企业的短期债权人,他们通过分析企业的流动资产周转率、应收账款周转率和存货周转率等指标,结合影响各指标的因素,分析判断企业短期债权的保证程度;对于企业的长期债权人,他们通过了解企业固定资产等长期资产的周转情况,可以明确企业长期债权的安全性。通常,企业的资产使用效率越高,债权人的物质保障程度越高,债权的安全性越强。此外,债权人通过对企业资金使用效率的分析,还可以了解到企业的经营管理水平,从而做出对企业扩大信用或收缩信用的决策。

(4)对于企业内部及外部的其他相关者而言,分析企业的营运能力,对他们也有着重要的作用。企业营运能力分析有助于他们判明企业经营是否稳定,财务状况是否良好,有利于他们监督各项经济政策、法规的执行情况,并为宏观决策与调控提供可靠信息。对其他相关企业而言,企业营运能力分析有助于他们判明对方企业是否有足量合格的商品供应或有足够的现金支付能力,企业的供销能力及其财务信用状况是否可靠,员工生产效率是否具有竞争力,进而确定可否与之建立长期稳定的业务合作关系或者所能给予的信用政策的松紧度。

因此,营运能力分析能够用以评价一个企业的经营水平、管理水平,合理预期企业未来的发展情况,对各个利益主体来说均具有重要的作用。

2)营运能力分析的内容

企业营运能力分析的内容主要包括流动资产营运能力分析、非流动资产营运能力分析和总资产营运能力分析三部分。其中流动资产营运能力分析主要是分析企业在经营管理活动中运用流动资产的能力。流动资产营运能力指标主要有应收账款周转率、存货周转率、营业周期、流动资产周转率。非流动资产是企业赚取利润的资产基础,非流动资产投资效率主要关注资产产出的效率和效益。对非流动资产整体影响最大的是固定资产,因此非流动资产营运能力分析主要分析固定资产的周转速度和周转效率。总资产营运能力分析主要分析总资产周转速度和周转效果。总资产周转速度是企业全部资产利用程度的反映,体现的是企业全部资产的利用效果。

知识链接 7:企业重要的资产项目

(1)货币资金。货币资金是指企业的库存现金、银行存款和其他货币资金。货币资金具有流动性强、变现速度快、获利能力低等特征。货币资金的低盈利性表现在它几乎不产生收益,其拥有量过多会影响企业的盈利性,持有量过少会对企业资产流动性产生不利影响。企业货币资金发生变动的主要原因如下。第一,销售规模变动。销售商品或提供劳务是企业货币资金的主要来源,当销售规模发生变动时,货币资金的规模也会跟着发生相应的变动,并且二者具有一定的相关性。第二,企业信用政策发生变动。企业销售的信用政策发生变化,销售获得的收入收现程度会受到影响,进而影响企业货币资金的持有量。例如,企业实施紧缩的信用政策,货币资金存量规模就会增大;相反,企业实施宽松的信用政策,货币资金持有量就会降低。第三,企业收账政策改变。企业加大收账力度,货币资金规模就会变大;相反,货币资金的持有量就会降低。第四,为后续现金支出做准备。当企业准备派发现金股利,偿还将要到期的大额银行借款或集中购货时,企业将会提前做好准备,积累大量的货币资金以备需要。在这种情况下,货币资金存量规模就会增加。但当这种情况消失时,货币资金存量规模就会降低。第五,资金调度的需要。通常,企业持有的货币资金规模过小,企业的支付能力将会受到严重影响,甚至影响到企业的信誉,可能因此丧失优惠进货机会或者是最佳投资机会;相反,如果货币资金存量规模过大,由于货币资金的获利能力差,企业会丧失这部分资金的获利机会,增加资金的持有成本,影响企业资金的利用效果。所以企业管理者对资金的调度也会影响货币资金存量规模。例如,在货币资金存量规模过小时,通过筹资活动筹集资金;在货币资金存量规模较大时,通过进行短期证券投资减小其存量规模。审核企业的货币资金项目,在分析时需重点关注货币资金规模是否合理、现金与银行存款的真实性、企业日常现金管理和内部控制是否健全,对于持有大量外币资金的企业,还要考虑汇率变动对资金价值的影响。

(2)应收账款。企业的赊销行为是形成应收账款的主要原因。企业通过向客户提供商业信用达到销售的目的。应收账款使得债务人在信用期内无偿占用企业资金,企业想因此扩大销售而得到补偿。对于企业应收账款的占用是否合理,需要对应收账款变动情况从以下三方面进行分析。第一,分析企业销售规模变动对应收账款的影响。企业的销售行为是形成应收账款的起源,在其他条件不变时,应收账款会随着销售规模的增加而增加,对此,销售规模变动引起应收账款变动属于正常。第二,企业信用政策变动对应收账款的影响。企业信用政策越宽松,应收账款余额越多。如果企业的信用政策比较严格,应收账款的规模就会小些。应该专注企业信用政策变动的原因,判断是否存在存货积压、呆滞等情况。同时企业收账政策也将对应收账款产生影响,当企业采取较严格的收账政策时,应收账款的规模就会小些。在分析企业应收账款项目时,需要对应收账款进行账龄分析,分析债务人的构成及其信用状况、应收账款坏账准备的计提方法及其变更情况、应收账款与营业收入的关系等,对于企业在关联交易中利用应收账款项目进行非法拆借资金、资产转移、利益输送和操纵利润等方面要保持警惕,防止企业利用应收账款隐藏财务造假。

(3)存货。存货作为企业流动资产中最重要的组成部分,是保证企业生产经营活动正常开展的物质基础。存货数量的变动,不仅会影响流动资产的资金占用,同时对生产经营活动的持续性产生重大影响。企业生产经营规模的扩张和收缩、资产利用效果的高低、资产周转速度的快慢、存货管理水平的高低等均会影响企业的经营状况。在对存货项目进行分析时，可以从以下几方面展开。第一，存货数量盘存方法。存货的盘存制度会影响到资产负债表中的存货项目，应该关注企业在对存货进行盘点时采用的是实地盘存还是永续盘存。当企业采用实地盘存进行数量核算时，资产负债表中的存货项目反映的就是存货的实有数量。如果企业采用永续盘存，应关注在编制资产负债表时是否对存货进行实地盘存，如未，资产负债表中的存货项目所反映的只是存货的账面数量。这两种不同的存货数量确认方法会造成资产负债表上存货项目的差异，这种差异不是由存货数量本身变动引起的，而是由存货数量的会计确认方法不同造成的。第二，关注期末存货价值的计价原则对存货项目的影响。期末存货价值的确定通常根据"成本与可变现净值孰低法"来确定，企业是否合理地确定存货的可变现净值，是影响期末存货价值的关键。期末存货可变现净值确定的合理性可能引起资产负债表中的存货项目金额的变化。审核企业存货项目时，需重点关注企业存货的规模与结构、存货的计价方法和变更的合理性、存货跌价准备的计提是否正确、是否存在用存货计价来操纵利润的现象。

（4）固定资产。固定资产是为企业生产商品、提供劳务等而持有的，使用期在一年以上的，单位价值较高的有形资产。固定资产的变动可从以下方面进行分析。第一，固定资产占用量变动情况分析。固定资产的变动引起固定资产平均占用额的变动，进而影响固定资产周转速度。通过对固定资产原值变动情况的分析，可以了解固定资产占用量规模的变动情况。一般情况下，企业固定资产占用变化情况主要包括投资转入固定资产、自行购入固定资产、自行建造的固定资产、租入固定资产、接受捐赠固定资产、固定资产盘盈、出售转让固定资产、投资转出固定资产、固定资产报废清理、固定资产盈亏及毁损以及其他原因引起的固定资产增减。第二，关注企业会计政策变更对固定资产影响的分析。与固定资产相关的会计政策主要是折旧方法的选择。我国会计准则和制度规定，企业可以使用年限平均法、工作量法、双倍余额递减法和年数总和法对拥有的固定资产计提折旧，其中前两种属于平速折旧法，后两种方法属于加速折旧法。对于同一资产，采用不同的折旧方法，其折旧额会出现较大差异，进而引起固定资产价值发生不同的变化。固定资产折旧方法的选择对固定资产的影响还隐含着会计估计对固定资产的影响，例如对折旧年限的估计、对固定资产净残值的估计等。对此，在分析企业固定资产时，分析人员必须了解企业采用的会计政策，了解企业会计政策选择和变更对固定资产产生的影响，剔除这些影响因素后，找到引起固定资产变动的其他原因。在对固定资产各项内容进行分析时，分析者需重点关注固定资产的配置和利用是否合理，固定资产的折旧和减值政策是否正确，固定资产的变现性、盈利性和增值性是否充分，以及固定资产投资与企业未来的发展战略是否相适应等。

3. 影响企业营运能力的因素

影响企业营运能力的因素主要有以下几点。

第一，企业所处的行业。企业所处的行业不同，资产的占用规模会存在较大差异。因此营运能力的指标分析应该注意行业之间的区别。企业经营背景会影响企业的资产周转效率。一般来说，落后的、传统的行业资产周转效率相对较低。例如，传统的制造行业资产周转效率就比较低，而服务业资产周转效率就相对较高。

第二，企业经营周期。企业经营周期的长短也会影响企业的资产周转效率。一般来说，在同一行业中,经营周期越短,资产流动性越强,资产运用效率就越高,企业取得的收益就越多。在分析营运能力时应该考虑经营周期的影响。

第三,企业资产结构和资产质量。在企业资产总量已定的情况下,非流动资产所占比重越大,资产的周转速度就越慢。同时,如果企业存在问题资产或者资产质量不高,也会影响资产周转效率。

第四,企业资产管理力度。资产管理力度会影响企业的资产周转效率。企业资产管理力度比较大,会使企业资产结构优化,资产质量提高,从而提高企业资产的周转效率。

案例资料

Model 3 光鲜背后难掩特斯拉隐忧:人均绩效过低、库存周转越来越慢。2017 年才投产的特斯拉 Model 3,单靠发布会就占据了各媒体头条,但绚丽的发布会无法掩盖残酷的现实。作为一家上市以来持续亏损的公众公司,特斯拉公司所面临的处境远不如产品发布会上所展示的那样光鲜亮丽。通过对比特斯拉和其他一些公司近年的财务数据,我们从另一个视角来了解这家炙手可热却在资本市场上面临重重争议的公司。

巨额亏损背后:人均绩效垫底。

特斯拉自创立以来持续亏损, 2010 年登陆纳斯达克之后,亏损越演越烈。根据财报数据, 2015 年,特斯拉亏损约 8.89 亿美元,相比上一年的 2.94 亿美元,亏损大幅度增加。2010—2015 年,特斯拉累计亏损超过 20.6 亿美元,以当年汇率折合为人民币超过 132 亿元。

汽车行业具有投入资本高、生产周期长等特点。新进入汽车行业的企业在生产经营初期大多数会出现亏损的情况。对于特斯拉而言,其人均绩效与其他汽车公司相比较低,而它却是一家高效运营的新锐科技公司。

公开数据显示,截至 2015 年年底,特斯拉全球共有员工 13 058 名;按照 2015 年约 40 亿美元的销售收入计算,人均销售收入不足 31 万美元。而同期,在美国上市的福特、通用、本田和丰田 4 家汽车企业的人均销售收入为 66.4 万美元。按照计算出的人均绩效,特斯拉的水平还不到美股四大车企平均值的一半。

人均绩效的差距如此大,并不能只把原因归结于规模影响。上述四大车企中任何一家 2015 年的销售收入都在特斯拉的 25 倍以上,远超特斯拉的销售水平。法拉利 2015 年的销售收入为 31.19 亿美元,比特斯拉还要低 9 亿美元左右。但法拉利仅有 2 998 名员工,人均销售收入为 104 万美元,绩效水平是特斯拉的 3 倍多。很难说法拉利相对于特斯拉的高人均绩效来自规模优势。

无论是与体量更大、产品更大众化的行业巨头相比,还是与体量更小、更高端的跑车公司相比,特斯拉的效率都太低。

更重要的是,最近 3 年,伴随着营业收入的增加,特斯拉的人均绩效不仅没有上升,反而有所下降。根据公开数据计算出,最近 3 年,特斯拉的人均营业收入分别约为 34.4 万美元、31.5 万美元和 31 万美元——特斯拉的人均绩效逐年下跌。公司必须为每名员工按期支付薪水,而薪水和利润最终来源于销售收入。如果不能提高公司的人均绩效,企业生产经营将面临很大的困难。

库存周转速度较低,库存较多,而市场传递的信号却是汽车抢手。

根据特斯拉的官方数据, 2015 年销量约为 5.05 万辆,远低于此前市场的预期。不过比销量更值得关注的是，特斯拉的库存周转速度在已发布的2015年财报的美股汽车类上市公司中垫底，并且持续恶化。

存货周转天数是衡量周转速度的一个主要指标，周转天数越多，周转速度越慢。2015年特斯拉的库存周转天数超过128天，而同期福特和通用的周转天数仅为23.5天和38.4天；丰田汽车和本田汽车的周转天数也仅有34.7天和49.4天。

更严重的是，特斯拉的周转速度持续变慢，2013年的库存周转天数约为70天，2014年约为100天。

如果和大型车企的比较不能完全说明问题，那可以由与法拉利的对比进行说明。作为超级跑车，法拉利跑车是需要高度定制的，而法拉利2015年的库存周转天数仅为71天。

造成特斯拉存货周转天数远高于大型车企的原因有很多，公司管理层能找出的理由更多；但任何理由都不重要，库存与员工薪酬一样，不会因为理由和CEO登上杂志封面而消失。最新发布的Model 3起步定价为35 000美元，远低于特斯拉前几款车的定价。这意味着如果达成同样的销售收入，特斯拉必须卖出更多的车。如果周转速度不能加快，则意味着有更多的库存。

案例要求

(1)分析影响企业营运能力的因素有哪些？请查阅资料分析案例公司存货周转天数高出竞争对手的主要原因是什么？

(2)根据所学内容，思考应该如何提升企业的营运能力？针对其他行业还可以采用哪些提升资产营运能力的方法？

4. 营运能力指标分析与评价

营运能力分析就是要分析评价资产周转速度。资产周转速度通常用周转率和周转期来表示。所谓周转率，即企业在一定时期内资产的周转额与平均余额的比率，反映企业资产在一定时期的周转次数。周转期表示资产周转一次需要的天数。两者的计算公式分别为

$$资产周转率（周转次数）=\frac{计算期资产周转额}{计算期资产平均占用额}$$

$$资产周转期（周转天数）=\frac{计算期天数\ (360)}{资产周转率（周转次数）}$$

营运能力分析将从流动资产营运能力分析、非流动资产营运能力分析以及总资产营运能力分析三方面进行。

1)流动资产营运能力分析

流动资产营运能力分析主要包括应收账款周转情况分析、存货周转情况分析、流动资产周转情况分析以及其他辅助分析指标。

Ⅰ. 应收账款周转情况分析

应收账款周转情况分析涉及应收账款周转率和应收账款周转期分析。应收账款周转率是企业在一定时期内营业收入与应收款项平均余额的比值，是反映应收款项周转速度的一项指标。应收账款周转率和应收账款周转期的计算公式为

$$应收账款周转率（周转次数）=\frac{营业收入（赊销收入净额）}{应收账款平均余额}$$

$$应收账款周转期（周转天数）=\frac{360}{应收账款周转率（周转次数）}$$

$$应收账款平均余额=\frac{应收账款余额年初数+应收账款余额年末数}{2}$$

应收账款周转率反映了企业应收账款的变现速度及管理效率,应收账款周转率越高,说明企业收款速度越快,应收账款发生坏账损失的可能性越小,企业资金的流动性越强。应收账款周转期是从应收账款发生至转化为现金所需要的时间,应收账款的周转天数越少,企业应收账款的流动性越强,质量越高。当评价一个企业的应收账款周转率和周转期时,应该进行横向或者纵向对比分析,应与同行业的平均水平相比较而定。

在分析应收账款周转情况时应注意以下几点。

第一,计算应收账款周转率时,应收账款通常应该包括应收账款和应收票据(未贴现)等全部赊销账款。外部分析者无法取得赊销数据,可以直接使用销售收入进行计算。应收账款使用年初和年末的应收账款平均数,减少季节性、偶然性和人为因素影响。

第二,注意影响应收账款周转率的因素。①企业信用政策的选择:如果企业采用宽松的信用政策,那么期末应收账款的账面余额就比较大,应收账款周转率就比较小;如果企业采用紧缩的信用政策,那么期末应收账款的账面余额就比较小,应收账款周转率就比较大。企业信用政策的选择会直接影响企业应收账款的账面余额,从而影响应收账款周转率。②企业计提坏账的比例:企业计提坏账比例的不同也会影响企业应收账款期末余额的大小。如果坏账比例比较大,则应收账款期末账面余额就比较小,应收账款周转率就会较大;反之,应收账款期末账面余额就会比较大,应收账款周转率就会较小。计提坏账比例的不同,会直接影响企业的应收账款周转率。

根据PXH公司提供的资产负债表和利润表资料,计算PXH公司2020年和2021年的应收账款周转率和周转期(假设2020年年初,应收账款余额为47 650万元),如表3-10所示。

表3-10　PXH公司2020年和2021年的应收账款周转率和周转期计算

项目	2020年	2021年
营业收入/万元	130 054.7	127 783.5
应收账款年末余额/万元	49 284	43 934
应收账款平均余额/万元	48 467	46 609
应收账款周转率/次	2.68	2.74
应收账款周转期/天	134.33	131.19

Ⅱ.存货周转情况分析

存货周转情况分析涉及存货周转率和存货周转期指标。存货周转率是企业在一定时期内营业成本与存货平均余额的比率,是反映企业流动资产流动性的一个指标;存货周转期是企业取得存货到销售存货经历的天数。计算公式为

$$存货周转率（周转次数）=\frac{营业成本}{存货平均余额}$$

$$存货周转期（周转天数）=\frac{360}{存货周转率（周转次数）}$$

$$存货平均余额=\frac{存货余额年初数+存货余额年末数}{2}$$

一般来说,存货周转率指标越高,表明存货周转速度越快,存货变现能力越强,资金占用水平越低。如果企业的存货周转率比较低,说明企业的产品有可能滞销,企业经营能力欠佳。但存货周转率也不是越高越好,因为存货周转率过高,也可能是因为存货水平太低,甚至经常缺货,或者采购次数过于频繁、批量太小等,这说明企业管理方面存在一些问题。因此,合理的存货周转率应视产业特征、市场行情及企业自身特点而定。企业存货过多会浪费资金,存货过少则不能满足流转需要。存货周转率与企业的行业特点、经营策略紧密相关。

影响存货周转率的因素有以下几种。

第一,存货计价方法的选择。采用不同的存货计价方法会导致期末存货余额不同,例如,采用先进先出法的期末存货余额会比采用加权平均法的期末存货余额高,这就会导致存货周转率计算产生差异。

第二,企业的经营期间。如果企业是季节性经营的,那么采用年初和年末的余额来计算平均余额就会产生误差,会低估存货的平均余额,因此应该采用季度余额、月度余额来进行平均存货余额的计算。

第三,存货内部结构。根据存货的内部结构及影响存货周转速度的重要项目分析,可以分别计算原材料周转率、在产品周转率等具体指标。

第四,行业和经营特点。不同行业的存货种类及其周转速度存在很大差异。例如,房地产企业的营业周期相对长于生产制造企业,因而其存货周转率通常低于制造企业的平均水平;制造企业的营业周期又相对长于商品流通企业,使得制造企业的存货周转率通常低于商品流通企业的平均水平。存货周转率与企业经营特点具有这种内在相关性,因此在对存货周转率进行比较分析时,应进行趋势分析、同行业分析及影响因素分析。

计算存货周转率时,除了使用营业成本作为周转额外,还可以使用营业(销售)收入作为周转额。

根据 PXH 公司提供的资产负债表和利润表资料,计算 PXH 公司 2020 年和 2021 年的存货周转率和周转期(假设 2020 年年初存货余额为 24 580 万元),如表 3-11 所示。

表 3-11 PXH 公司 2020 年和 2021 年的存货周转率和周转期计算

项目	2020 年	2021 年
营业成本/万元	126 985.6	125 615.2
存货年末余额/万元	26 330	25 572
存货平均余额/万元	25 445	25 951
存货周转率/次	4.99	4.91
存货周转期/天	72.14	73.32

知识链接 8:存货管理的变革

1953 年，JIT(just in time,及时生产)生产方式首次由日本丰田公司提出。这是一种高质量、低库存的生产方式。JIT 生产方式的产生是存货管理的第一次革命,其基本思想是“只在需要的时候,按需要的量,生产所需的产品”,也就是追求一种无库存或库存量达到最小的生产系统。在日本每一个运送零部件的集装箱里面都有一个标牌,生产企业打开集装箱后,就将标牌交给供应商,供应商接到标牌之后,就开始准备下一批零部件。理想的情况是,下一批零部件送到时,生产企业正好用完上一批零部件。通过精确地协调生产和供应,日本的制造企业大大降低了原材料的库存,提高了企业的运作效率,也增加了企业的利润。事实上 JIT 生产方式成为日本汽车工业竞争优势的一个重要来源,而丰田公司也成为全球在 JIT 生产方式上最为领先的公司之一。

存货管理的第二次变革的动力来自数控和传感技术、精密机床以及计算机等技术在工厂里的广泛应用,这些技术使得工厂的准备时间从原来的数小时缩短到现在的几分钟。电子计算机的使用,使得机器能够快速地从一种预设的工模具状态切换到另一种工模具状态,改变了从遥远的工具室或经人工处理之后再进行试车和调整的工作模式,整备工作的加快使待机时间结构性发生了关键的变化,困扰着传统工厂的在制品库存和间接成本也随之减少。仍然是丰田公司在 20 世纪 70 年代率先进行了这方面的开拓。作为丰田公司的引擎供应商,洋马柴油机公司(Yanmar Diesel)效仿丰田公司进行了作业程序的改革,在不到五年时间里,差不多将机型增加了四倍,但制品的存货却减少了一半之多,产品制造的总体劳动生产率提高了 100%以上。

20 世纪 90 年代,信息技术和互联网技术的发展,催生了存货管理的第三次革命。信息技术在企业中的运用,实现了企业的生产计划与市场销售的信息充分共享,企业计划、采购、生产和销售等各部门之间协同性更好。而互联网技术可以使生产预测较以前更准确可靠。戴尔公司是这次革命的成功实践者,它充分运用信息技术和互联网技术开展网上直销,根据顾客的要求定制产品。原来,在互联网还未在商业界普及时,戴尔公司只能通过电话来进行直销,互联网逐渐普及之后,戴尔公司根据顾客在网上的订单来组织生产,提供完全个性化的产品和服务。戴尔公司提出了“摒弃库存、不断聆听顾客意见、绝不进行间接销售”三项黄金律。戴尔公司完全消灭了成品库存,其零件库存量是以小时计算的,当它的销售额达到 123 亿美元时,库存额仅 2.33 亿美元,真正实现了零库存。

Ⅲ. 流动资产周转情况分析

流动资产周转率是企业在一定时期内营业收入与流动资产平均总额的比率,反映企业流动资产周转速度。计算公式为

$$流动资产周转率（周转次数）=\frac{营业收入}{流动资产平均余额}$$

$$流动资产周转期（周转天数）=\frac{360}{流动资产周转率（周转次数）}$$

$$流动资产平均余额=\frac{流动资产余额年初数+流动资产余额年末数}{2}$$

流动资产周转率越高,周转一次所需的时间越少,说明企业流动资产的运用效率越高,

进而使企业的偿债能力和盈利能力均得以增强。反之,则表明企业利用流动资产进行经营活动的能力较差,效率较低。流动资产是企业短期偿债能力的基础,企业应该有一个比较稳定的流动资产数额,并以此提高使用效率,应防止企业以大幅降低流动资产为代价追求高周转率。流动资产周转情况的分析要依据企业的历史水平或同行业平均水平来判断,同时还要结合应收账款周转率和存货周转率等进行分析,以进一步揭示影响流动资产周转的因素。

根据 PXH 公司提供的资产负债表和利润表资料,同时假定 PXH 公司 2020 年年初流动资产余额为 105 750 万元,则该公司 2020 年和 2021 年的流动资产周转率及周转期的计算如表 3-12 所示。

表 3-12 PXH 公司 2020 年和 2021 年的流动资产周转率和周转期计算

项目	2020 年	2021 年
营业收入/万元	130 054.7	127 783.5
流动资产年末总额/万元	115 209	106 867
流动资产平均余额/万元	110 479.5	111 038
流动资产周转率/次	1.18	1.15
流动资产周转期/天	305.08	313.04

Ⅳ. 营运资本周转率

营运资本周转率是指企业在一定时期内营业收入与营运资本平均余额的比值。该指标反映企业营运资本的运用效率,反映每投入 1 元营运资本所能获得的销售收入,同时也反映一年内营运资本的周转次数。计算公式为

$$\text{营运资本周转率} = \frac{\text{营业（销售）收入}}{\text{营运资本平均余额}}$$

一般而言,营运资本周转率越高,企业营运资本的运用效率也就越高。营运资本周转率将营运能力分析和偿债能力分析综合体现在一个指标之中,反映了营运能力与偿债能力之间的制约平衡关系。营运资本周转率的影响因素比较复杂,需要根据特定事项进行具体分析。它需要结合企业历史水平、同行业平均水平进行对比分析。

Ⅴ. 营业周期

营业周期(生产经营周期)是指从取得存货开始到销售存货并收回现金为止的时间。通常认为营业周期等于存货周转天数加上应收账款周转天数。其计算公式为

$$\text{营业周期} = \text{存货周转天数} + \text{应收账款周转天数}$$

一般情况下,企业营业周期短,说明资金周转速度快,流动性强,资产使用效率高;营业周期长,说明资金周转速度慢,流动性弱,资产使用效率低。营业周期取决于存货周转天数与应收账款周转天数,所以必须结合存货和应收账款的周转情况一并分析。营业周期不仅体现了企业的资产管理水平,还会影响企业的偿债能力和盈利能力。此外,不同的行业,营业周期的差异也较大。

现金营业周期是指企业在生产经营过程中完成现金资产周转所用的时间,等于存货周

转天数加上应收账款周转天数再减去应付账款周转天数。计算公式为

$$现金营业周期=存货周转天数+应收账款周转天数-应付账款周转天数$$

现金营业周期是企业营业周期减去应付账款周转天数。在现金周转过程中,企业在存货储备和使用过程中都需要占用现金资产,企业在销售产品或提供劳务时向交易对方提供商业信用时,其现金资产也要被占用,但同时企业也可以利用供应商提供的商业信用,使用他人的现金资产。这样,企业的现金周转天数,就等同于存货的现金周转天数加上应收账款的现金周转天数,再减去应付账款的现金周转天数。与营业周期的分析类似,现金营业周期反映了企业使用现金资产的效率,现金营业周期越短,表明企业现金资产的使用效率越高;现金营业周期越长,说明企业现金资产的使用效率越低。

知识链接 9:应付账款周转率和周转天数

$$应付账款周转率（周转次数）=\frac{营业成本}{应付账款平均余额}$$

$$应付账款周转期（周转天数）=\frac{360}{应付账款周转率（周转次数）}$$

$$应付账款平均余额=\frac{应付账款余额年初数+应付账款余额年末数}{2}$$

应付账款周转率反映企业利用商业信用的能力,该指标越小,说明企业利用商业信用的能力越强,企业同样业务量占用供应商的资金越多,投资效率越高。

2)非流动资产营运能力分析

非流动资产营运能力分析主要分析企业固定资产周转情况。

固定资产周转率是企业在一定时期内营业收入与固定资产平均净值的比率,是衡量固定资产利用效率的一项指标。其计算公式为

$$固定资产周转率（周转次数）=\frac{营业收入}{固定资产平均净值}$$

$$固定资产周转期（周转天数）=\frac{360}{固定资产周转率（周转次数）}$$

$$固定资产平均净值=\frac{固定资产净值年初数+固定资产净值年末数}{2}$$

固定资产周转率高,说明企业固定资产利用得充分,同时也表明企业固定资产投资得当,固定资产结构合理,能够充分发挥其效率;反之,固定资产周转率低,表明固定资产利用效率不高,提供的生产成果不多,企业的营运能力欠佳。在分析固定资产周转率时应注意以下几点。

第一,关注行业特点的影响。固定资产周转率在很大程度上与企业所处行业的资产特点相关,资本密集型行业通常有大量的固定资产,因此固定资产周转率较低;而劳动力密集型行业,则通常具有较高的固定资产周转率。

第二,关注行业周期的影响。固定资产很难在短时间内增减,因此行业周期非常明显的行业和企业,在周期的不同阶段固定资产周转率会表现出较大的差异。当行业周期处于上行阶段时,固定资产周转因营业收入的快速增长而加快,固定资产周转率提高;反之,当行业

周期处于下行阶段时，固定资产的周转因营业收入的快速下滑而放缓，固定资产周转率降低。这种周转率的大幅度变化，会给企业和投资者带来较高的风险。

第三，关注大额投资的影响。一些企业在扩张经营规模的过程中，由于一些大型生产线或分厂是一次性巨额投入使用的，短期内产能不能马上释放，因此会导致一段期间内出现异常低的固定资产周转率，分析时不能因此而轻易得出企业固定资产管理不善的结论。如果经过较长时期，固定资产周转率仍然得不到恢复，则很可能说明企业资产规模的扩大并未带来应有的收入，企业投资失误。

第四，关注折旧政策的影响。固定资产累计折旧的多少在一定程度上受折旧政策的影响。

根据PXH公司提供的资产负债表和利润表资料，同时假定PXH公司2020年年初固定资产净值为40 380万元，则该公司2020年和2021年的固定资产周转率和周转期的计算如表3-13所示。

表3-13 PXH公司2020年和2021年的固定资产周转率和周转期计算

项目	2020年	2021年
营业收入/万元	130 054.7	127 783.5
固定资产年末净值/万元	43 679	49 440
固定资产平均净值/万元	42 029.5	46 559.5
固定资产周转率/次	3.09	2.74
固定资产周转期/天	116.50	131.89

知识链接10：固定资产原价、固定资产净值与固定资产净额

固定资产原价是指固定资产的历史成本；固定资产净值为固定资产原价扣除已计提的累计折旧后的金额（即：固定资产净值=固定资产原价-累计折旧）；固定资产净额则是固定资产原价扣除已计提的累计折旧及已计提的减值准备后的余额。

知识链接11：固定资产折旧

固定资产折旧方法有四种，可以分为两大类：一类是直线法，另一类是加速折旧法。其中直线法包括年限平均法和工作量法，加速折旧法包括年数总和法和双倍余额递减法。在会计准则允许的范围内，企业可以根据固定资产所含经济利益的预期实现方式选择不同的方法，选择的折旧方法不同，计提折旧额也会因此产生较大差异。

a. 年限平均法。

年限平均法是将固定资产的应计折旧额均衡地分摊到固定资产预定使用寿命内的一种方法。采用这种方法计算的每期折旧额相等。计算公式如下：

年折旧率 =（1 − 预计净残值率）/ 预计使用寿命（年）× 100%

月折旧率 = 年折旧率/12

固定资产月折旧额 = 固定资产原价 × 月折旧率

b. 工作量法。

工作量法是根据实际工作量计算每期应提折旧额的一种方法。计算公式如下：

单位工作量折旧额 = 固定资产原价 ×（1 − 预计净残值率）/ 预计总工作量

某项固定资产月折旧额 = 该项固定资产当月工作量 × 单位工作量折旧额

c. 年数总和法。

年数总和法是将固定资产原价减去预计净残值后的净额，乘以一个以各年年初固定资产尚可使用年限做分子、以预计使用年限逐年数字之和做分母的逐年递减的分数计算每年折旧额的一种方法。计算公式如下：

年折旧率 =尚可使用年限/预计使用年限的年数总和 ×100%

预计使用年限的年数总和 = $n(n+1)/2$

其中，n 为预计使用年限。

月折旧率 = 年折旧率/12

固定资产月折旧额=（固定资产原价 − 预计净残值）× 月折旧率

d. 双倍余额递减法。

双倍余额递减法是在不考虑固定资产预计净残值的情况下，根据每期期初固定资产原价减去累计折旧后的余额（即固定资产净值）和双倍的直线折旧率计算固定资产折旧额的一种方法。计算公式如下：

年折旧率=2/预计使用寿命（年）×100%

月折旧率=年折旧率/12

月折旧额=固定资产净值 × 月折旧率

由于每年年初固定资产净值没扣除预计净残值，因此在应用这种方法计算折旧额时必须注意不能使固定资产的净值降低到其预计净残值以下，即采用双倍余额递减法计提折旧的固定资产，通常在其折旧年限到期前两年内，将固定资产净值扣除预计净残值后的余额平均分摊。

3）总资产营运能力分析

总资产周转率是企业在一定时期内营业收入与平均资产总额的比率，是综合评价资产管理或资本利用效率的重要指标。计算公式为

$$总资产周转率（周转次数）=\frac{营业收入}{平均资产总额}$$

$$总资产周转期（周转天数）=\frac{360}{总资产周转率（周转次数）}$$

$$平均资产总额=\frac{资产总额年初数+资产总额年末数}{2}$$

总资产周转率反映了企业全部资产创造营业收入的能力，该周转率高，说明全部资产的经营效率高，取得的收入多；该周转率低，说明全部资产的经营效率低，取得的收入少，最终会影响企业的盈利能力。企业应采取各项措施来提高企业的资产利用程度，如提高销售收入或处理多余的资产。进行总资产周转率分析时要注意资产总额中固定资产的突发变化，对特殊情况应特别分析评价。

根据PXH公司提供的资产负债表和利润表资料，同时假定PXH公司2020年年初总资产余额为189 750万元，则该公司2020年和2021年的总资产周转率和周转期的计算如表3-14所示。

表3-14 PXH公司2020年和2021年的总资产周转率和周转期计算

项目	2020年	2021年
营业收入/万元	130 054.7	127 783.5
总资产年末余额/万元	194 570	194 911
平均资产总额/万元	192 160	194 740.5
总资产周转率/次	0.68	0.66
总资产周转期/天	529.41	545.46

3.4.3 企业盈利能力分析

1. 盈利能力的内涵

盈利能力是指企业赚取利润的能力，表现为一定时期内企业获取收益额的多少及收益额的构成。

2. 盈利能力分析的目的和内容

1）盈利能力分析的目的

企业经营的目的是获取更多的盈利，盈利为企业维持和扩大再生产提供资金支持。企业的利益相关者，如所有者、债权人和经营管理者都十分关心企业的盈利能力。他们基于各自的需要，对企业的盈利能力进行分析。

对企业的投资者而言，分析企业的盈利能力能够帮助他们做出正确的投资决策。作为企业的投资者，企业获利水平、资本保值增值情况是其最为关心的事情。企业投资者不仅关心企业一定时期内的盈利能力大小，而且更关心企业获利能力的稳定性、持久性以及资本的保全程度和可靠性。企业具备较强的盈利能力，才能够保证投资者投入的资本实现保值。通常情况下，投资者所追求的就是实现企业财富的最大化。相比于企业的偿债能力和营运能力，投资者更加关注企业的获利能力。企业未来能够赚取多少利润，投资者能够从中得到多少投资回报是其进行投资决策时考量最多的问题。投资者经常会通过判断企业的获利能力来预测未来收益或估计投资风险，进而进行投资决策。

对债权人而言，分析企业的盈利能力有助于他们做出信贷决策。企业的资本结构和获利能力是影响企业偿债能力的关键。盈利能力为企业创造的现金流是偿还债务的重要保证。债权人可以通过分析企业的获利能力来衡量收回本息的安全程度。企业短期债权人关注的是在短期内企业能否按时还本付息，因此主要分析企业当期的盈利水平，在短期借款时期内企业的盈利水平高，短期债权人的利益就较有保证。短期债权人是否能收回其借款本息，还常常取决于企业的现金净流量，因此短期债权人还特别关心企业在盈利情况下的现金支付能力。企业长期债权人关注的是企业在长期债务到期时能否及时足额还本付息。长期债务的偿还要以企业高水平、持久稳定的获利能力为基础，因此长期债权人的分析侧重于分析判断企业的长期获利水平、获利的稳定性和持久性，并以此预测在长期借款到期后他们能否及时足额地收回本金和利息。

对企业的经营管理者而言，分析企业的盈利能力能够帮助他们改善企业经营管理，保持企业长久发展。企业从事生产经营活动的根本目的是最大限度地获取利润并维持企业持续稳定地经营和发展。只有通过生产经营活动不断创造利润，企业的资本才会不断充实，并带来资产规模的不断扩大，从而实现持续发展。因此，对企业经理人员来说，分析企业的获利能力具有十分重要的意义。一方面，盈利能力水平反映了企业经营管理者的经营业绩和水平。通过将本期盈利能力相关指标与标准、基期、同行业平均水平、其他企业相比较，能够较好地衡量企业管理者的工作业绩。另一方面，通过对获利能力的深入分析或因素分析，还可以发现经营管理中存在的不足，进而采取措施有针对性地解决问题，提高企业未来的盈利水平。

对政府部门而言，盈利能力的分析有助于他们评价企业并更好地发挥管理职能。政府部门通过考察分析企业的获利能力，能够对企业的经营管理水平及其对社会的贡献能力做出客观评价。企业获利能力越强，就意味着实现利润越多，对政府税收的贡献越大，政府就能有更多的财政资金用于基础设施建设、科技教育、环境保护以及其他各项公益事业，更好地行使社会管理职能，为国民经济和社会发展提供充足的保障。

对企业职工而言，分析企业获利能力是对其权益保障程度的考量。企业的获利能力直接关系到企业员工的切身利益。现代企业的竞争更多的是一种人才的竞争。企业的盈利状况越好，对人才的吸引力就越强。盈利能力强、发展前景好的企业能为员工提供较稳定的就业岗位、较多的深造和发展机会、较丰富的薪金及物质待遇，为员工工作、生活、健康等各方面创造良好的条件，同时能够为员工的发展提供更好的平台，有助于员工自身的发展。

2）盈利能力分析的内容

盈利能力分析是企业财务分析的重要内容。从上述分析中可以看出，企业盈利能力的分析有助于企业的投资者做出正确的投资决策，有助于企业的债权人做出正确的信贷决策，有助于经营管理者发现企业经营管理中存在的问题等。盈利能力分析还有利于企业及时调整财务结构，提高企业营运及偿债能力，促进企业持续稳定发展。盈利能力分析主要包括以下内容。

（1）销售盈利能力分析指标，包括营业毛利率、营业利润率、营业净利率、成本费用利润率等指标。企业的利润主要来源于销售商品，通过销售盈利能力指标的分析，有助于了解企业市场占有率，增强产品的市场竞争能力。

（2）资本与资产经营盈利能力分析指标，包括净资产收益率、总资产报酬率、总资产净利率等指标。通过对资本与资产经营盈利能力的指标分析，有利于了解企业资本与资产的利用效率，分析其因素变化对利润的影响程度。

（3）上市公司盈利能力分析特殊指标，包括每股收益、每股股利、股利支付率、市盈率、每股净资产等指标。通过对上市公司的盈利能力指标进行分析，有利于了解上市公司的盈利水平，预测企业未来的经营成果和财务发展状况。

3. 影响企业盈利能力的因素

影响企业盈利能力的因素很多，比如宏观经济发展水平、企业产品市场竞争能力、企业的产供销管理能力、企业的财务控制能力、企业的风险处置能力等因素都可能对企业盈利能力产生影响。主要表现在以下几方面。

（1）资产的运转效率。资产运转效率不仅影响着企业的营运能力，还影响着企业的盈利能力。一般情况下，资产的运转效率越高，企业的营运能力越强，企业的盈利能力也会越强。所以说企业的资产运转效率与企业的盈利能力有着非常紧密的联系，对企业的盈利能力有着非常重要的影响。

（2）营销能力。营业收入尤其是主营业务收入是企业利润最重要的源泉，是企业发展的基础。企业的营销能力是扩大经营规模、增加营业收入的保证。科学有效的营销策略有助于形成良好的营业状况，为企业盈利提供最基本的条件。

（3）企业的利润结构。企业的利润由营业利润、投资收益和营业外收入构成。正常情况下营业利润应该占利润的大部分。有些企业虽然利润很大，但是仔细分析后会发现主要是营业外收入支撑着企业的利润，这种靠非经常性收益构成的利润是不可靠的。因此，企业的利润结构对企业长期的盈利能力有非常重要的影响。

（4）国家的税收政策。国家的税收政策是国家进行宏观调控的手段，能有效地分配社会资源，调整产业结构。税收政策对企业的发展有很重要的影响，符合国家税收政策的企业能享受国家一系列的税收优惠，可以提高企业的盈利能力；不符合国家税收政策的企业则不享受税收优惠，这不利于企业盈利能力的提高。

（5）企业的成本费用控制能力。成本是企业利润的递减项，降低企业成本费用能够提高企业的盈利。企业的成本费用取决于技术水平、产品设计、规模经济和企业对成本费用的管理能力。企业通过强化成本和费用管理，节能降耗，也可以很好地实现利润的增长。

（6）企业的资产和资产结构。企业资产的利用效率不高，资产结构不合理，出现资产闲置、固定资产和流动资产比例失衡等情况，都会影响企业的经营效率，从而降低企业的获利水平。

（7）企业的财务杠杆水平。当企业权益资金报酬率高于企业借款利息率时，企业通过适度举债可以充分利用财务杠杆效应，提高企业获利能力的水平；相反，当投资报酬率低于债务利息率时，企业则会选择降低负债筹资比例，保证企业的获利水平。

（8）企业的营运资本。企业的营运资本增加，可以增强企业的经营能力，但过高的营运资本持有量，将会降低资金的利用效率，影响企业的盈利能力。

4. 盈利能力指标分析与评价

1）销售盈利能力分析

销售盈利能力指标主要分为收入类指标和成本类指标，具体包括营业毛利率、营业利润率、营业净利率、成本费用利润率、营业成本利润率等。

Ⅰ. 营业毛利率

营业毛利率又名销售毛利率。营业毛利是指企业营业毛利与营业收入的比例关系。营业毛利是营业收入扣除营业成本之后的差额，在一定程度上反映企业销售环节获利的效率高低。营业毛利率的计算公式为

$$营业毛利率 = \frac{营业毛利}{营业收入} \times 100\%$$

$$营业毛利 = 营业收入 - 营业成本$$

毛利是企业获得利润的起点，影响毛利变动的因素比较多，可以选取销售数量、销售单价、产品成本等主要因素对毛利变动进行因素分析，进而对各个因素进行定性分析并明确各部门的责任归属。

营业毛利率是反映公司利润获取能力的核心指标之一，能够直接反映公司竞争能力的强弱，具有比较明显的行业特征。通常营业毛利率指标越高，说明在销售收入中销售成本所占的比重越小，企业的销售盈利能力越强，其产品在市场上的竞争能力也越强。一般而言，销售毛利率超过 60%的企业具有极强的竞争优势；销售毛利率为 40%~60%的企业具有较强的竞争优势；销售毛利率为 20%~40%的企业，处于高度竞争的行业；销售毛利率为 20%以下的企业，处于过度竞争的行业，这类企业较难以为投资者带来理想的回报。营业毛利是企业销售净利润的基础，没有足够大的毛利率便不可能盈利。

营业毛利率指标具有明显的行业特点。一般来说，营业周期短、固定费用低的行业的毛利率水平比较低；营业周期长、固定费用高的行业，则要求有较高的毛利率，以弥补其巨大的固定成本。

Ⅱ. 营业利润率

营业利润率是企业在一定期内营业利润与营业收入的比率，反映在不考虑所得税政策和偶然因素影响的情况下，企业经营活动为股东创造收益的能力。营业利润率反映了企业每单位营业收入能带来多少营业利润，表明了企业经营业务的销售盈利能力。营业利润率是衡量企业创利能力高低的一个重要财务指标，通常情况下，该指标越高，表明企业营业创利能力越强，未来收益的发展前景越可观。营业利润率的计算公式为

$$营业利润率 = \frac{营业利润}{营业收入} \times 100\%$$

一般情况下，销售利润率的高低可反映企业成本费用控制的好坏，该比率越高，表明企业的营业活动为社会创造的价值越多，成本控制越好。但是，应该辩证看待成本费用对销售利润率的影响。企业的成本费用增加，一种可能是成本费用管理出现了问题，另一种可能是企业在进行某种经营战略或策略的改变，比如企业的研发费用增加，意味着产品的未来竞争力提高，某一期研发力度加大导致费用增长、销售利润率下降，在未来则可能带来营业收入的高增长；而企业广告费用的增加，同样可能意味着企业未来营业收入的增长。因此，分析的时候不能简单地对销售利润率的提高或降低下结论，需要全面考虑企业业务、战略的变化。同时，营业利润率的水平与行业有关，因此在分析时应参照同行业的平均水平或先进水平进行评价。

Ⅲ. 营业净利率

营业净利率（销售净利率），是指企业净利润与营业收入的比率，通常用以衡量企业在一定时期内销售收入获取利润的能力。营业净利率指标越高，说明企业销售的盈利能力越强。但也并非营业净利率越高越好，因为除此之外还必须看企业的销售增长情况和净利润的变动情况。营业净利率的计算公式为

$$营业净利率=\frac{净利润}{营业收入}\times 100\%$$

在分析营业净利率时,由于影响企业净利润的因素有多种,所以不能简单地通过这一比率来说明企业管理水平的高低。另外,营业净利率指标的高低还需要结合行业的特点,不同行业的企业间的营业净利率大不相同。在使用该指标进行分析时,要考虑企业在扩大营业收入的同时还要获得更多的净利润,才能使这一指标保持不变或者提高。该比率分子净利润中包含偶然或者不可持续损益,应该在分析时特别关注。

根据PXH公司利润表,可以得到该公司的营业毛利率、营业利润率、营业净利率的指标,如表3-15所示。

表3-15 PXH公司的营业毛利率、营业利润率、营业净利率计算

项目	2020年	2021年
营业收入/万元	130 054.7	127 783.5
营业成本/万元	108 725.3	106 924.3
营业利润/万元	4 241.76	2 312.29
营业毛利/万元	21 329.4	20 814.2
净利润/万元	3 556.19	2 118.86
营业毛利率/%	16.40	16.29
营业利润率/%	3.26	1.81
营业净利率/%	2.73	1.66

Ⅳ.成本费用利润率

成本费用利润率是企业在一定期间内的利润总额与成本费用总额的比率。成本费用利润率指标表明每付出1元成本费用可获得多少利润,体现了经营耗费所带来的经营成果。该项指标越高,企业获取利润的能力就越强,企业的经济效益就越好。成本费用利润率的计算公式为

$$成本费用利润率=\frac{利润总额}{成本费用总额}\times 100\%$$

成本费用总额一般指营业成本、税金及附加和3项期间费用(管理费用、财务费用、销售费用)。从成本费用利润率计算公式可以看出,其分母直接是企业本期内所有耗费的汇总,只要降低分母的数值,企业的成本费用利润率就能提高。也就是说,只要企业实施增收节支,增产节能,提高效率,其盈利能力就能提高。这一指标也能直接用于考核企业是否有效地扩大销售和节约费用开支。

Ⅴ.营业成本利润率

营业成本利润率是企业营业利润与营业成本之间的比率,反映企业经营业务中,每单位成本的耗费获得的回报。营业成本利润率的计算公式为

$$营业成本利润率=\frac{营业利润}{营业成本}\times 100\%$$

2）资本与资产经营盈利能力分析

反映企业资本经营盈利能力的主要指标是净资产收益率；反映企业资产经营盈利能力的主要指标是总资产报酬率。

Ⅰ. 净资产收益率（ROE）

净资产收益率又称股东权益报酬率、权益报酬率、权益净利率、净资产报酬率，是从所有者的角度来衡量企业盈利能力高低的指标，也是最被投资者关注的指标分析内容。投资者投资企业的最终目的是获取利润，通过对净资产收益率的计算，可以判断企业的投资效益，了解企业潜在的投资者的投资倾向，进而预测企业的筹资规模、筹资方式及发展方向。

净资产收益率是指企业在一定时期内的净利润与平均净资产的比率。该指标表明企业所有者权益所获报酬的水平，是反映投资者资本获利能力的指标。净资产收益率的计算公式为

$$\text{净资产收益率} = \frac{\text{净利润}}{\text{所有者权益平均余额}} \times 100\%$$

该比率越高，说明企业运用资本创造利润的效果越好；反之，则说明资本的利用效果较差。在分析时，可以结合指标的趋势分析以及行业对比分析。

知识链接 12：净资产收益率的因素分析模型

$$\text{净资产收益率} = \text{销售净利率} \times \text{总资产周转率} \times \text{权益乘数}$$

$$= \frac{\text{净利润}}{\text{销售收入}} \times \frac{\text{销售收入}}{\text{总资产}} \times \frac{\text{总资产}}{\text{净资产}}$$

Ⅱ. 总资产报酬率（ROA）

总资产报酬率主要用来衡量企业利用总资产获得利润的能力，反映了企业总资产的利用效率。总资产报酬率是指企业在一定时期内息税前利润与平均总资产的比率。总资产报酬率的计算公式为

$$\text{总资产报酬率} = \frac{\text{息税前利润}}{\text{平均总资产}} \times 100\%$$

总资产报酬率反映了企业资金的利用效果，表明每投资 1 元资产，企业能获得多少息税前利润。总资产报酬率可以分析企业盈利的稳定性和持久性，确定企业所面临的风险，还可反映企业综合经营管理水平的高低。该指标越大，说明企业投资回报能力越强，资产的投资回报越好。息税前利润和资产的平均占用额是影响总资产报酬率的两个重要财务指标。企业的息税前利润越多，企业获利能力越强，资产的回报率越高；资产平均占用额越多，总资产报酬率越低。在分析资产占用额对总资产报酬率的影响时，不能只关注资产的平均占用情况，还应对总资产的周转情况进行分析，评价资产的利用效率。同时结合项目分析的内容，研究资产的内部构成情况。在分析总资产报酬率时，可以与同行业平均水平或先进水平进行横向比较，与企业前期的水平进行纵向对比分析，这样才能更加准确地判断企业总资产报酬率的变动对企业的影响，有利于提高分析结论的准确性，从而了解企业总资产的利用效率，发现企业在经营管理中存在的问题，提高总资产的投资回报率。

总资产报酬率是总资产周转率与息税前利润率的乘积。其中总资产周转率是反映企业资产总额周转情况的指标，可用于说明企业资产的运用效率，是企业资产经营效果的直接体

现。息税前利润率是反映企业销售盈利能力的指标,该指标越高,说明企业产品盈利能力越强,销售带来的利润越高。因此,企业资产盈利能力受商品经营盈利能力和资产运营效率两方面的影响。

3)上市公司盈利能力分析与评价

由于上市公司的特殊性,上市公司盈利能力的分析不仅包括销售盈利能力分析、资本盈利能力分析和资产盈利能力分析,还应该关注其股本的盈利能力分析。上市公司盈利能力分析的主要指标有每股收益、每股股利、股利支付率、每股净资产、市盈率等。

Ⅰ.每股收益

每股收益也称每股盈余或每股利润,是指净利润扣除优先股股息后的余额与发行在外普通股股数的比值,表现为普通股股东每持有1股所能享有的企业利润或需承担的企业亏损。每股收益通常被用于反映企业的经营成果,衡量普通股的获利水平及投资风险,是投资者等信息使用者据以评价企业盈利能力,预测企业成长潜力,进而做出相关经济决策的重要的财务指标之一。它也是衡量上市公司盈利能力的重要财务指标,对于公司股票市价、股利支付能力等均有重要影响,因而是股票投资人最为关心的指标之一。将历年每股收益进行比较,观察其变化趋势,对于投资决策很有帮助。

每股收益的计算公式为

$$每股收益=\frac{净利润-优先股股利}{发行在外的普通股股数}$$

如果年度内股票综述发生变动,发行在外的普通股股数应采用加权平均发行在外的股数。

$$加权平均发行在外的股数=\sum(流通在外的股数\times流通在外的月数/12)$$

每股收益是股份公司发行在外的普通股每股所取得的利润,可以反映公司盈利能力的强弱。该指标值越高,表明每股股票所获得的利润就越多,股东的投资效率就越好,其盈利能力越强;反之,则越差。对投资者而言,每股收益的高低比公司财务状况的好坏或其他收益率指标更重要,也更为直观。但是在使用每股收益分析公司盈利能力时,要注意以下问题。

(1)每股收益是评价上市公司盈利能力的核心指标,该指标具有引导投资、强化市场评价功能和简化财务指标体系的作用。每股收益指标数值越高,说明企业的盈利能力越强,股东的投资回报越好,每一股份所获得的利润越大;相反,每股收益越小,企业的获利能力越弱。企业每股收益与企业每股股利无直接关系,并不是每股收益越大,必定每股股利越大。

(2)每股收益是企业净利润与发行在外的普通股的加权平均数之比。在计算普通股每股收益时分子上是属于普通股股东的净利润,因此应当从企业的净利润中扣除优先股股利。发行在外的普通股的加权平均股数与企业增发、回购等政策相关,因此在计算时要注意这些情况对股数的影响。

(3)在对企业的每股收益进行分析时可以运用横向和纵向比较的方法。通过将被分析对象连续若干年的每股收益变动状况及其趋势进行纵向对比分析,掌握被分析对象投资报酬在较长时期中的变动规律。每股收益的同行业比较分析,可以帮助分析者进一步了解公司该指标值在同行业中所处的地位,从而在市场平均状况下对其做出更客观的判断。

（4）每股收益是确定公司股票价格的主要参考指标。一般来说，在其他因素不变的情况下，每股收益越高，该公司股票的市价上升空间越大。

知识链接 13：稀释每股收益

稀释每股收益是新会计准则所引入的一个全新概念，用来评价“潜在普通股”对每股收益的影响，以避免该指标虚增可能带来的信息误导。稀释每股收益是在基本每股收益的基础上，假设企业所有发行在外的具有稀释性潜在普通股均已转换为普通股，从而分别调整归属于普通股股东的当期净利润以及发行在外的普通股的加权平均数计算而得的每股收益。

稀释每股收益是以基本每股收益为基础，假设企业所有发行在外的稀释性潜在普通股均已转换为普通股，从而分别调整归属于普通股股东的当期净利润以及发行在外普通股的加权平均数计算而得的每股收益。对普通投资者来说，稀释每股收益是个新名词。上市公司存在稀释性潜在普通股的，应当分别调整归属于普通股股东的报告期净利润和发行在外的普通股加权平均数，并据以计算稀释每股收益。“稀释性潜在普通股”，是指假设当期转换为普通股会减少每股收益的潜在普通股。

在计算基本每股收益时，上市公司只需要考虑当期实际发行在外的普通股股份以及相应的时间权数，按照“归属于普通股股东的当期净利润”除以“当期实际发行在外的普通股的加权平均数”计算确定即可。

当上市公司发行可转换公司债券以融资时，由于转股选择权的存在，这些可转换债券的利率低于正常条件下普通债券的利率，从而降低了上市公司的融资成本，在经营业绩和其他条件不变的情况下，相对提高了基本每股收益的金额。因此，考虑可转换公司债券的影响以计算和列报“稀释每股收益”，可以提供一个更具可比性、更有用的财务指标。

（1）认股权证。认股权证是一种约定该证券的持有人可以在规定的某段期间内，有权利（而非义务）按约定价格向发行人购买标的股票的权利凭证。

按照发行主体，认股权证分为股本认股权证和备兑权证两种。股本认股权证属于狭义的认股权证，是由上市公司发行的。备兑权证则属于广义的认股权证，是由上市公司以外的第三方（一般为证券公司、银行等）发行的，不增加股份公司的股本。

广义上，认股权证通常是指由发行人所发行的附有特定条件的一种有价证券。从法律角度分析，认股权证本质上为一种权利契约，投资人于支付权利金购得权证后，有权于某一特定期间或到期日，按约定的价格（行使价），认购或沽出一定数量的标的资产（如股票、股指、黄金、外汇或商品等）。权证的交易实属一种期权的买卖。与所有期权一样，权证持有人在支付权利金后获得的是一种权利，而非义务，行使与否由权证持有人自主决定；而权证的发行人在权证持有人按规定提出履约要求之时，负有提供履约的义务，不得拒绝。简言之，权证是一项权利：投资人可于约定的期间或到期日，以约定的价格（而不论该标的资产市价如何）认购或沽出权证的标的资产。

（2）可转换公司债券。可转换债券是债券持有人可按照发行时约定的价格将债券转换成公司的普通股票的债券。如果债券持有人不想转换，则可以继续持有债券，直到偿还期满时收取本金和利息，或者在流通市场出售变现。如果持有人看好发债公司股票增值潜力，在宽限期之后可以行使转换权，按照预定转换价格将债券转换成为股票，发债公司不得拒绝。该债券利率一般低于普通公司的债券利率，企业发行可转换债券可以降低筹资成本。可转换债券持有人还享有在一定条件下将债券回售给发行人的权利,发行人在一定条件下拥有强制赎回债券的权利。

Ⅱ.每股股利

每股股利是指获得现金股利的多少,是普通股现金股利总额与发行在外的普通股股数的比值。其计算公式为

$$每股股利=\frac{现金股利总额}{发行在外的普通股股数}$$

公式中的现金股利总额是指用于分配普通股的现金股利总额。该公式表明在某一时期内每股普通股能够获得的股利收益。该指标的数值越高,不仅能够体现公司具有较强的获利能力,而且能够体现公司的股利政策是否合理和现金是否充足。每股股利的高低取决于上市公司盈利能力的强弱,同时,股利分配策和现金是否合理、充足,也决定了每股股利的高低。倾向于分配现金股利的投资者,应注意比较分析公司历年的每股股利,从而了解公司的股利政策。一般认为,每股股利如能逐年持续稳定地增长,就能提高该股票的质量。

Ⅲ.股利支付率

股利支付率也称股利发放率,是指普通股每股股利与普通股每股收益的比率,用于衡量普通股的每股收益中有多少比例用于支付股利。股利支付率没有一个固定标准,公司可以根据自己的股利政策及股东大会决议支付股利。其计算公式为

$$股利支付率=\frac{每股股利}{每股收益}\times 100\%$$

该指标反映了普通股股东从每股收益中实际分到了多少收益,即上市公司在当年的净利润中拿出多少利润分配给股东。它比每股收益更能直接体现股东的收益。该比率越大,说明公司当期对股东发放的股利越多。股利支付率主要取决于公司的股利分配政策,其大小并不能表明企业的经济效益。当然,企业的经营政策在很大程度上也影响着股利的分配政策。

股利支付率和企业的发展阶段、投资机会以及企业的股东结构有很大的关系。如果企业处于发展阶段,投资机会很多,那么企业的股利发放率可能会较低;如果企业处于成熟期,投资机会较少,那么企业的股利发放率可能会比较高。如果企业的股东对现金股利要求比较高,那么企业的股利发放率可能会相对较高,反之则会比较低。因此,在利用该指标时需要结合企业的其他相关资料进行分析。

Ⅳ.每股净资产

每股净资产也称每股账面价值,是股东权益与发行在外的普通股股数的比值。其计算公式为

$$每股净资产=\frac{股东权益}{外行在外的普通股股数}$$

每股净资产指标表明发行在外的每股股票所代表的净资产的账面比值。一般来说,每股净资产比值越高,说明企业每股拥有的净资产越多,企业的发展潜力越大,企业的盈利能力越强。它在理论上提供了股票的最低价值,可以用来估计其上市股票或拟上市股票的合理市价,判断投资价值及投资风险的大小。利用该指标进行纵向和横向的对比及结构分析

等,可以衡量公司的发展进度、发展潜力,间接地了解企业盈利能力的大小。也就是说,在公司性质相同、股票市价相近的条件下,某公司股票每股净资产越高,则该公司发展潜力与股票的投资价值越大,投资者所承受的风险越小。

Ⅴ.市盈率

市盈率又称价格盈余比率或收益比率,是指在一个考察期(通常为12个月的时间)内,普通股每股市价与每股收益的比值。其计算公式为

$$市盈率=\frac{每股市价}{每股收益}$$

市盈率指标是衡量上市公司盈利能力的重要指标之一。它反映了投资者对每1元净利润所愿支付的价格,可以用来估计股票的投资报酬与风险。较高的市盈率说明上市公司具有潜在的成长能力。一般来说,市盈率越高,说明公众对该公司的股票评价越高,但投资风险也会加大。分析市盈率时,应结合其他相关指标,因为某些异常的原因也会引起股票市价的变动,造成市盈率的不正常变动。另外,该指标不应用于不同行业公司间的比较。在分析该指标时应注意以下几点。

(1)市盈率是投资者衡量股票潜力、借以投资入市的重要指标。它反映投资人对每股收益所愿意支付的价格,是市场对公司的共同期望指标,市盈率越高,表明市场对公司越看好。

(2)市盈率可以用来估计股票的投资风险。在市价确定的情况下,每股收益越高,市盈率越低,投资风险越小。在每股收益确定的情况下,市价越高,市盈率越高,投资风险越大。

(3)市盈率指标不适合不同行业之间的比较。因此,在对市盈率指标进行分析时,要注意行业因素对该指标的影响。一般新兴行业该指标普遍较高,成熟企业该指标普遍较低,但这并不说明后者的股票就没有投资价值。市盈率指标的分析要结合当前市场平均市盈率进行分析,并非市盈率越高越好或越低越好。

(4)市盈率指标将市场价值与财务数据相结合,受股票市场价格的影响较大。股票市场价格受到企业的经营成果、市场前景、宏观经济政策、行业发展前景以及人为因素的影响。因此,在运用市盈率指标进行分析时,要注重观察市盈率的长期变动趋势,关注影响该指标的其他有关信息,这样才能正确地运用市盈率指标进行股票价值的判断。

(5)市盈率的分子是归属于普通股股东的净利润。企业净利润的计算受可选择的会计政策的影响,从而影响市盈率指标在不同企业之间的比较,因此在进行企业之间比较时要关注会计政策选择的一致性。当企业净利润较低或者亏损时,市盈率指标就不具有分析意义了。

(6)上市公司的规模的大小也会影响股票的市盈率。如公司的股本扩张以后,在公司盈利不变的情况下,会使每股收益下降,股票市盈率就会相应提高。

(7)当运用市盈率指标指导投资者进行投资决策时,必须以健全金融市场的假设为前提。在健全金融市场上,吸引投资者的应该是公司未来盈利的前景,而非市盈率指标的高低。同时,计算市盈率指标时要注意分子、分母数据在比较口径上的一致性。指标计算中的时间性差异也会影响投资者的投资分析。

知识链接14:市净率

市净率也称股价净值比率,是普通股每股市价与每股净资产的比率。其计算公式为

$$市净率=\frac{每股市价}{每股净资产}$$

市净率表明市场对公司权益资产质量的评价,反映公司资产的现时价值,是证券市场交易的结果,可以用于对股票的投资分析。通常公司市净率小于1,表明该企业权益资产质量差,企业发展前景不好;相反,市净率大于1,说明公司权益资产市价高于账面价值,企业资产质量高,企业具有较好的发展前景。市净率越大,投资者对该企业越看好,通常,市净率达到3,可以认为该公司树立了较好的公司形象。另外,市净率小于1,也可能表明公司股价被低估。投资者以低于净资产账面价值进行股票的折价交易,如公司未来的发展转好,可能会给投资者带来较大的获利机会。

市净率指标与市盈率指标不同,二者分析时考虑角度有差异。市盈率指标主要是从股票的盈利性角度进行考虑,而市净率则主要从股票的权益资产价值角度进行考虑。但二者有共同支出,它们都不是简单的越高越好或越低越好的指标,都代表着投资者对某股票或某企业未来发展潜力的判断。市净率与市盈率指标一样,市净率指标也必须在完善、健全的资本市场上,才能据以对企业做出正确、合理的分析和评价。结合不同的市净率和市盈率特征,有专家认为市场对企业未来盈利增长和投资回报会有不同的预期,对上市公司的评价还经常运用市净率指标。

知识链接15:经营杠杆与盈利能力

经营杠杆(operating leverage),指在企业生产经营中由于存在固定成本而使利润变动率大于产销量变动率的规律。根据成本性态,在一定产销量范围内,产销量的增加一般不会影响固定成本总额,但会使单位产品固定成本降低,从而提高单位产品利润,并使利润增长率大于产销量增长率;反之,产销量减少,会使单位产品固定成本升高,从而降低单位产品利润,并使利润下降率大于产销量的下降率。

$$经营杠杆系数=息税前利润变化率/产销量变化率$$

$$经营杠杆系数=\frac{基期边际贡献}{基期边际贡献-基期固定费用}$$

一般情况下,可以通过增加销售额、降低产品单位变动成本、降低固定成本比重等措施使经营杠杆系数下降,降低经营风险。

案例分析

H公司有关数据如表3-16所示,请根据表中所给数据将表格补充完整。

表3-16 H公司有关数据

项目	2020年	2021年
归属于普通股的净利润/元	26 850 000	30 857 000
普通股股利/元	13 650 000	16 500 000
普通股平均数/股	25 000 000	25 000 000
每股市价/元	6	8

续表

项目	2020 年	2021 年
每股收益/元		
每股股利/元	1.2	1.5
股利支付率/%		
市盈率/%		

4）上市公司股利政策分析

Ⅰ. 股利政策的概念

股利政策是指公司股东大会或董事会对一切与股利有关的事项所采取的较具原则性的做法，是关于公司是否发放股利、发放多少股利及何时发放股利等方面的方针和策略，所涉及的主要是公司如何进行剩余收益分析的问题。股利政策是企业的核心财务问题之一，受到各方投资者的密切关注。企业股利政策既关系到公司股东和债权人的利益，又关系到公司的未来发展。支付较高的股利，一方面可使股东获得可观的投资收益，另一方面可能会引起公司股票市价上升。但是过高的股利，将使公司留存利润减少，影响公司未来发展。当支付股利较高时，企业为了满足资金需求，需要通过举债、增发新股而增加资本成本，最终影响公司未来收益。而较低的股利，虽然使公司有较多的发展资金，但与公司股东的愿望相违背，会使股票价格下降，公司形象受损。因此，如何制定股利政策，使股利的发放与公司的未来持续发展相适应，并使公司股票价格稳中有升，这是公司管理层制定股利政策的终极目标。

Ⅱ. 影响股利政策的因素

Ⅰ）法律法规限制

我国的法律法规对公司股利政策的影响有如下几种情况。

（1）《个人所得税法》的规定。按照《个人所得税法》和国家税务总局《征收个人所得税若干问题的规定》，个人拥有的股权取得的股息、红利和股票股利应征收 20%的个人所得税。

（2）《关于规范上市公司行为若干问题的通知》的规定。①上市公司确须进行中期分红派息的，其分配方案必须在中期财务报告经过具有从事证券业务资格的会计师事务所审计后制定；公布中期分配方案的日期不得先于上市公司中期报告的公布日期；中期分配方案经股东大会批准后，公司董事会应当在股东大会召开两个月内完成股利（或股份）的派发事项。②制定公平的分配方案，不得向一部分股东派发现金红利，而向其他股东派发股票红利。③上市公司制定配股方案同时制定分红送股方案的，不得以配股作为分红送股的先决条件。④上市公司的送股方案必须将以利润派送红股和以公积金转为股本予以明确区分，并在股东大会上分别作出决议，分项披露，不得将二者均表述为送红股。

Ⅱ）国家宏观经济环境

国家经济的发展具有周期性特点，所处的发展周期不同，企业股利政策制定也会因此产生差异。对此，我国上市公司在制定股利政策时，要考虑宏观经济环境对股利政策的影响。

国家所处的宏观经济环境,也会影响企业股利的形式,我国的股利形式就由前期的送股配股逐渐向现金股利转变。

Ⅲ)通货膨胀

受通货膨胀的影响,企业通过资产折旧留存的资金无法满足资产重置的需要。企业为了维持生产需要或者扩大再生产,就必须通过企业留存利润弥补。对此,企业在制定相关股利政策时就会增加利润留存,降低股利支付水平。

Ⅳ)企业的融资环境

宽松的融资环境,可以允许企业发放债务融资性的股利和权益融性的股利,即公司通过借新债或发新股来为股利融资。一般来说,企业规模越大,实力越雄厚,其在资本市场融资的能力就越强,财务灵活性也越大,当然其支付股利的能力也就越强,但对规模较小或者创立初期的企业不适用。

Ⅴ)市场的成熟程度

市场的成熟程度通常可划分为4种形式,无效市场、弱式有效市场、半强式有效市场和强式有效市场。市场越有效,其成熟度也就越高。实证研究结果显示,在比较成熟的资本市场(半强式有效市场)中,现金股利是最重要的一种股利形式,股票股利则呈下降趋势。我国尚处于新兴的资本市场,与成熟的市场相比,股票股利仍属一种重要的股利形式。

Ⅵ)企业所在的行业

股利政策具有明显的行业特征。通常,成熟产业的股利支付率高于新兴产业,公用事业公司的股利支付率高于其他行业的公司。行业投资机会的多少,对企业的股利政策也会产生影响。

Ⅶ.企业资产的流动性

资产的流动性是指企业资产变现的难易程度。企业的现金流量越充足,资产整体的流动性越好,企业支付现金股利的能力就越强。处于成长期的、盈利性较好的企业,其大部分资金都将投资于固定资产和永久性营运资金上,所以这类企业的现金股利的支付率较低。

Ⅷ)企业的生命周期

我们通常把企业的生命周期划分为初创阶段、成长阶段、发展阶段和成熟阶段。在不同的阶段,企业的股利政策会受到不同的影响。在初创阶段,企业一般不考虑股利的发放;在成长阶段,企业急需资金投入,一般来讲,股利支付率相对较低;在发展阶段,公司开始能以较高的股利支付率把收益转移给股东;到成熟阶段,由于投入产出相对稳定,股利支付率和股票收益率都将几乎保持不变。

Ⅸ)企业的投资机会

股利政策在很大程度上受投资机会的影响。如果企业有较好的投资机会,往往采用低股利、高留存利润的政策;如果未来企业预测投资机会较少,就可能采用高股利政策。当企业采用低股利政策时,公司管理层需要向股东充分披露留存利润的投资去处,以取得股东的信任和支持。

Ⅲ.股利政策的选择

目前,除部分企业选择不分配股利的政策外,常见的股利政策有以下几种形式。

Ⅰ)剩余股利政策

剩余股利政策是指在保持目标资本结构不变的情况下,当企业面临好的投资机会时,根据目标资本结构测算投资所需的权益资本,先从当期企业盈余当中留存,再将剩余的利润进行分配。在剩余股利政策之下,企业优先考虑保持目标资本结构,然后再考虑股利分配问题。只要企业未来有较好的投资方案,企业就会从利润中留存投资保留资金。剩余股利政策比较适合于新成立的或处于高速成长期的企业。

假定PXH公司上一年税后利润为600万元,今年年初公司讨论决定股利分配的数额。预计今年需要增加投资资本800万元,公司的目标资本结构是权益资本占60%,债务资本占40%,今年继续保持。按法律规定,至少要提取10%的公积金。公司采用剩余股利政策,筹资的优先顺序是留存利润—借款—增发股份。公司当年应分配的股利计算如下。

$$留存收益=未来投资资本\times目标权益比重=800\times60\%=480(万元)$$

$$股利分配=600-480=120(万元)$$

采用剩余股利政策的根本原因在于保持理想的资本结构,使加权平均资本成本最低。

Ⅱ)固定股利政策

固定股利政策是指公司在一段时间内保持股利不变。固定股利政策与企业实际的盈利水平脱节。无论企业本期是否盈利,盈利多少,都需要分配股利。该股利政策的优点包括:第一,固定的股利向市场传递良好的公司信息,有利于树立良好的公司形象,增强投资者对公司的信心,稳定股票的市场价格;第二,稳定的股利收入,有利于投资者安排股利收入和支出。这种股利政策的缺点包括:第一,股利支付与盈余脱节,在企业盈利不佳的情况下,给企业带来巨大的财务压力;第二,不能像剩余股利政策那样保持较低的资本成本。一般而言,投资者更加倾向于投资支付固定股利的企业。固定股利政策也吸引了机构投资者进行投资。固定股利政策适用于大多数成熟的、盈利比较好的公司。

Ⅲ)固定股利支付率政策

固定股利支付率政策是公司确定一个股利占盈余的比率,长期按该比率支付股利的股利政策。该政策能使股利与公司盈余紧密配合,以体现多盈多分,少盈少分,无盈不分的原则。但是,在这种政策下,各年的股利变动较大。采用固定股利支付率政策,使得企业的股利支付极不稳定,容易造成企业的信用地位下降、股票价格下跌与股东信心动摇的局面。因此,国外采用固定股利支付率政策的公司较少。

Ⅳ)低正常股利加额外股利政策

低正常股利加额外股利政策是公司在正常经营的情况下每年只支付一个固定的、数额较低的股利,在盈余较多的年份,再根据实际情况向股东发放额外股利的政策。但低正常股利加额外股利并不固定化,不意味着公司永久地提高了规定的股利率。选择该政策的理由是:该政策具有较大灵活性,使一些依靠股利度日的股东每年至少可以得到虽然较低但比较稳定的股利收入,从而吸引住这部分股东。低正常股利加额外股利政策尤其适合于盈利经常波动的企业。

知识链接16:股票分红、股息与股利

股票分红是指投资者购买一家上市公司的股票,对该公司进行投资,同时享受公司分红的权利。一般来说,上市公司分红有两种形式:向股东派发现金股利和股票股利。上市公司根据情况选择其中一种形式进行分红,也可以两种形式同时使用。

股息即股票的利息,是指股份公司从提取了公积金、公益金的税后利润中,按照股息派发给股东的收益。股息的利率是相对固定的,特别是对优先股而言。

股利是股息和红利的简称。换言之,股利由股息和红利两部分构成。红利指股东依靠其所拥有的公司股份从公司分得利润,也是董事会正式宣布从公司净利中分 配给股东,作为每一个股东在公司投资的报酬。

公司股票分为普通股票和优先股票两大类。普通股票的股东得红利,优先股票的股东得股息。普通股票的红利率不是事先约定的,每个普通股股东在公司营业年度内能分得红利数量的多少完全取决于公司当年的盈利状况,是不固定的。而优先股票的股息率是按照事先确定的固定比例向股东分配的公司盈余,在一定的时间内是不变的。尽管股息和红利都是股东向公司投资所获得的资金报酬,它们都是股利的表现形式,但二者是两个不同的概念,即股息通常是对优先股而言的,而红利则是对普通股而言的。股利是股息和红利合并后的简化称呼。

Ⅳ.股利支付的方式

①现金股利。它是以现金支付的股利,是股利支付的主要方式。公司支付现金股利除了要有累计盈余(特殊情况下可用弥补亏损后的盈余公积金支付)外,还要有足够的现金,即公司在支付现金股利前需筹备充足的现金。

②财产股利。它是以现金以外的资产支付的股利,主要是以公司所拥有的其他企业的有价证券,如债券、股票,作为股利支付给股东。

③负债股利。它是公司以负债支付的股利,通常以公司的应付票据作为股利支付给股东,不得已情况下也有发行公司债券抵付股利的。财产股利和负债股利实际上是现金股利的替代。

④股票股利。它是公司以增发的股票作为股利的支付方式。

3.4.4 企业发展能力分析

1. 发展能力的内涵

发展能力是企业通过自身的生产经营活动,用内部形成的资金不断扩大积累而形成的发展潜能。企业未来的获利能力和资本实力是衡量及评价企业持续发展能力的依据。

2. 企业发展能力分析的目的与内容

1)企业发展能力分析的目的

通过对企业发展能力的分析,能够使经营者更好地了解企业的经济实力、经济能力和可持续发展的能力。

①通过发展能力分析,有利于了解企业的发展状况。企业要想生存和发展,就必须增加营业收入,营业收入不断增长才能使企业的盈利能力得到增强。对营业收入增减变化进行分析,将为企业开发新产品,提高市场占有率,促进企业的进一步发展奠定基础。

②通过发展能力分析,有利于了解企业资产规模和发展水平。企业资产规模的扩大离不开资产的增加,资产的增加是企业发展的物质保障,也是企业价值增长的基础,企业资产规模的扩大反映了企业发展水平的提高。

③通过发展能力分析,有利于了解企业可持续发展的能力。一方面,企业资产规模不断扩大,表明企业经济实力的提升,能增强投资者的投资信心,为企业进一步筹资提供保障;另一方面,留存收益的积累也为企业的进一步发展提供了条件。

2)发展能力分析的内容

企业发展能力分析分为企业营业发展能力分析和企业财务发展能力分析两个方面。

第一,企业营业发展能力分析。

企业经营的成果通过销售收入和资产规模的扩大体现出来。企业营业增长能力分析可分为对销售增长的分析和对资产规模扩大的分析。

第二,企业财务发展能力分析。

从财务角度看,企业发展的结果体现为利润、股利和净资产的增长。因此,企业财务发展能力分析可以分为对净资产规模扩大的分析、对企业利润增长的分析和对企业股利增长的分析三个方面。

3. 影响企业发展能力的因素

衡量企业发展能力的核心是企业价值增长率,而影响企业价值增长的因素主要有以下几个方面。

1)销售收入

企业发展能力的形成依托于企业不断增长的销售收入。销售收入是企业收入的来源之本,也是导致企业价值变化的根本动力。只有销售收入不断稳定地增长,才能体现企业的不断发展,才能为企业的不断发展提供充足的资金来源。

2)资产规模

企业的资产是取得收入的保障,在总资产收益率固定的情况下,资产规模与收入规模之间也存在着正比例关系。同时总资产的现有价值反映着企业清算时可获得的现金流入额。

3)净资产规模

在企业净资产收益率不变的情况下,净资产规模与收入规模之间也存在着正比例关系。只有净资产规模不断扩大,才能反映新的资本投入,表明企业所有者对企业的信心,同时对企业负债筹资提供保障,有利于满足企业的进一步发展对资金的需求。

4)资产使用效率

一个企业的资产使用效率越高,其利用有限资源获取收益的能力越强,就越能给企业价值带来较快的增长。

5)净收益

净收益反映企业在一定时期内的经营成果,是收入与费用之差。在收入一定的条件下,费用与净收益之间存在着反比例关系。只有不断地降低成本,才能增加净收益。企业的净收益是企业价值增长的源泉,企业所有者可将部分收益留存于企业用于扩大再生产,而且可观的净收益可以吸引更多新的投资者,有利于满足企业的进一步发展对资金的需求。

6)股利分配

企业所有者从企业获得的利益分为两个方面:一是资本利得;二是股利。一个企业可能有较强的盈利能力,但企业如果把所有利润都通过各种形式转化为消费,而不注意企业的资本积累,那么即使这个企业效益指标很高也不能说这个企业的发展能力很强。

4. 企业发展能力财务指标分析与评价

从财务状况角度看，我们通常关注企业销售的增长和企业资产规模的扩大。从本质上看，企业销售额的增长是企业发展的驱动力。因此，企业销售额的增长是企业生存和发展的保障，分析企业的发展能力首先要分析企业的销售额增长能力。同时，任何一家企业实现价值的增长必须拥有一定的资源。因此，分析企业营业发展能力，也要关注企业资产规模的扩大。反映企业销售增长情况的财务比率主要有销售（营业）增长率和3年销售（营业）平均增长率。

1）销售（营业）增长率

销售（营业）增长率是指企业本期销售（营业）收入增长额同前期销售（营业）收入的比率。销售（营业）增长率表示与去年相比企业销售（营业）收入的增减变动情况，是评价企业发展状况和发展能力的重要指标。其计算公式为

$$\text{销售(营业)增长率}=\frac{\text{本期销售(营业)收入增长额}}{\text{前期销售(营业)收入}}\times 100\%$$

PXH公司2021年营业收入为127 738.5万元，2020年营业收入为130 054.7万元，则其销售（营业）增长率为

$$\begin{aligned}\text{销售(营业)增长率}&=(\text{本期销售(营业)收入}-\text{前期销售(营业)收入})/\text{前期销售(营业)收入}\times 100\%\\&=(127\,738.5-130\,054.7)/130\,054.7\times 100\%=-1.78\%\end{aligned}$$

利用该指标进行企业发展能力分析，需要注意以下几点。

第一，销售（营业）增长率是衡量企业经营状况和市场占有能力、预测企业经营业务拓展趋势的重要指标。不断增加的销售收入，是企业生存的基础和发展条件。

第二，如果该指标大于0，则表示企业本年的销售收入有所增长，指标值越高，表明增长速度越快，企业市场前景越好；如果该指标小于0，则说明企业或是产品不适销对路、质次价高，或者是在售后服务等方面存在问题，产品销售不出去，市场份额萎缩。

第三，在实际运用时，应结合企业历年的销售水平、企业市场占有情况，行业未来发展及其他影响企业发展的潜在因素进行潜在性预测，或者结合企业前3年的销售收入增长率做出趋势性分析判断。同时，在分析过程中要确定比较的标准，在比较中可分别以其他相类似的企业、本企业历史水平及行业平均水平等作为比较标准。

第四，销售（营业）增长率作为相对量指标，也存在受增长基数影响的问题。如果增长基数，即上年销售收入额特别小，即使销售收入出现较小幅度的增长，也会出地较大数值，不利于企业之间进行比较。例如，某企业上年营业额为20万元，本年度营业额为100万元，则该企业的销售增长率为400%，但这并不能说明该企业一定具有很好的发展能力。因此，在分析过程中还需要使用销售收入增长额及3年销售收入平均增长率等指标进行综合判断。

2）3年销售（营业）平均增长率

为消除销售收入短期异常波动对该指标产生的影响，并反映企业较长时期为销售收入增长情况，可以计算多年的销售（营业）收入平均增长率。

3年销售（营业）平均增长率，表明的是企业销售（营业）收入连续3年的增长情况，体现企业的发展潜力。其计算公式为

$$3\text{年销售（营业）平均增长率}=\left(\sqrt[3]{\frac{\text{年末销售(营业)收入总额}}{\text{3年前年末销售(营业)收入总额}}}-1\right)\times 100\%$$

PXH 公司 2021 年营业收入为 127 738.5 万元，假定 2018 年营业收入为 108 200 万元，则其 3 年销售（营业）平均增长率为

$$3\text{年销售（营业）平均增长率}=\left(\sqrt[3]{\frac{\text{年末销售(营业)收入总额}}{\text{3年前年末销售(营业)收入总额}}}-1\right)\times 100\%$$

$$=\left(\sqrt[3]{\frac{1\,127\,738.5}{108\,200}}-1\right)\times 100\%$$

$$=5.69\%$$

3 年销售（营业）增长率指标能够反映企业的销售增长趋势和稳定程度，较好地体现企业的发展状况和发展能力，避免因少数年份销售收入不正常增长而对企业发展潜力做出错误判断。

3）总资产增长率

总资产增长率是指企业在一定时期内总资产增长额与期初资产总额的比率。企业销售额增加，一般会导致企业资产的增加，而企业资产的增加体现为企业的投资规模的扩大。对于一个健康成长的企业来说，其投资规模应该是呈不断扩大的趋势。如果企业处于成长期，通常存在许多良好的投资机会，此时企业会扩大投资规模；如果公司处于成熟期或衰退期，通常缺乏投资机会，此时企业一般不会考虑扩大投资规模。该指标根据资产规模来衡量企业的发展能力，表明企业规模扩大程度对企业发展的影响。其计算公式为

$$\text{总资产增长率}=\frac{\text{本期总资产增长额}}{\text{上期资产总额}}\times 100\%$$

PXH 公司 2021 年资产总额为 194 911 万元，2020 年资产总额为 194 570 万元，则其总资产增长率为

总资产增长率 =（本期资产总额 − 上期资产总额）/上期资产总额 × 100%

=（194 911 − 194 570）/194 570 × 100% = 0.175%

总资产增长率是用来考核企业资产规模扩大幅度的财务指标。如果总资产增长率大于 0，则说明企业本期资产规模扩大；如果等于 0，则说明企业资产规模没有发生变化。该指标越高，表明企业在一定经营周期内的资产规模的扩张速度越快。但在分析时，需要关注资产规模的质和量的关系，以及企业的后续发展能力，避免盲目扩张。如果企业能在一个较长时期内持续稳定地保持总资产的增长，则有助于企业增强竞争实力。

4）固定资产成新率

固定资产成新率是企业当期平均固定资产净值同平均固定资产原值的比率。该指标反映企业所拥有的固定资产的新旧程度，体现了企业固定资产更新速度的快慢和持续发展能力的强弱。其计算公式为

$$\text{固定资产成新率}=\frac{\text{平均固定资产净值}}{\text{平均固定资产原值}}\times 100\%$$

在运用该指标时要注意以下问题。

第一,运用该指标分析固定资产新旧程度时,应剔除企业应提未提折旧对房屋、机器设备等固定资产真实状况的影响。

第二,注意折旧方法的选择对固定资产成新率的影响。

第三,固定资产成新率受周期影响较大,一个处于发展期的企业与一个处于衰退期的企业的固定资产成新率会明显不同。虽然企业处于不同的阶段本身反映了企业具有不同的发展能力,可以说处于发展期的企业的发展能力要高于处于成熟期或衰退期的企业的发展能力,但在对企业做出评价时,仍需要考虑到企业所处周期阶段这一因素。

5)股东权益增长率

股东权益增长率是指企业本年所有者权益增长额同年初所有者权益的比率。该指标反映企业所有者权益在当年的变动水平,体现了企业资本的积累情况,是企业发展壮大的标志,也是企业扩大再生产的源泉,展示了企业的发展潜力,是评价企业发展潜力的重要指标。其计算公式为

$$\text{股东权益增长率}=\frac{\text{本年所有者权益增长额}}{\text{年初所有者权益}}\times 100\%$$

股东权益增长率反映了投资者投入企业资本的保全性和增长性。该指标越高,表示企业资本积累越多,企业资本保全性越强,应对风险、持续发展的能力越大。

PXH 公司 2021 年末所有者权益总额为 61 300 万元, 2020 年末所有者权益总额为 60 293 万元,则其股东权益增长率为

$$\text{股东权益增长率}=(61\ 300-60\ 293)/60\ 293\times 100\%=1.67\%$$

计算结果表明, PXH 公司净资产规模在不断扩大,公司股东权益方面具有较强的发展能力。

6)资本保值增值率

资本保值增值率是企业扣除客观因素后的本年末所有者权益总额与年初所有者权益总额的比率,反映企业当年资本在企业自身努力下的实际增减变动情况。其计算公式为

$$\text{资本保值增值率}=\frac{\text{扣除客观因素后的本年末所有者权益总额}}{\text{年初所有者权益总额}}\times 100\%$$

本年末所有者权益总额扣除的客观增减因素,具体包括国家资本金及其权益因客观因素增加额和减少额两大类。

其中,扣除的各种客观因素增加值有:第一,国家投资等增加国家资本金;第二,国家专项拨款及各项基金增加的国家资本公积;第三,按规定税收返还或专项减免增加的国家资本及资本公积;第四,按国家规定进行资产重估(评估)增加的国家资本公积;第五,住房周转金转入增加的国家资本公积;第六,接受捐赠增加的国家资本公积;第七,清产核资增加的国家资金及其权益;第八,其他因素。

扣除的各种客观因素减少值有:第一,经专项批准核减国家资本金及其权益:第二,按国家规定重估(评估)较少的国家资本公积;第三,无偿划出或分立减少的国家资本金及其权益;第四,清产核资核减的国家资本金资本公积; 第五,其他因素。

一般认为,资本保值增值率越高,表明企业的资本保全状况越好,所有者权益总额增长越快,债权人的债务越有保障。该指标通常应大于 100%。

如果不考虑客观因素的影响，则：

资本保值增值率 = 1 + 资本积累率

7）3 年股东权益平均增长率

3 年股东权益平均增长率表示企业资本连续 3 年的积累情况，体现企业发展水平和发展趋势。其计算公式为

$$3年股东权益平均增长率=\left(\sqrt[3]{\frac{年末所有者权益总额}{3年前年末所有者权益总额}}-1\right)\times 100\%$$

3 年股东权益平均增长率指标，能够反映企业资本保全增值的历史发展状况，以及企业稳步发展的趋势。一般来讲，该指标越高，表明企业所有者权益得到的保障程度越大，企业可以长期使用的资金越充裕，企业抗风险和保持连续发展的能力越强。

企业在对资本扩张情况进行分析时，应关注所有者项目的具体变化。通常情况下，实收资本的快速扩张主要来源于外部资金的加入，反映企业获得了新的资本，表明企业具备了进一步发展的基础，但并不表明企业过去具有很强的发展能力。如果资本的扩张主要来源于留存收益的增长，则说明企业通过自身经营活动不断在积累发展后备资金，既反映了企业在过去经营过程中的发展能力，也反映了企业进一步发展的后劲。

8）营业利润增长率

营业利润增长率是企业本年营业利润增长额与上年营业利润总额的比率，反映了企业利润的增减变动情况。其计算公式为

$$营业利润增长率=\frac{本年营业利润增长额}{上年营业利润总额}\times 100\%$$

利用营业利润增长率可以更好地考察企业利润的成长性。如果上期营业利润为负值，则计算公式的分母应取其绝对值。该公式反映的是企业营业利润的增长情况。如果营业利润增长率为正数，则说明企业本期营业利润增加，营业利润增长率越大，说明企业收益增长得越多；如果营业利润增长率为负数，则说明企业本期营业利润减少，收益降低。

PXH 公司 2021 年营业利润为 2 312.29 万元，2020 年营业利润为 4 241.76 万元，则其营业增长率为

$$\begin{aligned}营业利润增长率 &= 本年营业利润增长额/上年营业利润总额\times 100\% \\ &=(2\,312.29-4\,241.76)/4\,241.76\times 100\% = 45.49\%\end{aligned}$$

9）净利润增长率

净利润增长率是本期净利润增长额与上期净利润的比率。其计算公式为

$$净利润增长率=\frac{本期净利润增长额}{上期净利润}\times 100\%$$

该指标为正数，说明企业本期净利润增加。净利润增长率越大，说明企业收益增长得越多；反之，说明企业本期净利润减少，收益降低。

分析时应注意：如果企业的净利润主要来源于营业利润，则表明企业盈利能力强，具有良好的发展能力；如果企业的净利润不是主要来源于经营业务，而是来自营业外收入或其他项目，说明企业的持续发展能力并不强。

PXH 公司 2021 年净利润为 2 118.86 万元，2020 年营业利润为 3 556.19 万元，则其净利

润增长率为

$$净利润增长率=本期净利润增长额/上期净利润总额\times 100\%$$
$$=(2\,118.86-3\,556.19)/3\,556.19\times 100\%=-40.42\%$$

企业发展能力分析是企业财务报表分析的一个重要方面。在与财务报表中其他内容分析的关系上,企业发展能力的分析既是相对独立的一项内容,又与其他内容分析密切相关,在分析过程中要结合其他内容分析进行。同时,企业发展能力分析还应特别注意定量分析和定性分析相结合。

10)可持续增长率

可持续增长率是指在不增发新股或回购股票,不改变经营效率和财务政策的情况下,其下期销售所能达到的增长率。可持续增长的假设条件如下:

第一,公司营业净利率将维持当前水平,并且可以涵盖新增债务增加的利息;

第二,公司总资产周转率将维持当前水平;

第三,公司目前的资本结构是目标资本结构,并且打算继续维持下去;

第四,公司目前的利润留存率是目标利润留存率,并且打算继续维持下去;

第五,不愿意或者不打算增发新股。

在上述假设条件成立的情况下,销售增长率是可持续增长率。可持续增长率的计算公式为

$$可持续增长率=股东权益增长率=股东权益的增加数/期初股东权益$$

3.5 项目实施

3.5.1 项目任务一:企业偿债能力分析

1. 短期偿债能力分析

案例分析1

案例资料

A公司2021年资产负债表如表3-17所示。

表3-17 A公司2021年资产负债表

单位:万元

资产	年末余额	年初余额	负债及股东权益	年末余额	年初余额
流动资产:			流动负债:		
货币资金	54	35	短期借款	350	310
交易性金融资产	10	15	交易性金融负债	88	80
应收票据	24	21	应付票据	85	105
应收账款	467	386	应付账款	200	249
预付账款	32	14	预收账款	80	85
应收利息	0	0	应付职工薪酬	30	25

续表

资产	年末余额	年初余额	负债及股东权益	年末余额	年初余额
应收股利	0	0	应交税费	20	16
其他应收款	42	32	应付利息	32	30
存货	368	224	应付股利	0	0
一年内到期的非流动资产	97	23	其他应付款	120	98
其他流动资产	19	0	预计负债	8	4
流动资产合计	1 113	750	一年内到期的非流动负债	0	0
非流动资产：			其他流动负债	20	18
可供出售金融资产	0	45	流动负债合计	1 033	1 020
持有至到期投资	0	0	非流动负债：		
长期应收款	0	0	长期借款	1 450	645
长期股权投资	60	50	应付债券	840	460
固定资产	3 238	2 055	长期应付款	380	190
在建工程	23	42	专项应付款	0	0
固定资产清理	0	10	预计负债	0	0
无形资产	12	16	递延所得税负债	0	0
开发支出	0	0	其他非流动负债	0	14
商誉	9	11	非流动负债合计	2 670	1 309
长期待摊费用	10	30	负债合计	3 703	2 329
递延所得税资产	0	0	股东权益：		
其他非流动资产	10	0	股本	100	100
非流动资产合计	3 362	2 259	资本公积	10	10
			减：库存股	0	0
			盈余公积	62	40
			未分配利润	600	530
			股东权益合计	772	680
资产总计	4 475	3 009	负债及股东权益总计	4 475	3 009

案例要求

计算 A 公司 2020 年和 2021 年的流动比率、速动比率和现金比率并进行简要评价（计算结果保留两位小数）。

案例分析 2

案例资料

B 公司 2021 年实际指标值及同行业标准值如表 3-18 所示。

表 3-18 B 公司 2021 年实际指标值及同行业标准值对比

单位：%

指标	企业实际指标值	同行业标准值
流动比率	163	167
速动比率	110	125
现金比率	30	60

案例要求

请根据上述资料，按照一定短期偿债能力同行业比较分析的程序，对B公司进行各比率的同行业比较分析并得出分析结论。

2. 长期偿债能力分析

案例分析 3

案例资料

A 公司 2021 年资产负债表如表 3-17 所示。

案例要求

请结合 A 公司资产负债表运用所学分析指标，对该公司长期偿债能力进行评价。

3.5.2 项目任务二：企业营运能力分析

案例分析 4

案例资料

E 公司 2021 年主要财务报表数据如表 3-19 和表 3-20 所示。

表 3-19 E 公司 2021 年资产负债表

单位：万元

资产	期末余额	年初余额	负债和所有者权益（或股东权益）	期末余额	年初余额
流动资产：			流动负债：		
货币资金	1 100	1 000	短期借款	3 000	2 000
交易性金融资产	700	1 200	应付账款	1 590	1 200
应收账款	1 500	1 400	预收账款	600	320
预付账款	170	140	其他应付款	100	100
存货	5 400	4 200	流动负债合计	5 290	3 620
其他流动资产	120	80	非流动负债：		
流动资产合计	8 990	8 020	长期借款	4 500	3 600
非流动资产：			非流动负债合计	4 500	3 600
长期股权投资	800	800	负债合计	9 790	7 220
固定资产	18 000	14 000	股东权益：		
非流动资产合计	18 800	14 800	股本	13 000	13 000

续表

资产	期末余额	年初余额	负债和所有者权益（或股东权益）	期末余额	年初余额
			盈余公积	2 000	1 600
			未分配利润	3 000	1 000
			股东权益合计	18 000	15 600
资产总计	27 790	22 820	负债及股东权益总计	27 790	22 820

表 3-20　E 公司 2021 年利润表

单位:万元

项目	本年金额	上年金额
一、营业收入	24 000	20 800
减:营业成本	14 400	12 900
税金及附加	1 400	1 180
销售费用	2 100	1 800
管理费用	1 100	900
财务费用	400	300
其中:利息费用	400	300
加:投资收益	400	400
二、营业利润	5 000	4 120
加:营业外收入	850	600
减:营业外支出	450	100
三、利润总额	5 400	4 520
减:所得税费用	1 350	1 130
四、净利润	4 050	3 390

案例要求

根据上述资料,计算企业应收账款、存货、流动资产、固定资产和总资产的周转率和周转天数并对该企业的营运能力进行简要分析和评价。

3.5.3　项目任务三:企业盈利能力分析

案例分析 5

案例资料

红叶公司目前以资本运作为主业,经过公司管理层研究讨论,准备改变公司的经营方向,从资本运作向实体经济转变。公司领导层认为,盈利能力是衡量一家企业经营情况的重要标志。经过多次筛选,他们认为 G 公司是比较合适的投资对象,现需要对 G 公司主要财务数据进行分析,评价 G 公司盈利能力强弱,进一步确认是否投资 G 公司。G 公司利润表及主要资产数据如表 3-21 至表 3-23 所示。

表 3-21　G公司利润表

单位：万元

项目	行次	上年累计	本年累计
一、营业收入	1	1 800 000	1 600 000
减：营业成本	2	1 200 000	1 100 000
税金及附加	3	9 000	8 000
销售费用	4	3 000	2 500
管理费用	5	9 000	8 500
财务费用（收益以“-”号填列）	6	3 000	2 000
资产减值损失	7	1 500	1 000
加：公允价值变动净收益（净损失以“-”号填列）	8	0	0
投资收益（净损失以“-”号填列）	9	3 000	3 000
其中：对联营企业与合营企业的投资收益	10	0	0
二、营业利润（亏损以“-”号填列）	11	577 500	481 000
加：营业外收入	12	8 000	20 000
减：营业外支出	13	16 000	14 000
其中：非流动资产处置净损失（净收益以“-”号填列）	14	0	0
三、利润总额（亏损总额以“-”号填列）	15	569 500	487 000
减：所得税费用	16	142 375	121 750
四、净利润（净亏损以“-”号填列）	17	427 125	365 250

表 3-22　G公司财务费用

单位：万元

项目	2020 年	2021 年
利息支出	6 000	7 800
减：利息收入	3 750	4 875
汇兑损失	1 570	1 760
减：汇兑收益	1 820	2 685
其他	0	0
财务费用合计	3 000	2 000

表 3-23　G公司有关资产负债和所有者权益项目

单位：万元

项目	2020 年平均余额	2021 年平均余额
资产总额	3 215 500	3 865 500
所有者权益总额	1 465 300	1 645 000

案例要求

(1)计算商品销售盈利能力指标；

(2)计算反映资产经营盈利能力和资本经营盈利能力的指标；

(3)评价企业盈利能力状况。

3.5.4　项目任务四:企业发展能力分析

案例分析 6

案例资料

某企业 2017—2021 年的主要财务指标如表 3-24 所示。

表 3-24　某企业 2017—2021 年主要财务指标

单位:万元

项目	2017 年	2018 年	2019 年	2020 年	2021 年
股东权益	245 600	283 421	294 510	321 180	342 500
净利润	32 124	32 990	38 750	39 706	38 045
营业利润	75 836	76 832	100 420	120 050	142 020
营业收入	262 345	294 590	344 183	435 540	428 060
总资产	423 100	498 900	524 111	645 005	705 380

案例要求

请对该公司的发展能力进行评价。

案例分析 7

案例资料

某公司 2019—2021 年有关财务指标资料如表 3-25 所示。

表 3-25　某公司 2019—2021 年有关财务指标资料

单位:万元

项目	2019 年	2020 年	2021 年
资产总额	1 580	2 150	3 300
股东权益	890	1 240	1 870
营业收入	5 994	8 679	10 520
营业利润	970	1 340	1 970
净利润	420	650	1 020

案例要求

利用表 3-25 中的数据计算表 3-36 中的某公司 2019—2021 年发展能力指标,填入表中并分析该公司的整体发展能力。

表3-26　某公司2019—2021发展能力指标计算

单位:万元

项目	2019年	2020年	2021年
股东权益			
股东权益增加额			
股东权益增长率			
资产总额			
资产增加额			
资产增长率			
营业收入			
营业收入增加额			
销售增长率			
营业利润			
营业利润增长额			
营业利润增长率			
净利润			
净利润增加额			
净利润增长率			

3.6　项目总结

本项目介绍了在财会职业场景中运用企业偿债能力、营运能力、盈利能力、发展能力等进行财务分析的案例讨论，有助于报表使用者全面分析评价企业整体财务状况、经营成果和现金流量的情况；同时反思提炼在财务分析案例问题时所体验的有效沟通；反思总结财务分析案例讨论中的财会职业道德问题，以及在财务分析知识获取、案例分析过程中所取得的与职场岗位有关的能力。

3.7　项目练习

实战演练一

1. 单项选择题

(1)流动资产和流动负债的比值被称为(　　)。

A. 流动比率　　B. 速动比率　　C. 营运比率　　D. 资产负债比率

(2)计算速动比率时主要剔除下列哪种资产对资产流动性的影响(　　)。

A. 应收账款　　B. 速动资产　　C. 负债总额　　D. 非流动负债

(3)资产负债率体现(　　)与资产总额的比例关系。

A. 负债总额　B. 存货　C. 金融资产　D. 货币资金

(4)下列各项中,不会影响流动比率的业务是(　　)。

A. 用现金购买短期债券　B. 用现金购买固定资产

C. 用存货进行对外长期投资　D. 从银行取得长期借款

(5)(　　)指标越高,说明企业长期偿债能力程度越高。

A. 产权比率　B. 资产负债率　C. 利息保障倍数　D. 权益乘数

(6)(　　)指标越低,说明企业长期债务的保障越强。

A. 所有者权益比率　B. 资产负债率　C. 流动比率　D. 利息保障倍数

2. 案例分析

案例分析 1

案例目标

明确企业偿债能力分析的重要意义;熟悉企业偿债能力分析的指标,理解各种分析指标的作用及不足,并能够运用各种财务比率对企业财务状况、风险程度及偿债保障程度进行分析和评价。

案例资料

珠海格力电器股份有限公司(简称"格力电器")成立于 1991 年,是一家集研发、生产、销售、服务于一体的国际化家电企业,拥有格力、TOSOT、晶弘三大品牌,主营家用空调、中央空调、空气能热水器、手机、生活电器、冰箱等产品。2016 年,格力电器实现营业总收入 1 101.13 亿元,净利润 154.21 亿元,纳税 130.75 亿元,连续 15 年位于中国家电行业纳税第一位,累计纳税达到 814.13 亿元,连续 9 年上榜美国《财富》杂志"中国上市公司 100 强"。格力电器旗下的"格力"品牌空调,是中国空调业唯一的"世界名牌"产品,业务遍及全球 100 多个国家和地区。

2008 年 12 月 30 日,在世界权威的品牌价值研究机构——世界品牌价值实验室举办的 2008 年"世界品牌价值实验室年度大奖"评选活动中,格力凭借良好的品牌印象和品牌活力,荣登"中国最具竞争力品牌榜单",赢得广大消费者的普遍赞誉与支持。2012 年上半年,公司实现营业收入 483.03 亿元,同比增长 20.04%;净利润 28.71 亿元,同比增长 30.06%。公司继续保持快速、健康的良好发展态势。

格力电器旗下的"格力"空调家用空调年产能超过 6 000 万台(套),商用空调年产能达 550 万台(套);2005—2011 年,"格力"空调产销量连续 7 年全球领先。

格力电器致力于为全球消费者提供技术领先、品质卓越的空调产品,在全球拥有珠海、重庆、合肥、郑州、武汉、石家庄、芜湖、巴西、巴基斯坦等 9 大生产基地和 8 万多名员工,至今已开发出包括家用空调、商用空调在内的 20 大类 400 个系列 7 000 多个品种规格的产品,能充分满足不同消费群体的各种需求;拥有技术专利 6 000 多项,其中发明专利 1 300 多项,自主研发的超低温数码多联机组、高效直流变频离心式冷水机组、多功能地暖户式中央空调、1 赫兹变频空调、R290 环保冷媒空调、超高效定速压缩机等一系列国际领先产品,填补了行业空白,成为从"中国制造"走向"中国创造"的典范,在国际舞台上赢得了广泛的知名度和影响力。2021 年格力电器资产负债表如表 3-27 所示。

表 3-27 2021 年格力电器资产负债表

单位:元

资产项目	金额	负债和所有者权益	金额
流动资产:		流动负债:	
货币资金	121 906 528 984.14	短期借款	11 188 890 759.19
交易性金融资产	945 701 633.58	交易性金融负债	
以公允价值计量且其变动计入当期损益的金融资产	不适用	以公允价值计量且其变动计入当期损益的金融负债	不适用
衍生金融资产		衍生金融负债	
应收票据		应付票据	23 013 715 200.07
应收账款	3 873 270 521.33	应付账款	45 097 063 852.05
应收款项融资	24 599 149 450.48	预收款项	11 832 592 136.06
预付款项	16 755 065 015.75	合同负债	
其他应收款	2 757 398 837.97	应付职工薪酬	1 398 044 643.25
存货	9 763 530 439.65	应交税费	1 819 362 036.62
持有待售资产		其他应付款	4 897 515 153.02
一年内到期的非流动资产		其他流动负债	64 375 139 451.87
其他流动资产	11 140 701 427.28	流动负债合计	163 622 323 232.13
流动资产合计	191 741 346 310.18	非流动负债:	
非流动资产:		长期借款	
债权投资		长期应付款	
可供出售金融资产	不适用	长期应付职工薪酬	141 021 228.00
其他债权投资		预计负债	
持有至到期投资	不适用	递延收益	51 891 300.00
长期应收款		递延所得税负债	528 382 787.62
长期股权投资	20 224 198 957.34	其他非流动负债	
其他权益工具投资	4 271 848 596.31	非流动负债合计	721 295 315.62
其他非流动金融资产	2 003 483 333.33	负债合计	164 343 618 547.75
投资性房地产	24 475 730.79	所有者权益:	
固定资产	2 965 550 178.74	股本	6 015 730 878.00
在建工程	262 245 182.66	其他权益工具	
生产性生物资产		其中:优先股	
油气资产		资本公积	179 564 695.55
无形资产	761 621 258.44	减:库存股	
开发支出		其他综合收益	6 462 024 096.41
长期待摊费用		专项储备	
递延所得税资产	12 019 079 098.54	盈余公积	3 497 114 024.31

续表

资产项目	金额	负债和所有者权益	金额
其他非流动资产	195 330 890.98	未分配利润	53 971 127 295.29
非流动资产合计	42 727 833 227.13	所有者权益合计	70 125 560 989.56
资产总计	234 469 179 537.31	负债和所有者权益总计	234 469 179 537.31

分析要点及要求

（1）对格力电器的短期偿债能力进行分析，主要侧重分析计算流动比率、速动比率，并结合流动资产和流动负债项目中的具体项目对格力电器的短期偿债能力进行评价。

（2）对格力电器的长期偿债能力进行分析，主要侧重分析资产负债率、股东权益比率、权益乘数、产权比率等指标。

问题探讨

（1）在企业财务分析实践中评价短期偿债能力应注意哪些问题？你认为格力电器的短期偿债能力如何？

提示：在评价企业财务状况时，通常认为流动比率大于 200%为好，速动比率大于 100%为好。实际上，对这两个财务比率的分析应结合不同行业的特点、企业性质、企业流动资产结构及各项流动资产的实际变现能力等因素，不可一概而论。特别要注意分析流动资产项目中应收账款、存货项目对短期偿债能力的影响以及流动负债中短期借款项目的影响。一般应将这两个指标结合起来进行分析。

（2）在企业财务分析实践中评价长期偿债能力时是否应对企业盈利能力进行分析？长期偿债能力与盈利能力之间有何矛盾？如何解决这一矛盾？结合格力电器的盈利性，你认为格力电器长期偿债能力如何？

提示：对企业的长期偿债能力的考察主要评价企业偿还本金和支付利息的能力。分析长期偿债能力，既要评价资产负债表所反映的长期财务状况，又要分析利润表所反映的盈利能力。公司有大量的流动资金，可提高偿债能力，但是盈利能力随之降低；流动资金减少，可提高投资比例，增强企业后劲，但会影响企业偿债能力。解决这一矛盾的关键在于企业自身的发展战略。

案例分析 2

案例资料

C 公司 2021 年资产负债表简表及同行业有关财务比率平均水平分别如表 3-28 和表 3-29 所示。

表 3-28　C 公司 2021 年资产负债表简表

单位：万元

项目	金额	项目	金额
货币资金	420	短期借款	420
交易性金融资产	320	应付账款	320
应收票据	222	长期负债	720

续表

项目	金额	项目	金额
应收账款	218(年初202)	所有者权益	1 150(年初900)
存货	600(年初600)	营业收入	3 600
长期待摊费用	140	营业成本	2 500
固定资产	1 680	利润总额	180
无形资产	140	税后利润	135

表3-29 同行业有关财务比率平均水平

单位:%

比率名称	同行业水平分析
流动比率	200
速动比率	100
现金比率	20

案例要求

(1)分析企业偿债能力的意义和对你的启示。

(2)将该公司的短期偿债能力指标与同行业进行比较分析。

案例分析3

案例目标

熟悉企业的短期、长期偿债能力指标,理解各指标的作用和不足,并能够利用各种财务比率对企业的财务状况、管理水平及发展趋势进行分析和评价。

案例资料

D公司2021年资产负债表和利润表有关资料如表3-30和表3-31所示。

表3-30 D公司2021年资产负债表

单位:万元

资产	期末余额	年初余额	负债和所有者权益	期末余额	年初余额
流动资产:			流动负债:		
货币资金	1 200	1 000	应付票据	1 200	1 000
应收票据	1 600	1 200	应付账款	2 200	1 800
应收账款	2 000	1 500	预收款项	400	500
预付款项	970	200	应付职工薪酬	1 200	1 000
存货	1 200	4 000	应交税费	1 000	800
流动资产合计	6 970	7 900	流动负债合计	6 000	5 100
非流动资产:			非流动负债:		
持有至到期投资	400	400	长期借款	4 800	3 600

续表

资产	期末余额	年初余额	负债和所有者权益	期末余额	年初余额
长期股权投资	4 900	1 900	应付债券	800	600
固定资产	4 400	3 500	非流动负债合计	5 600	4 200
无形资产	830	900	负债合计	11 600	9 300
非流动资产合计	10 530	6 700	所有者权益:		
			实收资本(或股本)	3 500	3 500
			资本公积	1 000	800
			盈余公积	600	400
			未分配利润	800	600
			所有者权益合计	5 900	5 300
资产总计	17 500	14 600	负债和所有者权益总计	17 500	14 600

表 3-31　利润表

单位:万元

项目	本年数
一、营业总收入	12 000
其中:营业收入	12 000
二、营业总成本	7 670
其中:营业成本	5 600
税金及附加	400
销售费用	430
管理费用	410
研发费用	550
财务费用	280
其中:利息费用	318
利息收入	30
加:其他收益	0
投资收益	40
其中:对联营企业和合营企业的投资收益	0
以摊余成本计量的金融资产终止确认收益	0
公允价值变动收益	9
信用减值损失	40
资产减值损失	15
资产处置收益	-100
三、营业利润	4 224
加:营业外收入	224

续表

项目	本年数
减:营业外支出	105
四、利润总额	4 343
减:所得税费用	1 085.75
五、净利润	3 257.25

案例要求

(1)对D公司的短期偿债能力进行分析,主要侧重分析计算流动比率、速动比率、现金比率,并结合流动资产和流动负债项目中的具体项目对D公司的短期偿债能力进行评价。

(2)对D公司的长期偿债能力进行分析,主要侧重分析资产负债率、股东权益比率、权益乘数、已获利息倍数等指标,并对其长期偿债能力进行评价。

(3)在企业财务分析实践中评价短期偿债能力应注意哪些问题?你认为D公司的短期偿债能力如何?

(4)在企业财务分析实践中评价长期偿债能力时是否应对企业盈利能力进行分析?长期偿债能力与盈利能力之间有何矛盾?如何解决这一矛盾?结合D公司的盈利性,你认为其长期偿债能力如何?

提示:分析长期偿债能力,既要评价资产负债表所反映的长期财务状况,又要分析利润表所反映的盈利能力。公司有大量的流动资金,可提高偿债能力,但是盈利能力随之降低;流动资金减少,可提高投资比例,增强企业后劲,但会影响企业偿债能力,解决这一矛盾的关键在于企业自身的发展战略。

实战演练二

1. 单项选择题

(1)计算应收账款周转率时应该使用的收入指标是(　　)。

A. 主营业务收入　B. 营业收入　C. 赊销收入净额　D. 营业利润

(2)计算存货周转率时分子一般使用(　　)。

A. 营业收入　B. 营业成本　C. 营运资本　D. 营业利润

(3)流动资产周转率的分母是(　　)。

A. 营业收入　B. 期初流动资产　C. 流动资产平均余额　D. 期末流动资产

(4)总资产周转率的分子是(　　)。

A. 营业收入　B. 资产总额　C. 营业成本　D. 总资产平均余额

(5)营业周期是(　　)和应收账款周转天数之和。

A. 存货周转率　B. 存货周转天数　C. 存货订购天数　D. 存货储存天数

2. 案例分析

案例分析1

案例资料

JIT(just in time,及时生产)直译为“正好准时”,所表达的含义是:“只在需要的时候,按需要的量,生产所需的产品”。最早由美国人提出,后传播到日本,经日本的丰田公司在20

世纪 70 年代后期成功应用后而成为举世闻名的先进管理体系。它的基本思想是以顾客(市场)为中心,根据市场需求来组织生产。JIT 是一种倒拉式管理,即逆式生产工序,由顾客需求开始,经订单—产成品—组件—配件—零件和原材料,最后到供应商。整个生产是动态的,逐个向前逼进,上道工序提供的正好是下道工序所需要的,且时间和数量上正好。核心是追求一种无库存或使库存最小的生产系统。它通过成本控制、改进送货环节和提高产品质量三个途径来实现盈利和提高公司在市场竞争中地位的战略目标。事实证明,JIT 存货管理模式的成功实施能够改进产品质量,提高生产力,缩短生产周期,大大降低存货水平,缩短设备调整时间,降低生产成本,提高生产率。而 JIT 这种管理技术和管理理念已被诸如沃尔玛、英特尔公司、通用汽车公司、福特、摩托罗拉、惠普等国际知名大公司所采用。

JIT 系统与传统的存货管理模式相比有如下特点。

第一, JIT 系统是一个需求拉动式的系统。传统方式下,生产往往按预测的需求编制的固定计划进行,是一种需求推动式的系统。JIT 生产是一个需求拉动式的系统。JIT 生产只在有需求时进行生产且只生产顾客需要的数量。每一个工序只生产下一工序需要的产品,除非下一流程发来信号,否则不进行生产,且生产需要的材料和零件适时到达。拉动式系统理顺了物流,极大地降低了存货成本,使零库存成为可能。

第二,否定存货存在的合理性。这是 JIT 系统与传统存货管理存在差异的关键与根本所在。传统观念认为存货成本包括订货成本(或生产准备成本)和存货持有成本,持有存货是非常必要的。订货成本与存货持有成本权衡的结果即是经济批量模型,依据经济批量模型订货或生产产品即可实现存货成本最低。在 JIT 系统中,存货则被看成是一种资源的浪费,它占用了资金、空间以及劳动力等资源,还掩盖了生产经营过程中的效率低下并增加了公司信息系统的复杂程度。因此, JIT 系统不承认存货成本存在的合理性,而是试图将其降为零。

案例要求

除 JIT 存货管理模式,你还了解哪些存货管理模式?这些模式是否有利于企业提升对资产的营运能力?

案例分析 2

案例资料

F 公司 3 年的相关财务数据如表 3-32 所示。

表 3-32　F 公司 3 年的相关财务数据

单位:万元

项目	2021 年	2020 年	2019 年	2019 年年初
应收账款	43 260	45 675	53 420	55 070
存货	123 600	100 535	120 500	112 300
流动资产合计	267 230	224 560	230 000	226 300
固定资产	84 126	65 362	54 283	57 621
资产总计	328 623	303 045	299 800	286 400
营业收入	328 905	315 000	287 000	278 450

续表

项目	2021 年	2020 年	2019 年	2019 年初
营业成本	255 400	237 850	216 800	209 850

案例要求

根据资料，计算 F 公司 3 年的资产营运能力分析指标并进行评价。

实战演练三

1. 单项选择题

(1)总资产报酬率是指(　　)与平均总资产之间的比率。

A. 利润总额　B. 息税前利润　C. 净利润　D. 息前利润

(2)(　　)是反映盈利能力的核心指标。

A. 总资产报酬率　B. 股利发放率　C. 总资产周转率　D. 净资产收益率

(3)在股利分配政策中，最有利于股价稳定的是(　　)。

A. 剩余股利政策　B. 固定的股利政策

C. 固定股利支付率政策　D. 低正常股利加额外股利政策

2. 案例分析

案例资料

某公司利润表如表 3-33 所示。

表 3-33　某公司利润表

单位：万元

项目	2017 年	2016 年
一、营业收入	2 316 444	1 798 408
减：营业成本	1 860 734	1 462 935
税金及附加	9 860	9 247
销售费用	87 603	77 122
管理费用	201 140	149 104
财务费用	62 429	87 287
资产减值损失	35 419	0
加：投资收益	−2 259	18 686
其中：对联营企业和合营企业的投资收益	0	0
二、营业利润	57 000	31 399
加：营业外收入	113 903	2 253
减：营业外支出	3 359	1 402
其中：非流动资产处置损失	0	0
三、利润总额	167 544	32 250
减：所得税费用	50 360	−1 496
四、净利润	117 184	33 746

续表

项目	2017年度	2016年度
五、每股收益		
基本每股收益	0.40	0.12
稀释每股收益		

案例要求

根据表3-33计算营业毛利率、营业利润率、营业净利率,并对企业的盈利能力进行评价。

项目4 企业财务报表综合分析

项目导读

价值创造,心从此起,素履以往

在项目4里,我们可以了解到,企业的增值指数高不高,首先看一个指标——净资产收益率,这个指标需要结合资产负债表和利润表一起来分析。一要开源增加收入,让资产转起来;二要节流控制成本费用,在收入一定的情况下,让利润多起来,同时注重债务的杠杆作用与风险把控的平衡,使资本结构合理。

其次,企业增值应树立价值管理理念,明确以价值创造为中心的战略目标,建立以经济增加值为核心的价值管理体系,因为净资产收益率主要是在会计利润的基础上计算得到的,而传统的会计利润忽视了股东资本投资的机会成本。实际上,投资者除了向企业投入股本外还存在其他投资机会,只有企业盈利高于其全部资金成本(包括股本成本和债务成本)时才会真正为股东创造价值,经济增加值不仅对债务资本计算成本,而且对权益资本也计算成本,这意味着经济增加值能够准确地衡量股东财富是否增值。

企业的增值指数依靠价值创造,个人的幸福指数亦如此。无论是杜邦分析法采用的净资产收益率分解揭示的开源节流,抑或是经济增加值包含的股东资本投资的机会成本,都在提示我们:大学四年,美好的青春时光,父母的辛苦本钱,都存在机会成本,珍惜四年宝贵的学习机会,诚如八大能力所倡导的身心素质健康,广泛阅读培养良好的阅读习惯,为终身学习打基础,价值创造,心从此起,素履以往。

4.1 培养目标

4.1.1 知识目标

(1)了解杜邦财务分析、经济增加值法、可持续发展财务分析体系的含义。

(2)熟悉财务分析报告的撰写步骤。

(3)掌握杜邦财务分析体系、经济增加值法、可持续发展财务分析体系的运用。

(4)掌握财务分析报告的撰写。

4.1.2 能力目标

(1)能够运用杜邦财务分析体系对财务报表进行综合分析。

(2)能够运用经济增加值法对财务报表进行综合分析。

(3)能够撰写财务分析报告。

(4)具有与财务主管岗位相适应的职业素养。

(5)培养八大能力所倡导的专业知识的迁移能力,能够从财务报表综合分析的专业知识学习中,融会贯通管理会计的绩效评价,从而掌握绩效评价审计的核心素质。

(6)掌握文献检索、资料查询及运用现代技术获得相关信息的基本方法,能达到计算机水平相关考试要求,具备相应的文字处理和撰写财务分析报告的能力。

(7)具有良好的人际关系和团队精神,较强的沟通能力、组织协调能力和社会适应能力。

(8)具有与企业财务主管岗位相适应的财务分析报告的撰写、研读能力。

4.2 用户需求

财务报表分析的终极目标在于全方位了解企业的经营状况,并以此对企业的经营水平、经营绩效做出客观公正的评价,同时经营业绩评价也是企业选拔人才、考核管理人员的重要依据。评价企业经营水平公认的核心指标之一是净资产收益率,因为单独分析任何一项财务指标,都难以全面评价企业的财务状况和经营成果,要对企业的财务状况和经营成果进行全方位评价,就必须进行相互关联、采用综合性指标进行分析,即将企业的偿债能力、盈利能力、营运能力、发展能力等综合纳入一个体系中,从而系统地对企业的财务状况和经营成果加以反映。

用户需求主要集中在以下几个方面:

①企业战略决策;

②管理人员绩效考核;

③其他情境,如上市公司信息披露、股权交易中的尽职调查等。

4.3 需求分析

1. 提高企业经营决策的准确性

企业战略决策、绩效考核等业务对财务信息要求较高,管理人员需倚赖全面、准确的财务数据对未来的发展目标及实现方式进行决策。通常情况下,企业管理人员若非财务出身,不容易掌握复杂的财务能力专项分析,也没有必要。此时作为财务人员,如何将财务报表分析工作的成果进行高度集成、汇总,为管理者提供全面、简明的数据支持,将是需要研究的工作重心。各项科学的财务报表综合分析方法即提供了非常好的解决途径。

2. 管理人员绩效考核

绩效考核,作为企业战略实施的一项有力工具,对企业健康持续发展至关重要。为企业管理人员设定合理的关键绩效指标,实施有效的绩效考核,离不开会计信息系统的支持。根据各级管理人员可掌控资源的不同,可对其设定收入、成本费用、利润等考核指标,而高级管理人员作为企业的受托管理者,除基本指标之外,股东更关心的可能是投资回报率,而对投资回报率的分析,恰恰就是企业财务报表综合分析的一项重要研究内容。

知识链接1

中共中央 国务院关于全面实施预算绩效管理的意见

(2018年9月1日)

全面实施预算绩效管理是推进国家治理体系和治理能力现代化的内在要求,是深化财税体制改革、建立现代财政制度的重要内容,是优化财政资源配置、提升公共服务质量的关键举措。为解决当前预算绩效管理存在的突出问题,加快建成全方位、全过程、全覆盖的预算绩效管理体系,现提出如下意见。

一、全面实施预算绩效管理的必要性

党的十八大以来,在以习近平同志为核心的党中央坚强领导下,各地区各部门认真贯彻落实党中央、国务院决策部署,财税体制改革加快推进,预算管理制度持续完善,财政资金使用绩效不断提升,对我国经济社会发展发挥了重要支持作用。但也要看到,现行预算绩效管理仍然存在一些突出问题,主要是:绩效理念尚未牢固树立,一些地方和部门存在重投入轻管理、重支出轻绩效的意识;绩效管理的广度和深度不足,尚未覆盖所有财政资金,一些领域财政资金低效无效、闲置沉淀、损失浪费的问题较为突出,克扣挪用、截留私分、虚报冒领的问题时有发生;绩效激励约束作用不强,绩效评价结果与预算安排和政策调整的挂钩机制尚未建立。

当前,我国经济已由高速增长阶段转向高质量发展阶段,正处在转变发展方式、优化经济结构、转换增长动力的攻关期,建设现代化经济体系是跨越关口的迫切要求和我国发展的战略目标。发挥好财政职能作用,必须按照全面深化改革的要求,加快建立现代财政制度,建立全面规范透明、标准科学、约束有力的预算制度,以全面实施预算绩效管理为关键点和突破口,解决好绩效管理中存在的突出问题,推动财政资金聚力增效,提高公共服务供给质量,增强政府公信力和执行力。

二、总体要求

(一)指导思想。以习近平新时代中国特色社会主义思想为指导,全面贯彻党的十九大和十九届二中、三中全会精神,坚持和加强党的全面领导,坚持稳中求进工作总基调,坚持新发展理念,紧扣我国社会主要矛盾变化,按照高质量发展的要求,紧紧围绕统筹推进"五位一体"总体布局和协调推进"四个全面"战略布局,坚持以供给侧结构性改革为主线,创新预算管理方式,更加注重结果导向、强调成本效益、硬化责任约束,力争用3—5年时间基本建成全方位、全过程、全覆盖的预算绩效管理体系,实现预算和绩效管理一体化,着力提高财政资源配置效率和使用效益,改变预算资金分配的固化格局,提高预算管理水平和政策实施效果,为经济社会发展提供有力保障。

(二)基本原则

坚持总体设计、统筹兼顾。按照深化财税体制改革和建立现代财政制度的总体要求,统筹谋划全面实施预算绩效管理的路径和制度体系。既聚焦解决当前最紧迫问题,又着眼健全长效机制;既关注预算资金的直接产出和效果,又关注宏观政策目标的实现程度;既关注新出台政策、项目的科学性和精准度,又兼顾延续政策、项目的必要性和有效性。

坚持全面推进、突出重点。预算绩效管理既要全面推进,将绩效理念和方法深度融入预算编制、执行、监督全过程,构建事前事中事后绩效管理闭环系统,又要突出重点,坚持问题导向，聚焦提升覆盖面广、社会关注度高、持续时间长的重大政策、项目的实施效果。

坚持科学规范、公开透明。抓紧健全科学规范的管理制度，完善绩效目标、绩效监控、绩效评价、结果应用等管理流程，健全共性的绩效指标框架和分行业领域的绩效指标体系，推动预算绩效管理标准科学、程序规范、方法合理、结果可信。大力推进绩效信息公开透明，主动向同级人大报告、向社会公开，自觉接受人大和社会各界监督。

坚持权责对等、约束有力。建立责任约束制度，明确各方预算绩效管理职责，清晰界定权责边界。健全激励约束机制，实现绩效评价结果与预算安排和政策调整挂钩。增强预算统筹能力，优化预算管理流程，调动地方和部门的积极性、主动性。

三、构建全方位预算绩效管理格局

（三）实施政府预算绩效管理。将各级政府收支预算全面纳入绩效管理。各级政府预算收入要实事求是、积极稳妥、讲求质量，必须与经济社会发展水平相适应，严格落实各项减税降费政策，严禁脱离实际制定增长目标，严禁虚收空转、收取过头税费，严禁超出限额举借政府债务。各级政府预算支出要统筹兼顾、突出重点、量力而行，着力支持国家重大发展战略和重点领域改革，提高保障和改善民生水平，同时不得设定过高民生标准和擅自扩大保障范围，确保财政资源高效配置，增强财政可持续性。

（四）实施部门和单位预算绩效管理。将部门和单位预算收支全面纳入绩效管理，赋予部门和资金使用单位更多的管理自主权，围绕部门和单位职责、行业发展规划，以预算资金管理为主线，统筹考虑资产和业务活动，从运行成本、管理效率、履职效能、社会效应、可持续发展能力和服务对象满意度等方面，衡量部门和单位整体及核心业务实施效果，推动提高部门和单位整体绩效水平。

（五）实施政策和项目预算绩效管理。将政策和项目全面纳入绩效管理，从数量、质量、时效、成本、效益等方面，综合衡量政策和项目预算资金使用效果。对实施期超过一年的重大政策和项目实行全周期跟踪问效，建立动态评价调整机制，政策到期、绩效低下的政策和项目要及时清理退出。

四、建立全过程预算绩效管理链条

（六）建立绩效评估机制。各部门各单位要结合预算评审、项目审批等，对新出台重大政策、项目开展事前绩效评估，重点论证立项必要性、投入经济性、绩效目标合理性、实施方案可行性、筹资合规性等，投资主管部门要加强基建投资绩效评估，评估结果作为申请预算的必备要件。各级财政部门要加强新增重大政策和项目预算审核，必要时可以组织第三方机构独立开展绩效评估，审核和评估结果作为预算安排的重要参考依据。

（七）强化绩效目标管理。各地区各部门编制预算时要贯彻落实党中央、国务院各项决策部署，分解细化各项工作要求，结合本地区本部门实际情况，全面设置部门和单位整体绩效目标、政策及项目绩效目标。绩效目标不仅要包括产出、成本，还要包括经济效益、社会效益、生态效益、可持续影响和服务对象满意度等绩效指标。各级财政部门要将绩效目标设置作为预算安排的前置条件，加强绩效目标审核，将绩效目标与预算同步批复下达。

（八）做好绩效运行监控。各级政府和各部门各单位对绩效目标实现程度和预算执行进度实行“双监控”，发现问题要及时纠正，确保绩效目标如期保质保量实现。各级财政部门建立重大政策、项目绩效跟踪机制，对存在严重问题的政策、项目要暂缓或停止预算拨款，督促及时整改落实。各级财政部门要按照预算绩效管理要求,加强国库现金管理,降低资金运行成本。

(九)开展绩效评价和结果应用。通过自评和外部评价相结合的方式,对预算执行情况开展绩效评价。各部门各单位对预算执行情况以及政策、项目实施效果开展绩效自评,评价结果报送本级财政部门。各级财政部门建立重大政策、项目预算绩效评价机制,逐步开展部门整体绩效评价,对下级政府财政运行情况实施综合绩效评价,必要时可以引入第三方机构参与绩效评价。健全绩效评价结果反馈制度和绩效问题整改责任制,加强绩效评价结果应用。

五、完善全覆盖预算绩效管理体系

(十)建立一般公共预算绩效管理体系。各级政府要加强一般公共预算绩效管理。收入方面,要重点关注收入结构、征收效率和优惠政策实施效果。支出方面,要重点关注预算资金配置效率、使用效益,特别是重大政策和项目实施效果,其中转移支付预算绩效管理要符合财政事权和支出责任划分规定,重点关注促进地区间财力协调和区域均衡发展。同时,积极开展涉及一般公共预算等财政资金的政府投资基金、主权财富基金、政府和社会资本合作(PPP)、政府采购、政府购买服务、政府债务项目绩效管理。

(十一)建立其他政府预算绩效管理体系。除一般公共预算外,各级政府还要将政府性基金预算、国有资本经营预算、社会保险基金预算全部纳入绩效管理,加强四本预算之间的衔接。政府性基金预算绩效管理,要重点关注基金政策设立延续依据、征收标准、使用效果等情况,地方政府还要关注其对专项债务的支撑能力。国有资本经营预算绩效管理,要重点关注贯彻国家战略、收益上缴、支出结构、使用效果等情况。社会保险基金预算绩效管理,要重点关注各类社会保险基金收支政策效果、基金管理、精算平衡、地区结构、运行风险等情况。

六、健全预算绩效管理制度

(十二)完善预算绩效管理流程。围绕预算管理的主要内容和环节,完善涵盖绩效目标管理、绩效运行监控、绩效评价管理、评价结果应用等各环节的管理流程,制定预算绩效管理制度和实施细则。建立专家咨询机制,引导和规范第三方机构参与预算绩效管理,严格执业质量监督管理。加快预算绩效管理信息化建设,打破“信息孤岛”和“数据烟囱”,促进各级政府和各部门各单位的业务、财务、资产等信息互联互通。

(十三)健全预算绩效标准体系。各级财政部门要建立健全定量和定性相结合的共性绩效指标框架。各行业主管部门要加快构建分行业、分领域、分层次的核心绩效指标和标准体系,实现科学合理、细化量化、可比可测、动态调整、共建共享。绩效指标和标准体系要与基本公共服务标准、部门预算项目支出标准等衔接匹配,突出结果导向,重点考核实绩。创新评估评价方法,立足多维视角和多元数据,依托大数据分析技术,运用成本效益分析法、比较法、因素分析法、公众评判法、标杆管理法等,提高绩效评估评价结果的客观性和准确性。

七、硬化预算绩效管理约束

(十四)明确绩效管理责任约束。按照党中央、国务院统一部署,财政部要完善绩效管理的责任约束机制,地方各级政府和各部门各单位是预算绩效管理的责任主体。地方各级党委和政府主要负责同志对本地区预算绩效负责,部门和单位主要负责同志对本部门本单位预算绩效负责,项目责任人对项目预算绩效负责,对重大项目的责任人实行绩效终身责任追究制,切实做到花钱必问效、无效必问责。

(十五)强化绩效管理激励约束。各级财政部门要抓紧建立绩效评价结果与预算安排和政策调整挂钩机制,将本级部门整体绩效与部门预算安排挂钩,将下级政府财政运行综合绩效与转移支付分配挂钩。对绩效好的政策和项目原则上优先保障,对绩效一般的政策和项目要督促改进,对交叉重复、碎片化的政策和项目予以调整,对低效无效资金一律削减或取消,对长期沉淀的资金一律收回并按照有关规定统筹用于亟需支持的领域。

八、保障措施

(十六)加强绩效管理组织领导。坚持党对全面实施预算绩效管理工作的领导,充分发挥党组织的领导作用,增强把方向、谋大局、定政策、促改革的能力和定力。财政部要加强对全面实施预算绩效管理工作的组织协调。各地区各部门要加强对本地区本部门预算绩效管理的组织领导,切实转变思想观念,牢固树立绩效意识,结合实际制定实施办法,加强预算绩效管理力量,充实预算绩效管理人员,督促指导有关政策措施落实,确保预算绩效管理延伸至基层单位和资金使用终端。

(十七)加强绩效管理监督问责。审计机关要依法对预算绩效管理情况开展审计监督,财政、审计等部门发现违纪违法问题线索,应当及时移送纪检监察机关。各级财政部门要推进绩效信息公开,重要绩效目标、绩效评价结果要与预决算草案同步报送同级人大、同步向社会主动公开,搭建社会公众参与绩效管理的途径和平台,自觉接受人大和社会各界监督。

(十八)加强绩效管理工作考核。各级政府要将预算绩效结果纳入政府绩效和干部政绩考核体系,作为领导干部选拔任用、公务员考核的重要参考,充分调动各地区各部门履职尽责和干事创业的积极性。各级财政部门负责对本级部门和预算单位、下级财政部门预算绩效管理工作情况进行考核。建立考核结果通报制度,对工作成效明显的地区和部门给予表彰,对工作推进不力的进行约谈并责令限期整改。

全面实施预算绩效管理是党中央、国务院作出的重大战略部署,是政府治理和预算管理的深刻变革。各地区各部门要更加紧密地团结在以习近平同志为核心的党中央周围,把思想认识和行动统一到党中央、国务院决策部署上来,增强“四个意识”,坚定“四个自信”,提高政治站位,把全面实施预算绩效管理各项措施落到实处,为决胜全面建成小康社会、夺取新时代中国特色社会主义伟大胜利、实现中华民族伟大复兴的中国梦奠定坚实基础。

知识链接2

管理会计应用指引第600号——绩效管理

第一章　总则

第一条　为了促进企业加强绩效管理,激发和调动员工积极性,增强价值创造力,根据《管理会计基本指引》,制定本指引。

第二条　绩效管理,是指企业与所属单位(部门)、员工之间就绩效目标及如何实现绩效目标达成共识,并帮助和激励员工取得优异绩效,从而实现企业目标的管理过程。绩效管理的核心是绩效评价和激励管理。

绩效评价,是指企业运用系统的工具方法,对一定时期内企业营运效率与效果进行综合评判的管理活动。绩效评价是企业实施激励管理的重要依据。

激励管理，是指企业运用系统的工具方法，调动企业员工的积极性、主动性和创造性，激发企业员工工作动力的管理活动。激励管理是促进企业绩效提升的重要手段。

第三条 企业进行绩效管理，一般应遵循以下原则：

（一）战略导向原则。绩效管理应为企业实现战略目标服务，支持价值创造能力提升。

（二）客观公正原则。绩效管理应实事求是，评价过程应客观公正，激励实施应公平合理。

（三）规范统一原则。绩效管理的政策和制度应统一明确，并严格执行规定的程序和流程。

（四）科学有效原则。绩效管理应做到目标符合实际，方法科学有效，激励与约束并重，操作简便易行。

第四条 绩效管理领域应用的管理会计工具方法，一般包括关键绩效指标法、经济增加值法、平衡计分卡、绩效棱柱模型等。

企业可根据自身战略目标、业务特点和管理需要，结合不同工具方法的特征及适用范围，选择一种适合的绩效管理工具方法单独使用，也可选择两种或两种以上的工具方法综合运用。

……

第三章 绩效计划与激励计划的制定

第十三条 绩效目标值的确定可参考内部标准与外部标准。内部标准有预算标准、历史标准、经验标准等；外部标准有行业标准、竞争对手标准、标杆标准等。

……

管理会计应用指引第601号——关键绩效指标法

第一章 总则

第一条 关键绩效指标法，是指基于企业战略目标，通过建立关键绩效指标（Key Performance Indicator，简称KPI）体系，将价值创造活动与战略规划目标有效联系，并据此进行绩效管理的方法。

关键绩效指标，是对企业绩效产生关键影响力的指标，是通过对企业战略目标、关键成果领域的绩效特征分析，识别和提炼出的最能有效驱动企业价值创造的指标。

……

管理会计应用指引第602号——经济增加值法

第一章 总则

第一条 经济增加值法，是指以经济增加值（Economic Value Added，简称EVA）为核心，建立绩效指标体系，引导企业注重价值创造，并据此进行绩效管理的方法。

经济增加值，是指税后净营业利润扣除全部投入资本的成本后的剩余收益。经济增加值及其改善值是全面评价经营者有效使用资本和为企业创造价值的重要指标。经济增加值为正，表明经营者在为企业创造价值；经济增加值为负，表明经营者在损毁企业价值。

……

管理会计应用指引第 603 号——平衡计分卡

第一章　总则

第一条　平衡计分卡,是基于企业战略发展,从财务延伸拓展至客户、内部业务流程、学习与成长形成四个维度,将企业战略目标逐层分解转化为具体的、相互平衡支撑的绩效指标体系,并以此进行绩效管理的方法。

……

4.4　知识准备

偿债能力、盈利能力、营运能力、发展能力等评价虽然可以帮助了解企业各方面的财务状况,但是企业管理者和企业利益相关者更需要一个全面的综合评价。综合评价可以揭示企业各方面财务状况之间的关系,反映企业各种财务比率之间的相互联系。实际上,企业的财务状况是一个完整的闭环系统,其内部各因素相互依存、相互作用,任何一个因素的变动都会引起企业整体财务系统的改变。因此,运用综合评价能够较为全面地揭示企业的财务状况,将体现企业发展战略的财务指标置于一个相互之间有影响关系的财务分析体系框架中,通过不同层级的财务指标以内部自洽的逻辑服务于企业整体最高发展指标。本项目主要介绍杜邦分析法和经济增加值法。

4.4.1　杜邦财务分析

1. 杜邦财务分析的含义

杜邦财务分析体系由美国杜邦公司首先使用,又称杜邦分析法。1910 年,美国杜邦公司的经理提出一套分析方法,主要利用各主要财务比率之间的内在联系,分析企业整体财务绩效及其成因,即提出的是一个综合分析企业财务状况的框架。它以投资者对企业要求的最高目标净资产收益率为逻辑起点,经过对净资产收益率公式的数学推导和层层指标分解,揭示影响净资产收益率的各项财务因素及其内在关系,从而系统地分析影响企业净资产收益率实现的各项因素的作用。

2. 杜邦财务分析模型

杜邦财务分析体系公式为

净资产收益率 = 总资产净利率 × 权益乘数

= 销售净利率 × 总资产周转率 × 权益乘数

杜邦财务分析体系的内容可用杜邦财务分析模型来表示,如图 4-1 所示。

(1)杜邦财务分析体系主要反映了以下几种财务比率关系。

①净资产收益率与总资产净利率及权益乘数之间的关系。

净资产收益率 = 总资产净利率 × 权益乘数

权益乘数 = 平均总资产/平均净资产 = 1/(1 - 平均资产负债率)

②总资产净利率与销售净利率及总资产周转率之间的关系。

总资产净利率 = 销售净利率 × 总资产周转率

销售净利率 = 净利润/销售收入(即营业收入)

总资产周转率 = 销售收入/平均总资产

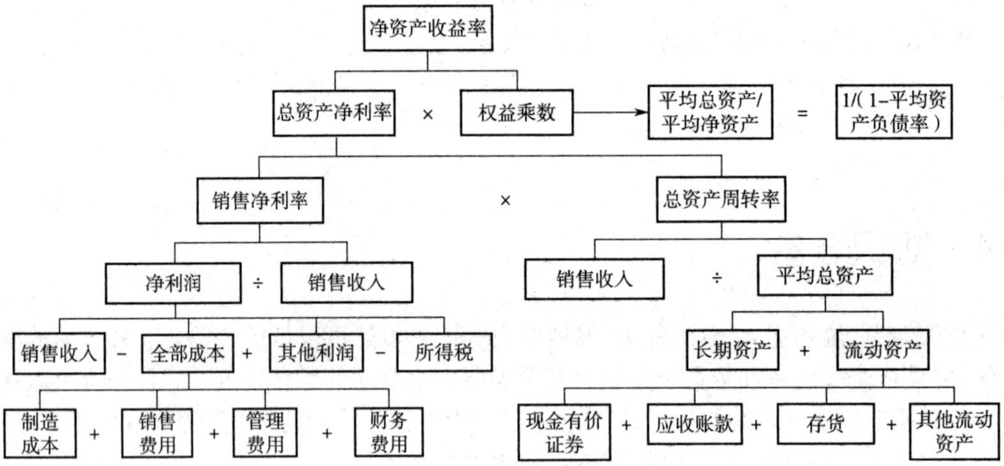

图 4-1　杜邦财务分析模型

杜邦财务分析体系在揭示上述各种关系之后，再将净利润、资产总额进行层层分解，全面系统地揭示出企业的财务状况以及财务状况这个系统内部各个因素之间的相互关系。

(2)杜邦财务分析模型主要财务比率关系评价包括以下内容。

①评价企业的核心盈利指标——净资产收益率。

净资产收益率是杜邦财务分析体系的核心指标，这是一个综合性最强的财务比率。它反映的是企业所有者投入资本以后的获利能力，同时净资产收益率还反映了企业的筹资、投资、运营等活动的效率。能够决定净资产收益率指标的核心要素有三项指标：权益乘数、销售净利率和总资产周转率。权益乘数、销售净利率和总资产周转率分别反映了企业的负债水平、盈利能力和资产管理水平。

②评价企业利用债务杠杆获得更多盈利的能力。

资产负债率主要影响权益乘数。负债比率越高，权益乘数越高，这说明股东投入企业的资本在资产中所占的比重越小。

企业有较高的负债程度，债务利息具有杠杆效应：若企业经营业绩盈利总额超过债务利息，则股东的回报高于总资产报酬率，这个正向杠杆效应会给企业带来更多的利益；若企业经营业绩下降甚至亏损，则这个杠杆会反方向扩大企业财务风险，可能会形成企业整体经营风险，企业权益乘数越大，企业净资产收益率超出总资产报酬的幅度越大。

③评价企业管理资产的效率效果。

总资产净利率可以进一步分解为销售净利率和总资产周转率，是一个综合性指标。其中总资产周转率反映的是资产总额的周转速度，周转速度越快，销售能力越强。总资产周转率可以进一步分为长期资产周转率、流动资产周转率、应收账款周转率等。它能够解释企业利用资产进行营利活动的效率和效果。影响总资产净利率的因素有产品价格、单位成本、产量和销量、资金占用量，利用这些因素可以分析企业经营中存在的问题，从而提高销售利润率，加速资金周转。

④评价企业的获利能力。

提高销售净利率是提高企业盈利能力的关键所在,因为销售净利率反映了企业利润总额与销售收入的关系。如果提高企业销售净利率,那么需要企业开源节流,即一边要增加销售收入,一边要降低成本费用。降低企业的成本费用,是企业财务管理的一项重要管理内容。通过各项成本费用数据的列示,企业可以进行相关成本费用的结构分析,加强成本控制,从而为寻求降低成本费用的途径提供依据。该指标可以进一步分为销售毛利率、销售税金率、销售成本率、销售期间费用率等。

概括而言,杜邦财务分析体系以净资产收益率为主线,将一定会计期间内的企业盈利成果与资产营运状况联系起来,对企业形成股东价值的因素通过逻辑关系层层分解,构成一个完整的财务分析体系。它能较好地帮助企业管理者发现企业财务和经营管理中存在的问题,为企业经营管理者指明提高股东报酬率的具体途径:通过提高产品获利能力而提高销售利润率;通过提高资产管理水平而提高总资产周转率;通过适当提高负债比重而提高股东的回报率。因而杜邦分析法得到了人们普遍的认同并在实际工作中被广泛应用。

杜邦财务分析体系作为财务报表综合分析的一种主要方法,并不排斥其他财务分析方法。相反,如果杜邦分析法与其他分析方法相结合,其他分析法还可以弥补杜邦分析法自身的缺陷和不足,使分析结果更完整、科学。采用杜邦财务分析体系结合专项分析,可以对有关问题进行更深入细致的了解:可以结合比较分析法和趋势分析法,将不同时期的杜邦分析结果进行动态化、趋势化分析,从而找出财务变化的规律,为企业预测、决策提供依据;也可以与一些企业财务风险分析方法相结合,进行必要的风险分析,为管理者依法合规管理企业提供决策依据。

从杜邦财务分析模型可以看出,净资产收益率与企业销售规模、成本水平、资本结构、资产营运水平等有着密切的联系,这些因素构成一个相互依存的系统。企业只有把系统内这些因素的关系协调好,才能使净资产收益率达到最大值。

4.4.2　经济增加值法

经济增加值法是指以经济增加值为核心建立企业绩效指标的分析体系,引导企业注重价值创造,并据此进行绩效分析与管理的方法。经济增加值(economic value added,EVA)又称为经济附加值,于 1982 年推出,于 20 世纪 90 年代中后期由美国的思腾思特公司(Stern Stewart)推广的企业价值分析评价指标,后国内学者开始介绍、研究。2010 年起,国务院国有资产监督管理委员会(以下简称“国务院国资委”)对中央企业实行经济增加值考核。2017 年 9 月 29 日,财政部颁布《管理会计应用指引第 602 号——经济增加值法》。2019 年 3 月 1 日,国务院国资委颁布第 40 号令《中央企业负责人经营业绩考核办法》,要求于 2019 年 4 月 1 日起实施。

1. 经济增加值法的主要内容

1)经济增加值

传统的评价企业业绩的主要财务指标包括净利润、每股收益、总资产净利率、净资产收益率等。长期以来,会计利润指标在评价企业业绩方面起主导地位,特别是杜邦财务分析体系更是将会计利润在业绩评价中的作用推至新高,形成了以净资产收益率为核心的投资报酬财务分析体系。

以净利润、每股收益及净资产收益率为代表的会计利润指标作为业绩评价工具存在一定缺陷：①从计量的可靠性方面来说，利润表中的净利润除了反映企业的经营成果，还存在会计政策主观选择乃至盈余管理的问题；②它忽视了股东资本投资的机会成本，实际上，投资者除了向企业投入股本外还存在其他投资机会，只有当企业盈利高于其全部资金成本（包括股本成本和债务成本）时才会真正为股东创造价值，这意味着当风险相似的其他投资机会的预期回报率高于此净资产收益率时，理性的投资者应当停止向企业追加投资，转而选择回报率更高的投资机会。可见，在股东财富最大化经营目标下，企业业绩评价指标还需要考虑股权资本的机会成本。

经济增加值的具体含义，是企业税后净营业利润扣除全部投入资本的成本后的剩余收益。经济增加值及其改善值，是改变传统财务利润的核算内容，全面反映企业经营者是否有效使用资本，评价其为企业创造价值高低的重要指标：经济增加值不仅对债务资本计算成本，而且对权益资本也计算成本。经济增加值为正值，意味着公司获得的收益高于为获得此项收益而投入的资本成本，换言之经营者在为企业创造价值；经济增加值为负值，意味着股东的财富在减少，换言之经营者在降低毁损企业价值；经济增加值为零，说明企业创造的收益仅能满足投资者预期获得的收益，即资本成本本身。也就是说，经济增加值能够准确地衡量股东财富是否真正保值增值。因此，经济增加值可以与价值管理相结合，通过绩效分析评价，为企业价值管理提供支持。

2）经济增加值法的应用

企业应用经济增加值法，应遵循《管理会计应用指引第600号——绩效管理》中对应用环境的一般要求：应树立价值管理理念，明确以价值创造为中心的战略目标，建立以经济增加值为核心的价值管理体系，使价值管理成为企业的核心管理制度。企业需要综合评估宏观环境、行业特点及企业实际情况，通过识别价值创造的模式，确定关键的价值驱动因素，构建起以经济增加值为核心的指标体系。企业应该加强投资管理，把能否增加价值作为新增投资项目决策的主要评判标准，以此保持持续不断的价值创造能力。

构建企业的经济增加值指标体系，一般而言，依据三级分层进行，具体如下。

（1）企业层面的经济增加值指标体系。首先，企业需要结合所处行业的自身竞争优势、组织结构、业务特点，以及会计政策等情况，确定企业层面的经济增加值指标的计算公式、资本成本，以及调整项目等。其次，企业围绕经济增加值的核心关键驱动因素制定自己的经济增加值指标体系。

（2）企业所属责任中心（部门/单位）层面的经济增加值指标体系。首先，根据企业级经济增加值指标体系，结合所属责任中心（部门/单位）所处行业、业务特点、资产规模等因素，在充分沟通的基础上，设定所属责任中心（部门/单位）层面的经济增加值指标的计算公式、资本成本、调整项目等。其次，围绕所属责任中心（部门/单位）经济增加值的关键驱动因素，细化并制定所属责任中心（部门/单位）层面的经济增加值指标体系。

（3）高级管理人员层面的经济增加值指标体系。根据企业层面、所属责任中心（部门/单位）层面的经济增加值指标体系，结合高级管理人员的岗位职责，制定具体的高级管理人员层面的经济增加值指标体系。

3)经济增加值法的优缺点

经济增加值法的主要优点包括:①涵盖了投资者投入资本的所有资本的成本,可以更加真实精准地反映企业的价值创造能力;②实现了企业投资人利益、经理层利益和员工利益相统一,激励企业经理层和所有员工共同为企业创造更多的价值;③能有效遏制企业为追求利润总量和增长率而盲目扩张规模的短期行为,引导企业把眼光放长远、更加注重长期价值的创造。

经济增加值法的主要缺点包括:①仅仅是对企业当期或者未来 3 年内的价值创造情况的一个考量和评判,无法衡量企业更长远的发展战略价值创造情况;②所有计算主要围绕部分财务指标,涉及面较为狭窄,无法对企业的整体营运效率与效果进行综合评价;③企业所处不同的行业、不同的发展阶段、不同的规模等,在计算经济增加值时,其会计调整项和加权平均资本成本各不相同,计算比较复杂且影响指标之间的可比性。

2. 经济增加值的计算

与传统会计利润指标相比,经济增加值是从税后营业净利润中扣除包括股权和债务的所有资本成本后的真实经济利润,是综合利润表和资产负债表得出的公司业绩衡量指标,它是股东衡量利润的方法。因此,经济增加值的计算公式理论上可以表述为

经济增加值 = 调整后税后净营业利润 − 调整后平均资本占用 × 加权平均资本成本

税后净营业利润衡量的是企业的经营盈利情况;平均资本占用反映的是企业持续投入的各种债务资本和股权资本;加权平均资本成本反映的是企业各种资本的平均成本率。

自 20 世纪 30 年代前后美国学者提出剩余收益概念以后,逐渐出现各种不同版本的业绩评价指标,其中经济增加值最为显著。经济增加值与剩余收益相比有两点不同:①在计算经济增加值时,需要对财务会计数据进行一系列调整,包括税后净营业利润、资本占用;②需要根据资本市场的机会成本计算资本成本,以实现经济增加值与资本市场的衔接。而剩余收益根据投资要求的报酬率计算,该投资报酬率具有一定的主观性,可以根据管理的要求做出不同选择。

经济增加值的定义很简单,但其实际计算却较为复杂。为了计算经济增加值,需要解决经营利润、资本成本及所使用资本数额的计量问题。不同的解决办法,形成了不同的经济增加值。

1)基本的经济增加值

基本的经济增加值,是按照未经调整的经营所得的利润及总资产计算的经济增加值。

基本的经济增加值 = 税后净营业利润 − 报表平均总资产 × 加权平均资本成本

基本的经济增加值的计算很容易,需要注意的是,由于“税后净营业利润”和“总资产”是按照会计准则核算的,某种程度上来说它还是没有充分反映公司的真实业绩。但是,相对于会计利润已经是进步了,因为它考虑了权益资金的成本。

2)披露的经济增加值

披露的经济增加值是指需要利用公开会计数据进行调整计算出来的经济增加值,主要的调整包括以下内容。

第一,企业研究与开发费用项目。会计核算将其作为费用从当期利润中扣除,经济增加值则将其作为投资并且在一个合理的期限内摊销。

第二,企业战略性长期投资。会计核算将投资总额的利息(或部分利息)计入当期财务费用,经济增加值则将其在一个专门账户中予以资本化并随正式生产而逐步摊销。

第三,企业为建立品牌、进入新市场,或为扩大市场份额而发生的费用。会计核算将其作为费用从当期利润中扣除,经济增加值则把挖掘发展潜在客户的营销费用予以资本化并在合适的期限内摊销。

第四,折旧费用。会计核算大多使用直线折旧法计提折旧,经济增加值则对某些特殊行业,例如大量使用长期专门设备的企业,以更接近经济现实的"沉淀资金折旧法"来处理。这是一种类似租赁资产的费用分摊方法,在设备使用前期计提摊销折旧较少,而后期由于设备技术老化和物理损耗等原因,需提计提摊销更多折旧。

【算一算】PXH公司有R中心和J中心两个责任中心,目前J中心有两个议案需要分析决策:①一个投资研发中心项目的选择,研发中心项目投资总额为6 500万元,税前投资报酬率为12%,每年增加中心税前经营利润780万元;②减少一项现有资产的选择,该资产投资额为260万元,每年税前获利31万元,税前投资报酬率为12%。计算J中心经济增加值。PXH公司R中心和J中心相关数据见表4-1。

表4-1 PXH公司R中心和J中心相关数据

单位:万元

项目	R中心	J中心
税前经营利润	1 900	1 600
企业所得税(税率为25%)	475	400
税后经营净利润	1 425	1 200
平均经营资产	800	650
平均经营负债	290	320
平均净经营资产(平均净投资资本)	510	330

(1)假设加权平均税前资本成本为10%,并假设没有需要调整的项目,请计算R中心与J中心的经济增加值。

R中心经济增加值 = 1 425 − 510×10%×(1 − 25%)= 1 386.75(万元)

J中心经济增加值 = 1 200 − 330×10%×(1 − 25%)=1 175.25(万元)

(2)J中心拟采用经济增加值法判断是否上马研发中心项目,请计算J中心上马研发中心项目后的经济增加值并判断是否上马研发中心项目。

J中心上马项目后的经济增加值=(1 600 + 780)×(1 − 25%)

−(330 + 6 500)×10%×(1 − 25%)

= 1 272.75(万元)

经济增加值变化量 = 1 272.75 − 1 175.25 = 97.5(万元)

由于经济增加值提高了97.5万元,因此J中心应选择上马研发中心项目。

(3)J中心拟采用经济增加值法判断是否减少一项现有资产,请计算J中心减少一项现有资产后的经济增加值并判断是否采纳减资方案。

$$采纳减资方案后的经济增加值=(1\,600-31)\times(1-25\%)-(330-260)\times10\%\times(1-25\%)=1\,171.5(万元)$$

$$经济增加值变化量=1\,171.5-1\,175.25=-3.75(万元)$$

由于经济增加值减少了 3.75 万元,因此 J 中心应选择放弃减资方案。

经济增加值的主要意义在于对资本成本因素的考量,能够促使企业管理层有动力赚取超过资本成本的报酬,这样可以促进股东财富最大化。

经济增加值与剩余收益不同,责任中心的剩余收益一般使用责任中心的税前经营利润与要求的税前投资报酬率计算而得,而责任中心的经济增加值则使用责任中心的税后净营业利润与税后加权平均资本成本计算而得。当税金作为一项重要因素时,经济增加值能比剩余收益更好地反映责任中心的盈利能力。如果税金与责任中心的业绩无关,则经济增加值与剩余收益二者的效果相同,只是计算更为复杂。由于经济增加值的计算与公司的实际资本成本相关联,因此经济增加值是基于资本市场的计算方法,当资本市场上的权益成本和债务成本发生变动时,公司要随之同步调整加权平均资本成本。而计算剩余收益,使用的只是责任中心要求的投资报酬率,主要考虑了管理的要求以及责任中心个别风险的高低。

3. 国务院国资委关于经济增加值的计算

1)经济增加值的定义及其计算公式

经济增加值是指经过核定以后的企业税后净营业利润减去资本成本后的余额。

$$经济增加值=税后净营业利润-资本成本=税后净营业利润-调整后资本\times平均资本成本率$$

$$税后净营业利润=净利润+(利息支出+研究开发费用调整项)\times(1-25\%)$$

$$调整后资本=平均所有者权益+平均带息负债-平均在建工程$$

$$平均资本成本率=债权资本成本率\times\frac{平均带息负债}{平均带息负债+平均所有者权益}\times(1-25\%)+股权资本成本率\times\frac{平均所有者权益}{平均带息负债+平均所有者权益}$$

2)关于会计调整项目的说明

(1)研究开发费用的调整项是指财务报表中“期间费用”项目下的“研发费用”以及当期确认为无形资产的开发支出。

(2)对于承担关键核心技术攻关任务而影响当期损益的研发投入,可以按照 100%的比例,在计算税后净营业利润时予以加回。

(3)特殊行业的企业,如勘探等投入费用较大的企业,经国务院国资委认定后,可以将其成本费用情况表中的“勘探费用”视同研究开发费用调整项予以加回。

(4)在建工程是指财务报表中符合国务院国资委核定的企业主业规定的“在建工程”。

(5)对于从事银行、保险和证券的业务且纳入合并报表的企业,应将其负债中金融企业专用科目从资本占用中予以扣除。基金、融资租赁等金融业务纳入国务院国资委核定主业范围的企业,可以约定将有关带息负债从资本占用中予以扣除。

(6)利息支出是指财务报表中“财务费用”项目下的“利息支出”。带息负债是指企业带息负债情况表中带息负债合计数。

（7）企业经营业务主要在国（境）外的，25%的企业所得税税率可予以调整。

3）差异化资本成本率的确定

（1）对于企业的主业处于充分竞争行业和领域的商业类企业，其股权资本成本率原则上规定为6.5%；对企业的主业处于关系国家安全和国民经济命脉的重要行业和关键领域、主要承担重大专项任务的商业类企业，其股权资本成本率原则上规定为5.5%；对于公益类企业，其股权资本成本率原则上规定为4.5%；对于军工、电力、农业等资产通用性较差的企业，其股权资本成本率应下浮0.5个百分点。

（2）债权资本成本率＝利息支出总额/平均带息负债。

利息支出总额是指带息负债情况表中的“利息支出总额”，包括费用化利息和资本化利息。

（3）资产负债率高于上年且在65%（含）~70%的科研技术型企业，资产负债率在70%（含）~75%的工业企业，或者资产负债率在75%（含）~80%的非工业企业，平均资本成本率应上浮0.2个百分点；资产负债率高于上年且在70%（含）以上的科研技术企业，以及75%（含）以上的工业企业或者在80%（含）以上的非工业企业，平均资本成本率应上浮0.5个百分点。

4）其他重大调整事项

企业发生下列情形之一的，对其经济增加值的考核产生重大影响的，国务院国资委酌情予以调整：

①重大政策发生变化；

②严重自然灾害等不可抗力的因素影响；

③企业重组、上市及会计准则发生调整等不可比因素；

④国务院国资委认可的企业结构调整等其他事项。

4. 经济增加值评价的优点与缺点

1）经济增加值评价的优点

经济增加值考虑了所有资本的成本，更加真实地反映了企业的价值创造能力，实现了企业利益、经营者利益与员工利益的统一，激励经营者与全体员工为企业创造出更多价值；同时，采用经济增加值分析评价企业经济效益，可以有效遏制企业为追求利润总量和增长率而进行盲目扩张规模的倾向，引导企业更加注重基于长远发展的价值创造。

经济增加值不仅仅是一项业绩评价的指标，还是一种全面进行财务管理和薪酬激励的框架。经济增加值的最大优点在于它把资本预算、业绩分析评价和激励报酬结合了起来。在传统财务管理核算中，人们主要使用项目净现值与内部报酬率来评价资本预算以决定是否投资；采用权益资本报酬率或者每股收益以评价公司的业绩高低，同时会采用另外一些效益指标作为发放奖金的计算依据。以经济增加值为核心的管理方法，其经营目标是追求经济增加值，这意味着企业财务管理活动实现了三者合一：资本预算的决策起点是以适合的折现率折现计算的经济增加值，衡量生产经营效益的指标是经济增加值，计算奖金也是依据适合的目标单位经济增加值来确定的。由此，企业的管理变得简洁明了、和谐统一。经济增加值是一项独特的薪金激励制度的关键因子，它在真正意义上将企业管理者的利益与股东的利益统一起来,使企业管理者能够像股东那样思维和行动。经济增加值法也是一种治理企业的内部控制制度,在这种内部控制制度下,所有员工都可以协同合作,围绕核心指标经济增加值积极地追求最好的业绩。

在经济增加值的分析框架下,企业可以向投资者宣传他们的战略目标和既有成就,投资者也可以利用经济增加值选择最有前景的、最有投资价值的公司。经济增加值还是股票市场中的一个良好的分析决策工具。

2)经济增加值评价的缺点

(1)经济增加值仅仅是对企业当期或未来1~3年价值创造的情况进行衡量和预判,无法衡量企业更长远的长期发展战略规划的价值创造情况。

(2)经济增加值的计算主要采用了部分财务指标,某些反映企业经营质量的指标并未纳入,比如无法对企业的营运效率与效果进行综合评价。

(3)不同发展阶段、不同规模、不同行业的企业计算经济增加值时,其采用的会计调整项和加权平均的资本成本会各不相同,计算较为复杂,这样会影响各个指标之间的可比性。

(4)经济增加值是一项绝对数指标,这样不便于比较不同规模公司的业绩高低。

经济增加值也有与投资报酬率一样会误导使用者的局限性,例如处于成长期的公司经济增加值会较低,而处于衰退期的公司经济增加值有可能会较高。

目前,在计算经济增加值时,对于净收益应该做哪些调整,以及资本成本如何确定等等,尚存在一定探讨的空间,这些探讨不利于形成一个统一的规范范式。而一项缺乏统一性的业绩评价指标,其局限性则是只能在一个公司的历史分析以及内部评价中加以使用。

4.4.3　帕利普财务分析

杜邦财务分析模型将企业财务状况与盈利能力创造性地结合在一起,通过系统化指标分解揭示了提高净资产收益率的路径,因此受到企业的广泛应用,同时也成为财务报表综合分析的经典理论,但是杜邦财务分析模型没有涉及企业发展能力的分析,其指标体系相对单一,一些代表企业未来发展能力的指标并未采用,因而不能预测企业未来的发展趋势。美国哈佛大学教授克雷沙·帕利普等在《经营透视:企业分析与评价》一书中提出以可持续增长率为核心的财务分析模型。

1. 帕利普财务分析体系的含义

美国华盛顿大学教授罗伯特·希金斯在《财务管理分析》一书中指出,一家企业如果盲目追求快速增长,也可能会使公司资源变得相当紧张从而带来风险,因此快速增长也可能导致企业破产——除非管理层采取积极措施加以控制。从财务角度讲,企业发展应该建立在保持良好的财务状况的前提之下为股东创造价值,2020年新冠肺炎疫情暴发以来,全球经济以及国内不断出现的位居行业前列的大型企业暴雷的事件为本理论提供了最佳注脚。

帕利普财务分析体系是以杜邦财务分析体系为基础,以可持续增长率为核心指标,围绕企业盈利能力,依托股利政策,将盈利能力、营运能力和偿债能力之间的比率关联在一起,对企业的财务状况和经营成果及利润分配进行系统评价的一种方法。

可持续增长率可以衡量企业利用经济杠杆获得持续增长的效果,是指在企业不发行新股并保持目前经营效率和财务政策的条件下,企业能够实现的增长速度。与杜邦财务分析体系一样，帕利普财务分析体系也采用指标分解的方法，通过数学推演，将核心指标可持续增长率，逐级分解为销售净利率、总资产周转率、权益乘数和留存收益比率四者的乘积，构成一组指标体系，以反映企业盈利能力、营运能力、偿债能力、资本结构和股利政策的共同作用对企业可持续发展的影响。核心指标可持续增长率的计算公式为

可持续增长率 = 股东权益增长率
= 净资产收益率 ×（1 - 股利支付率）
= 销售净利率 × 总资产周转率 × 权益乘数 ×（1 - 股利支付率）

其中，1 - 股利支付率 = 留存收益比率。

上述公式中，股利支付率包含的股利必须是现金股利，而不包括股票股利，因为股票股利不影响股东权益。公司分配现金股利，体现了公司对股东的投资回报，同时也会减少公司的股东权益。当年实现的税后净利润减去支付的现金股利总额后，即会形成资产负债表所有者权益项目构成中的留存收益。因此，可持续增长率既反映了利润分配对股东投资的回报，同时也揭示了企业自身经营活动所达到的资本积累和增长，体现出可持续发展的观念。

2. 帕利普财务分析模型

帕利普财务分析模型通过对核心指标可持续增长率的层层分解，建立一组具有代表性的相互联系、相互依存的指标体系，这些指标如下。

①盈利能力主要指标：销售收入成本率、销售毛利率、销售收入期间费用率、息税前利润率。

②营运能力主要指标：流动资产周转率、固定资产周转率、应收账款周转率、存货周转率。

③偿债能力主要指标：流动比率、速动比率、资产负债率、利息保障倍数。

根据核心指标可持续增长率与各项分解指标之间的内在联系，及其所涉及的各项会计要素，按照一定的规律进行有序排列，由此建立帕利普财务分析模型（见图 4-2），模型以更直观、更明晰的分解方式反映了企业可持续发展视角的财务报表综合分析。

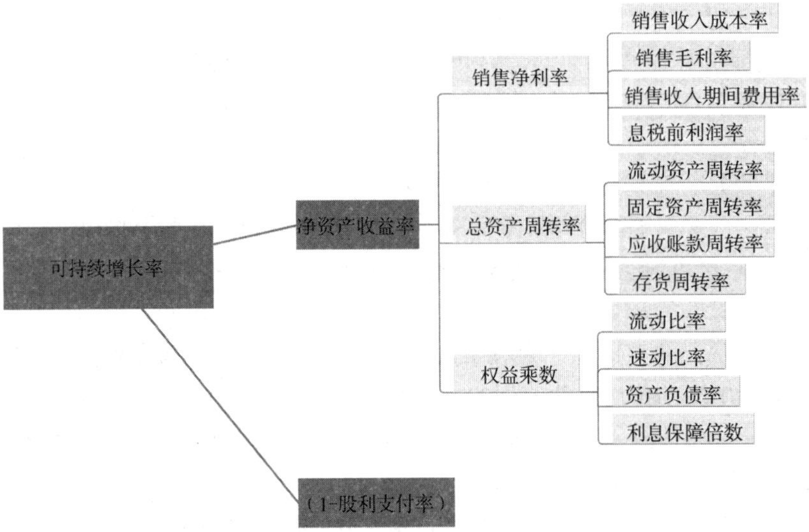

图 4-2 帕利普财务分析模型

帕利普财务分析体系的主要意义在于体现了企业价值长期最大化的观念,从核心指标可持续增长率的第一层分解公式“可持续增长率 = 净资产收益率 ×(1 - 股利支付率)= 净资产收益率 × 留存收益比率”中就可以看出,一个健康可持续发展的企业,其经营者不仅要追求净资产收益率,而且应以长远发展的眼光重视利润分配与股利政策对企业可持续发展能力的重要影响,企业留存收益源自企业内部的资本积累,正确处理好股东的投资回报与企业资本逐步积累的关系至关重要。

权益乘数体现了企业的融资政策,股利支付率体现了企业的股利政策,二者结合反映了企业风险偏好与收益追求的平衡。当一家企业以失当的高比例、超额进行股利分配时,即使净资产收益率较高,可持续增长率也将可能很低或出现负数,这表明公司的可持续发展能力极差,乃至有股东套现的可能。

2022 年 10 月 16 日,中国共产党第二十次全国代表大会在北京隆重召开,习近平总书记代表第十九届中央委员会向大会作报告。报告全文关键词出现频率位居首位的是“发展”一词,报告指出,“高质量发展是全面建设社会主义现代化国家的首要任务。发展是党执政兴国的第一要务。没有坚实的物质技术基础,就不可能全面建成社会主义现代化强国”。企业就是微观物质基础,顺应时代的可持续发展的企业就是高质量发展的经济主体,因此帕利普财务分析体系通过核心指标可持续增长率的逐步分解,概括性地揭示了企业要高质量发展,需处理好、协调好盈利能力、融资决策、利润分配等多方面的关系,以系统化、长远发展的思维进行决策。

4.4.4 财务分析报告

1. 财务分析报告的编报原则

1)成本效益与重要性原则

如同任何管理活动都会产生成本一样,编报财务分析报告也会有相应成本,因此编报财务分析报告的管理效益应高于信息制造、存储和使用过程中投入的管理成本。成本效益原则是财务分析报告编报的必要条件,只有当编报产生的效益大于成本时,才应该进行本项工作。

重要性原则要求财务分析报告应该就企业财务状况、经营成果及现金流量的重要事项加以分析报告,其反映的也是成本效益意识。重要性需用职业判断加以预判,在实际操作中,企业应该依据自身所处环境和实际情况,基于成本效益的考虑,从分析的功能、性质和金额大小多方面加以判断。

2)及时可靠和可理解原则

及时是指及时收集、处理、编制以及分析会计信息,讲求信息报告的时效性。可靠是高质量财务分析的重要基础和关键所在。确保会计信息真实可靠,要求企业不能确认虚假交易或事项,保证会计信息内容完整,在信息确认、计量、记录、报告及分析、披露环节不存在遗漏行为。可靠还体现为会计信息及分析中立客观、无偏颇无预设,会计政策与会计估计的选择符合客观需要,职业判断专业、公正。可理解要求编报的分析报告清晰明了,便于理解、方便使用。

3）实质重于形式原则

在编报分析报告时，应该在保持会计信息按照交易或事项的经济实质进行会计确认、计量、记录和报告的基础上，仍然按照交易或事项的经济实质进行分析、报告，而不是仅以交易或事项的法律形式为依据。

在实际工作中，具体情况需认真分析，比如企业能够控制租入资产所带来的未来经济利益，则在会计确认、计量、记录和报告时应计入资产负债表中填列使用权资产，同样在编报分析报告时应加以反映。

2. 财务分析报告的编报步骤

1）编报前的准备工作

Ⅰ. 搜集数据信息

搜集数据信息是一个采集的过程，深入全面的调查是进行科学分析的前提，但调查要有目的地进行。分析人员可以在日常工作中，根据财务分析内容要点，经常搜集、积累有关数据信息。这些数据信息既包括财务报表及附注所提供的信息，也包括来自业务部门等企业经营一线数据的信息。财务分析人员应搜集的数据信息具体包括：财务数据信息；业务数据信息；网站、媒体、专门机构等公布的行业数据信息；其他数据信息。

Ⅱ. 整理核实数据信息

确认各类数据信息的合法、准确与真实是分析报告的必要环节，如同在大数据分析中数据清洗是重要一步一样。在确认过程中，同时应根据规划的财务分析报告内容进行数据信息分类，在这一阶段，分析人员针对分析内容将数据信息进行合理分类，以便查找和使用。

2）财务分析报告类型的选择

财务分析报告类型多样，本书以企业实际应用的主流报告为标准加以分类。

Ⅰ. 预算分析报告

预算是企业在战略目标指导下编制的长期、中期、年度财务规划。长期规划如国家五年规划，目前已执行到“十四五”规划。中期规划是长期规划与年度规划的桥梁，即将五年的长远规划通过中期三年滚动预算与年度预算关联起来，以确保长期规划的实际落地。一般来讲，企业编制最多的是年度预算，因此年度预算的分析评价就是财务分析报告的第一类报告。

预算分析报告采用定量分析与定性分析相结合的方法，主要内容围绕企业实际执行预算情况与预算制定标准的对比分析展开，它反映的是预算执行与控制、执行效果与预算标准的差异，以及差异背后的原因分析，以此作为奖罚管理层的依据。

Ⅱ. 经济活动分析报告

一般来讲，企业会定期进行经济活动分析，如定期的季度分析、半年度分析、年度分析，专题的负债情况分析、纳税筹划对企业经济效益的影响、企业未来发展预测等等，这些分析要么以主要财务指标如净资产收益的完成情况展开，要么以借款、税收等专项主题介绍，要么使用企业历史数据如近2~5年的数据进行动态趋势分析并借此预测企业未来的发展趋势。

实务中，企业按照不同需求选择不同类型报告加以编报。

3）财务分析报告编报

财务分析报告编报类型选定了，相关资料、数据信息也收集到位了，则应该开始着手编写。

编报预算分析报告,首先要掌握预算标准,其次要分析预算标准的科学合理性,再次使用收集到的实际执行的数据信息加以对比,最后分析差异原因。

编报经济活动分析报告,如以主要财务指标净资产收益的完成情况展开,则应先拟定分析提纲,将杜邦分析法的层层分解镶嵌于提纲之中,并作为主要内容,然后针对提纲整理收集到的资料、信息数据,加以分析并形成报告;如使用企业近三年数据进行动态趋势分析,则应将本书项目 2、项目 3、项目 4 所涵盖的内容作为报告的主要内容构成。

财务分析报告编报经过多次修改形成定稿后报出。

4.5　项目实施

4.5.1　项目任务一:基于杜邦财务分析体系的财务报表分析

由于杜邦财务分析体系是一种对财务比率层层分解的方法,所以不同企业都可以根据需要,利用财务报表等有关数据资料,对企业的财务状况进行综合分析。

PXH-KJ 公司净资产收益率指标资料如表 4-2 所示。

表 4-2　PXH-KJ 公司净资产收益率指标资料

单位:万元

项目	2019 年	2020 年	2021 年
总资产	1 580	2 150	3 300
总负债	690	910	1 430
净资产	890	1 240	1 870
营业(销售)收入	5 994	8 679	10 520
净利润	420	650	1 020

根据以上资料,按杜邦财务分析模型对 PXH-KJ 公司净资产收益率变动原因分析如下。

从图 4-3 中可以看到，2021 年净资产收益率为 65.59%，2020 年净资产收益率为 61.03%,2021 年比 2020 年升高 4.56 个百分点,其主要原因有以下几个方面。

(1)2021 年总资产净利率为 37.43%,比 2020 年的 34.85%升高 2.58 个百分点,将其分解为销售净利率与总资产周转率。

① 2021 年的销售净利率为 9.70%比 2020 年的 7.49%升高 2.21 个百分点,其中 2021 年销售收入增长较快,比 2020 年提高了 21.21%; 2021 年的成本费用利润率为 10.74%较 2020 年的 8.10%提高 2.64 个百分点,因此公司市场份额、成本控制取得双赢。

② 2021 年总资产周转率为 3.86%,周转速度比 2020 年的 4.65%降低 0.79 个百分点,其中主要原因是,总资产增长过快,增长率达到 46.11%,远高于销售收入的增长率 21.21%,因此该指标提示公司在扩大生产规模、进行投资等决策时应注意把握资产增长的速度,如果任其扩张,公司可能存在资金链断裂带来的财务风险,以及资产过大导致的经营风险,进而导致经营总风险加大。

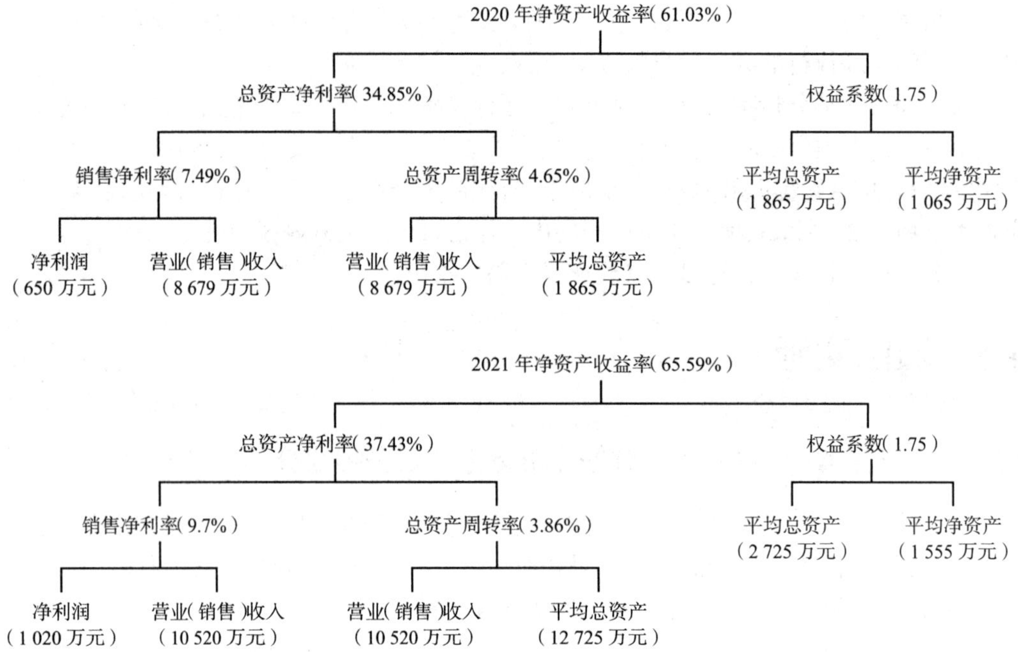

图 4-3 PXH-KJ 公司净资产收益率指标分解

(2)2021 年的权益乘数与 2020 年持平，权益乘数主要受资产负债率影响。负债比率越大，权益乘数越高，说明股东投入的资本在资产中所占的比重越小。

企业债务利息具有正向或反向杠杆效应：当企业经营业绩盈利总额超过债务利息时，股东的回报高于总资产报酬率，这个正向杠杆效应会给企业带来更多的利益。PXH-KJ 公司 2021 年的销售收入、利润总额增长，成本费用下降，在这样的情况下，如果能够有效利用债务利息的正向杠杆效应，则会取得更大收益。

4.5.2 项目任务二：基于经济增加值法的财务报表分析

X 公司为国务院国资委所属军工企业，公司采用经济增加值法分析财务报表，以便业绩计量考核和评价，有关资料如下。

(1)2021 年 X 公司的净利润为 2 118.86 万元；费用化利息支出为 12 万元，资本化利息支出为 16 万元；研发费用为 20 万元，当期无确认为无形资产的开发支出。

(2)2021 年 X 公司的年末无息负债为 132 811 万元，年初无息负债为 133 677 万元；年末带息负债为 800 万元，年初带息负债为 600 万元；年末所有者权益为 61 300 万元，年初所有者权益为 60 293 万元；年末在建工程为 180 万元，年初在建工程为 220 万元。

根据上述资料计算 X 公司 2021 年的经济增加值。

分析计算过程如下。

(1)计算税后净营业利润。

税后净营业利润 = 净利润 +(利息支出 + 研究开发费用调整项)×(1 − 25%)

研究开发费用调整项 = 研发费用 + 当期确认为无形资产的开发支出

= 20 + 0 = 20(万元)

税后净营业利润 = 2 118.86 +(12[①] + 20) × (1 − 25%)=2 142.86(万元)

(2)计算调整后资本。

调整后资本 = 平均所有者权益 + 平均带息负债 − 平均在建工程

平均所有者权益 =(61 300 + 60 293)/2 = 60 796.5(万元)

平均带息负债 =(800 + 600)/2 = 700(万元)

平均在建工程 =(180 + 220)/2 = 200(万元)

调整后资本 = 60 796.5 + 700 − 200 = 61 296.5(万元)

(3)计算平均资本成本率。

$$平均资本成本率 = 债权资本成本率 \times \frac{平均带息负债}{平均带息负债 + 平均所有者权益} \times (1 - 25\%) + 股权资本成本率 \times \frac{平均所有者权益}{平均带息负债 + 平均所有者权益}$$

债权资本成本率 = 利息支出总额/平均带息负债

利息支出总额 = 费用化利息支出 + 资本化利息支出 = 12 + 16 = 28(万元)

债权资本成本率 = 28/700 = 4%

X 公司作为国资委所属军工企业,其资产通用性较差,行业专用性较强,股本资本成本率下浮 0.5%。

股权资本成本率 = 5.5% − 0.5% = 5%

平均资本成本率 = 4% × 700/(700 + 60 796.5) × (1 − 25%)
+ 5% × 60 796.5/(700 + 60 796.5) = 4.98%

年末资产负债率 =(132 811 + 800)/(132 811 + 800 + 61 300)= 68.55%

年初资产负债率 =(133 677 + 600)/(133 677 + 600 + 60 293) = 69.01%

年末资产负债率 68.55%低于年初的 69.01%且低于 70%,因此资本成本率不属于需要调整的情况。

(4)计算经济增加值。

经济增加值 = 税后净营业利润 − 资本成本
= 税后净营业利润 − 调整后资本 × 平均资本成本率
= 2 142.86 − 61 296.5 × 4.98%
= −909.71(万元)

结论:该公司利润表中净利润为 2 118.86 万元,但是考量了资本成本以后,经济增加值揭示了其真正价值为负值,说明该公司的经营效益还需极大提高,以经济增加值的最大化作为对包括股东在内的利益相关者的回馈。

4.5.3 项目任务三:财务分析报告的编报

PXH 公司于 2011 年 12 月 1 日获准登记注册,公司属教育所需产品制造,以及教育、培训、智力服务行业。公司经营范围包括高校办学所需产品制造、高等人才培训、财会技术咨询、医疗服务技术、智能电信技术成果转让等。

① 由于资本化利息支出不影响当期利润,故此处计算只代入费用化利息支出。

2021年PXH公司资产负债表、利润表、现金流量表资料如表4-3至表4-5所示。

表4-3 2021年PXH公司资产负债表

单位:万元

资产	期末余额	期初余额	负债和所有者权益	期末余额	期初余额
流动资产:			流动负债:		
货币资金	12 650	13 052	短期借款	40 332	37 789
交易性金融资产	34	0	交易性金融负债	34	9
衍生金融资产	0	0	应付票据	13 648	21 141
应收票据	0	0	应付账款	22 523	25 143
应收账款	43 934	49 284	合同负债	4 502	3 469
应收款项融资	7 009	7 773	应付职工薪酬	3 783	3 856
预付款项	363	359	应交税费	614	1 081
其他应收款	1 561	1 010	其他应付款	7 391	9 031
存货	25 572	26 330	其中:应付利息	560	390
合同资产	6 987	6 300	应付股利	10	10
持有待售资产	0	0	预计负债	1 824	1 855
一年内到期的非流动资产	1 061	2 730	一年内到期的非流动负债	8 747	7 483
其他流动资产	7 796	8 371	其他流动负债	5 201	6 112
流动资产合计	106 967	115 209	流动负债合计	108 599	116 969
非流动资产:			非流动负债:		
长期应收款	1 240	2 134	长期借款	11 948	6 848
长期股权投资	4 060	3 561	应付债券	9 969	7 077
其他权益工具投资	1 922	1 621	租赁负债	549	0
其他非流动金融资产	47	84	递延所得税负债	103	66
投资性房地产	97	90	其他非流动负债	2 443	3 317
固定资产	49 443	43 679	非流动负债合计	25 012	17 308
在建工程	10 675	9 684	负债合计	133 611	134 277
油气资产	0	0	所有者权益:		
无形资产	12 650	11 314	股本	7 266	7 266
开发支出	5 748	5 385	其他权益工具	4 395	4 196
商誉	66	66	资本公积	24 531	24 524
长期待摊费用	132	167	其他综合收益	-47	-33
递延所得税资产	1 515	1 388	盈余公积	4 099	3 842
其他非流动资产	349	188	未分配利润	21 056	20 498
非流动资产合计	87 944	79 361	所有者权益合计	61 300	60 293
资产总计	194 911	194 570	负债和所有者权益总计	194 911	194 570

表 4-4　2021 年 PXH 公司利润表

单位:万元

项目	本年数	上年数
一、营业总收入	127 738.5	130 054.7
其中:营业收入	127 738.5	130 054.7
二、营业总成本	125 615.2	126 985.6
其中:营业成本	106 924.3	108 725.3
税金及附加	1 560.6	2 145.63
销售费用	4 345.9	4 729.48
管理费用	4 141	3 760.41
研发费用	5 629.37	4 989.36
财务费用	3 014.03	2 635.34
其中:利息费用	3 487.41	3 118.75
利息收入	353.76	187.23
加:其他收益	1 723.68	2 328.46
投资收益	-808.7	-113.35
其中:对联营企业和合营企业的投资收益	-422.78	-224.72
以摊余成本计量的金融资产终止确认收益	-519.13	-361.77
公允价值变动收益	9.75	-5.47
信用减值损失	-477.03	-332.08
资产减值损失	-159	-686.42
资产处置收益	-99.75	-18.53
三、营业利润	2 312.29	4 241.76
加:营业外收入	226.32	229.93
减:营业外支出	107.48	86.05
四、利润总额	2 431.13	4 385.64
减:所得税费用	312.27	829.45
五、净利润	2 118.86	3 556.19
(一)持续经营净利润(损失以“-”号填列)	2 118.86	3 556.19
(二)终止经营净利润(损失以“-”号填列)		
六、其他综合收益的税后净额		
(一)不能重分类进损益的其他综合收益		
1. 重新计量设定受益计划变动额		
2. 权益法下不能转损益的其他综合收益		
3. 其他权益工具投资公允价值变动		
4. 企业自身信用风险公允价值变动		
(二)将重分类进损益的其他综合收益		

续表

项目	本年数	上年数
1. 权益法下可转损益的其他综合收益		
2. 其他债权投资公允价值变动		
3. 金融资产重分类计入其他综合收益的金额		
4. 其他债权投资信用减值准备		
5. 现金流量套期储备		
6. 外币财务报表折算差额		
七、综合收益总额	2 118.86	3 556.19
八、每股收益		
(一)基本每股收益		
(二)稀释每股收益		

表 4-5 2021 年 PXH 公司现金流量表

单位:万元

项目	本年数	上年数
一、经营活动产生的现金流量:		
销售商品、提供劳务收到的现金	112 341	104 307
收到的税费返还	1 465	1 879
收到其他与经营活动有关的现金	51 510	8 310
经营活动现金流入小计	165 316	114 496
购买商品、接受劳务支付的现金	105 224	74 899
支付给职工以及为职工支付的现金	3 453	3 342
支付的各项税费	9 443	9 482
支付其他与经营活动有关的现金	19 406	13 157
经营活动现金流出小计	137 526	100 880
经营活动产生的现金流量净额	27 790	13 616
二、投资活动产生的现金流量:		
收回投资收到的现金	4 302	1 520
取得投资收益收到的现金	201	39
处置固定资产、无形资产和其他长期资产收回的现金净额	3	5
处置子公司及其他营业单位收到的现金净额		
收到其他与投资活动有关的现金	7 274	5 025
投资活动现金流入小计	11 780	6 589
购建固定资产、无形资产和其他长期资产支付的现金	1 390	684
投资支付的现金	8 174	11 009

续表

项目	本年数	上年数
取得子公司及其他营业单位支付的现金净额	0	1 247
支付其他与投资活动有关的现金	14 656	7 785
投资活动现金流出小计	24 220	20 725
投资活动产生的现金流量净额	−12 440	−14 136
三、筹资活动产生的现金流量:		
吸收投资收到的现金	0	0
取得借款收到的现金	16 640	23 443
发行债券收到的现金	0	0
收到其他与筹资活动有关的现金	3 805	1 727
筹资活动现金流入小计	20 445	25 170
偿还债务支付的现金	23 372	17 648
分配股利、利润或偿付利息支付的现金	13 031	768
支付其他与筹资活动有关的现金	2 041	458
筹资活动现金流出小计	38 444	18 874
筹资活动产生的现金流量净额	-17 999	6 296
四、汇率变动对现金的影响	693	953
五、现金及现金等价物净增加额	-2 649	5 776
加:期初现金及现金等价物余额	32 315	25 586
六、期末现金及现金等价物余额	30 359	32 315

根据 PXH 公司的财务资料,编写的公司 2021 年度的财务分析报告如下。

1. 利润分析

1)利润总额

利润总额趋势如图 4-4 所示。PXH 公司 2021 年实现的利润为 2 431.13 万元,与 2020 年的 4 385.64 万元相比下降幅度较大,下降了 44.57%。PXH 公司利润主要来自企业工业经营的高校办学所需产品制造、高等人才培训、财会技术咨询、医疗服务技术、智能电信技术成果转让等,公司市场份额较为稳定,盈利有保障,创新研发投入积极,市场前景广阔。但是 2021 年受新冠肺炎疫情影响,公司利润下降幅度较大。

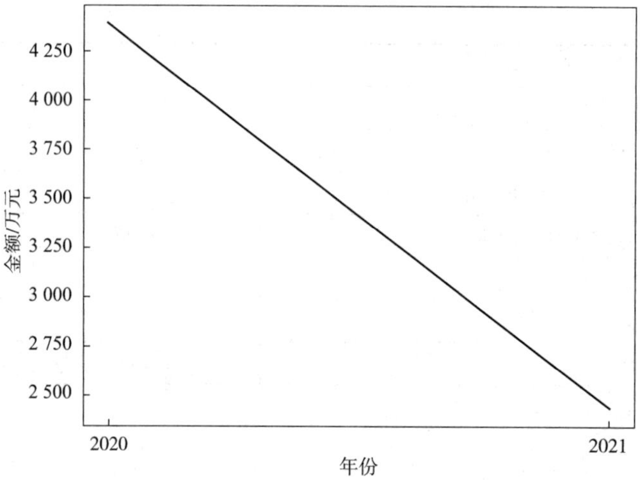

图 4-4　利润总额趋势

2）主营业务的盈利能力

根据表 4-4 可知，公司营业收入全部来源于主营业务，2021 年实现收入 127 738.5 万元，与 2020 年的 130 054.7 万元相比，下降 1.78%；主营业务成本为 106 924.3 万元，与 2020 年的 108 725.3 万元相比下降 1.66%。主营业务收入和主营业务成本同时下降，但主营业务收入下降幅度大于主营业务成本，表明公司主营业务盈利能力下降。

3）利润真实性判断

结合表 4-3 来看，公司 2021 年应收账款降低 5 350 万元，说明本年度销售收入主要是现金收入，因此收入质量是可靠的。公司实现的利润主要来自营业利润，比较 2021 年和 2020 年实现的营业收入及营业利润，受新冠肺炎疫情影响营业收入下降 1.78%，但是需要重点关注的是，营业利润下降了 45.49%，进一步分析发现，公司投资收益下降了 613.45%，资产处置损失上升了 438.32%，这说明公司需要把控投资风险，提高资产管理水平。营业收入趋势如图 4-5 所示。

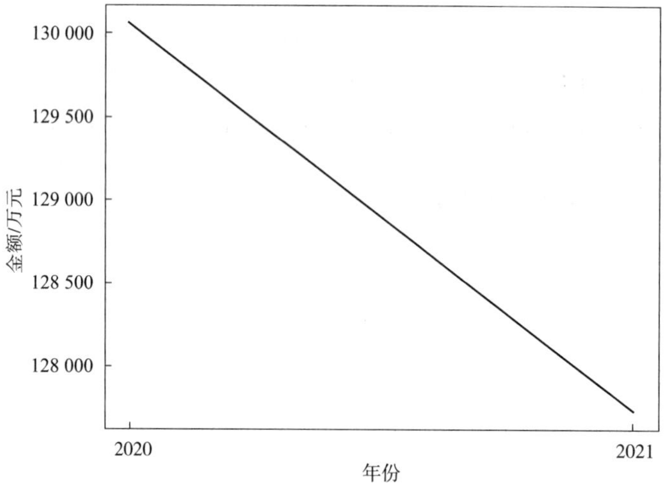

图 4-5　营业收入趋势

2. 营业总成本分析

1）营业总成本构成

2021 年 PXH 公司营业总成本为 125 615.2 万元。其中，营业成本为 106 924.3 万元，占营业总成本的 85.1%；销售费用为 4 345.9 万元，占营业总成本的 3.5%；管理费用为 4 141 万元，占营业总成本的 3.3%；财务费用为 3 014.03 万元，占营业总成本的 2.4%；税金及附加为 1 560.6 万元，占营业总成本的 1.2%。营业总成本构成如图 4-6 所示

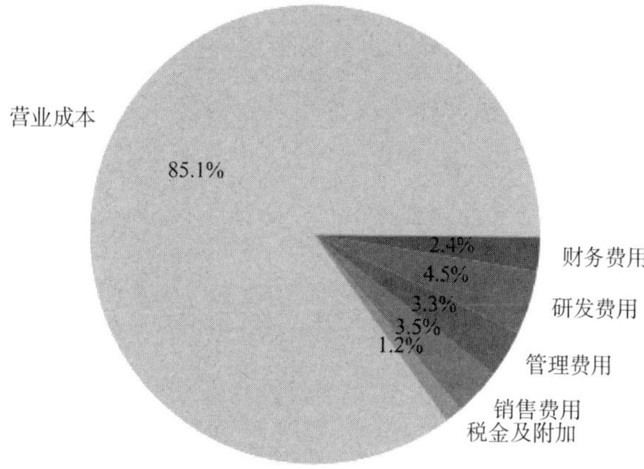

图 4-6　营业总成本构成

2）销售费用的合理性评价

销售费用趋势如图 4-7 所示。2021 年销售费用为 4 345.9 万元，与 2020 年的 4 729.48 万元相比，下降了 383.58 万元，降幅为 8.11 %，本年度销售费用随销售收入同步下降，说明公司进行了较好的销售费用控制，但是否因为销售费用的控制导致某些促销活动未能有效开展进而导致收入下降，需要深入销售部门做进一步了解分析。

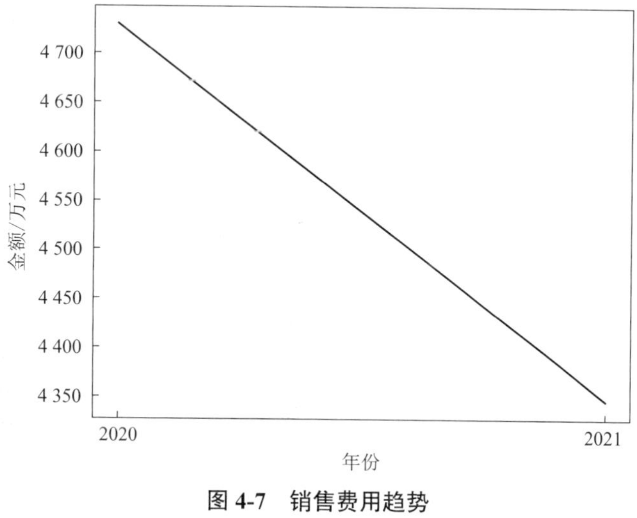

图 4-7　销售费用趋势

3)管理费用的合理性评价

管理费用趋势如图4-8所示。2021年管理费用为4 141万元，与2020年的3 760.41万元相比，增加了380.59万元，增幅为10.12%。2021年管理费用占销售收入的比例为3.24%，与2020年的2.89%相比，上升了0.35个百分点。管理费用在本年度销售收入下降的情况下不降反升，说明公司应该详细分解管理费用的支出流程，注意提高管理费用使用效率。

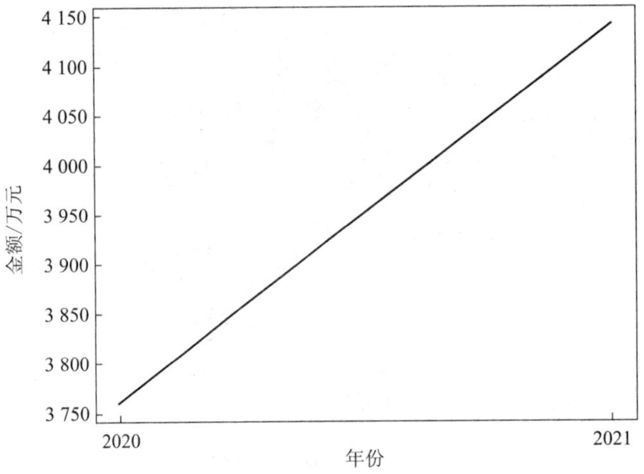

图4-8 管理费用趋势

3. 资产结构分析

1)资产构成情况

PXH公司2021年年末资产总额为194 911万元，其中流动资产为106 967万元，占总资产的54.88%，主要分布在应收账款、存货、货币资金、其他流动资产、应收款项融资、合同资产六类项目中，其中应收账款占公司流动资产的42.3%，存货占24.6%，货币资金占12.2%，其他流动资产占7.5%，应收账款融资占6.7%，合同资产占6.7%，如图4-9所示。

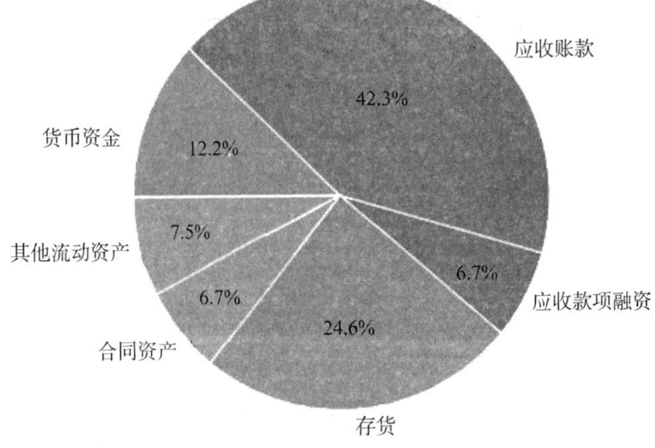

图4-9 流动资产构成

流动资产构成中，公司占用资金数额最大的是应收账款，约占公司流动资产的 42.3%，占比偏高，意味着公司有大量资金被客户占用，但是 2021 年应收账款周转率为 2.91，较 2020 年的 2.63 有所提升，说明公司本年度在销售收入下降的同时收紧了赊销政策，有了增加现销的趋势，因此应进一步关注公司产品的销售前景和增值能力。

资产总额中，非流动资产为 87 944 万元，占总资产的 45.12%，主要分布在固定资产、无形资产、在建工程、开发支出、长期股权投资、其他权益工具投资、递延所得税资产、长期应收款八类项目中，其中固定资产占公司非流动资产的 56.7%，无形资产占 14.5%，在建工程占 12.2%，开发支出占 6.6%，长期股权投资占 4.7%，其他权益工具投资占 2.2%，递延所得税资产占 1.7%，长期应收款占 1.4%，如图 4-10 所示。

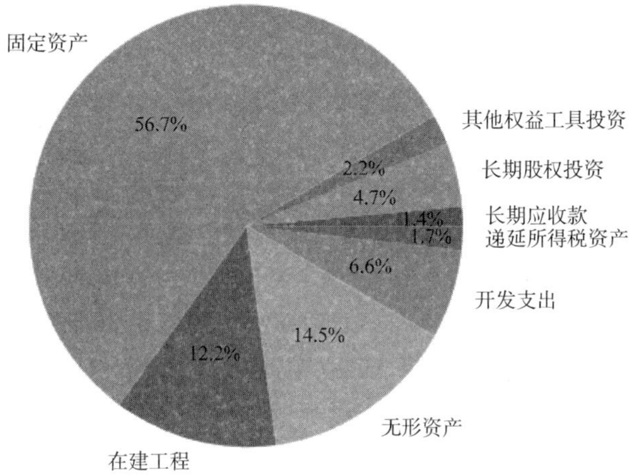

图 4-10　非流动资产构成

非流动资产的质量和周转率对公司的经营状况起决定性作用。如果数额过小，会影响企业的经营规模，乃至影响企业市场竞争力；如果数额过大，会提高企业的经营风险。PXH 公司非流动资产占比 45.12%，略小于流动资产的占比 54.88%，符合公司主业所属教育产品制造以及教育、培训、智力服务行业的经营需求。

2）资产的增减变化

2021 年总资产为 194 911 万元，较 2020 年的 194 570 万元增长了 341 万元，增幅为 0.18%，两年总资产基本持平。就其内部项目变化而言，2021 年增加资产 10 825 万元，其中主要项目有：固定资产 5 764 万元，无形资产 1 336 万元，在建工程 991 万元，其他应收款 551 万元，长期股权投资 499 万元，合同资产 687 万元，长期股权投资 499 万元。内部项目减少资产 10 484 万元，其中主要项目有：应收账款 5 350 万元，长期应收款 894 万元，一年内到期的非流动资产 1 669 万元，应收款项融资 764 万元，存货 758 万元，其他流动资产 575 万元，货币资金 402 万元。

3）资产结构的合理性评价

从资产各项目与营业收入的比例关系来看，2021 年应收账款所占比例为 34.39%，存货占比 20.02 %，固定资产占比 38.71%，2021 年公司资产结构较为合理。

应收账款、存货均呈下降趋势，如图 4-11 和图 4-12 所示。

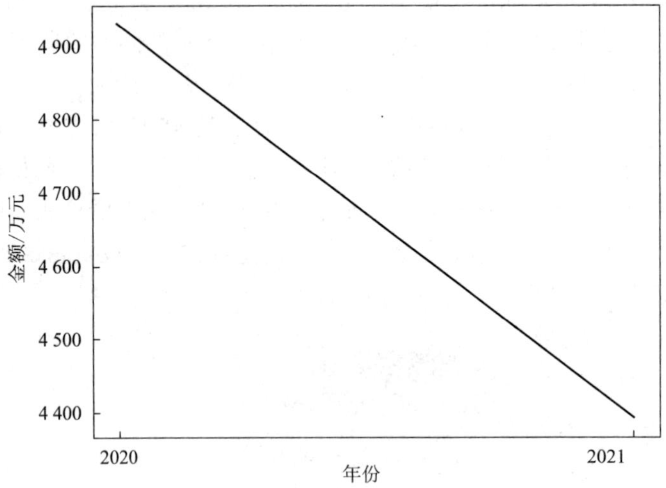

图 4-11　应收账款趋势

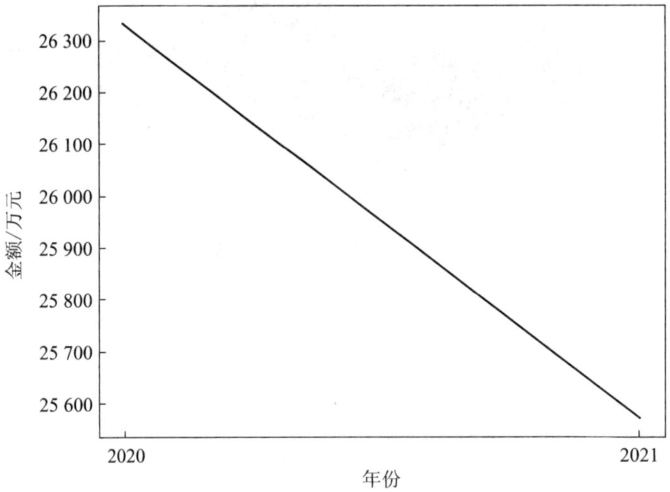

图 4-12　存货趋势

主要资产项目变动情况如图 4-13 所示。与 2020 年相比，2021 年货币资金、存货等项目升降变化较小，应收账款下降 10.86%，固定资产增长 13.2%。总体来看，与 2020 年相比，2021 年流动资产下降 7.15%，营业收入下降 1.78%，流动资产的下降幅度大于营业收入，说明公司资产的盈利能力相对提高。

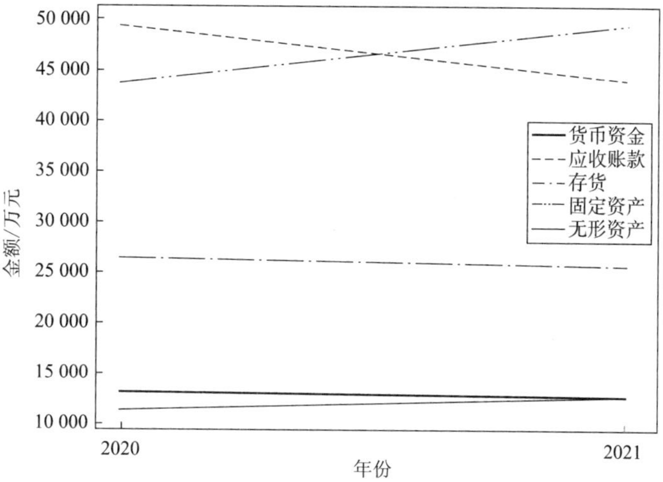

图 4-13 主要资产项目变动情况

4. 偿债能力分析

1)短期偿债能力

从支付能力来看，PXH 公司 2021 年的短期借款是货币资金的 3.2 倍,日常现金支付资金比较紧张,主要依靠短期借款；2021 年的流动比率为 0.98,与 2020 年的 0.98 保持一致；2021 年速动比率为 0.75,与 2020 年的 0.76 相比略微下降。PXH 公司 2020—2021 年偿债能力指标如表 4-6 所示。

表 4-6 PXH 公司 2020—2021 年偿债能力指标

财务指标	2021 年	2020 年
流动比率	0.98	0.98
速动比率	0.75	0.76

2)还本付息能力

PXH 公司 2021 年盈利对利息的保障倍数为 1.70,低于 2020 年的 2.41,从实现利润和利息的关系看,公司盈利能力能够保障利息支付,但是 2021 年的保障能力已呈现下降趋势,所以,公司应进一步研究贷款总额、利率、期限与提高盈利能力之间的关系,确保贷款的成本低于利润总额。资产负债率 2021 年较 2020 年略降,说明公司长期偿债能力逐渐增强。PXH 公司 2020—2021 年资产负债对比如表 4-7 所示。

表 4-7 PXH 公司 2020—2021 年资产负债对比

财务指标	2021 年	2020 年
利息保障倍数	1.70	2.41
资产负债率/%	68.55	69.01

5. 盈利能力分析

PXH 公司 2020—2021 年盈利指标如表 4-8 所示。

表 4-8 PXH 公司 2020—2021 年盈利指标

单位:%

财务指标	2021 年	2020 年
营业净利率	1.66	2.73
营业利润率	1.81	3.26
营业毛利率	16.29	16.40
成本费用利润率	1.94	3.45
总资产净利率	1.09	1.83
净资产收益率	3.46	5.90

1)主营业务盈利能力

PXH 公司 2021 年营业净利率为 1.66%,较 2020 年的 2.73%下降 1.07 个百分点;2021 年营业利润率为 1.81%,较 2020 年的 3.26%下降 1.45 个百分点,下降幅度较大;2021 年总资产净利率为 1.09%,较 2020 年的 1.83%下降 0.74 个百分点;2021 年净资产收益率为 3.46%,较 2020 年的 5.90%下降 2.44 个百分点;2021 年成本费用利润率为 1.94%,较 2020 年的 3.45%下降 1.51 个百分点。由此可以看出,PXH 公司 2021 年的盈利能力全面下降。

2)总资产净利率

2021 年总资产净利率比 2020 年下降的主要原因是:2021 年净利润为 2 118.86 万元,较 2020 年的 3 556.19 万元减少 1 437.33 万元,降幅为 40.42%,下降幅度巨大;2021 年平均总资产为 194 741 万元,与 2020 年的 194 570 万元相比基本持平,变化幅度仅为 0.088%,因此提高总资产净利率的关键是公司盈利能力的提高。

3)成本费用利润率

2021 年成本费用利润率为 1.94%,与 2020 年的 3.45%相比下降 1.51 个百分点。

6. 营运能力分析

PXH 公司 2020—2021 年营运指标如表 4-9 所示。

表 4-9 PXH 公司 2020—2021 年营运指标

财务指标	2021 年	2020 年
流动资产周转率/次	1.15	1.13
流动资产周转天数/天	313	319
总资产周转率/次	0.66	0.67
总资产周转天数/天	549	539
应收账款周转率/次	2.74	2.64
应收账款周转天数/天	131	136

续表

财务指标	2021 年	2020 年
存货周转率/次	4.12	4.13
存货周转天数/天	87.37	87.17

1)存货周转天数

PXH 公司 2021 年存货周转天数为 87.37 天，与 2020 年的 87.17 天相比基本持平，其中 2021 年营业成本为 106 924.3 万元，较 2020 年的 108 725.3 万元降低 1 801 万元，降幅为 1.66%；2021 年平均存货为 25 951 万元，较 2020 年的 26 330 万元下降 379 万元，降幅为 1.44%。2021 年公司销售收入下降，成本、存货同步下降，成本的下降幅度与存货的下降幅度也基本持平，可以看出，公司在存货管理、成本控制方面是较为持续稳定的，存货水平未出现不合理增长。

2)应收账款周转天数

PXH 公司 2021 年应收账款周转天数为 131 天，其中营业收入为 127 738.50 万元，平均应收账款为 46 609 万元；2020 年应收账款周转天数为 136 天，其中营业收入为 130 054.70 万元，应收账款为 49 284 万元。2021 年收入下降的同时，应收账款也同步降低，说明公司对应收账款的管理还是较为重视的，但是两年周转天数都在 130 天以上，说明公司应收账款周转期较长，占用公司资金时间及成本较高、风险较大，公司管理层应详细分析赊销政策与收入提高的关系，及时调整以防范风险。

3)营业周期

营业周期=存货周转天数+应收账款周转天数

PXH 公司 2021 年营业周期为 218.37 天，2020 年为 223.17 天，2021 年比 2020 年缩短 4.8 天。从存货、应收账款占用资金数量及其周转速度的关系来看，公司经营活动的资金占用周期较长，其中主要是应收账款周期过长，公司应从调整赊销政策的角度考虑提高企业整体营运能力。

4)营运能力财务指标比较分析

2021 年流动资产周转天数为 313 天，比 2020 年的 319 天下降 6 天。下降的主要原因是：2021 年平均流动资产为 111 088 万元，与 2020 年的 115 209 万元相比减少 4 121 万元，降低 3.58%；2021 年营业收入为 127 738.50 万元，较 2020 年的 130 054.70 万元减少 2 316.2 万元，降低 1.78%；流动资产下降速度高于营业收入的下降速度，致使流动资产周转天数降低。但是需要指出的是，虽然 2021 年周转天数已呈下降趋势，但总体来看，公司的周转速度太慢，周转期过长，影响公司的营运速度。

PXH 公司 2021 年总资产周转次数为 0.66 次，比 2020 年的 0.67 次更少，整体周转速度偏慢；2021 年周转天数为 549 天，较 2020 年的 539 天增加了 10 天。公司 2021 年在营业收入降低的情况下资产总额增长，使得原本过长的周转天数变得更长，公司管理层应针对具体情况进一步查找原因，找到资产与收入的最佳配比。

7. 经营环境分析

1)外部环境分析

党的二十大报告指出,高质量发展是全面建设社会主义现代化国家的首要任务。坚持社会主义市场经济改革方向,以推动高质量发展为主题,把实施扩大内需战略同深化供给侧结构性改革有机结合起来,着力提升产业链供应链韧性和安全水平,着力推进城乡融合和区域协调发展,推动经济实现质的有效提升和量的合理增长。建设现代化产业体系,坚持把发展经济的着力点放在实体经济上,推进新型工业化,加快建设制造强国、质量强国、数字中国。

全面推进乡村振兴,坚持农业农村优先发展,巩固拓展脱贫攻坚成果,加快建设农业强国,扎实推动乡村产业、人才、文化、生态、组织振兴。促进区域协调发展,深入实施区域协调发展战略、区域重大战略、主体功能区战略、新型城镇化战略,优化重大生产力布局,构建优势互补、高质量发展的区域经济布局和国土空间体系。

2)区域环境分析

PXH公司地处陕西省,按照党的二十大报告所指引的"着力提升产业链供应链韧性和安全水平,着力推进城乡融合和区域协调发展,推动经济实现质的有效提升和量的合理增长。建设现代化产业体系,坚持把发展经济的着力点放在实体经济上,推进新型工业化,加快建设制造强国、质量强国、数字中国",陕西省也围绕重点展开布局,陕西省人民政府办公厅印发的《"十四五"制造业高质量发展规划》指出,立足国家制造业相关要求,综合全省产业基础和特色优势,着力构建"6+5+*N*"现代制造业新体系,即做大做强高端装备、电子信息、生物医药等6大支柱产业,做精做实人工智能、云计算与大数据、物联网、增材制造、光子、量子信息、空天信息等一批新兴产业。

(1)电子信息。以半导体及集成电路、智能终端等领域为重点,强化技术创新和项目招引,发展重点——半导体及集成电路。以集成电路制造为核心,做精半导体及集成电路产业链,促进产业链上下游合作,提升产业链协同能力,打造国内领先的集成电路设计业强省和国家重要的半导体及集成电路产业基地。

(2)智能终端。发挥智能终端产业优势,按照"政府引导、集群引进,重点突破、完善配套"的工作思路,积极引进智能终端关键芯片、摄像头、天线、触控面板、电池等零部件生产企业和设计研发企业,提升智能终端产业集聚发展水平。积极发展可穿戴设备、车载智能设备、平板电脑、虚拟现实设备等智能终端产品。加快构建"芯片—核心器件—整机"的智能终端全产业链条,着力建设全国重要的智能终端产业基地。

(3)生物医药。聚焦生物药、高端医疗器械、医药研发,以及医疗服务等重点领域和重大项目等,不断提升医药产业基础能力与生物医药产业链现代化水平,着力推进全省生命健康产业规模化、集群化、高端化跨越式发展,做大做强"陕药"品牌。

发展重点:现代中药,推动中药产业现代化;化学制药;生物制品,围绕省内优势医药创新资源,大力发展生物技术和生物药品;高端医疗器械;医药研发与医疗健康服务,形成智慧型供应链体系。

(4)做精做实*N*个新兴产业。

人工智能。依托秦创原创新驱动平台和高校人工智能的创新资源,加大前沿基础理论、专用芯片研发等开源算法平台构建、智能系统应用、智能传感器、人工智能处理器等领域的研发投入力度，突破一批关键核心技术。加快推进人工智能技术在教育、物流、旅游、医疗、交通、城市管理等领域的实验与应用。

云计算与大数据。推进大数据工程实验室和其他校企共建研发机构，支持云计算和大数据领域关键技术的研究与基础软硬件研发，提高云计算和大数据的服务能力。加快数据资源的开放与共享，加快面向医疗、工业、交通、物流及公共事业等领域的大数据解决方案的广泛应用，促进政府、企业、社会三者数据融合，构建和推广大数据典型的社会共享应用场景。

新兴产业重点依托西安创新资源优势，推动西安在人工智能、云计算与大数据、增材制造、光子、量子信息、空天信息等方面的布局，布局建设一批具备超算能力、模块化分析能力的绿色新型数据中心。

3）公司内部优势与风险分析

Ⅰ. 公司内部优势分析

PXH 公司属教育所需产品制造，以及教育、培训、智力服务行业。公司主业经营的医疗服务技术、智能电信技术成果转让、高等人才培训、财会技术咨询等与陕西省"十四五"规划的重点发展领域完全吻合，因此公司应该以党的二十大报告为指引，紧紧围绕陕西重点发展的电子信息、智能终端、生物医药、人工智能、云计算与大数据等行业布局。

PXH 公司所属智能科学与信息工程公司拥有电子信息工程、通信工程、计算机科学与技术、软件工程、数据科学与大数据技术等研发优势，坚持以市场需求为导向，与国内知名企业、高校共同打造校企合作、协同育人的机制与平台，具备自主设计与开发能力。

PXH 公司所属护理、药学公司，秉承"精诚为医，至真至善"的宗旨，坚持以"立德树人"为根本，培养地方性、应用型、开放型、高水平健康人才，其中，医学检验技术朝着标准化、信息化、自动化、人性化和临床化发展；制药教育培训致力于培养具有药物临床应用、药物研发生产、质量控制、药品经营管理的高素质应用技术型专门人才；医学信息工程利用计算机软件、硬件技术，对医学信息进行采集、传输、处理、分析及研制医疗信息系统。

PXH 公司从事的上述领域与陕西省"十四五"规划重点发展领域高度吻合，这些发展机遇，是公司今后资产上规模、销售拓市场、管理升盈利的有利时机。

Ⅱ. 公司风险分析

从前述的 PXH 公司利润总额、资产结构、营业总成本、偿债能力、盈利能力、营运能力六方面的分析可以看出，公司涉及的风险点包括如下内容。

（1）盈利降低风险。PXH 公司 2021 年实现利润 2 431.13 万元，较 2020 年下降 44.57%，2021 年受新冠肺炎疫情影响，公司利润下降幅度较大；2021 年实现收入 127 738.5 万元，较 2020 年下降 1.78%；主营业务成本为 106 924.3 万元，较 2020 年下降 1.66%。主营业务收入和主营业务成本同时下降，但主营业务收入下降幅度大于主营业务成本，表明公司主营业务盈利能力下降。

需要重点关注的是，营业利润下降了 45.49%，进一步分析发现，公司投资收益下降了 613.45%，资产处置损失上升了 438.32%，这说明公司需要把控投资风险，提高资产管理水平。

（2）成本费用控制风险。PXH 公司 2021 年管理费用为 4 141 万元，较 2020 年增长 10.12%，2021 年管理费用占销售收入的比例为 3.24%，与 2020 年相比上升 0.35 个百分点，管理费用在本年度销售收入下降的情况下不降反升，说明公司应该详细分解管理费用的支出流程，注意提高管理费用使用效率；2021 年销售费用为 4 345.9 万元，较 2020 年下降 383.58 万元，降幅为 8.11%，本年度销售费用随销售收入同步下降，说明公司进行了较好的销售费用控制，但是否因为销售费用的控制导致某些促销活动未能有效展开进而导致收入下降，需要深入销售部门做进一步了解分析。

（3）营运缓慢风险。PXH 公司两年应收账款周转天数都在 130 天以上，说明公司应收账款周转期较长，占用公司资金时间及成本较高、风险较大，公司管理层应详细分析赊销政策与收入提高的关系，以及时调整防范风险。

2021 年流动资产周转天数为 313 天，比 2020 年的 319 天减少了 6 天，虽然周转天数已呈下降趋势，但是总体来看，公司的周转速度太慢，周转期过长，影响公司的营运速度。

PXH 公司 2021 年总资产周转次数为 0.66 次，比 2020 年的 0.67 次更少，整体周转速度偏慢，2021 年的周转天数为 549 天，较 2020 年的 539 天增加了 10 天，公司 2021 年在营业收入降低的情况下资产总额增长，使得原本过长的周转天数变得更长，公司管理层应针对具体情况进一步查找原因，找到资产与收入的最佳配比。

4）聚焦优势，把控风险

2021 年，面对国际复杂多变的竞争环境，公司秉持科学、民主、自由、公平、创新之精神，以“质量第一、自强不息、开拓前进”为追求，在坚持可持续性发展的同时，谋求高质量发展，以党的二十大会报告指出的“高质量发展是全面建设社会主义现代化国家的首要任务”为引领，抓住“建设现代化产业体系，坚持把发展经济的着力点放在实体经济上，推进新型工业化，加快建设制造强国、质量强国、数字中国”的时代机遇，把握机遇差异化经营，加强成本费用控制管理；聚焦陕西省“十四五”发展规划布局公司智能科学与信息、护理、药学等核心业务，确保公司持续的竞争优势；高度关注损益、资产使用效率和现金流量，特别需要把控投资风险，提高资产管理水平，围绕新产品开发销售、成本精益改进、科技研发创新、生态环境效益等方面工作促进公司发展。

加强战略管理，以净资产收益率、经济增加值考核提升公司价值创造，提升公司抗风险能力，以盈利降低风险、成本费用控制风险、营运缓慢风险等重点风险为抓手，进一步完善公司风险管理和风险应对方案，发挥内部、外部审计在重大风险领域的监督评价作用，充分发挥基于 BI 系统的财务报表分析的风险提示及指导作用。

4.6 项目总结

本项目在分项能力分析的基础上，更加全面地评价企业整体的财务状况和经营成果，分别介绍了杜邦财务分析、经济增加值法、帕利普财务分析等主要综合财务分析方法，又对财务分析报告做了介绍。通过对项目案例实施分析，将理论知识与实践应用有效结合在一起，本教材的学习者能够在实际操作中系统掌握理论知识。

财务分析报告是依据财务报表分析的理论和方法对企业进行分析和评价，进行必要的科学预测而形成的书面报告。不同的会计场景采用不同类型的报告，包括预算分析报告、经济活动分析报告等，经济活动分析报告使用企业历史数据如近 2~5 年的数据进行动态趋势分析并借此预测企业未来的发展趋势。

4.7　项目练习

1. 单项选择题

（1）可持续发展财务分析体系的核心指标是（　　）。

A. 权益乘数　B.1-股利支付率　C. 净资产收益率　D. 可持续增长率

（2）在杜邦财务分析体系的第一层次分解中，将（　　）分解为营业净利率和总资产周转率两个因素的乘积。

A. 权益乘数　B. 净资产收益率　C. 总资产收益率　D. 可持续增长率

（3）总资产和净资产的比率是（　　）。

A. 权益乘数　B. 净资产收益率　C. 总资产收益率　D. 可持续增长率

（4）可持续增长率指标是净资产收益率和（　　）的乘积。

A. 权益乘数　B.1-股利支付率　C. 总资产净利率　D. 可持续增长率

（5）（　　）越大，可持续增长率越低。

A. 营业净利率　B. 总资产周转率　C. 权益系数　D. 股利支付率

（6）一般情况下，综合经济指数达到（　　），说明企业经营总体水平达到了标准要求。

A.90%　B.100%　C.80%　D.60%

2. 多项选择题

（1）杜邦分析法是利用各个主要财务比率之间的内在联系，将反映企业（　　）的比率形成一个完整的指标体系，最终通过（　　）这一核心指标来全面、系统、综合地反映企业的财务状况。

A. 发展能力　B. 偿债能力　C. 盈利能力　D. 营运能力

E. 净资产收益率

（2）杜邦财务分析体系包含两大层次，分别对（　　）进行分解。

A. 总资产收益率　B. 权益乘数　C. 净资产收益率　D. 营业净利率

E. 总资产周转率

（3）帕利普财务分析以可持续增长率为核心，将反映企业（　　）的指标联系在一起，使财务分析的方法体系更加完善。

A. 发展能力　B. 偿债能力　C. 盈利能力　D. 营运能力

E. 净资产收益率

（4）净资产收益率可以分解为（　　）因素的乘积。

A. 营业净利率　B. 总资产周转率　C. 权益乘数　D.1-股利支付率

E. 存货构成

3. 判断题

（1）杜邦分析法最终通过净资产收益率这一核心指标来全面、系统、直观地反映企业的

财务状况。(　　)

(2)净资产收益率可以分解为总资产周转率和权益乘数的乘积。(　　)

(3)营业净利率也是杜邦财务分析体系的重要内容,而且属于第二层次分解的内容。(　　)

(4)权益乘数越大,净资产收益率越高,财务风险越小。(　　)

(5)帕利普财务分析是对杜邦财务分析体系的发展与完善。(　　)

(6)帕利普财务分析的核心指标是净资产收益率。(　　)

(7)可持续增长率取决于净资产收益率和股利支付率两个因素。(　　)

4. 计算分析题

A 公司净资产收益率指标资料如表 4-10 所示。

表 4-10　A 公司净资产收益率指标资料

单位:万元

项目	上年	本年
平均总资产	46 780	49 120
平均净资产	25 729	25 051
营业收入	37 424	40 278
净利润	3 473	3 557

要求:根据以上资料,按杜邦财务分析体系对净资产收益率变动原因进行分析。

项目5　基于BI系统的财务报表可视化分析

项目导读

大数据时代，财务人员的选择

随着大数据和人工智能（AI）技术的迅猛发展，各行各业都面临一场新的技术变革。宏观环境利好，国家政策大力扶持，国家先后发布相关重要通知与行动计划，深度刺激AI产业井喷式增长。随着数字化产业与产业数字化转型的深入，数据分析已经与业务深度融合，为组织决策提供有效支撑和依据。数据分析能力已经成为企业各类管理人员、业务人员的必备技能。据国际数据公司（IDC）的调研数据显示，在85%的中国企业中，成功的数字化转型可以帮助企业财务业绩提升超过5%。推动企业数字化转型已成为帮助企业渡过难关、实现降本增效的利器。财务作为企业经营与运营的晴雨表，对于企业的健康运营与发展至关重要。在数字经济时代，财务人员应运用数据思维与数据分析技能，及时发现企业运营过程中的异常与问题，为风险规避与降本增效提供决策依据，发挥大数据财务管理的真正价值。

5.1　培养目标

5.1.1　知识目标

（1）了解大数据与大数据分析。

（2）熟悉Tempo商业智能平台。

（3）掌握偿债能力、营运能力、盈利能力、发展能力数据可视化。

（4）掌握杜邦财务分析体系数据可视化。

5.1.2　能力目标

（1）具有深刻理解财务大数据项目的处理流程，掌握财务数据可视化的方法的能力。

（2）了解财务大数据可视化的工作原理和使用方法，具有财务大数据可视化的设计和可视化开发的能力。

（3）具备财务大数据可视化编码的基本技能，并具有较强的财务分析问题和解决问题的能力，为将来从事财务大数据相关领域的工作打下坚实的基础。

（4）培养学生掌握财务数据可视化的技术，能够独立完成财务数据可视化处理工作的能力。

5.2 用户需求

大数据分析在金融、商业、医疗、工业制造、新能源、新媒体、社会科学、游戏娱乐等很多领域都有很大的应用空间。如在金融领域可以实现大数据风控（金融反欺诈、信用评分、客户违约预警）、客户营销（客户精准营销、客户流失预警）、量化交易（智能选股、宏观经济形势分析）；在医疗领域可以实现疾病预测（肿瘤预测、糖尿病预测）、疾病分析（医疗图像诊断、病症关联规则分析）、医药研发（药物剂量分析、生物统计分析）；在新媒体领域则可以进行内容制作、内容推荐和用户体验改善。

业内人士估计，我国整个人工智能领域的人才数量缺口在百万级别，各高校培养输送的人才只占市场所需人才的30%~40%，远远不能解决目前AI人才短缺问题。截至2019年，全国高等院校设立人工智能学院/研究院59家，师资力量薄弱（多数教师是从其他专业转型）、人工智能一级学科体系不够完善（教育课程如何设计、培养目标如何与市场接轨、如何引领人工智能的快速发展）、教育实验环境基础薄弱等问题亟待解决。

5.3 需求分析

专业算法人才培养：为高校提供算法专业人才培养的新模式，不仅让学生在学习实验中掌握技术实现，还能结合真实行业应用场景，进行技术基础原理与应用价值的掌握，培养学生数据思维、客户思维，更符合企业用人需求。

数据分析应用人才培养：平台完整的分析逻辑与思路，符合国际数据分析与应用项目落地实践的方法论，让学生在学习中掌握数据分析的方法；基于真实客户案例的实训课程，让学生了解真实的项目需求，以应用为目标，培养掌握数据分析能力的应用型人才。

5.4 知识准备

5.4.1 大数据及大数据分析

1. 大数据的概念及特点

大数据是指无法在容许时间内用常规的软件工具对其内容进行抓取、管理和处理的数据集合。大数据规模的标准是持续变化的，当前泛指单一数据集的大小在十几TB和PB之间。

大数据具有4V特性：

① Volume：数量大，达到PB~ZB量级，不可能集中存储，也不可能集中处理；

② Velocity：增长快，动态增长、时变，以数据流呈现，有时效性；

③ Variety：类型多，形式、来源多样，冗余、不完全并存，非结构化；

④ Value：价值密度低，存在大价值但依赖整体。

2. 大数据分析的概念

数据分析有狭义和广义之分。狭义的数据分析是指根据分析目的,采用对比分析、分组分析、交叉分析和回归分析等分析方法,对搜集来的数据进行处理与分析,提取有价值的信息,发挥数据的作用,并得到一个特征统计量结果的过程。一般说的数据分析是指狭义的数据分析。而广义的数据分析是指对搜集来的数据运用基础探索、统计分析、深层挖掘等方法,发现数据中有用的信息和未知的规律与模式,进而为下一步的业务决策提供理论与实践依据。也就是说,广义的数据分析除狭义数据分析的含义外,还包括数据挖掘的部分。

大数据分析是指在研究大量的数据的过程中寻找模式、相关性和其他有用的信息,以帮助企业更好地适应变化,并做出更明智的决策。

3. 大数据分析工具

数据分析工具的分类有不同的标准。按数据处理的流程来分,可以将数据分析工具分为数据采集、数据存储、数据管理、数据计算、数据分析、数据可视化等几个方面,常见的有 SAS、SPSS、MATLAB、Weka、Python、R、Excel、SQL 等。下面简单介绍其中的几类工具。

1)数据采集工具

目前市场上比较常用的数据采集工具有八爪鱼、Content Grabber、Import.io、Parsehub、Mozenda 等。其中八爪鱼是深圳视界信息技术有限公司开发的一款满足多业务场景的数据采集软件。

2)开源数据工具

影响较大的开源数据工具有 Knime、OpenRefine、Spark、RapidMiner、Pentaho、Talend、Weka、NodeXL、Gephi 等。

3)数据可视化工具

常用的数据可视化工具有 Tempo、PowerBI、Solver、Qlik、Tableau Public、谷歌 Fusion Tables、Infogram 等。

4)开源数据库

常用的开源数据库有 Oracle、PostgreSQL、Airtable、MariaDB、Improvado 等。数据库可以存储大量的数据,有时我们说 SQL,不是单指 MySQL 或者 Oracle,抑或 Hive 等,而是指标准 SQL 结构化查询语言,通过 SQL 可以进行复杂的数据关联查询,也能高效地挖掘出数据之间的关系,做出最有商业价值的数据分析报表。

5)数据分析编程语言工具

典型的数据分析编程语言工具包括 R、Python、Java 和 Scala。

R 是属于 GNU 系统的一个自由、免费、源代码开放的软件,它是一个用于统计计算和统计制图的优秀工具。Python 是免费开源的软件,适合于数据分析、机器学习、深度学习、网站开发、网络爬虫等。Python 的开发 IDE 有很多,如 sublime text、PyCharm、VSCode、ipython 等。Java 可以在平台之间实现无缝移植,且运行速度更快。Scala 是一种能够运行在 JVM 上的语言,支持面向对象和函数式编程,适用于高性能集群计算。

5.4.2 Tempo BI 简介

Tempo 商业智能平台(简称“Tempo BI”)是美林数据技术股份有限公司(简称“美林数

据”，股票代码：831546）自主研发的一款面向业务人员的自助式数据分析平台，平台支持便捷的数据准备、丰富的图表组件、强大的分析方法、灵动的视觉交互、多终端/多渠道的成果分享，为企业提供 BI 数据分析与可视化展现于一体的解决方案。

Tempo BI 作为一款敏捷、易用的可视化分析工具，已经在数千个行业龙头数字化转型项目中得到应用与客户认可。平台可以为企业业务用户提供自助式探索分析的能力，实现企业运营看板/大屏的快速开发、企业各类电子报告的制作与订阅管理以及复杂报表和数据填报。同时可与物联网、工业互联网平台融合，实现企业设备数据、设备状态的实时监控。Tempo BI 产品核心能力如图 5-1 所示。

拖曳式数据分析 人人都是分析师

完全面向业务用户设计的可视化分析工具，数据分析全流程均为拖曳式、配置式的交互操作，零门槛快速上手

自助式数据处理 指标计算不求人

自助式数据接入、清洗、加工、预计算，让业务用户无须依赖 IT 人员，即可快速构建业务指标的计算过程

丰富的业务场景 报表分析监控都能干

除了基本的 BI 可视化数据分析之外，还能够支持时序分析、历史分析、实时监测、设备监控、3D 模型、中国式报表、数据填报等业务场景，满足复杂的企业级 BI 应用。

完善的管控体系 企业数据更安全

提供多种数据安全管控机制，支持源级、表级、行级、列级权限，支持数据脱敏、安全级别管控，全面保障企业数据资产安全。

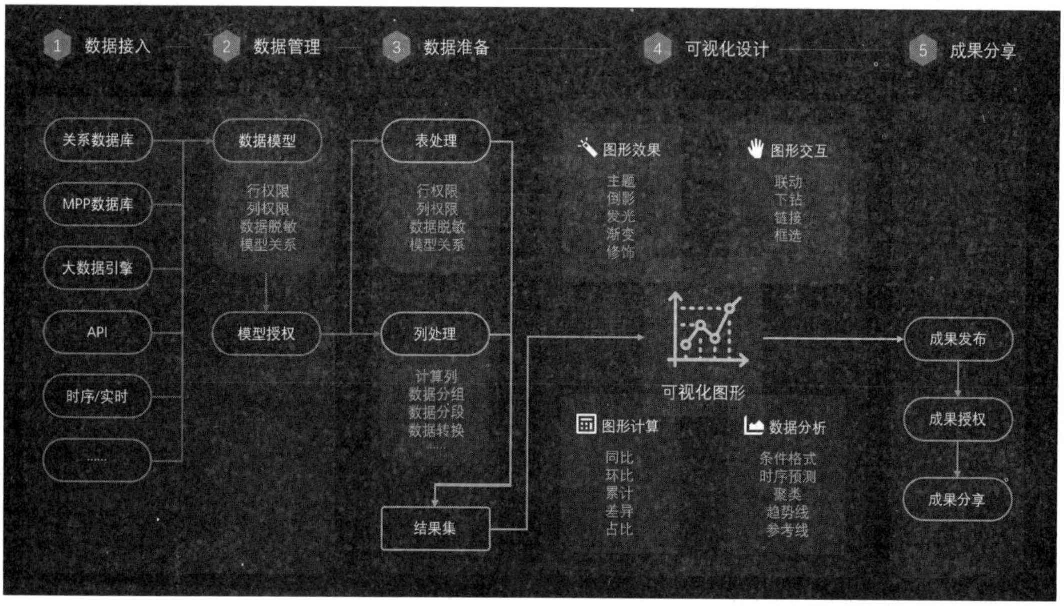

图 5-1　Tempo BI 产品核心能力

5.4.3　Tempo BI 基础操作

Tempo BI 提供多维分析、统计分析、数据可视化等大数据分析功能,用户可以基于平台进行业务数据探索、分析和展示。平台内置丰富的可视化效果、灵动的视觉交互探索手段、交互式的即席分析体验,以拖曳、配置式操作让用户可以更好地观察数据和与数据对话,发现数据规律,获取敏锐洞察,让数据分析更简单、更智能。根据数据分析的应用流程,主要分为数据准备、可视化设计和成果发布与提交三个部分,此处还可能涉及图形组件开发。

1. 数据准备

数据准备界面如图 5-2 所示,用户可快速完成数据的添加,并支持对数据表的数据进行分析与洞察。根据分析需求,系统提供数据关联、数据过滤、数值替换、重命名、数据分组与分段、去除空格、数据列合并与拆分、自定义列、地理分析等数据预处理功能,满足基础的数据清洗、转化、集成需求。

2. 可视化设计

平台支持学生通过拖曳的方式更改观察数据的维度、指标,并将数据以丰富的图表方式进行迅速、直观表达。整体分析过程无须编码,为用户提供极简易用的操作体验。

数据可视化界面如图 5-3 所示。平台提供图形的智能匹配与图形切换功能,支持用户随时更改图形类型, 寻找更贴切的图形表达方式来诠释业务含义。

支持多数据表的分析模式,学生在分析时,可选择多个表的字段直接制图, 无须提前建立数据集(宽表)。系统会自动检索表关系,在后台自动生成数据关系,用户也可手动指定多表之间的多种关联关系,关联关系支持常见的雪花、星型等模式。关联关系一旦设定后,可被其他图形复用,极大地提高了数据模型的灵活度,适用于更复杂的业务分析场景。

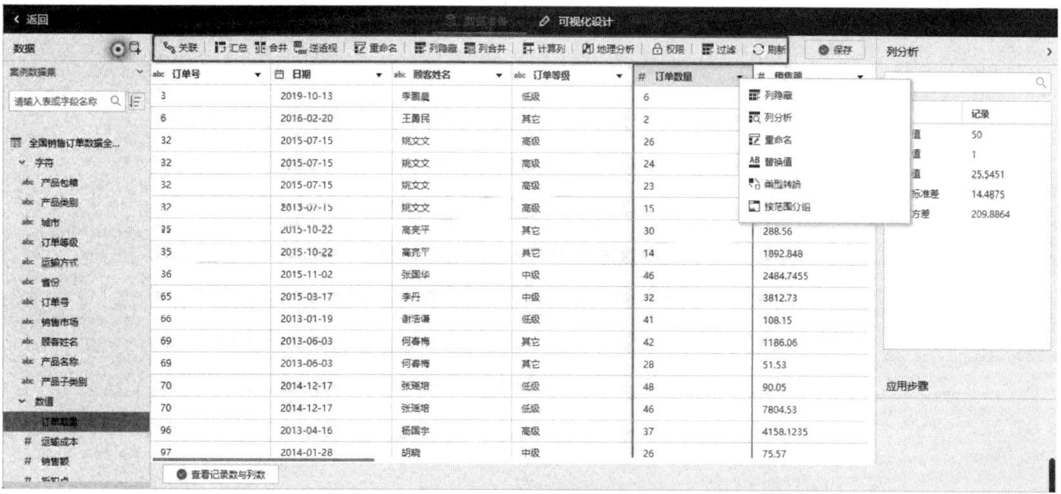

图 5-2　数据准备界面

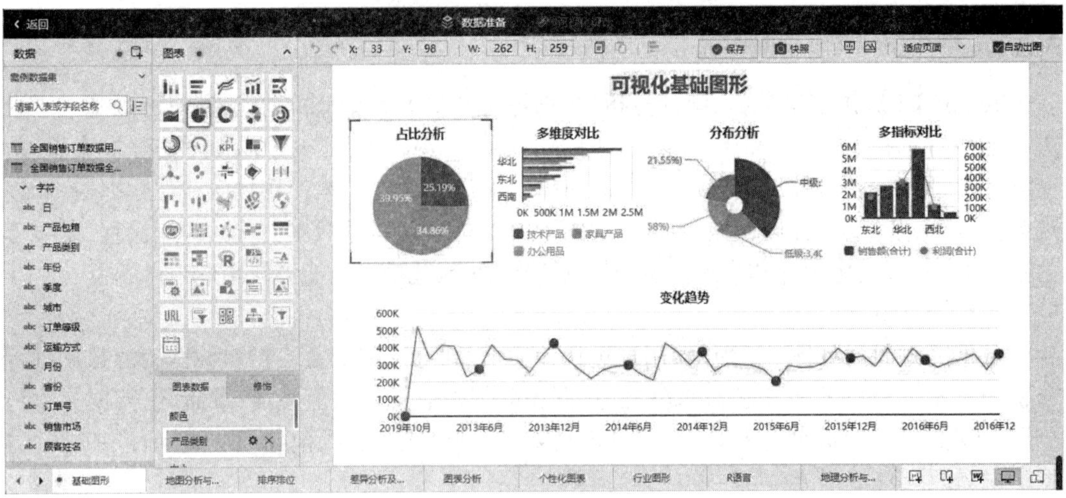

图 5-3 数据可视化界面

1）场景设计

场景是承载多个图形的容器，可由学生针对同一分析主题，将多个分析图表进行自由组合、布局，以直观、全局查看数据规律。场景是一块可进行交互操作的画布。为了让场景设计更加简便、清晰，平台提供场景配置、元素布局、撤销重做、复制粘贴、定时刷新等功能。对于已完成的场景，学生可以围绕分析主题调整场景顺序形成一个完整的业务分析报告。数据可视化场景设置界面如图 5-4 所示。

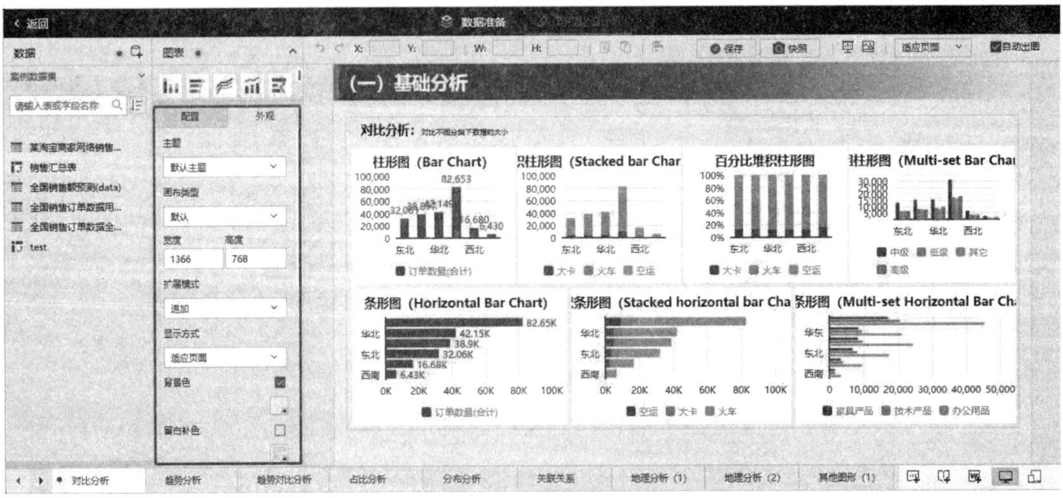

图 5-4 数据可视化场景设置界面

2）分析计算

平台支持多种分析计算模式，提供开箱即用的分析方法，让学生无须编写任何复杂的公式即可对业务进行复杂分析。目前支持的分析计算方法主要包括聚合运算、过滤、排序、排位、同比、环比、占比、差异，以及聚类、时序预测等嵌入式算法，同时支持多细节层次（LOD）

计算,能够实现留存分析、群组分析、占比分析,实现不同颗粒度的多重聚合分析计算。数据可视化场景分析计算界面如图 5-5 所示。

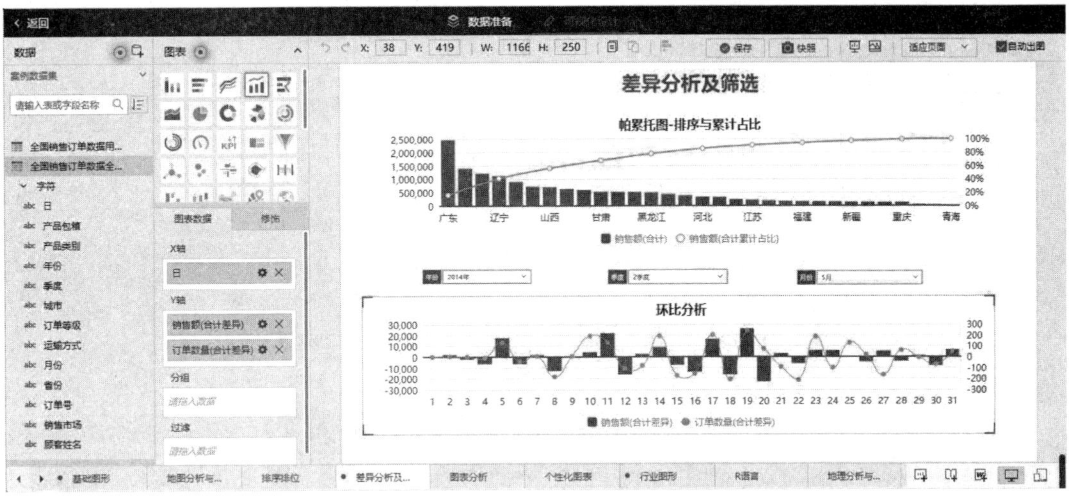

图 5-5　数据可视化场景分析计算界面

3)图形修饰

平台支持对图形、组件的样式、风格进行个性化定义,提供了极为丰富的配置项,学生可根据需要对图形进行修饰、美化。根据使用频率和作用范围的不同,平台将组件修饰分为快捷修饰和更多修饰两部分,以满足不同类型的需求。数据可视化场景图形修饰界面如图 5-6 所示。

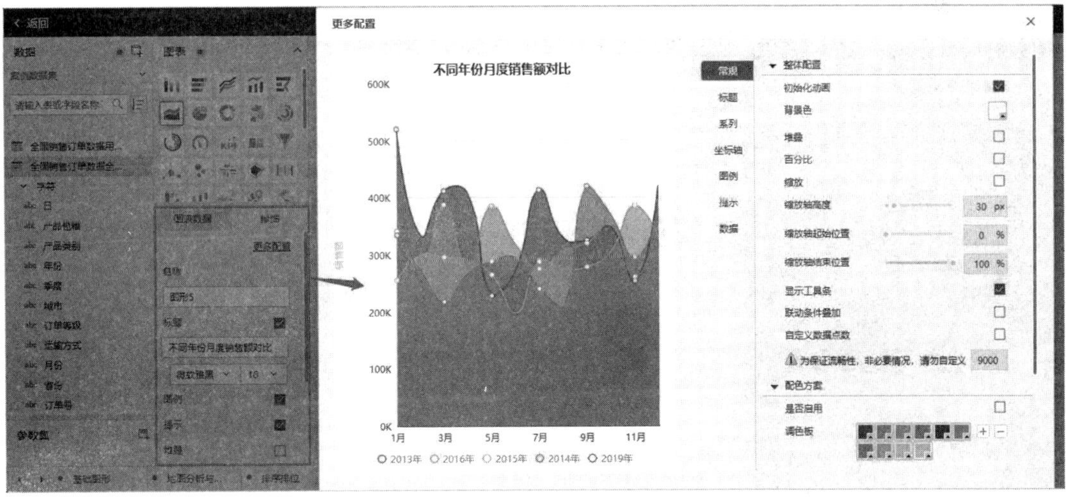

图 5-6　数据可视化场景图形修饰界面

4)视觉交互

平台提供了丰富的视觉交互探索功能,让图表不再是静态的、一成不变的图形,通过提供钻取、联动、缩放、筛选、链接等交互操作,让图形活跃起来,实现学生与数据的直接对话,帮助学生洞悉数据细节中的规律。数据可视化场景视觉交互界面如图 5-7 所示。

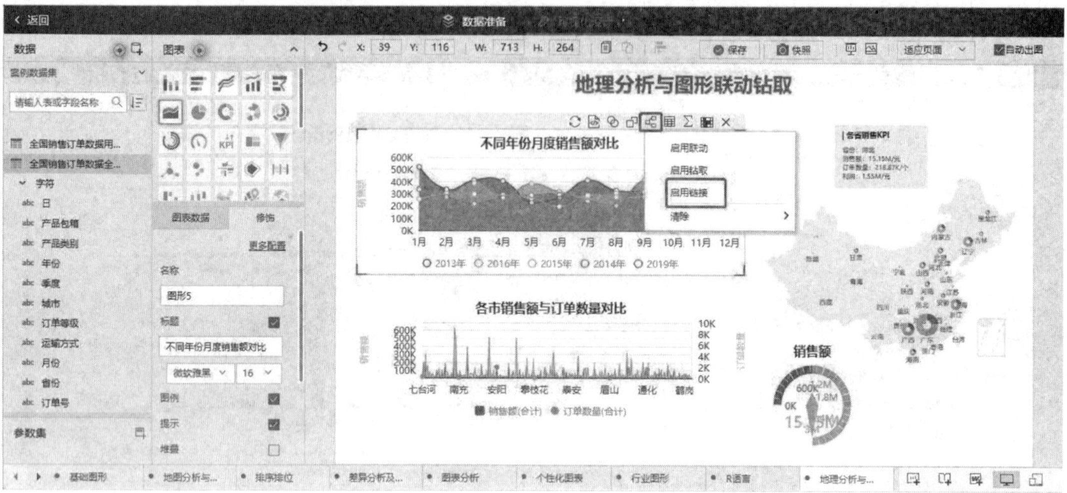

图 5-7　数据可视化场景视觉交互界面

5）自由式报表

中国式复杂报表是商业智能分析应用中最基础的数据统计形式，平台内置的自由式报表组件支持表格样式的自定义配置、父子单元格设置、动态格间计算、单元格公式、报表自定义分页、表头重复和冻结、单元格条件格式、钻取、链接等功能。通过使用自由式报表，可以实现分组统计报表、单向分组报表、交叉分片报表、多源异构切片报表、财务统计报表等多种复杂的业务报表，满足各行各业用户对报表的不同需求。图 5-8 所示为数据可视化场景链接配置界面。

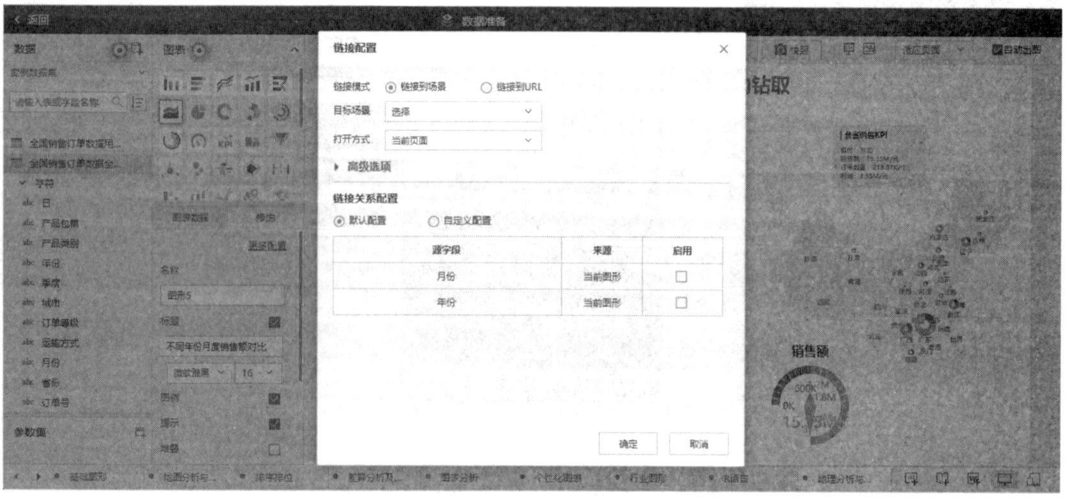

图 5-8　数据可视化场景链接配置界面

3. 图形组件开发

作为计算机、大数据专业技术学科的学生，除了掌握图形基础用法和分析方法外，可以利用每一个图形的“编码”功能实现图形深层次的开发和自定义，还可以利用 R\JS 编码的方式，进行全新的可视化图表开发。图表可以与当前页面融为一体，形成完整的分析场景。

4. 成果发布与提交

完成可视化分析后，学生可以直接将分析成果（场景、报告）进行在线发布，并进行成果授权，在线分享。学生还可以在线进行分析成果监测，实时掌握当前分析成果内部访问和查阅情况。发布应用界面如图 5-9 所示。

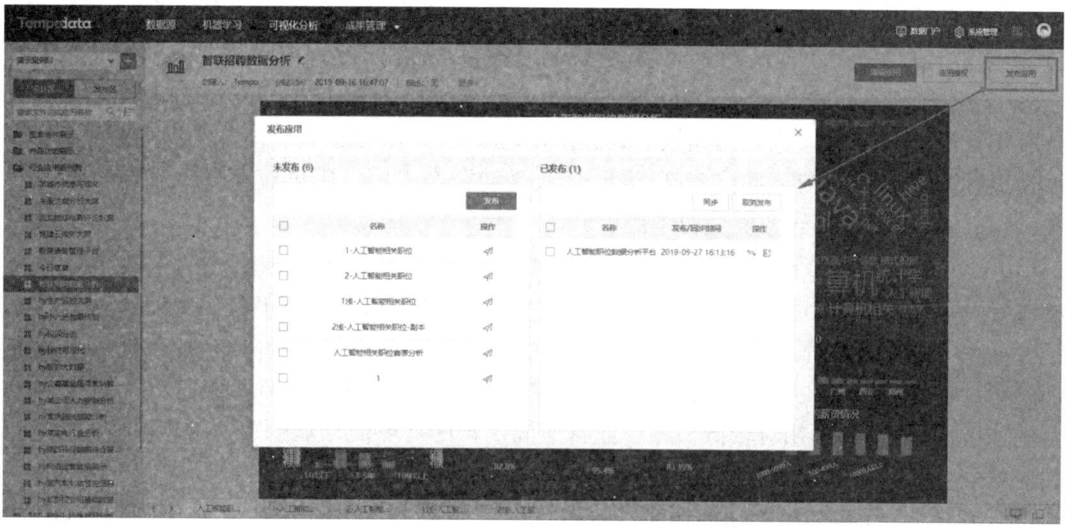

图 5-9 发布应用界面

5.5 项目实施

对案例进行数据分析，要遵循的流程：数据准备——可视化设计——图形生成并调整——可视化分析结果报告。

5.5.1 项目任务一：企业偿债能力分析案例（BI）

1 项目简介

根据 PXH 公司资产负债表提供的资料，可以计算出公司 2020 年和 2021 年的流动比率（见表 5-1）。

表 5-1 PXH 公司 2020 年和 2021 年的流动比率计算分析

项目	2020 年	2021 年
流动资产/万元	115 209	106 967
流动负债/万元	116 969	108 599
流动比率	0.98	0.98

提示：该公司 2020 年和 2021 年的流动比率均小于公认标准 2，表明该公司短期偿债能

力较弱，对债权人的保障程度较低，企业应该关注财务杠杆所带来的财务风险。为了更准确地判断企业的短期偿债能力，还应该结合行业特点及同行业平均水平进行分析。

在计算流动比率的过程中，必要时应进一步分析分子上的资产质量，根据资产能否正常变现，将存在变现限制的资产从指标计算中剔除，使计算的流动比率能够反映真实的偿债能力。指标分析要点如下。

（1）结合动态偿债能力的相关指标分析。对于持续经营的企业，其流动负债的偿还并非完全依靠流动资产变卖的现金，而是依靠流动资产循环使用产生持续不断的现金流量进行偿还的。流动资产价值高的企业，其偿债能力不一定强于资产利用效率高的企业。

（2）考虑利益相关者定位差异。不同立场的分析者对流动比率所体现的偿债能力强弱持有不同的态度。从债权人的角度看，流动比率越大，企业偿还短期债务的保障程度越高。但是，从股东的角度看，流动比率高，说明企业流动资产占用了更多较高资金成本的长期资金，过高的流动比率将导致资金成本的上升。

（3）重视行业和战略差异。流动比率的比较标准因行业、企业战略等的不同而有很大的差异，对目标企业流动比率指标的评价需要考虑这些因素，并没有绝对标准的比率值。传统上所认为的流动比率的合理值为 2，这是美国 20 世纪 60 年代制造业的标准比率，不宜不加思考地使用在当今的企业财务分析上。通常而言，营业周期短的行业流动资产转换为现金的速度快，流动比率相对较低。零售业营业周期长的行业流动资产转换为现金的速度慢，相应的资金来源中长期资金的比重要高一些，短期负债相对少一些，流动比率相对较高；房地产开发行业、资产具有良好抵押能力的企业与银行关系密切的企业，短期借款相对较多，也可能导致其流动比率相对较低。

2. 可视化分析

根据 PXH 公司流动比率计算数据，通过 Tempo BI 进行数据可视化，具体可视化步骤如下。

如图 5-10 所示，点击【 】打开【添加数据向导】，选择不同类型的方式进行数据添加，并在新建作业中左上角的“数据”标签中选择“从资料库中添加”。

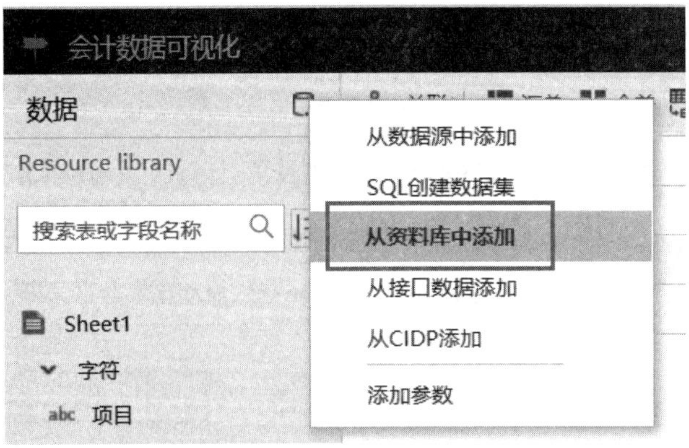

图 5-10　添加数据向导

如图 5-11 所示，选择“上传数据文件”，选择本地数据文件。“数据起始行”输入“2”，勾选“首行为表头”，单击“确定”即可完成本地数据导入。

图 5-11　上传数据文件

点击【可视化设计】进行数据可视化分析，分析过程中【数据准备】与【可视化设计】可以自由切换。将【柱形图】点击选中，拖入右侧画布，根据【图表数据】相关内容，将“项目”拖入对应的 X 轴区域，将“2020 年”和“2021 年”拖入 Y 轴区域，即可完成可视化图形的设置，图 5-12 为可视化结果。

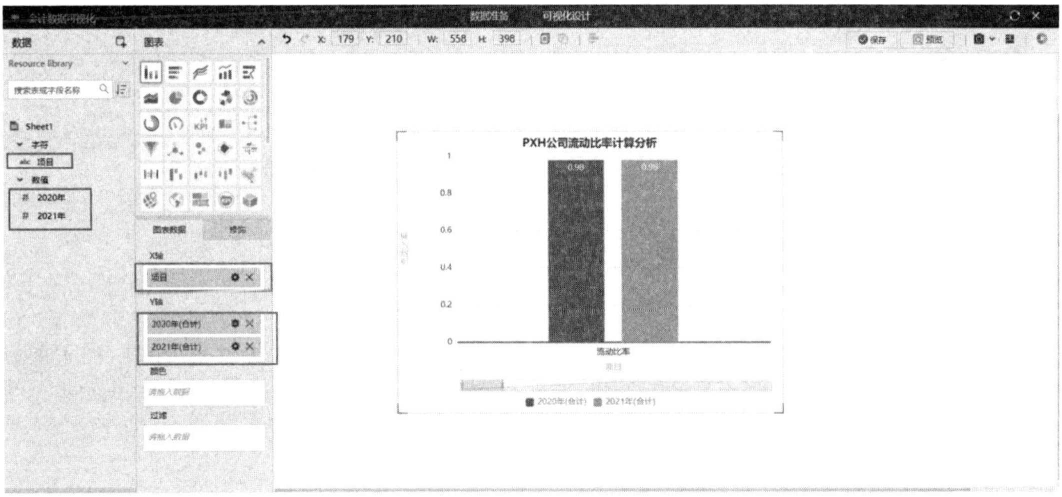

图 5-12　可视化结果

点击【修饰】，输入可视化图形的标题。然后选择【更多配置】，对图形的坐标轴、图例、样式等信息进行详细设置。由于数据中“流动比率”显示为百分比，而“流动资产”和“流动负债”为具体数值，因此需要设置为“缩放”模式，以便分别进行对比显示。不同项目的可视化展示结果如图 5-13 和图 5-14 所示。

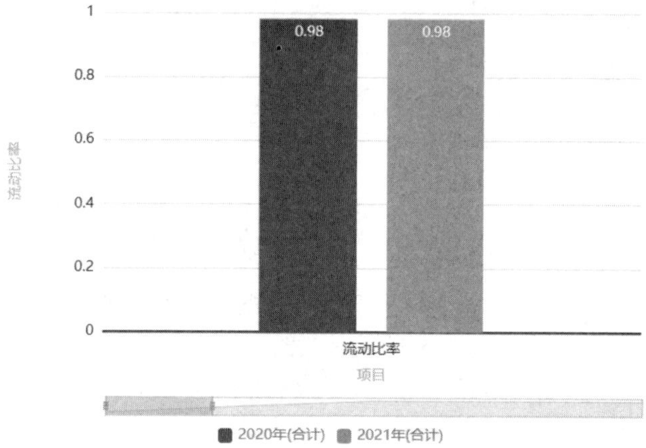

图 5-13 PXH 公司流动比率计算分析结果

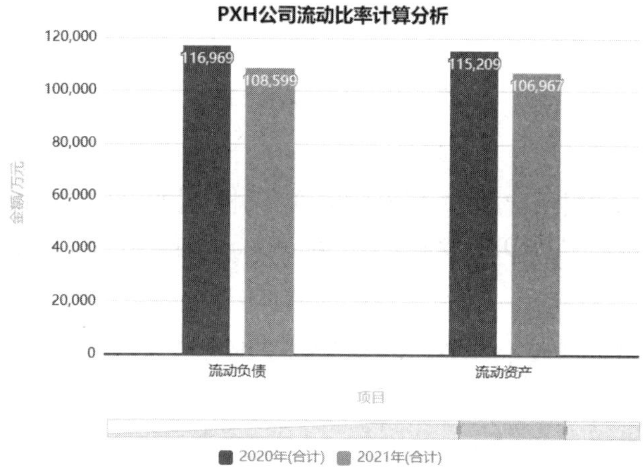

图 5-14 PXH 公司流动负债和流动资产计算分析结果

5.5.2 项目任务二:企业营运能力分析案例(BI)

1. 项目简介

根据 PXH 公司资产负债表和利润表提供的资料,计算该公司 2020 年和 2021 年的应收账款周转率及周转天数,假设 2020 年初,应收账款余额为 47 650 万元,计算结果如表 5-2 所示。

表 5-2 PXH 公司 2020 年和 2021 年的应收账款周转率及周转天数计算

项目	2020 年	2021 年
营业收入/万元	130 054.7	127 783.5
应收账款年末余额/万元	49 284	43 934
平均应收账款/万元	48 467	46 609

续表

项目	2020 年	2021 年
应收账款周转率/次	2.68	2.74
应收账款周转期/天	134.33	131.19

提示:应收账款周转率的高低反映了企业应收账款变现速度的快慢及管理效率的高低。应收账款周转率越高,说明企业收款速度越快,应收账款发生坏账损失的可能性越小,企业资金的流动性越强。

根据 PXH 公司资产负债表和利润表提供的资料,计算该公司 2020 年和 2021 年的存货周转率及周转天数,假设 2020 年初存货余额为 24 580 万元,计算结果如表 5-3 所示。

表 5-3　PXH 公司 2020 年和 2021 年的存货周转率及周转天数计算

项目	2020 年	2021 年
营业成本/万元	126 985.6	125 615.2
存货年末余额/万元	26 330	25 572
平均存货余额/万元	25 445	25 951
存货周转率/次	4.99	4.91
存货周转期/天	72.14	73.32

提示:一般来说,存货周转率指标越高,表明存货周转速度越快,存货变现能力越强,资金占用水平越低。如果企业的存货周转率比较低,说明企业的产品有可能滞销,企业经营能力欠佳。但存货周转率也不是越高越好,因为存货周转率过高,也可能是存货水平太低,甚至经常缺货,或者采购次数过于频繁、批量太小等,这说明企业管理方面存在一些问题。因此,合理的存货周转率应视产业特征、市场行情及企业自身特点而定。企业存货过多会浪费资金,存货过少不能满足流转需要。存货周转率的高低与企业的行业特点、经营策略紧密相关。

根据 PXH 公司资产负债表和利润表提供的资料,同时假定 PXH 公司 2020 年年初固定资产净值为 40 380 万元,则该公司 2020 年和 2021 年的固定资产周转率及周期天数的计算结果如表 5-4 所示。

表 5-4　PXH 公司 2020 年和 2021 年的固定资产周转率及周转天数计算

项目	2020 年	2021 年
营业收入/万元	130 054.7	127 783.5
固定资产年末净值/万元	43 679	49 440
平均固定资产净值/万元	42 029.5	46 559.5
固定资产周转率/次	3.09	2.74
固定资产周转期/天	116.50	131.89

提示：固定资产周转率高，说明企业固定资产利用得越充分，同时也表明企业固定资产投资得当，固定资产结构合理，能够充分发挥其效率；反之，固定资产周转率低，表明固定资产使用效率不高，提供的生产成果不多，企业的营运能力欠佳。

2. 可视化分析

1）应收账款周转期和周转率计算数据可视化

如图5-15所示，点击【 】打开【添加数据向导】，选择不同类型的方式进行数据添加，并在新建作业中左上角的"数据"标签中选择"从资料库中添加"。

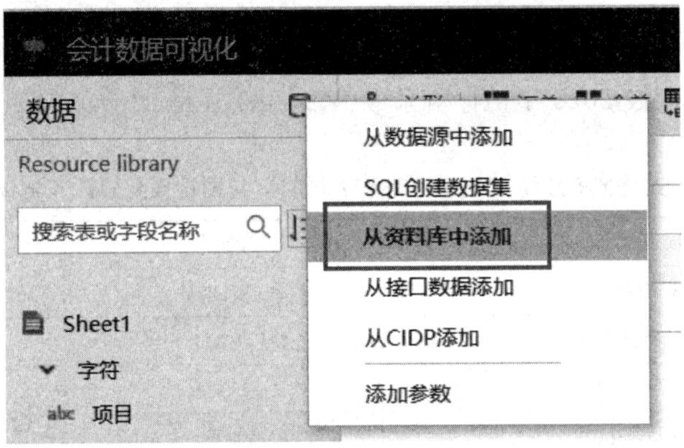

图5-15 添加数据向导

如图5-16所示，选择"上传数据文件"，选择本地数据文件。"数据起始行"输入2，勾选"首行为表头"，单击"确定"即可完成本地数据导入。

图5-16 上传数据文件

点击【可视化设计】进行数据可视化分析，分析过程中【数据准备】与【可视化设计】可以自由切换。将【柱形图】点击选中，拖入右侧画布，根据【图表数据】相关内容，将“项目”拖入对应的 X 轴区域，将“2020 年”和“2021 年”拖入 Y 轴区域，即可完成可视化图形的设置，图 5-17 为可视化结果。

点击【修饰】，输入可视化图形的标题。然后选择【更多配置】，对图形的坐标轴、图例、样式等信息进行详细设置。不同项目的可视化展示结果如图 5-18 至图 5-20 所示。

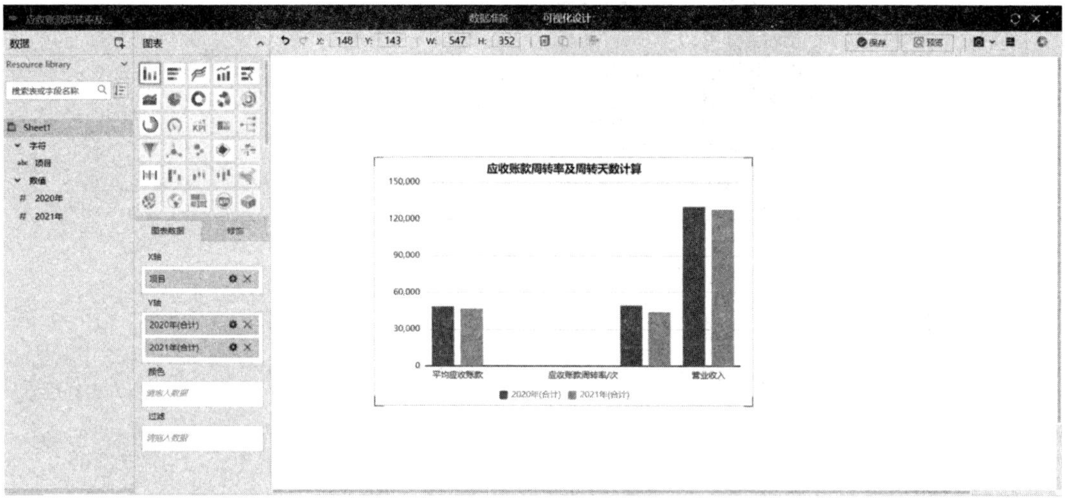

图 5-17　可视化结果

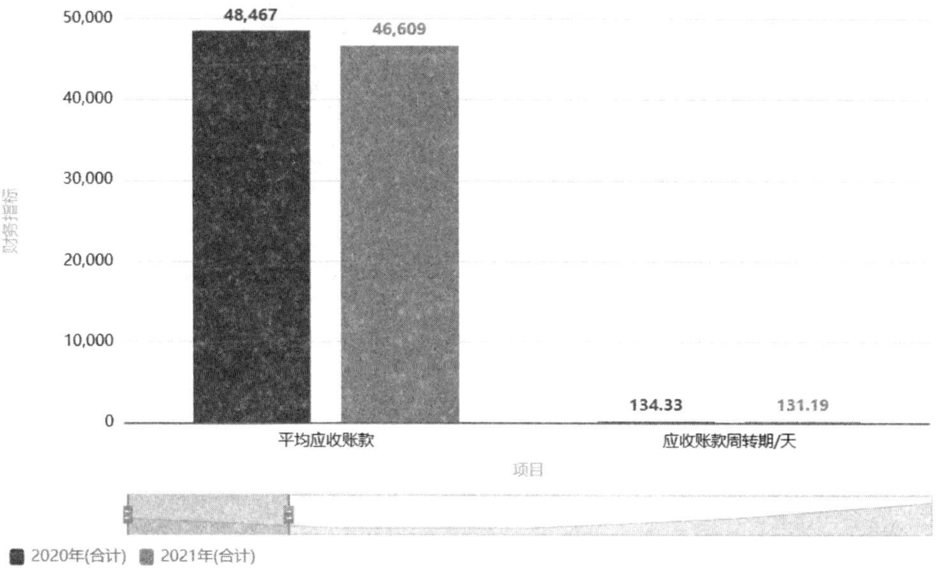

图 5-18　平均应收账款计算可视化分析结果

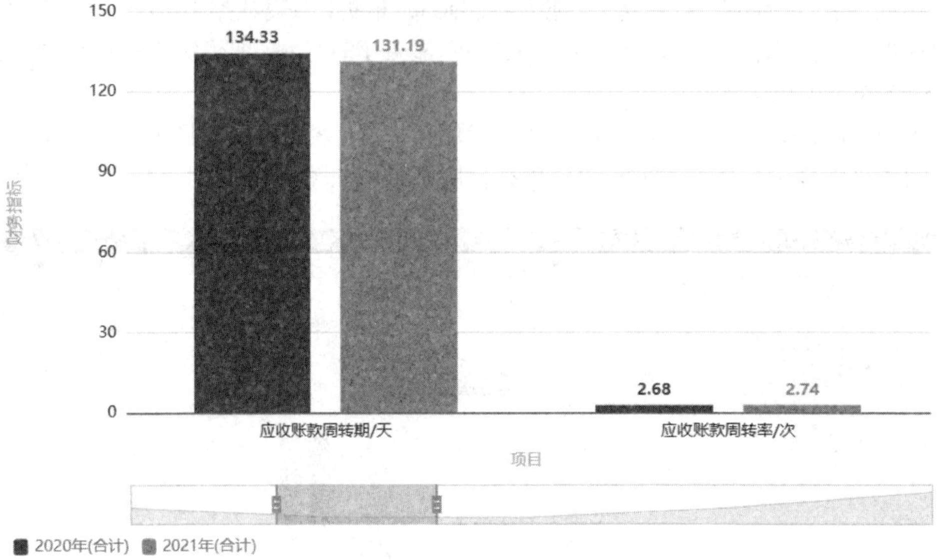

图 5-19　应收账款周转期和周转率计算可视化分析结果

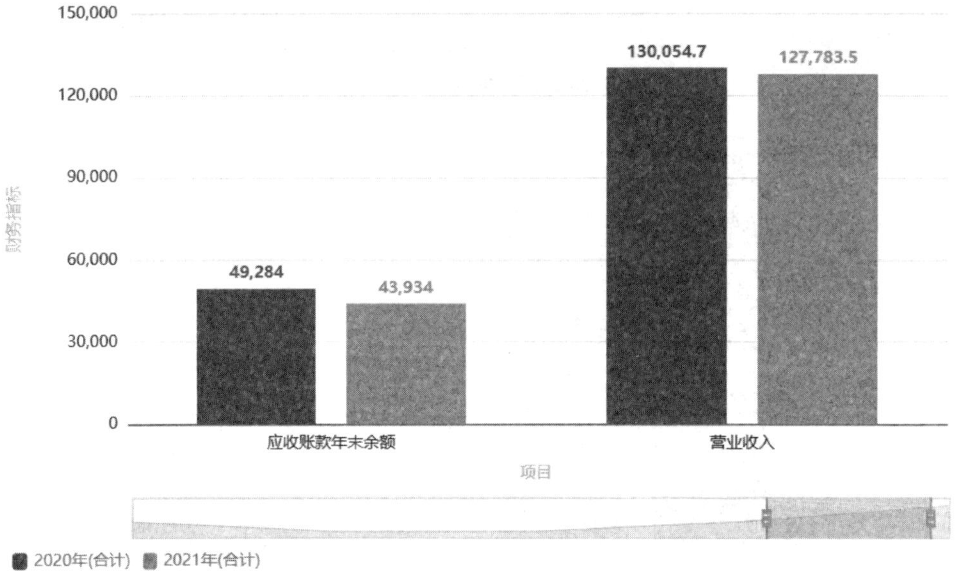

图 5-20　应收账款年末余额和营业收入计算可视化分析结果

2)存货周转期和周转率计算数据可视化

如图 5-21 所示,点击【 】打开【添加数据向导】,选择不同类型的方式进行数据添加,并在新建作业中左上角的“数据”标签中选择“从资料库中添加”。

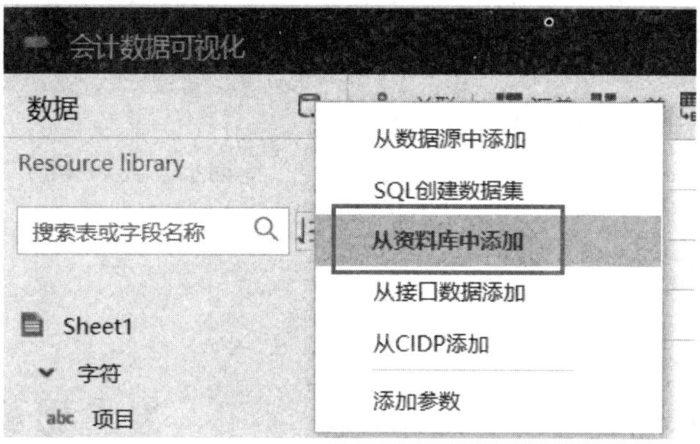

图 5-21　添加数据向导

如图 5-22 所示，选择“上传数据文件”，选择本地数据文件。“数据起始行”输入“2”，勾选“首行为表头”，单击“确定”即可完成本地数据导入。

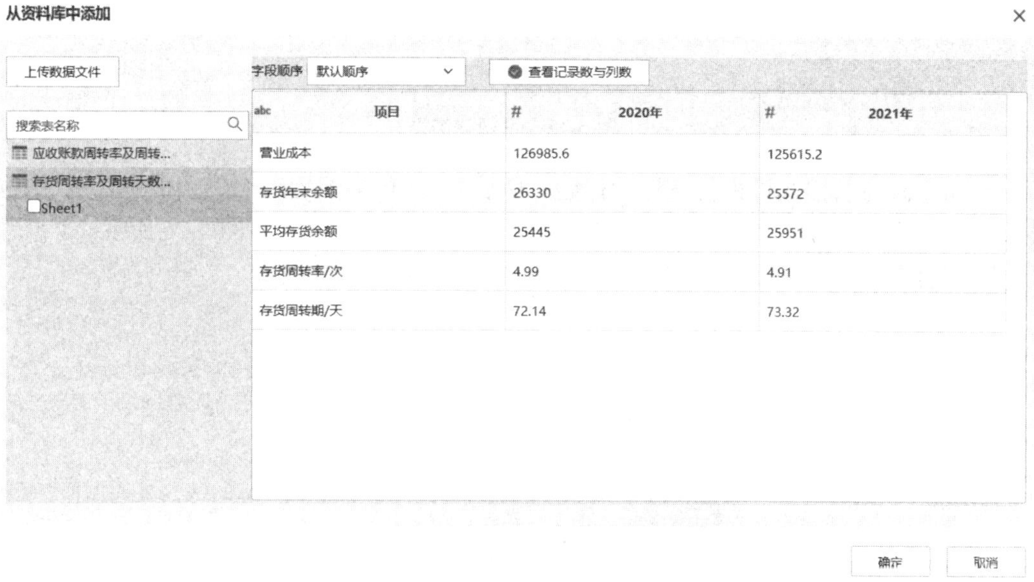

图 5-22　上传数据文件

点击【可视化设计】进行数据可视化分析，分析过程中【数据准备】与【可视化设计】可以自由切换。将【柱形图】点击选中，拖入右侧画布，根据【图表数据】相关内容，将“项目”拖入对应的 *X* 轴区域，将“2020 年”和“2021 年”拖入 *Y* 轴区域，即可完成可视化图形的设置，图 5-23 为可视化结果。

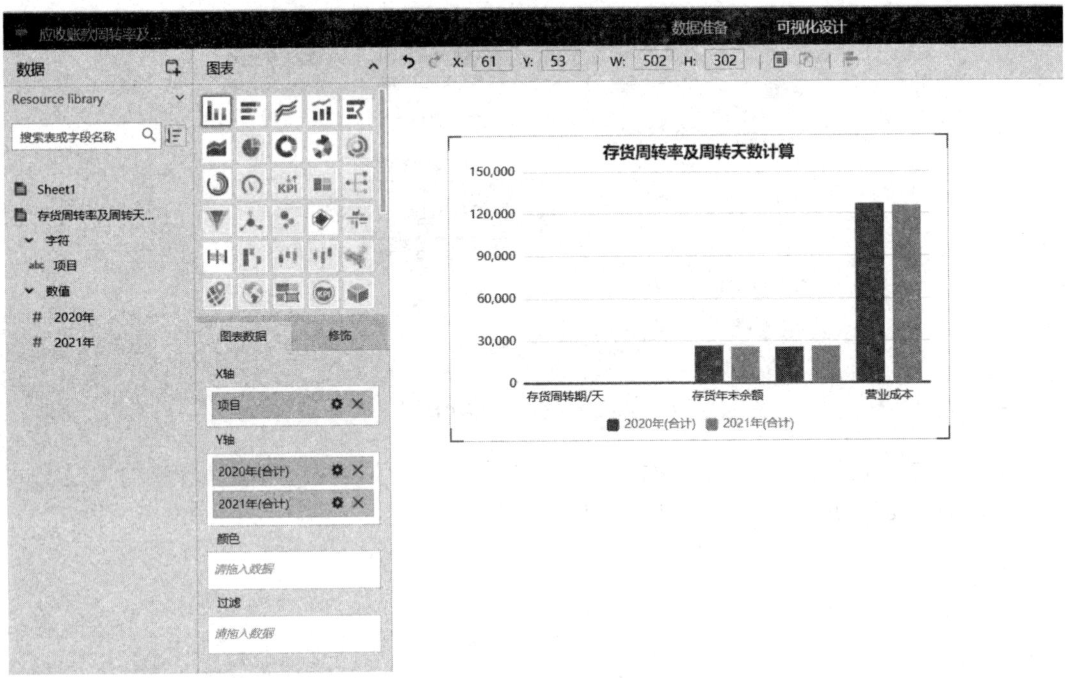

图 5-23 可视化结果

点击【修饰】,输入可视化图形的标题。然后选择【更多配置】,对图形的坐标轴、图例、样式等信息进行详细设置。不同项目的可视化展示结果如图 5-24 至图 5-26 所示。

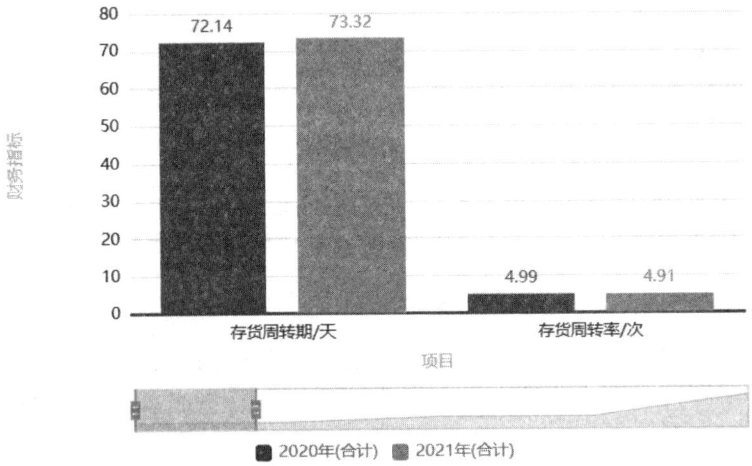

图 5-24 存款周转期和周转率计算可视化分析结果

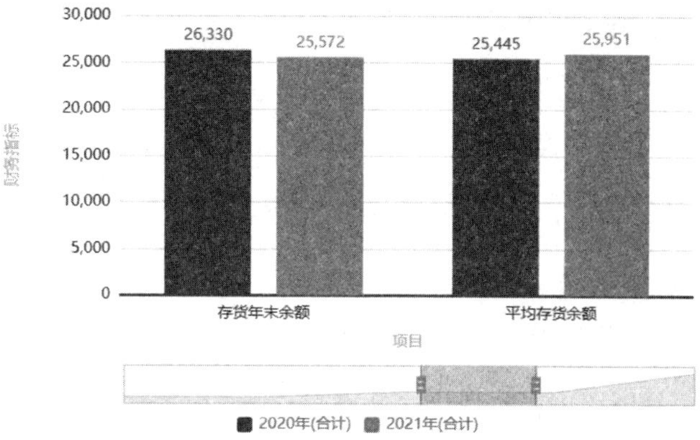

图 5-25　存货年末余额计算可视化分析结果

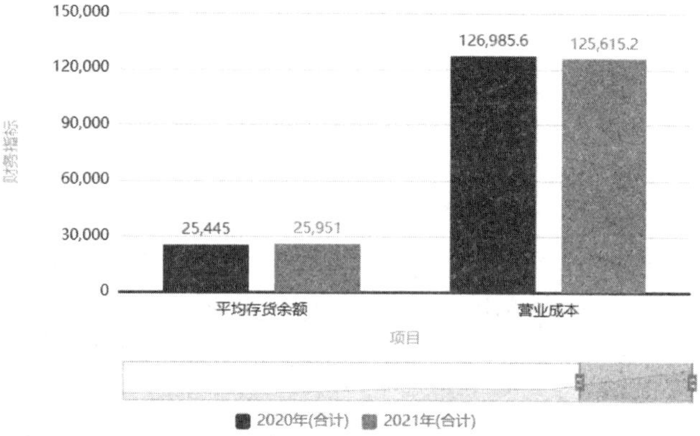

图 5-26　平均存货余额和营业成本计算可视化分析结果

3）固定资产周转期和周转率计算数据可视化

如图 5-27 所示，点击【 】打开【添加数据向导】，选择不同类型的方式进行数据添加，并在新建作业中左上角的“数据”标签中选择“从资料库中添加”。

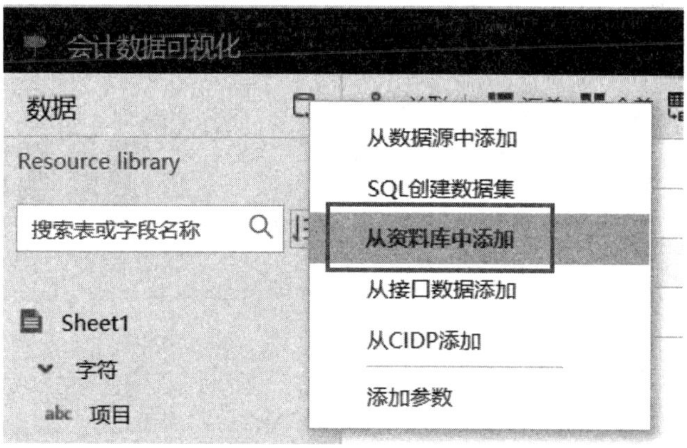

图 5-27　添加数据向导

如图 5-28 所示，选择“上传数据文件”，选择本地数据文件。“数据起始行”输入“2”，勾选“首行为表头”，单击“确定”即可完成本地数据导入。

图 5-28　上传数据文件

点击【可视化设计】进行数据可视化分析，分析过程中【数据准备】与【可视化设计】可以自由切换。将【柱形图】点击选中，拖入右侧画布，根据【图表数据】相关内容，将“项目”拖入对应的 X 轴区域，将“2020 年”和“2021 年”拖入 Y 轴区域，即可完成可视化图形的设置，图 5-29 为可视化结果。

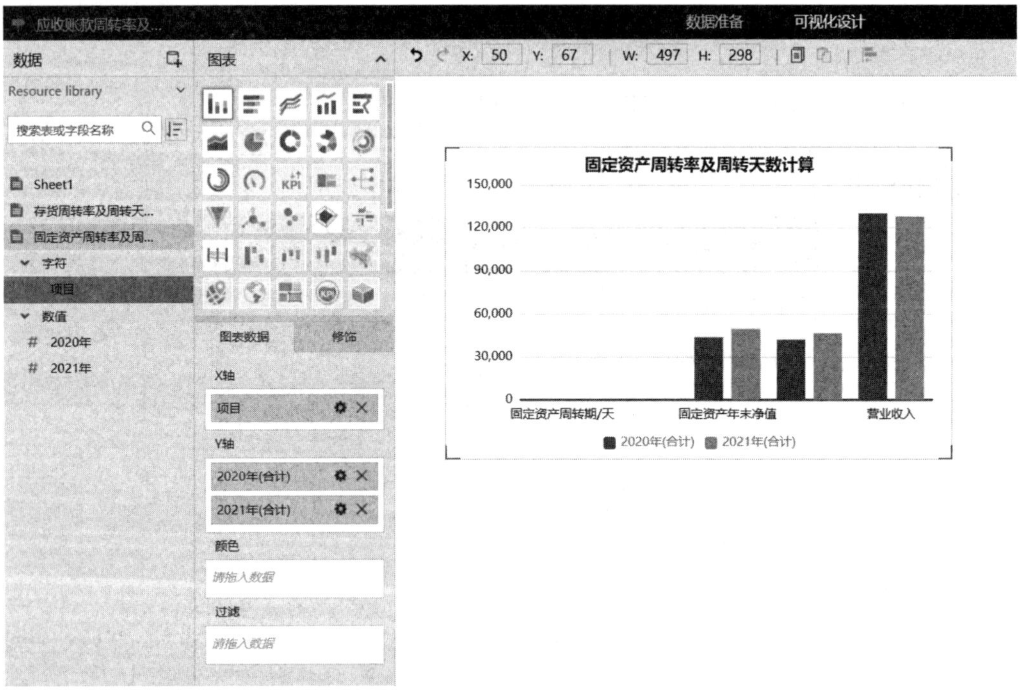

图 5-29　可视化结果

点击【修饰】,输入可视化图形的标题。然后选择【更多配置】,对图形的坐标轴、图例、样式等信息进行详细设置。不同项目的可视化展示结果如图 5-30 至图 5-32 所示。

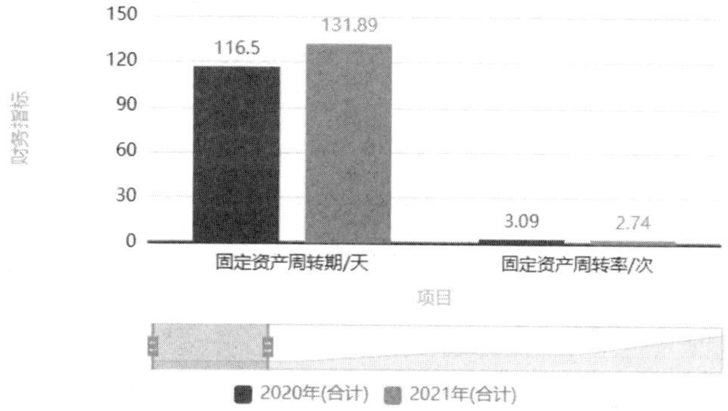

图 5-30　固定资产周转期和周转率计算可视化分析结果

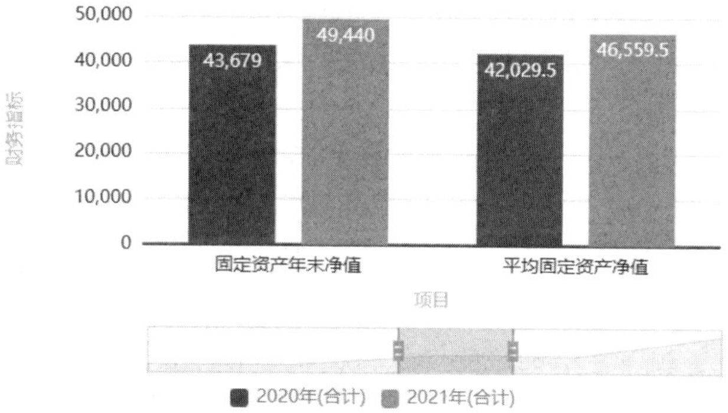

图 5-31　固定资产年末净值和平均固定资产净值计算可视化分析结果

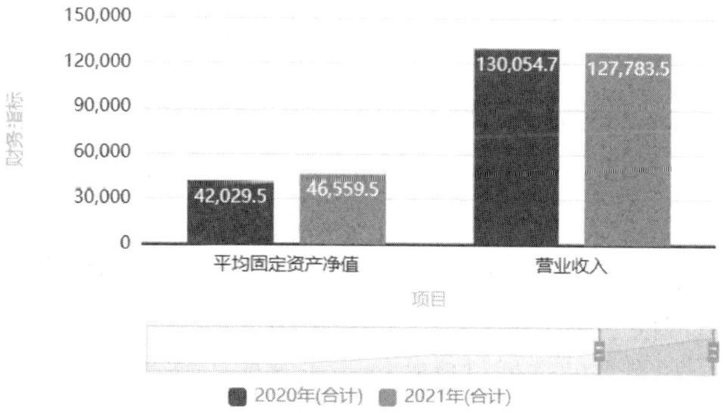

图 5-32　平均固定资产净值和营业收入计算可视化分析结果

5.5.3　项目任务三:企业盈利能力分析案例(BI)

1. 项目简介

根据 PXH 公司利润表,可以得到该公司 2020 年和 2021 年的营业毛利率、营业利润率、营业净利率,如表5-5所示。

表5-5 PXH公司2020年和2021年的营业毛利率、营业利润率、营业净利率计算

项目	2020年	2021年
营业收入/万元	130 054.7	127 783.5
营业成本/万元	108 725.3	106 924.3
营业利润/万元	4 241.76	2 312.29
营业毛利/万元	21 329.4	20 814.2
净利润/万元	3 556.19	2 118.86
营业毛利率/%	16.40	16.29
营业利润率/%	3.26	1.81
营业净利率/%	2.73	1.66

提示:毛利是企业获得利润的起点,影响毛利变动的因素比较多,可以选取销售数量、销售单价、产品成本等主要因素对毛利变动进行因素分析,进而对各个因素进行定性分析并明确各部门的责任归属。

营业毛利率是反映公司利润获取能力的核心指标之一,能够直接反映公司竞争能力的强弱,具有比较明显的行业特征。通常营业毛利率指标越高,说明在销售收入中销售成本所占的比重越小,企业的销售盈利能力就越强,其产品在市场上的竞争能力也越强。一般而言,销售毛利率超过60%的企业具有极强的竞争优势;毛利率为40%~60%的企业具有较强的竞争优势;毛利率为20%~40%的企业处于高度竞争的行业;毛利率在20%以下的企业处于过度竞争的行业,这类企业较难以为投资者带来理想的回报。营业毛利是企业销售净利润的基础,没有足够大的营业毛利率便不可能盈利。

营业毛利率指标具有明显的行业特点。一般来说,营业周期短、固定费用低的行业的毛利率水平比较低;营业周期长、固定费用高的行业,则要求有较高的毛利率,以弥补其巨大的固定成本。

营业利润率是企业在一定时间内营业利润与营业收入的比率,是在不考虑所得税政策和偶然因素影响的情况下,企业经营活动为股东创造收益的能力。营业利润率反映了企业每单位营业收入能带来多少营业利润,表明了企业经营业务的销售盈利能力。营业利润率是衡量企业创利能力的一个重要财务指标,通常情况下,该指标越高,表明企业营业创利能力越强,未来收益的发展前景越可观。

一般情况下,销售利润率的高低可反映企业成本费用控制的好坏,该比率越高,表明企业的营业活动为社会创造的价值越多,成本控制越好。但是,应该辩证看待成本费用对销售利润率的影响。企业的成本费用增加,一种可能是成本费用管理出现问题,另一种可能是企业在进行某种经营战略或策略的改变,比如企业的研发费用增加,意味着产品的未来竞争力提高,某一期研发力度加大导致费用增长、销售利润率下降,在未来则可能带来营业收入的高增长,而企业广告费用的增加,同样可能意味着企业未来营业收入的增长。因此,分析的时候不能简单地对销售利润率的提高或降低下结论,需要全面考虑企业业务、战略的变化。

同时，营业利润率的水平高低与所属行业有关，因此在分析时应参照同行业的平均水平或先进水平进行评价。

在分析营业净利率时，由于影响企业净利润的因素有多种，所以不能简单地通过这一比率来说明企业管理水平的高低。另外，营业净利率指标的高低还需要结合行业的特点来看，不同行业的企业间的营业净利率大不相同。在使用该指标进行分析时，要考虑企业在增加营业收入的同时还要获得更多的净利润，才能使这一指标保持不变，或者提高。该比率分子净利润中包含偶然或者不可持续损益，应该在分析时特别关注。

2. 可视化分析

如图 5-33 所示，点击【 】打开【添加数据向导】，选择不同类型的方式进行数据添加，并在新建作业中左上角的“数据”标签中选择“从资料库中添加”。

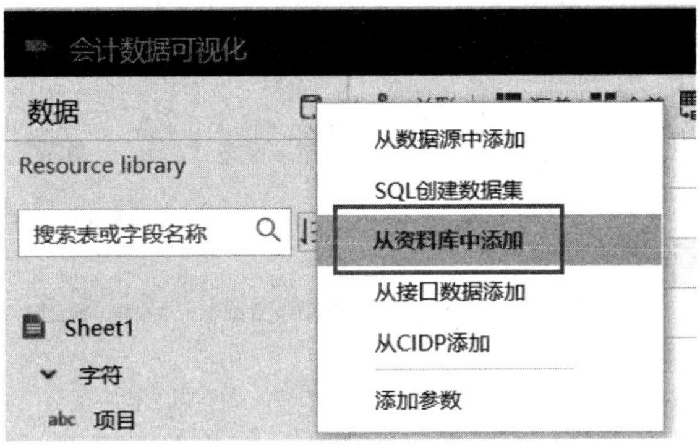

图 5-33　添加数据向导

如图 5-34 所示，选择“上传数据文件”，选择本地数据文件。“数据起始行”输入“2”，勾选“首行为表头”，单击“确定”即可完成本地数据导入。

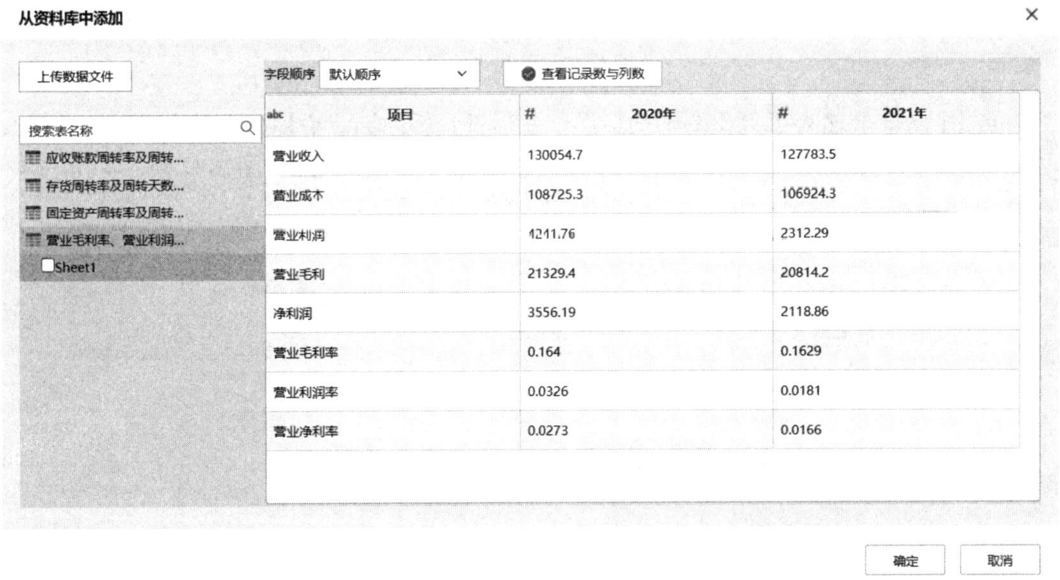

图 5-34　上传数据文件

点击【可视化设计】进行数据可视化分析，分析过程中【数据准备】与【可视化设计】可以自由切换。将【柱形图】点击选中，拖入右侧画布，根据【图表数据】相关内容，将“项目”拖入对应的X轴区域，将“2020年”和“2021年”拖入Y轴区域，即可完成可视化图形的设置，图5-35为可视化结果。

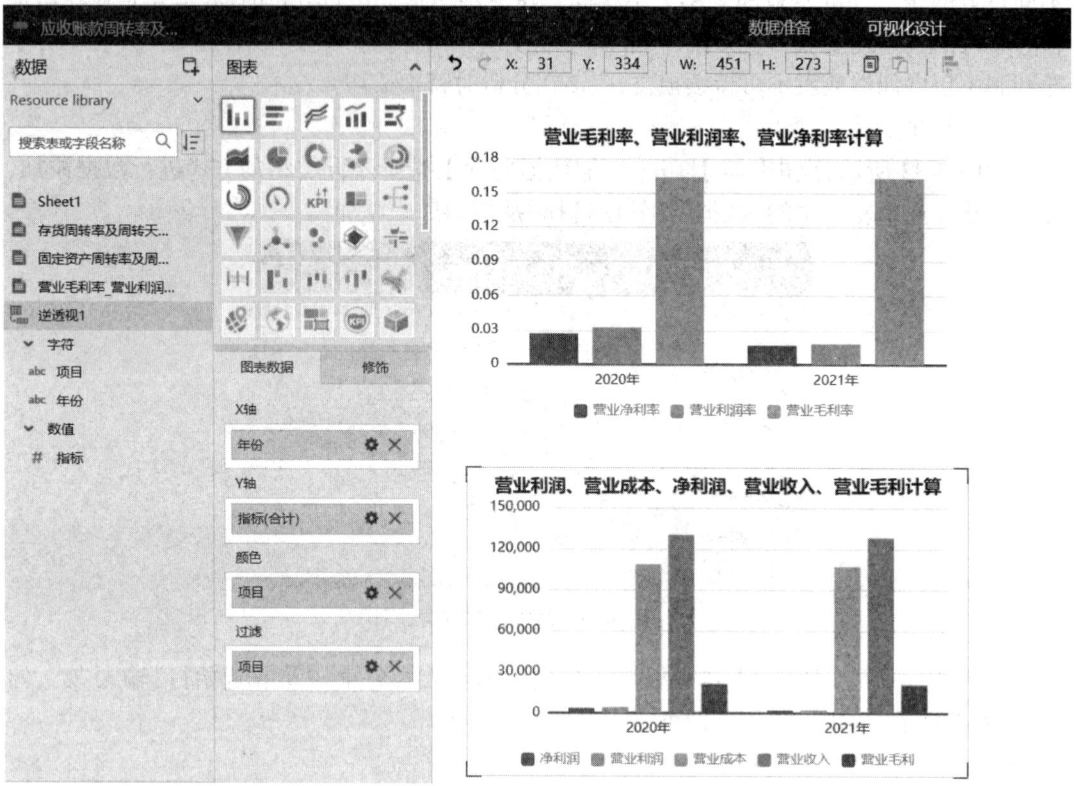

图5-35 可视化结果

点击【修饰】，输入可视化图形的标题。然后选择【更多配置】，对图形的坐标轴、图例、样式等信息进行详细设置。不同项目的可视化展示结果如图5-36和图5-37所示。

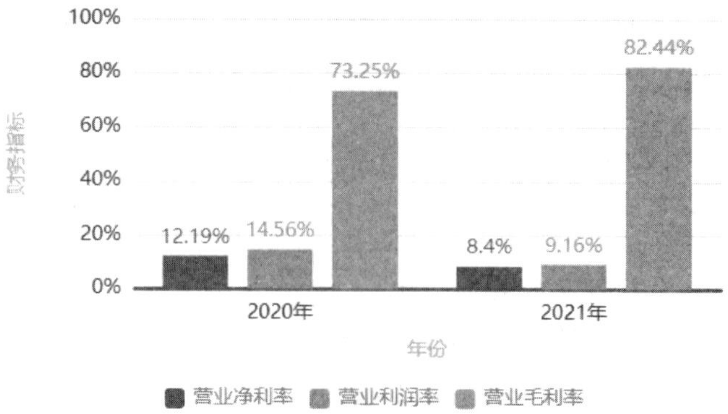

图5-36 营业利润计算可视化分析结果

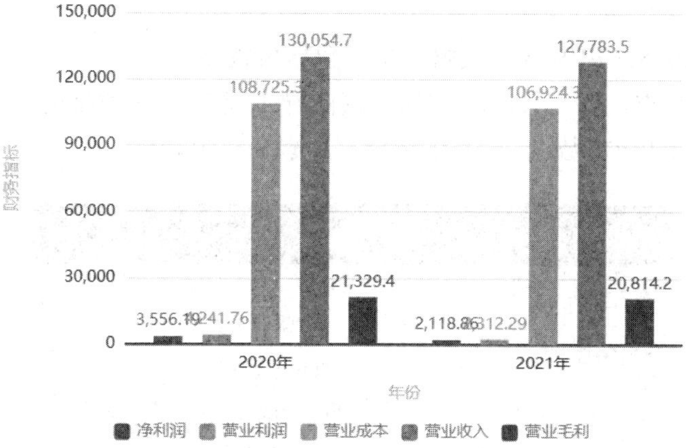

图 5-37　营业收入和营业成本计算可视化分析结果

5.5.4　项目任务四:企业发展能力分析案例(BI)

1. 项目简介

(1)PXH 公司 2015—2019 年主要财务指标如表 5-6 所示,请对该公司的发展能力进行评价。

表 5-6　PXH 公司 2015—2019 年主要财务指标

单位:万元

项目	2015 年	2016 年	2017 年	2018 年	2019 年
股东权益	245 600	283 421	294 510	321 180	342 500
净利润	32 124	32 990	38 750	39 706	38 045
营业利润	75 836	76 832	100 420	120 050	142 020
营业收入	262 345	294 590	344 183	435 540	428 060
总资产	423 100	498 900	524 111	645 005	705 380

(2)PXH 公司下属 KJ 公司 2019—2021 年主要财务指标如表 5-7 所示。

表 5-7　PXH 公司下属 KJ 公司 2019—2021 年主要财务指标

单位:万元

项目	2019 年	2020 年	2021 年
资产总额	1 580	2 150	3 300
股东权益	890	1 240	1 870
营业收入	5 994	8 679	10 520
营业利润	970	1 340	1 970
净利润	420	650	1 020

2. 可视化分析

1）PXH公司2015—2019年有关财务指标数据可视化

如图5-38所示，点击【 】打开【添加数据向导】，选择不同类型的方式进行数据添加，并在新建作业中左上角的“数据”标签中选择“从资料库中添加”。

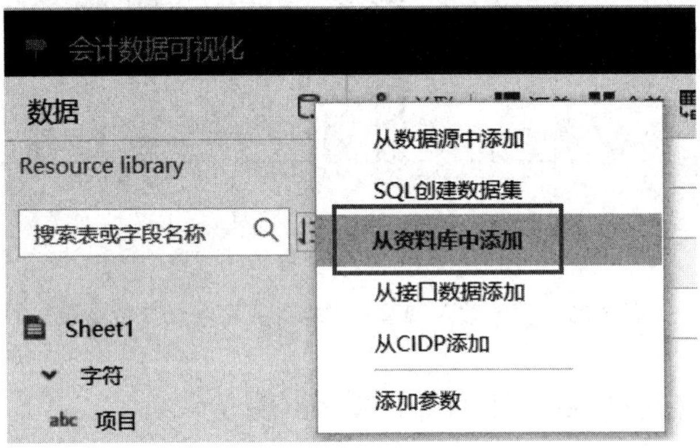

图5-38　添加数据向导

如图5-39所示，选择“上传数据文件”，选择本地数据文件。“数据起始行”输入“2”，勾选“首行为表头”，单击“确定”即可完成本地数据导入。

图5-39　上传数据文件

如图5-40所示，选择【逆透视】，选中所有年份数据进行行列转换。

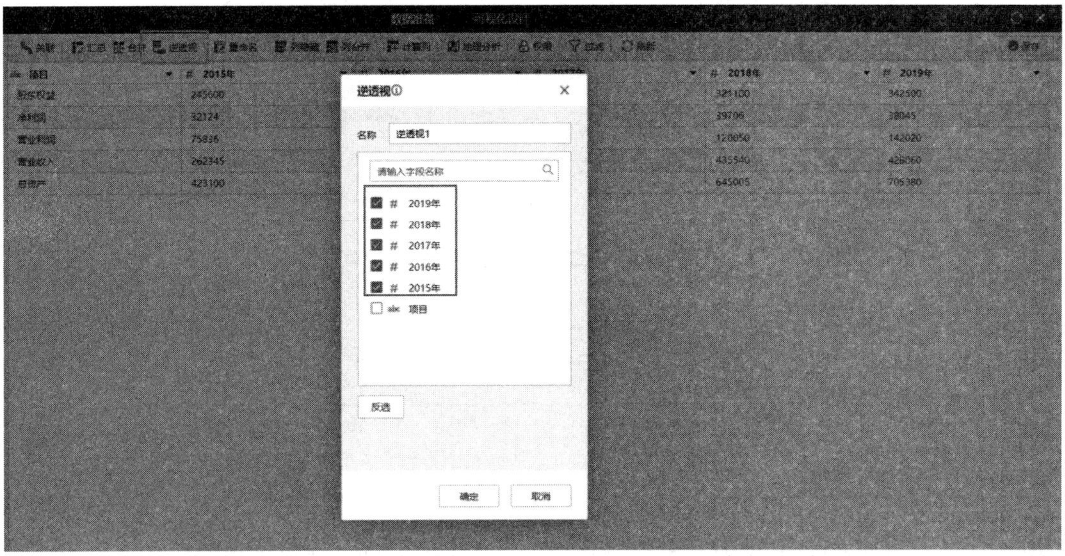

图 5-40　逆透视配置

逆透视后生成新的数据，重新将第二列和第三列属性名分别命名为“年份”和“财务指标”，如图 5-41 所示。

图 5-41　逆透视配置结果

点击【可视化设计】进行数据可视化分析，分析过程中【数据准备】与【可视化设计】可以自由切换。将【折线图】点击选中，拖入右侧画布，根据【图表数据】相关内容，将“年份”拖入对应的 X 轴区域，将“财务指标”拖入 Y 轴区域，将“项目”拖入分组区域。点击【修饰】，输入可视化图形的标题，即可完成折线图的设置，数据可视化分析结果如图 5-42 所示。

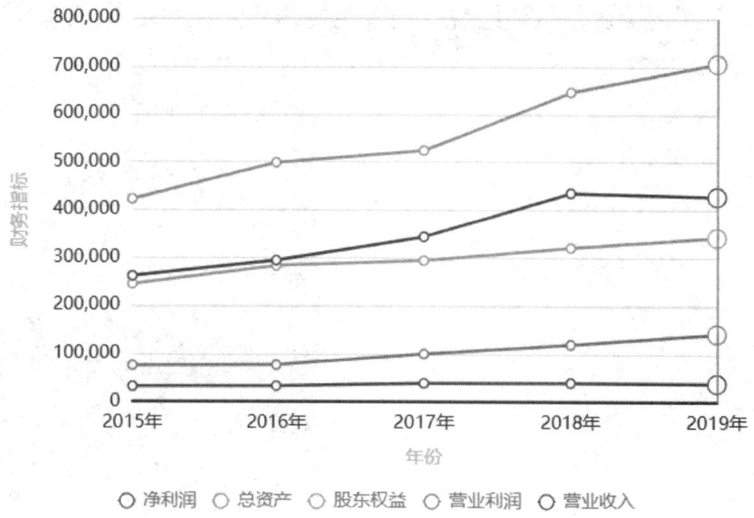

图 5-42　PXH 公司 2015—2019 年主要财务指标数据可视化分析结果

2）PXH 公司下属 KJ 公司 2019—2021 年有关财务指标数据可视化

如图 5-43 所示，点击【 】打开【添加数据向导】，选择不同类型的方式进行数据添加，并在新建作业中左上角的“数据”标签中选择“从资料库中添加”。

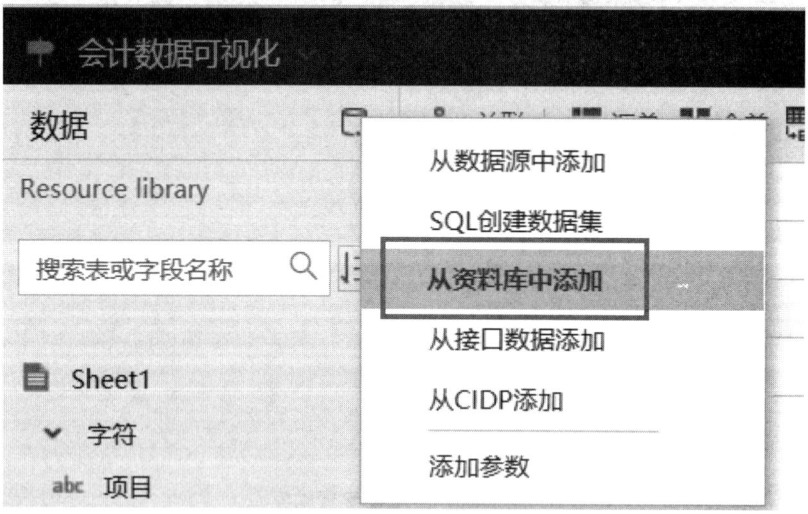

图 5-43　添加数据向导

如图 5-44 所示，选择“上传数据文件”，选择本地数据文件。“数据起始行”输入“2”，勾选“首行为表头”，单击“确定”即可完成本地数据导入。

图 5-44　上传数据文件

如图 5-45 所示，选择【逆透视】，选中所有年份数据进行行列转换。

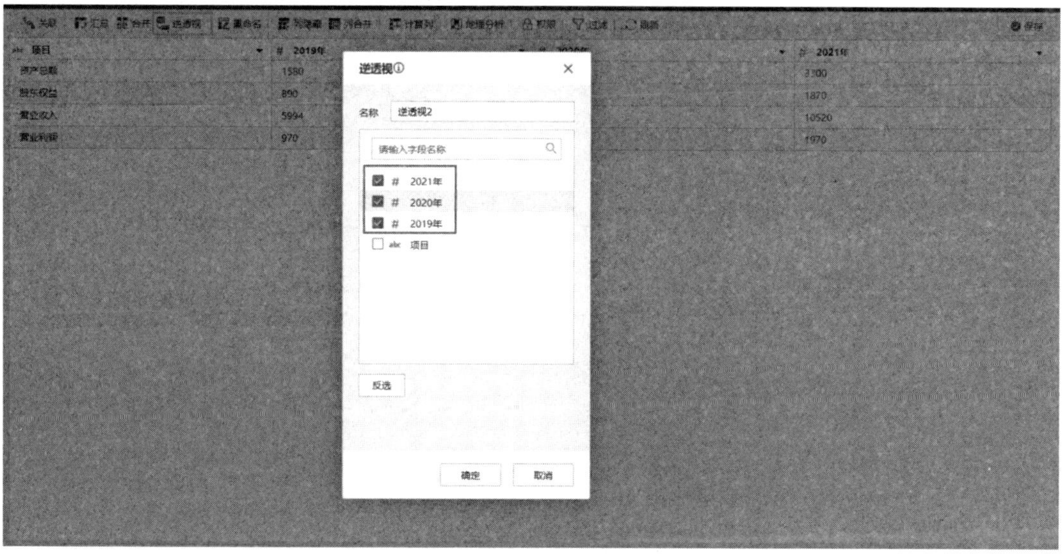

图 5-45　逆透视配置

逆透视后生成新的数据，重新将第二列和第三列属性名分别命名为“年份”和“财务指标”，如图 5-46 所示。

图 5-46　逆透视配置结果

点击【可视化设计】进行数据可视化分析,分析过程中【数据准备】与【可视化设计】可以自由切换。将【折线图】点击选中,拖入右侧画布,根据【图表数据】相关内容,将"年份"拖入对应的 X 轴区域,将"财务指标"拖入 Y 轴区域,将"项目"拖入分组区域。点击【修饰】,输入可视化图形的标题,即可完成折线图的设置,如图 5-47 所示。

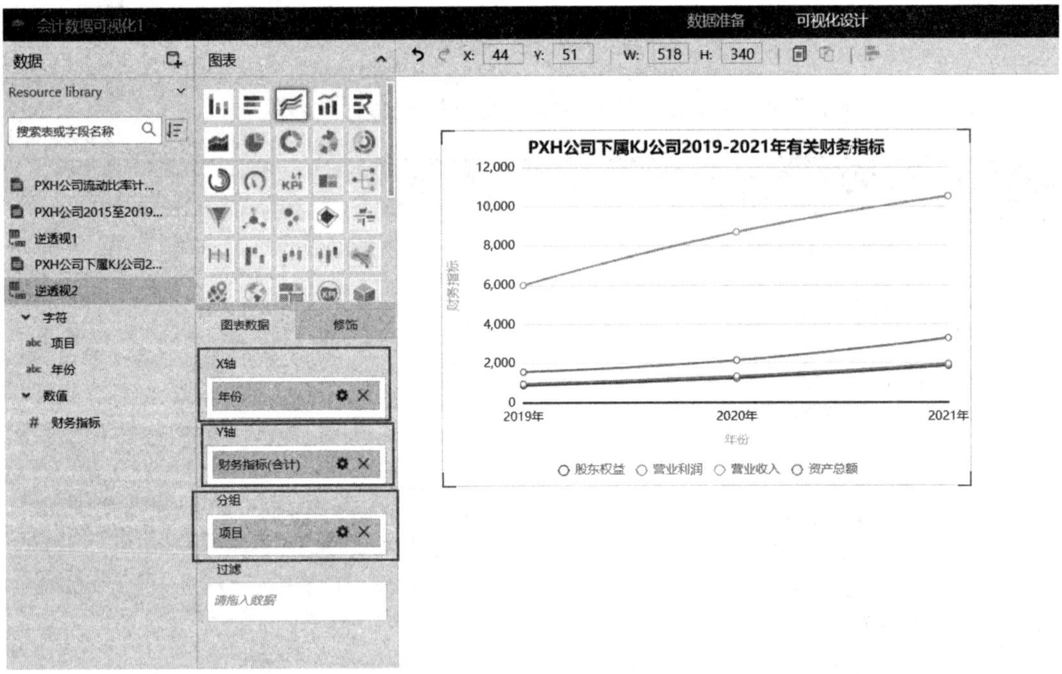

图 5-47　数据可视化配置

PXH 公司下属 KJ 公司 2019—2021 年有关财务指标数据可视化分析结果如图 5-48 所示。

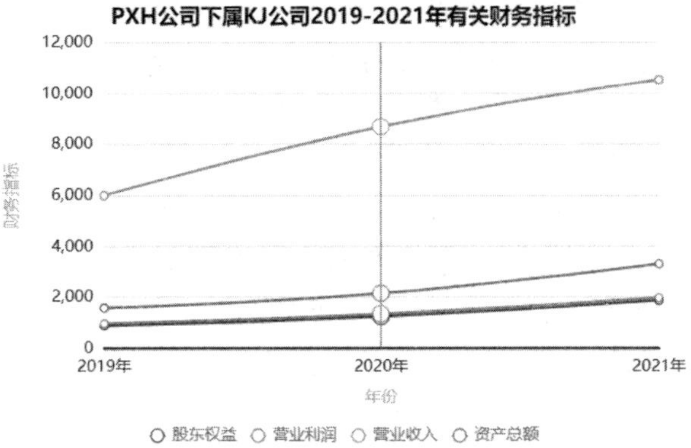

图 5-48　PXH 公司下属 KJ 公司 2019—2021 年有关财务指标数据可视化分析结果

5.5.5　项目任务五:杜邦财务分析模型案例(BI)

1. 项目简介

PXH 公司 2019—2021 年净资产收益率指标资料如表 5-8 所示。

表 5-8　PXH 公司 2019—2021 年净资产收益率指标资料

单位:万元

项目	2019 年	2020 年	2021 年
总资产	1 580	2 150	3 300
总负债	690	910	1 430
净资产	890	1 240	1 870
营业收入	5 994	8 679	10 520
净利润	420	650	1 020

根据以上资料,按杜邦财务分析模型(图 5-49)对净资产收益率变动原因进行分析。

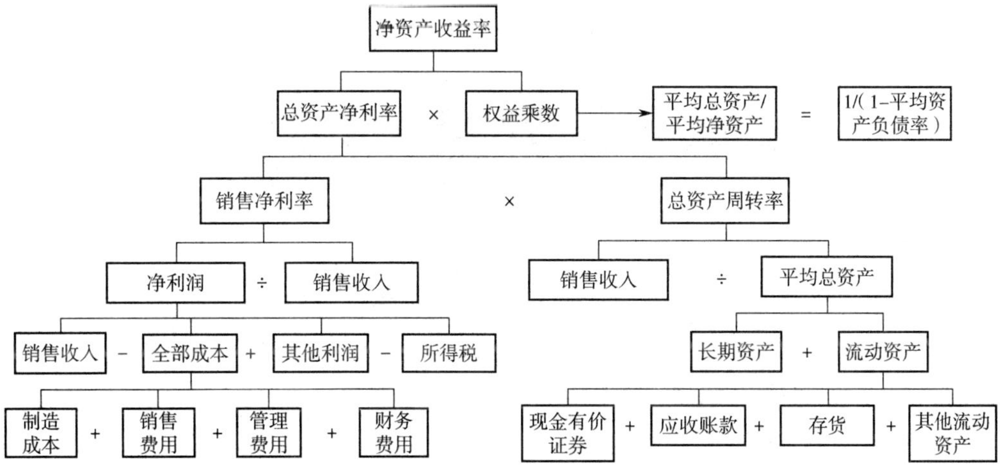

图 5-49　杜邦财务分析模型

杜邦财务分析体系主要反映了以下几种财务比率关系。

①净资产收益率与总资产净利率及权益乘数之间的关系。

净资产收益率 = 总资产净利率 × 权益乘数

权益乘数 = 平均总资产/平均净资产

= 1/(1 - 平均资产负债率)

②总资产净利率与销售净利率及总资产周转率之间的关系。

总资产净利率 = 销售净利率 × 总资产周转率

销售净利率 = 净利润/销售收入(即营业收入)

总资产周转率 = 销售收入/平均总资产

PXH公司下属KJ公司净资产收益率指标分解如表5-9所示。

表5-9 PXH公司下属KJ公司净资产收益率指标分解

指标分解	2020年	2021年
一、净资产收益率/%	61.03	65.59
二、总资产净利率/%	34.85	37.43
三、销售净利率/%	7.49	9.70
四、净利润/万元	650	1 020
四、营业(销售)收入/万元	8 679	10 520
三、总资产周转率/%	4.65	3.86
四、销售(营业)收入/万元	8 679	10 520
四、平均总资产/万元	1 865	2 725
二、权益乘数	1.75	1.75
三、平均总资产/万元	1 865	2 725
三、平均净资产/万元	1 065	1 555

2. 可视化分析

1)PXH公司下属公司净资产收益率指标数据可视化

如图5-50所示，点击【 】打开【添加数据向导】，选择不同类型的方式进行数据添加，并在新建作业中左上角的“数据”标签中选择“从资料库中添加”。

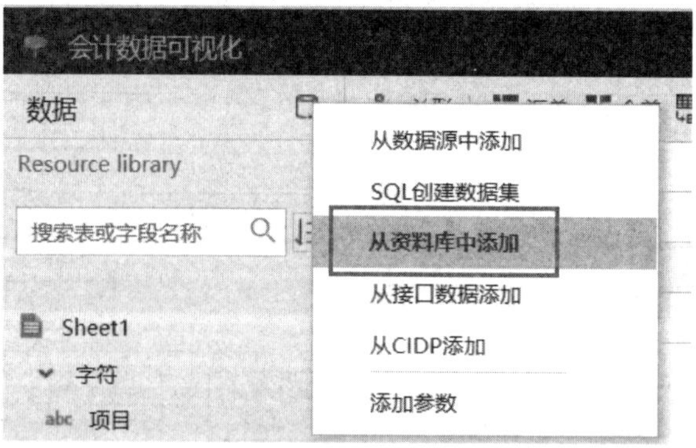

图5-50 添加数据向导

如图 5-51 所示，选择“上传数据文件”，选择本地数据文件。“数据起始行”输入 2，勾选“首行为表头”，单击“确定”即可完成本地数据导入。

图 5-51　上传数据文件

如图 5-52 所示，选择【逆透视】，选中“上年”和“本年”数据进行行列转换。

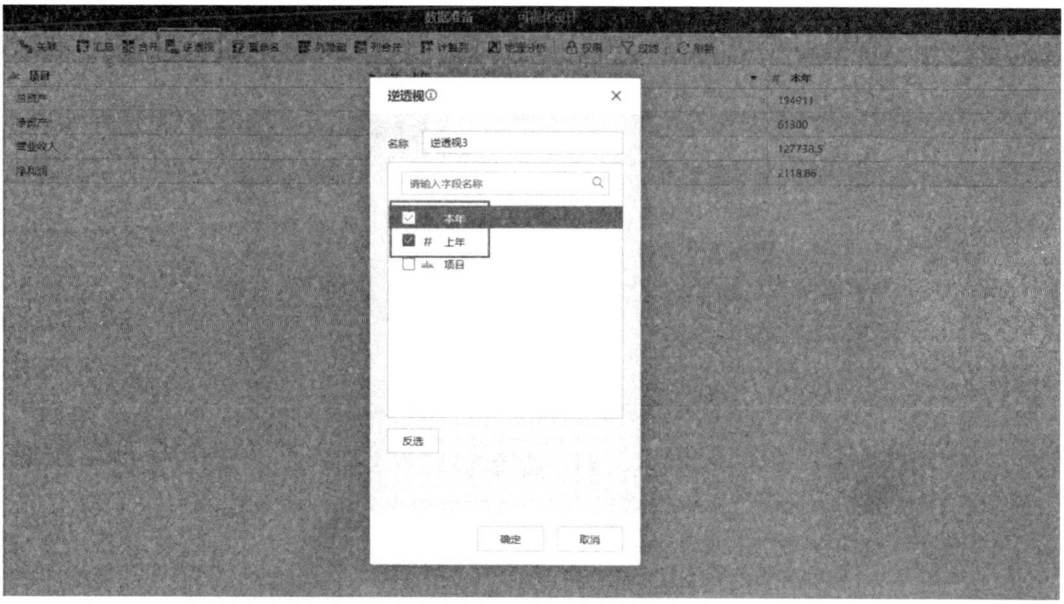

图 5-52　逆透视配置

逆透视后生成新的数据，重新将第二列和第三列属性名分别命名为“年份”和“财务指标”，如图 5-53 所示。

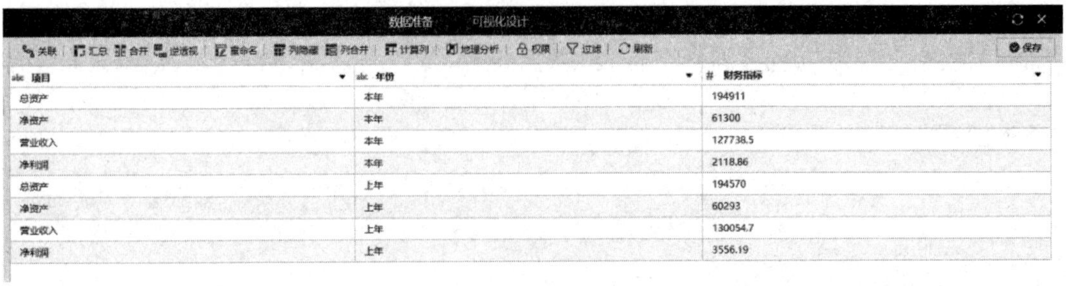

项目	年份	财务指标
总资产	本年	194911
净资产	本年	61300
营业收入	本年	127738.5
净利润	本年	2118.86
总资产	上年	194570
净资产	上年	60293
营业收入	上年	130054.7
净利润	上年	3556.19

图 5-53 逆透视配置结果

点击【可视化设计】进行数据可视化分析，分析过程中【数据准备】与【可视化设计】可以自由切换。将【柱状图】点击选中，拖入右侧画布，根据【图表数据】相关内容，将“年份”拖入对应的 *X* 轴区域，将“财务指标”拖入 *Y* 轴区域，将“项目”拖入颜色区域，即可完成柱状图的初始化设置，如图 5-54 所示。

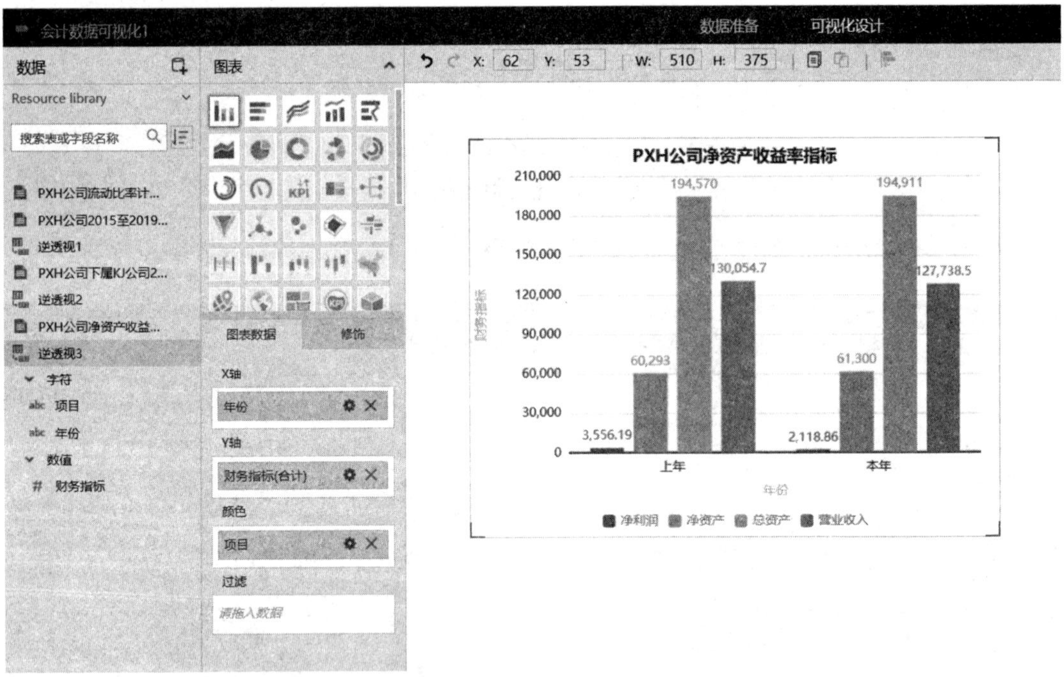

图 5-54 数据可视化配置

点击【修饰】，输入可视化图形的标题。然后选择【更多配置】，对图形的坐标轴、图例、样式等信息进行详细设置。上年和本年不同项目的可视化分析结果如图 5-55 所示。

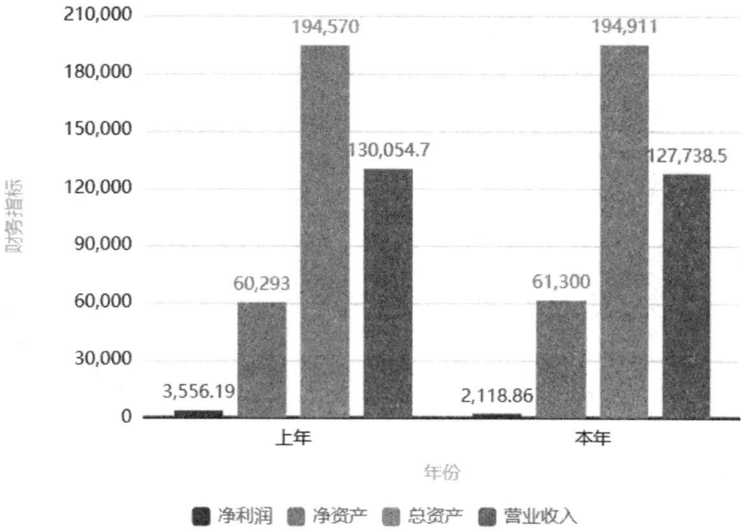

图 5-55　PXH 公司净资产收益率指标数据可视化分析结果

2）杜邦财务分析模型数据可视化

如图 5-56 所示，点击【 】打开【添加数据向导】，选择不同类型的方式进行数据添加，并在新建作业中左上角的“数据”标签中选择“从资料库中添加”。

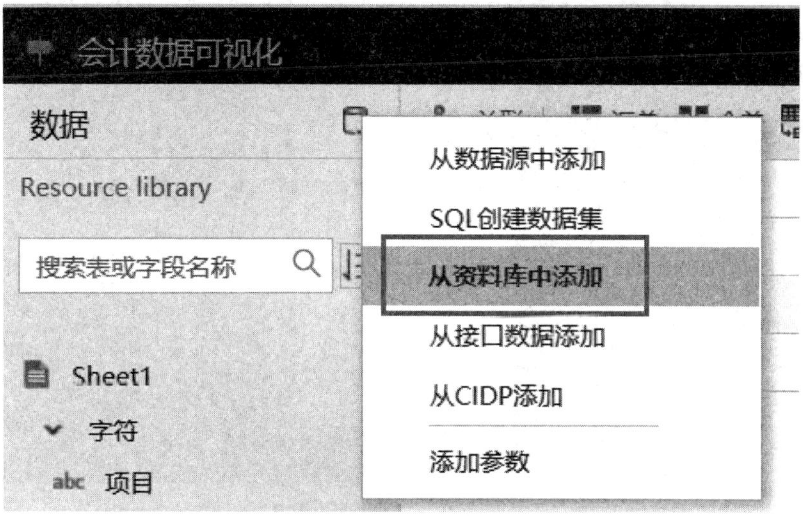

图 5-56　添加数据向导

如图 5-57 所示，选择“上传数据文件”，选择本地数据文件。“数据起始行”输入“2”，勾选“首行为表头”，单击“确定”即可完成本地数据导入。

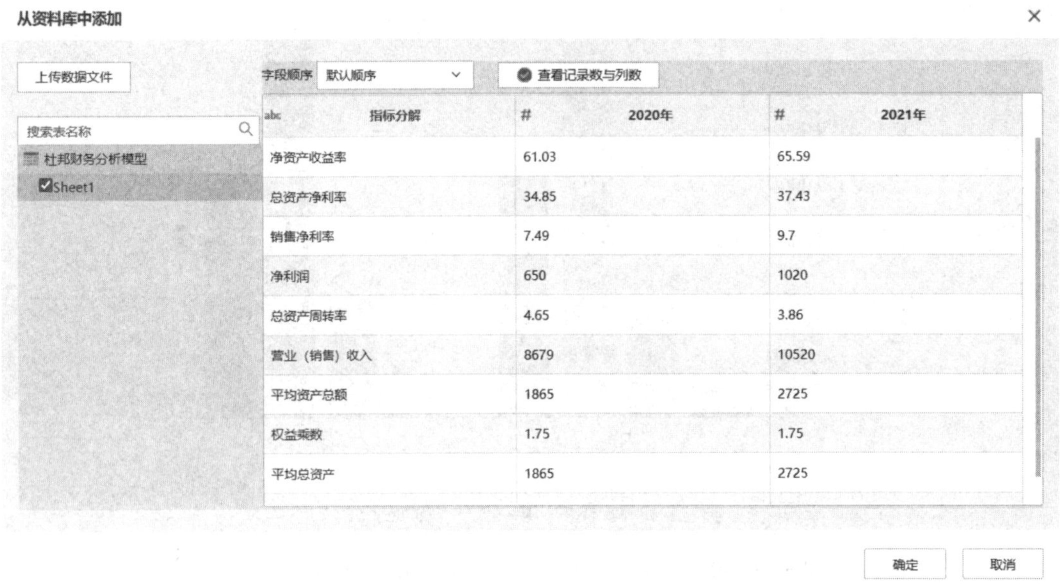

图 5-57　上传数据文件

如图 5-58 所示，选择【逆透视】，选中所有年份数据进行行列转换。

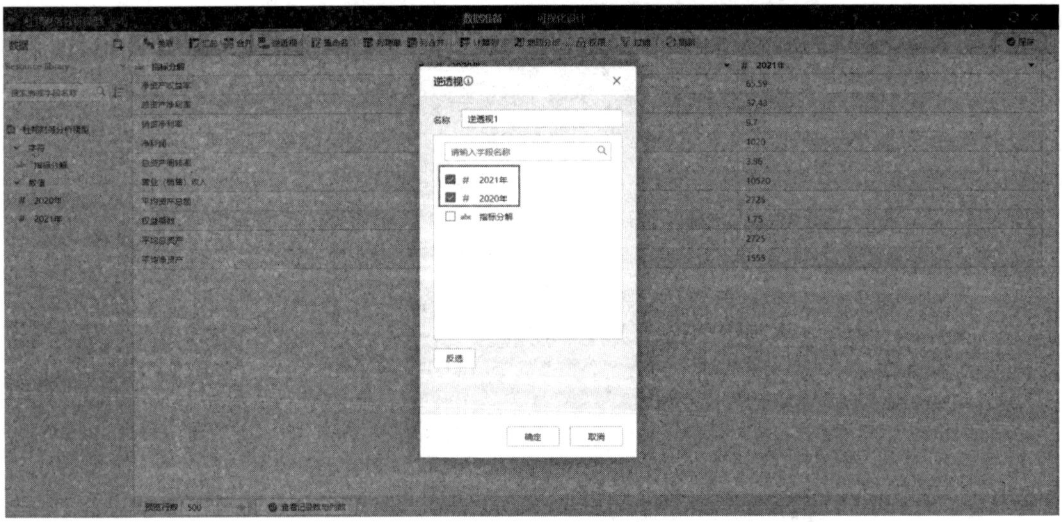

图 5-58　逆透视配置

逆透视后生成新的数据，重新将第二列和第三列属性名分别命名为“年份”和“财务指标”，如图 5-59 所示。

图 5-59 逆透视配置结果

点击【可视化设计】进行数据可视化分析，分析过程中【数据准备】与【可视化设计】可以自由切换。将【组合图】点击选中，拖入右侧画布，根据【图表数据】相关内容，将“年份”拖入对应的 X 轴区域，将“财务指标”拖入 Y 轴区域，将“指标分解”拖入分组区域和过滤区域。

根据杜邦财务分析模型的树形层次结构，分别对比可视化分析每一层不同财务指标的数据。2020 年和 2021 年的净资产收益率数据可视化分析如图 5-60 所示。

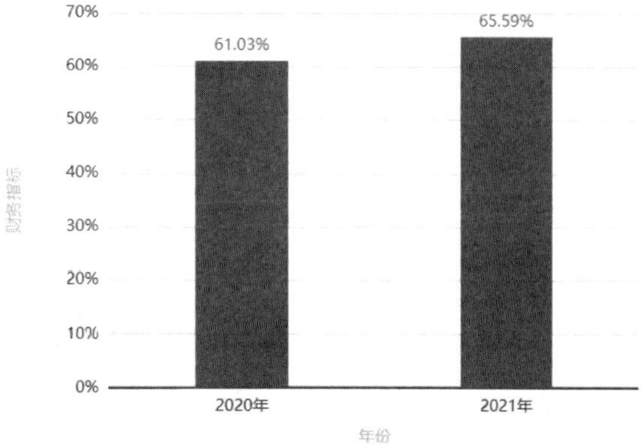

图 5-60 杜邦财务分析模型净资产收益率数据可视化分析

2020 年和 2021 年的总资产净利率和权益乘数数据可视化分析如图 5-61 所示。

2020 年和 2021 年的平均净资产和平均总资产数据可视化分析如图 5-62 所示。

2020 年和 2021 年的总资产周转率和销售净利率数据可视化分析如图 5-63 所示。

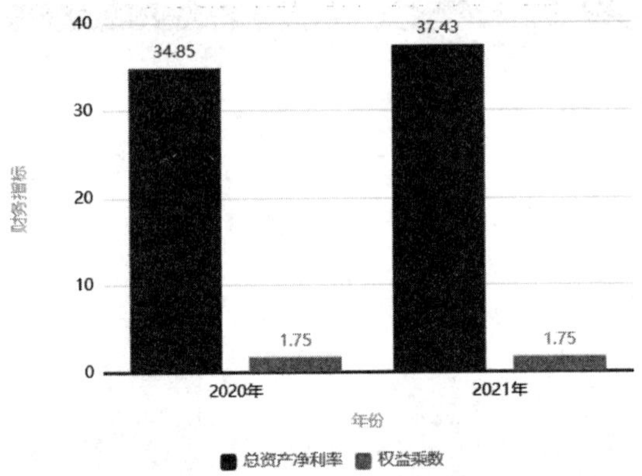

图 5-61　杜邦财务分析模型总资产净利率和权益乘数数据可视化分析

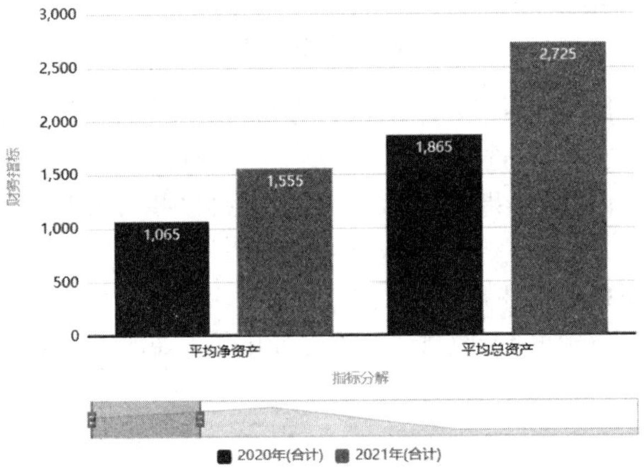

图 5-62　杜邦财务分析模型平均净资产和平均总资产数据可视化分析

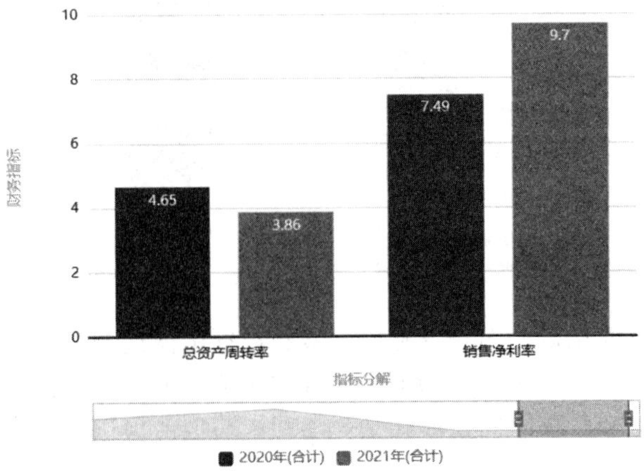

图 5-63　杜邦财务分析模型总资产周转率和销售净利率数据可视化分析

2020 年和 2021 年的净利润、营业收入、平均总资产数据可视化分析如图 5-64 所示。

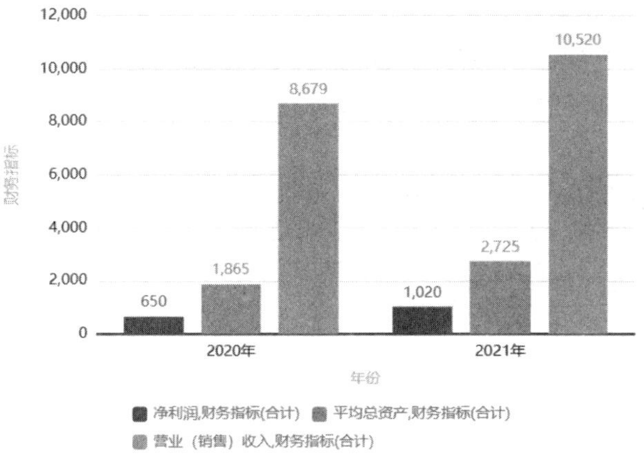

图 5-64　杜邦财务分析模型净利润、营业收入、平均资产总额数据可视化分析

5.6　项目总结

BI 系统可以查看许多不同的财务报表，而 Tempo BI 提供了多维分析、统计分析、数据可视化等大数据分析功能，用户可以基于平台进行业务数据探索、分析和展示。平台内置丰富的可视化效果、灵动的视觉交互探索手段、交互式的即席分析体验，以拖曳、配置式操作让学生可以更好地观察数据和与数据对话，发现数据规律，获取敏锐洞察，让数据分析更简单、更智能。使用 Tempo BI 对财务报表数据进行可视化分析，不仅可让企业用户便捷查看各类财务报表数据，而且可通过联动、钻取等挖掘分析财务数据背后的价值，及时了解企业财务数据异常的原因所在。

5.7　项目练习

根据在线平台数据完成下列练习。

练习一

（1）绘制各销售市场销售额柱形图。

（2）绘制产品类别-订单额饼图。

（3）新建场景页 2。

（4）绘制销售额-日期线图，以年月为显示格式。

（5）绘制利润-销售额散点图，以顾客姓名为标识。

练习二

（1）对柱形图进行降序排序。

（2）线图设置销售额大于 30 000 元的条件格式。

（3）对线图基于日期进行向后一期的环比计算，结果显示为差异值。

（4）将线图的锚点设置为三角形，大小为 3PX，并开启数据标签。

（5）为散点图添加利润趋势线。

练习三

(1)将背景图更换为浅蓝色,配色更换为“马卡龙”配色。

(2)为柱形图 *X* 轴加入产品类别字段后启用钻取。

练习四

(1)使用“全国销售订单数据”中的地理分析列绘制全国销售额地图。

(2)绘制各销售市场销售额柱形图。

(3)绘制产品类别-订单额饼图。

(4)新建场景页2。

(5)绘制销售额日期线图,以年月为显示格式。

(6)绘制利润-销售额散点图,以顾客姓名为标识。

(7)用自由式报表绘制如下表格,要求:

①表格中小计为不同销售市场的小计,合计为所有销售市场的合计;

②在自由式报表中过滤,只显示华南、东北地区的数据。

参考文献

[1] 蔡柏良,季健,邱素琴. 财务报表分析[M]. 3 版. 南京:南京大学出版社,2022.

[2] 张新民,钱爱民. 财务报表分析[M]. 5 版. 北京:中国人民大学出版社,2019.

[3] 刘晓菊,郭邦涌,骆淑芳. 财务报表分析[M]. 3 版. 北京:电子工业出版社,2022.

[4] 王凤. 财务报表分析[M]. 北京:科学出版社,2022.

[5] 王化成,支晓强,王建英. 财务报表分析[M]. 2 版. 北京:中国人民大学出版社,2018.

[6] 张新民. 从报表看企业[M]. 3 版. 北京:中国人民大学出版社,2017.

[7] 张先治,陈友邦. 财务分析[M]. 9 版. 大连:东北财经大学出版社,2019.

[8] 鲁爱民. 财务分析[M]. 3 版. 北京:机械工业出版社,2014.

[9] 张新民,王秀丽. 财务报表分析[M]. 3 版. 北京:高等教育出版社,2018.

[10] 袁天荣. 企业财务分析[M]. 3 版. 北京:机械工业出版社,2018.

[11] 李昕,孙艳萍. 财务报表分析[M]. 4 版. 大连:东北财经大学出版社,2017.

[12] 财政部会计资格评价中心. 初级会计实务[M]. 北京:经济科学出版社,2021.

[13] 中国注册会计师协会. 财务成本管理[M]. 北京:中国财政经济出版社,2022.

[14] FRIDSON M, ALVAREZ F. Financial statement analysis: a practitioner's guide[M]. 5th ed. Hoboken, New Jersey: John Wiley & Sons, Inc., 2022.

[15] CALANDRO J Jr., HOFFMIRE J. The business of personal finance: how to improve financial wellness[M]. New York, NY: Taylor and Francis, 2022.

[16] 汪艳涛,盛童. 基于企业战略视角的财务报表分析:以海尔智家为例[J]. 会计之友, 2022(7):87-92.

[17] 李启发. 浅谈企业财务报表分析[J]. 财会月刊,2020(S1):26-31.

[18] WALLACE D. Financial statement analysis: basis for management advice[M]. [S.l.]: John Wiley & Sons, Inc., 2020.

[19] 张新民. 中小企业财务报表分析[M]. 北京:中国人民大学出版社,2020.

[20] 骆希亚,杨明海. 会计学[M]. 南京:南京大学出版社,2019.

[21] 章之旺,仲怀公. 会计学:管理会计基础综合[M]. 南京:南京大学出版社,2018.

[22] WELC J. Reading between the lines of corporate financial reports[M]. Cham, Switzerland: Palgrave Macmillan, 2020.

[23] YHIP T, ALAGHEBAND B. The practice of lending[M]. Cham, Switzerland: Palgrave Macmillan, 2020.

[24] 王冬梅. 财务报表分析教学创新:团队式实践教学法[J]. 财会月刊,2016(21):125-128.

[25] 谢士杰. 读懂财务报表看透企业经营[M]. 北京:人民邮电出版社,2016.

[26] 肖序,陈宝玉. 资产负债表、利润表和现金流量表的联系机理[J]. 会计之友, 2015(9):98-100.

[27] GOEL S. Financial statements analysis[M]. London: Taylor and Francis, 2014.

附录:数据可视化专项练习
——商业智能(BI)在行业环境分析中的应用

项目任务一:共享单车数据分析案例

一、项目简介

1)分析目标

共享单车是企业在校园、地铁站点、公交站点、居民区、商业区、公共服务区等提供的自行车单车共享服务,采用分时租赁模式,是一种新型绿色环保共享经济。

共享单车系统是一种租赁自行车的系统,注册会员、租车、还车都将通过城市中的站点网络自动完成。使用共享单车,可以注册会员,存入一定金额用于使用结束后自动扣费结算;也可以不注册会员,临时使用后通过其提供的支付方式结算费用。人们通过下载应用程序(APP)使用这个系统进行扫码开锁取车,然后从取车地骑到自己的目的地后停放锁车归还,系统自动按实际使用时长计费。

共享单车是近年来流行起来的新兴产业,它的发展具有重要价值。通过对租车数据进行统计以及可视化分析,可对单车运营维护团队提出改善性意见。

2)技术点

本案例的主要技术点包括:数据预处理设计中计算列的方法;可视化设计中柱状图、箱线图、面积图、折线图的使用方法。

二、业务理解

本案例数据为 2011 年和 2012 年每天每个小时共享单车骑行数量的样例数据。此外,数据中还包含气温、季节、湿度、天气等影响共享单车骑行数量的特征。骑行用户包括未注册用户和注册用户。

三、数据理解

数据共 10 886 行、12 列,各名称意义如下:

datetime——时间;

season——季节(1、2、3、4 分别为春、夏、秋、冬);

holiday——节假日(0 表示否;1 表示是);

workingday——工作日(0 表示否;1 表示是);

weather——天气(1 表示晴天;2 表示阴天;3 表示小雨小雪;4 表示恶劣天气);

temp——实际温度;

atemp——体感温度;

humidity——湿度;

windspeed——风速;

casual——未注册用户;

registered——注册用户;

count——租借数量。

文件内容 数据概览 行数: 10886 列数: 12

datetime	season	holiday	workingday	weather	temp	atemp	humidity	windspeed	casual	registered	count
2011-01-01 00:00:00	1	0	0	1	9.84	14.395	81	0	3	13	16
2011-01-01 01:00:00	1	0	0	1	9.02	13.635	80	0	8	32	40
2011-01-01 02:00:00	1	0	0	1	9.02	13.635	80	0	5	27	32
2011-01-01 03:00:00	1	0	0	1	9.84	14.395	75	0	3	10	13
2011-01-01 04:00:00	1	0	0	1	9.84	14.395	75	0	0	1	1
2011-01-01 05:00:00	1	0	0	2	9.84	12.88	75	6.0032	0	1	1
2011-01-01 06:00:00	1	0	0	1	9.02	13.635	80	0	2	0	2
2011-01-01 07:00:00	1	0	0	1	8.2	12.88	86	0	1	2	3
2011-01-01 08:00:00	1	0	0	1	9.84	14.395	75	0	1	7	8

四、分析思路

1)数据接入

在新建作业中左上角的"数据"标签中选择"从资料库中添加"。

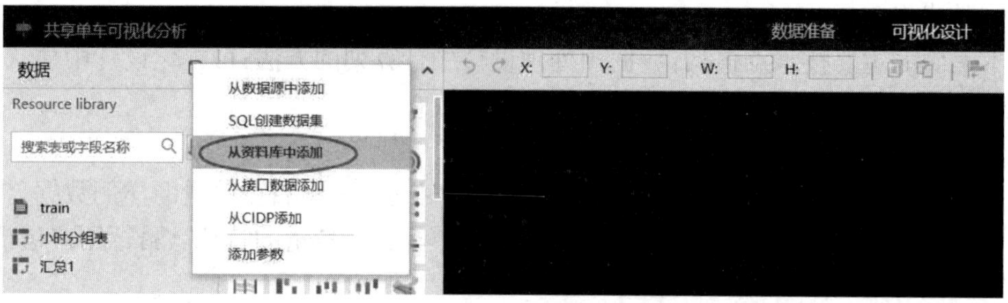

选择“上传数据文件”,选择本地数据文件。“数据起始行”输入“2”,勾选“首行为表头”,单击“确定”即可完成本地数据导入。

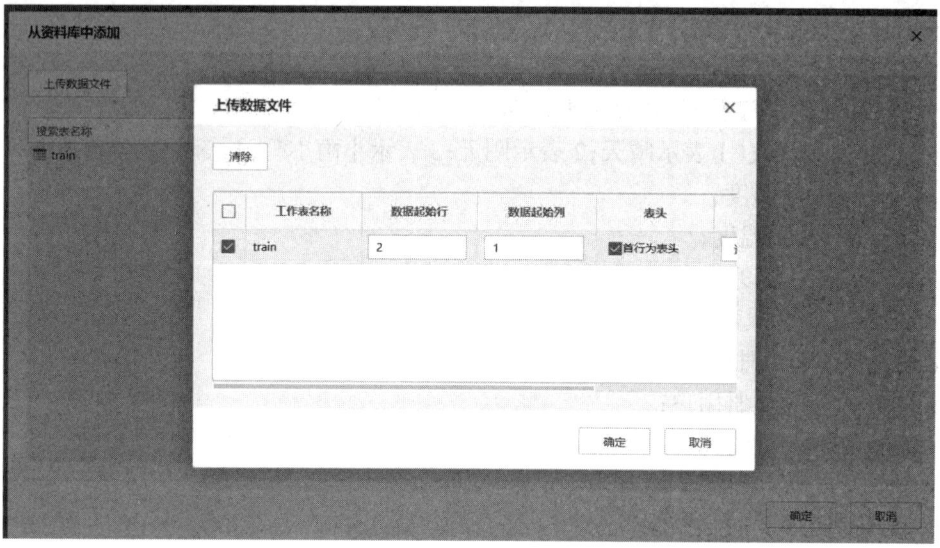

导入完成后可以看到数据的基本信息。

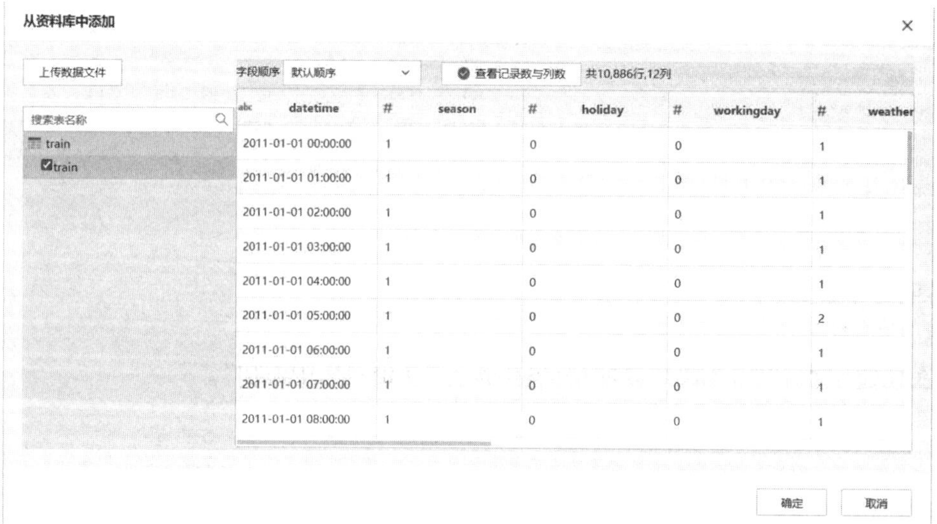

datetime	season	holiday	workingday	weather
2011-01-01 00:00:00	1	0	0	1
2011-01-01 01:00:00	1	0	0	1
2011-01-01 02:00:00	1	0	0	1
2011-01-01 03:00:00	1	0	0	1
2011-01-01 04:00:00	1	0	0	1
2011-01-01 05:00:00	1	0	0	2
2011-01-01 06:00:00	1	0	0	1
2011-01-01 07:00:00	1	0	0	1
2011-01-01 08:00:00	1	0	0	1

2)属性描述信息查看

通过在人工智能实验中心中导入数据,并查看数据描述信息,可以确认数据没有缺失值和无效值。

字段名	完整个数	缺失个数	最大值	最小值	最多	最少	极差	众数	标准差	平均值	中位数	偏度	峰度	无效值个数
season	10886	0	4	1					1.1161	2.5066				0
holiday	10886	0	1	0					0.1666	0.0286				0
workingday	10886	0	1	0					0.4661	0.6809				0
weather	10886	0	4	1					0.6338	1.4184				0
temp	10886	0	41	0.82					7.7912	20.2309				0
atemp	10886	0	45.455	0.76					8.4742	23.6551				0
humidity	10886	0	100	0					19.2441	61.8865				0
windspeed	10886	0	56.9969	0					8.1642	12.7994				0
casual	10886	0	367	0					49.9582	36.022				0
registered	10886	0	886	0					151.0321	155.5522				0
count	10886	0	977	1					181.1361	191.5741				0

3)数据预处理

数据类型转换:创建一个列名为“datetime_1”的新列,在“计算列”中将原始的字符型“datetime”转换为日期时间类型的新列。

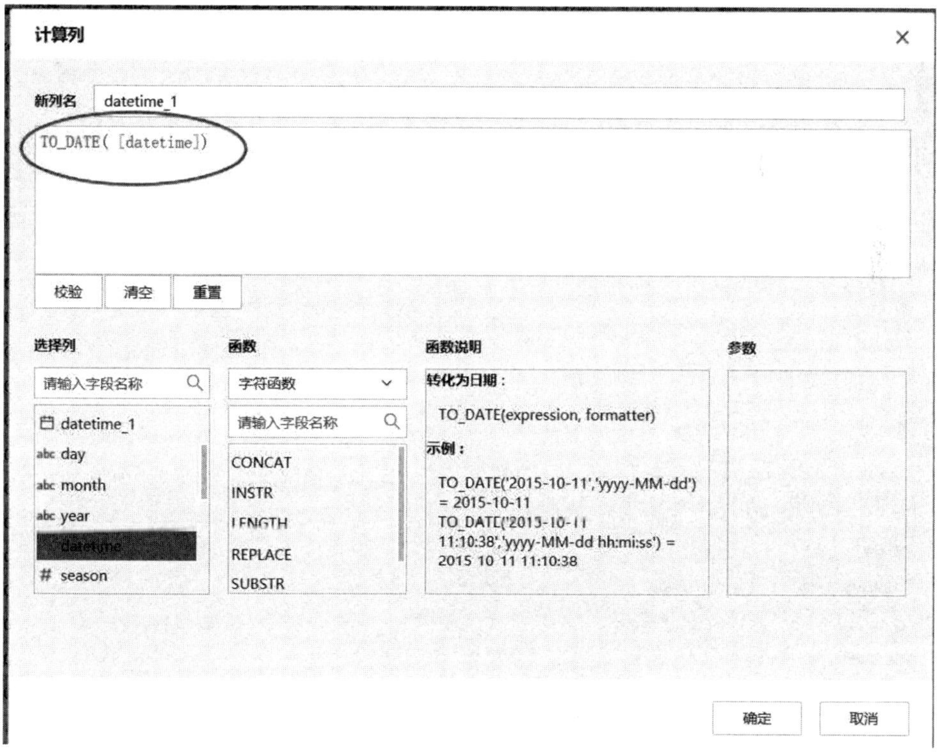

由于后续数据分析需要使用年、月和小时,因此需要将“datatime_1”字段分割为年、月和小时三个字段。

在“计算列”中选择“日期函数”中的“YEAR”,在“YEAR”函数的参数中选择“datetime_1”字段。从“datatime_1”字段拆分出年字段。

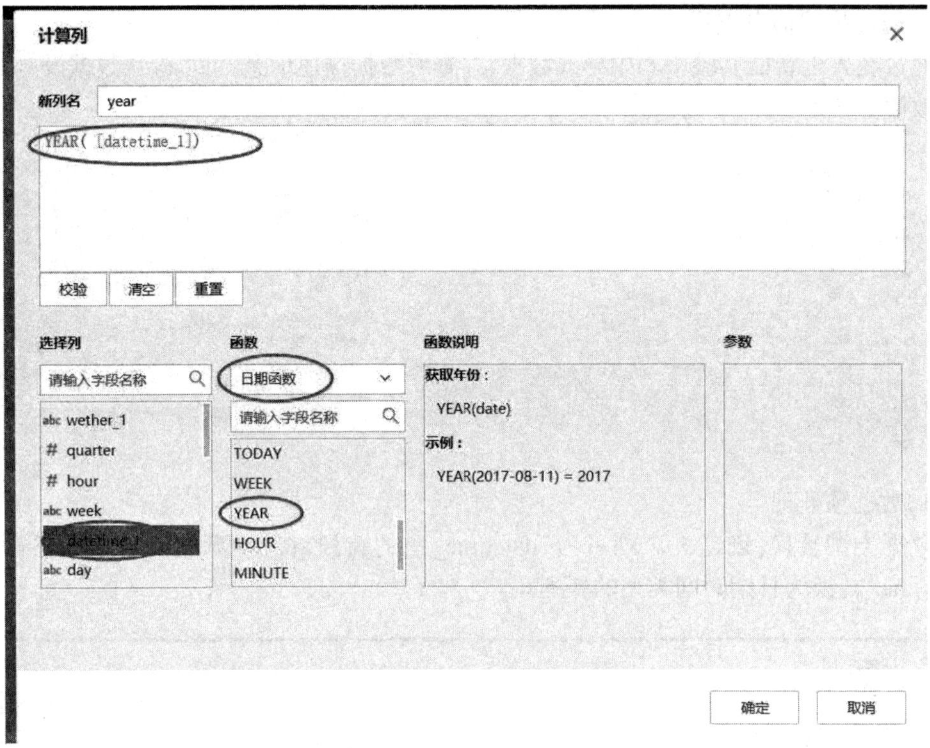

同理，从“datetime_1”中继续拆分出月和小时字段。

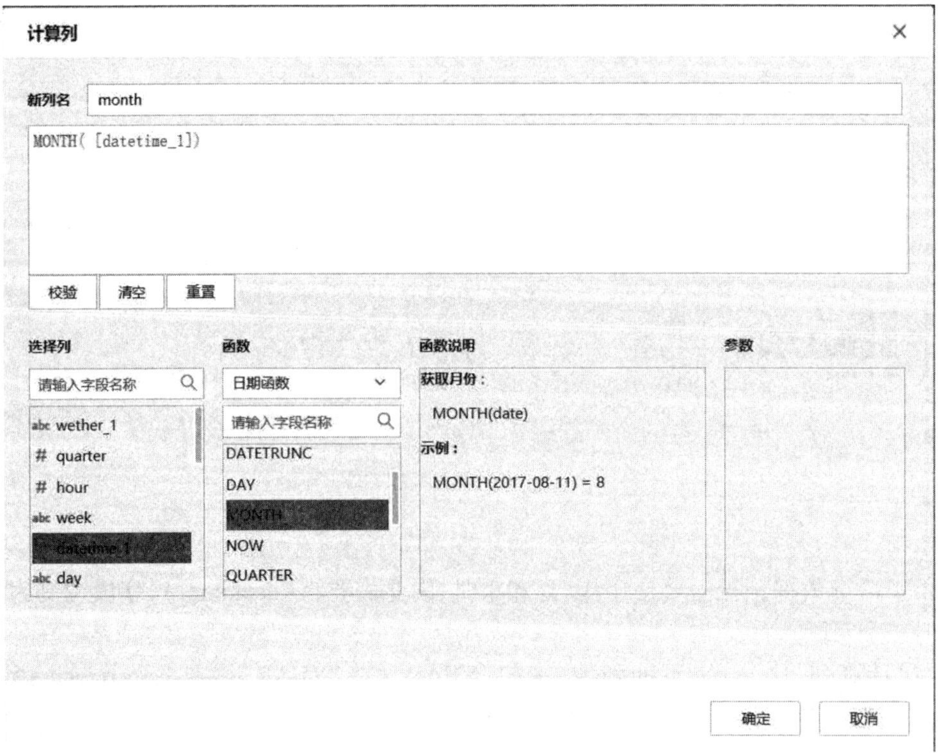

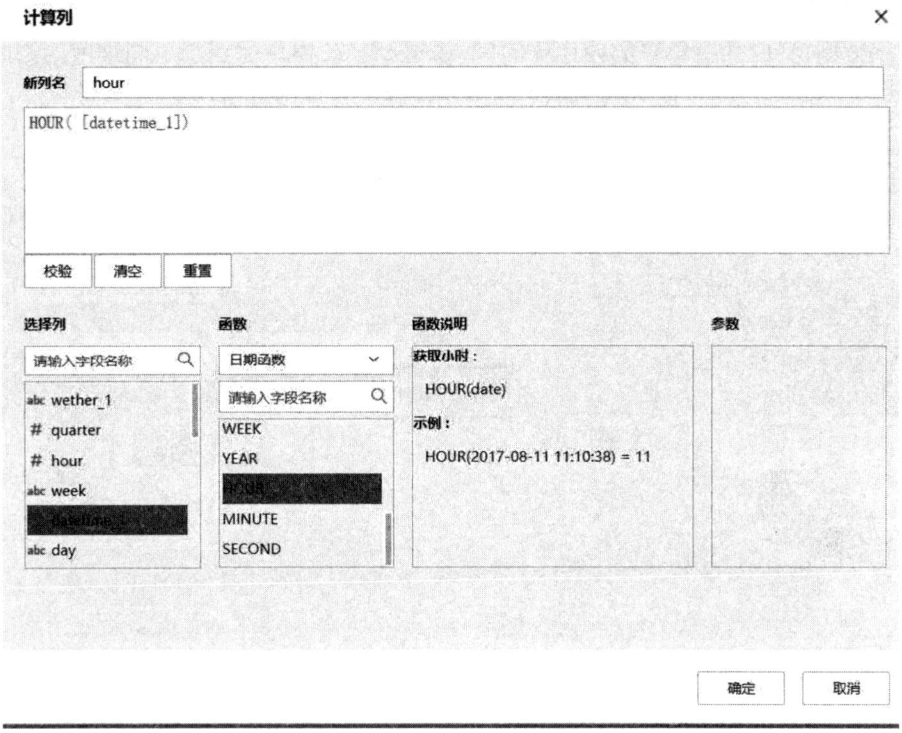

由于“weather”字段在表中为整型值,因此需要构造新字段“weather_1”,将每个整型值更新为其对应的中文含义字符串。

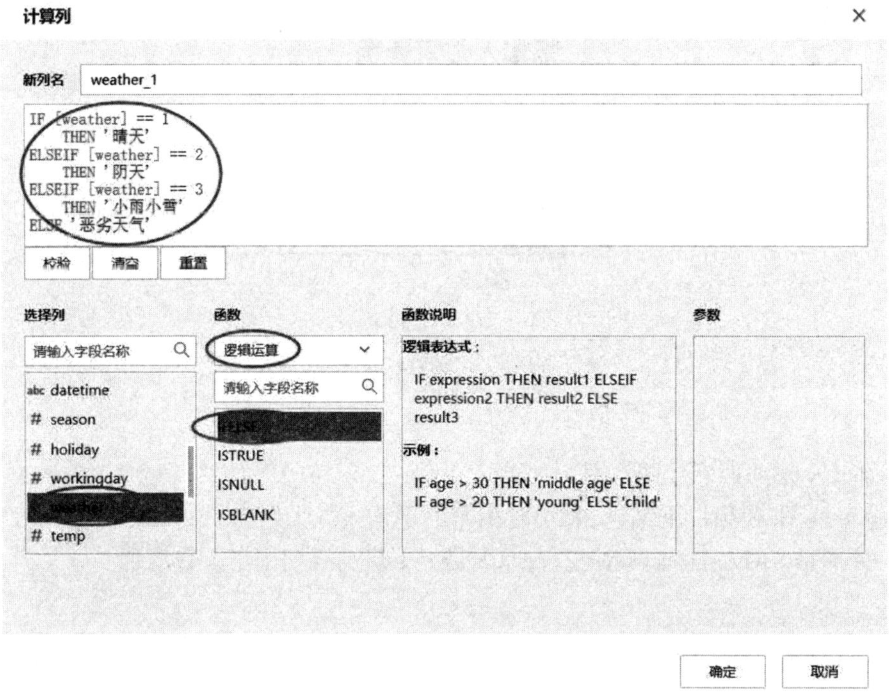

4)数据分析

根据数据可知,共享单车的使用受时间、季节、天气、用户类型等不同维度的影响,因此需要从这些不同维度的特征对共享单车的使用情况展开详细分析。

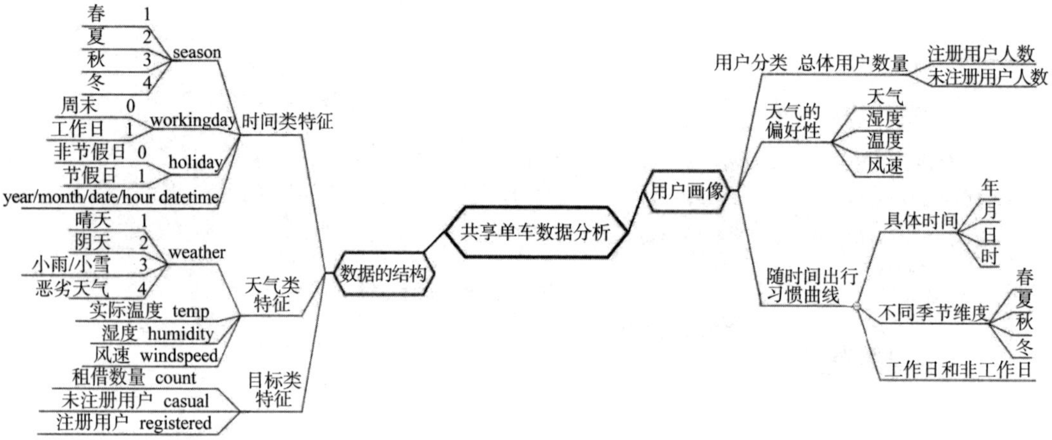

五、可视化分析

1)2011年和2012年租车人数统计图

从可视化结果可以看出,整体上2012年相较于2011年,人们对共享单车的需求大幅度增长。

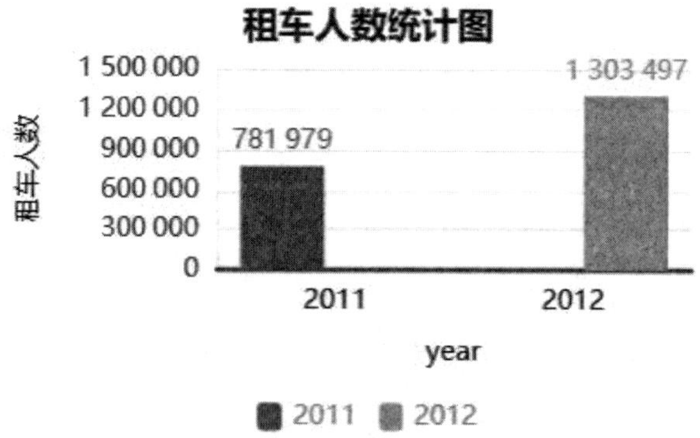

2)租车人数-小时箱线图

根据箱线图,得出以下结论:每小时租车的平均人数大约为150人;一天中有两个租车高峰期,分别是8时左右和17时左右,原因是上下班高峰期用车人数增加。

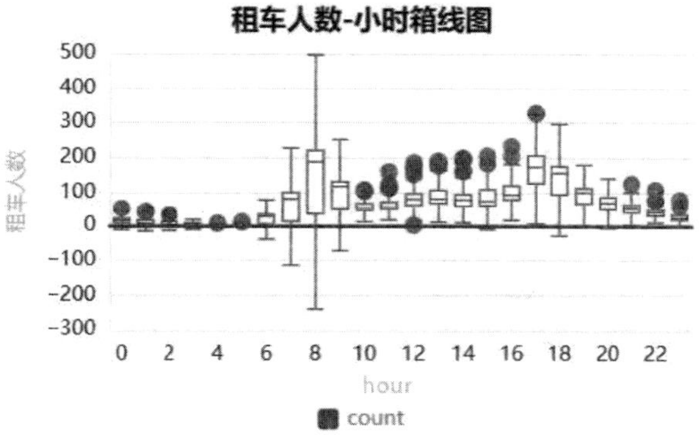

3)月份-天气-租车人数关系图

由关系图可以看出，5—10 月份是用户使用共享单车的高峰期,原因是这几个月晴天的租车用户多。想要提高在春天和冬天租车的用户的数量,最需要提高的是在春冬季节晴天时租车的用户人数。如果将宣传/优惠资源放在春冬季节的晴天,而不是夏秋季节的阴天和小雨小雪天气,得到的收益会更高。

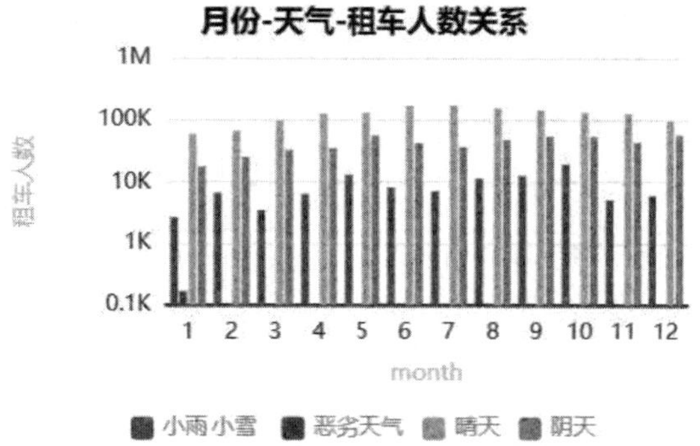

4)实际温度/体感温度/湿度-租车人数密度图

根据密度图,可得出以下结论:实际温度在 15~25 ℃范围内的租车人数较多;体感温度在 15~30 ℃范围内的租车人数较多;湿度在 50%~80%范围内的租车人数较多。

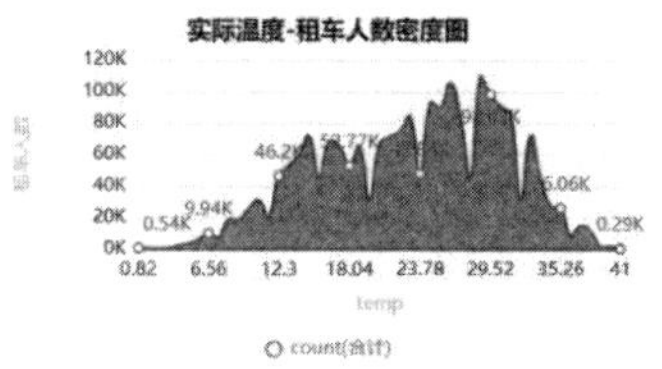

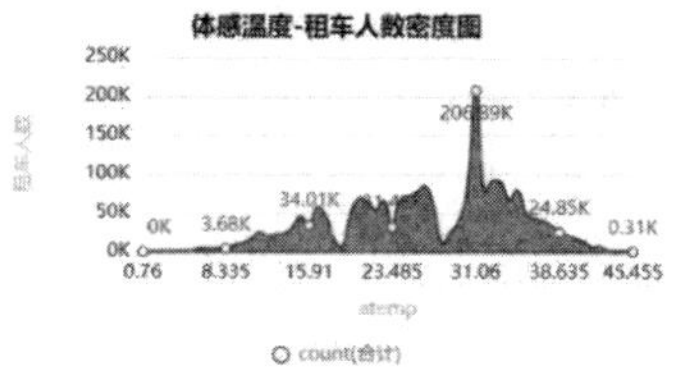

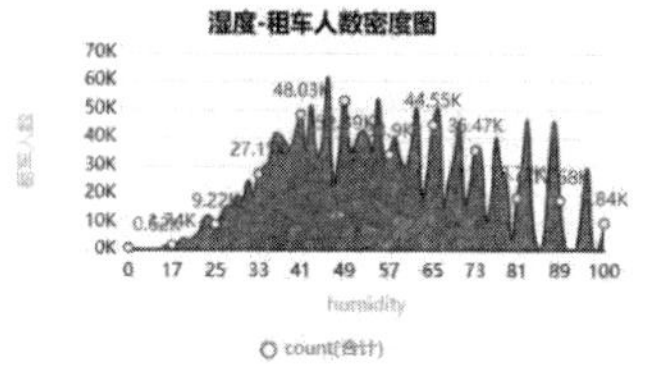

5)时间-租车人数关系图

每天上下班时间(8 时和 17 时)是两个用车高峰期;除此之外，12—13 时是小高峰期，可能因为许多人出门吃午餐需要租车。

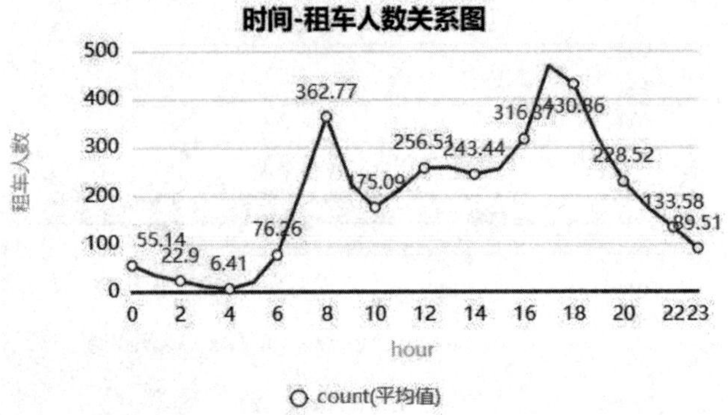

6)月份-租车人数关系图

1—5 月租车人数逐渐增加，6 月租车人数达到最高值且之后趋于稳定，10 月租车人数开始下降。春夏秋冬四季 24 小时租车需求趋势一致,值得关注的是春季的租车人数整体少于夏秋冬三个季节,体感舒适度最高的秋季整体骑行需求最高。

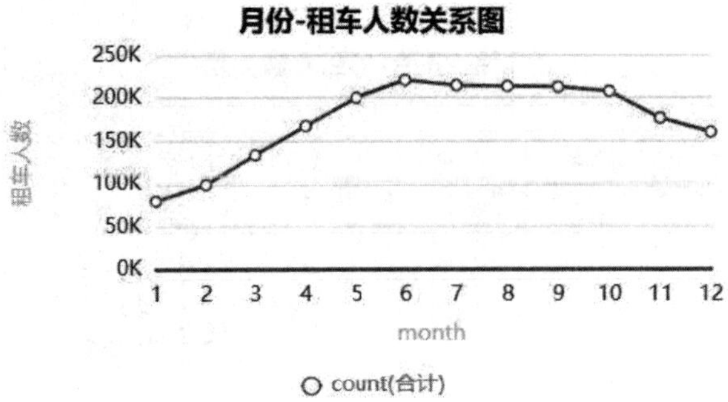

7)天气-租车人数关系图

租车人数受天气好坏程度影响很大,晴天租车人数最多,恶劣天气租车人数最少。

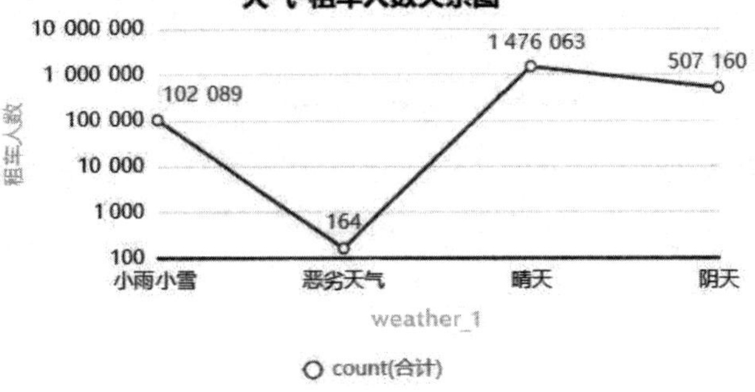

8)可视化分析总结

本案例所有可视化图形生成的可视化大屏看板如下。

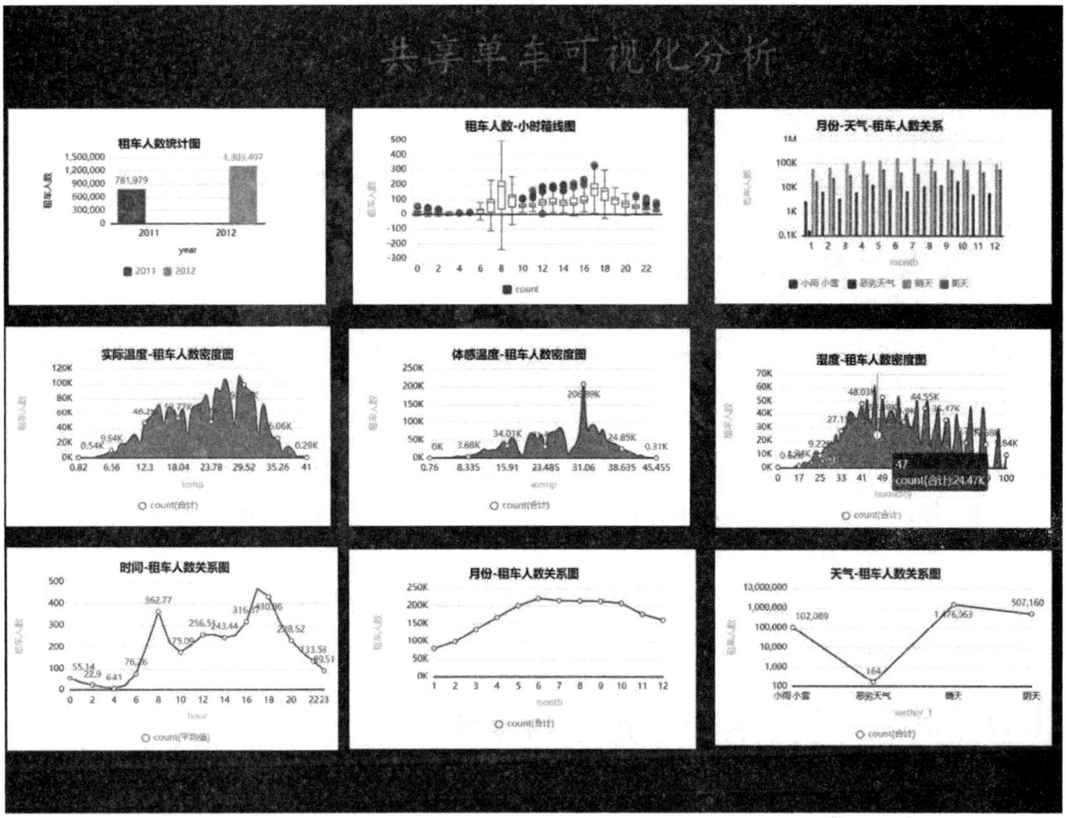

通过可视化分析结果,对共享单车分析结论总结如下。

(1)时间。①小时(hour):一天中有两个租车高峰,分别是8时左右和17时左右,原因是上下班高峰期用车人数增加时间。②年(year):租车数量逐年上升。③月(month):一年中夏季和秋季租车人数较多,春季租车人数较少。

(2)天气(weather):晴天租车人数最多,恶劣天气租车人数最少。

(3)湿度(humidity):湿度在50%~80%范围内的租车人数较多。

(4)实际温度(temp):实际温度在15~25℃范围内的租车人数较多。

(5)体感温度(atemp):体感温度在15~30℃范围内的租车人数较多。

对于租车公司:

①应在春冬季节的晴天刺激用户增长;

②月份之间租车人数的差异主要在于晴天租车人数的差异;

③晴天刺激租车用户数量增长带来的收益很高。

对于租车公司,应该重点运营:

①上下班高峰期,包括12—13时的小高峰期;

②重点季节夏季和秋季,大约在5—10月;

③天气较好的时期。

对于租车公司,淡季应:

①改进共享单车，提高用户在小雨小雪天气的共享单车使用率；

②推行月卡等措施，提高用户在淡季的共享单车使用率；

③做好单车的保养工作。

六、分析价值

（1）共享单车的用户分为注册用户与未注册用户，其中以注册用户为主。

（2）共享单车的用户总数主要受实际温度、体感温度、湿度、时刻影响。

（3）根据数据分析提出以下建议。

①用户总数随时间持续上升，可以增加共享单车的投放数量以满足业务需求。

②用户总数在夏季、秋季较多，而在春季较少，可以选择在春季大批量回收车辆进行维修保养。

③用户总数在工作日的上下班时段达到峰值，因此在此时间段前进行车辆调度，将共享单车集中投放在地铁口、公交站台、小区出口等附近供人们方便使用，将有利于提高用户量；而在假期，在白天将共享单车集中投放在各小区出口、地铁口、景点等附近以供人们方便使用，同样有利于提高用户量。

④用户总数在实际温度为20~25 ℃时达到峰值，这是因为温度较适宜，人们喜欢骑单车出行，因此应在这种天气增大投放量。

项目任务二：淘宝用户行为分析案例

一、项目简介

1）分析目标

本项目以用户淘宝APP平台的行为数据为数据集，通过常用的电商业务指标对淘宝用户行为进行分析，从而探索淘宝用户的行为模式。具体指标包括：日PV（访问量）和日UV（独立访客）分析、支付率分析、复购行为分析和漏斗流失分析。

2）技术点

本案例涉及的知识点主要有可视化分析的一般步骤，折线图、柱状图、饼图的基本知识和可视化分析方法等。

二、业务理解

2014年是阿里巴巴集团移动电商业务快速发展的一年，例如2014年“双11”大促中移动端成交占比达到42.6%，成交金额超过240亿元。相比PC时代，移动端网络的访问是随时随地的，具有更丰富的场景数据，比如用户的位置信息、用户访问的时间规律等。

本项目以阿里巴巴移动电商平台的真实用户-商品行为数据为基础，通过大数据和算法构建面向移动电子商务的商品推荐模型，希望能够挖掘数据背后的丰富内涵，在合适的时间、合适的地点为移动用户精准推荐合适的内容。

三、数据理解

本案例使用的数据集（taobao_user.xlsx）就用户行为列出了一张表（6列、10 000行），考虑处理时间问题，本案例只使用了10 000条数据。具体数据表字段如下

字段名	字段描述	字段类型	数据样例
User_id	用户身份，脱敏	数值型	97726136
Item_id	商品 ID，脱敏	数值型	383583590
behavior_type	用户行为类型（包含点击、收藏、加购物车、支付四种行为，分别用数字 1、2、3、4 表示）	数值型	1
User_geohash	地理位置，经过了加密转换	字符型	96nn52n
Item_category	商品所属的品类	数值型	5894
Time	用户行为发生的时间，年-月-日 小时	字符型	2014-12-09 20

四、分析思路

从业务上看，客户需要了解用户登录淘宝网浏览和购物的信息，其中浏览涉及浏览时间、频次和内容等信息，购物则涉及购买商品、消费额、购买次数等信息。

从数据上看，目前所提供的数据主要涉及用户登录淘宝网的时间和消费行为信息。

因此计划使用流量指标分析、用户消费行为分析两个看板为客户呈现最终的效果。

流量指标分析：主要呈现“双 11”前后日 PV、日 UV 指标的趋势变化和时 PV、时 UV 关键指标在一天中的趋势变化。

用户消费行为分析：主要呈现用户消费成交量、付费率、人均购买次数、复购率和消费行为漏斗分析数据。

五、可视化分析

1）数据接入

点击【  】，打开【添加数据向导】，选择不同类型的方式进行数据添加。数据可提前存储在本地。本案例选择【从资料库中添加】，然后浏览选择本地存储的 csv 文件。

导入数据后，查看数据描述信息，确认数据没有缺失值和无效值。可以看到每个字段的数据都非常完整，没有缺失的字段，数据类型也以整数型为主，其中一个是浮点型，如下所示。

字段顺序 默认顺序 查看记录数与列数 共303行，14列

# age	# sex	# cp	# trestbps	# chol	# fbs	# restecg	# thalach	# exang
63	1	3	145	233	1	0	150	0
37	1	2	130	250	0	1	187	0
41	0	1	130	204	0	0	172	0
56	1	1	120	236	0	1	178	0
57	0	0	120	354	0	1	163	1
57	1	0	140	192	0	1	148	0

2）数据准备

数据接入后进入数据准备阶段，在数据准备阶段主要完成两个任务：数据规范和数据融合。

Ⅰ.数据规范

针对业务所涉及的指标，若在原始数据中无法直接获得，则通过计算列方式进行补全。

观察到原来“time”字段的数据是日期和时间组成的字符串，为了后续能分析日访问量和小时访问量指标，需要补全日期和小时数据。这里需要通过计算列方式将“time”字段拆分成“date”和“hour”两个字段。

下面举例说明应用计算列能力拆分字段。选中“用户行为”表，点击【计算列】，通过“SUBSTR”字符函数将“time”字段中第1个到第10个字符拆分为“date”字段。同理，再将

"time"字段中第12个到第13个字符拆分为"hour"字段。

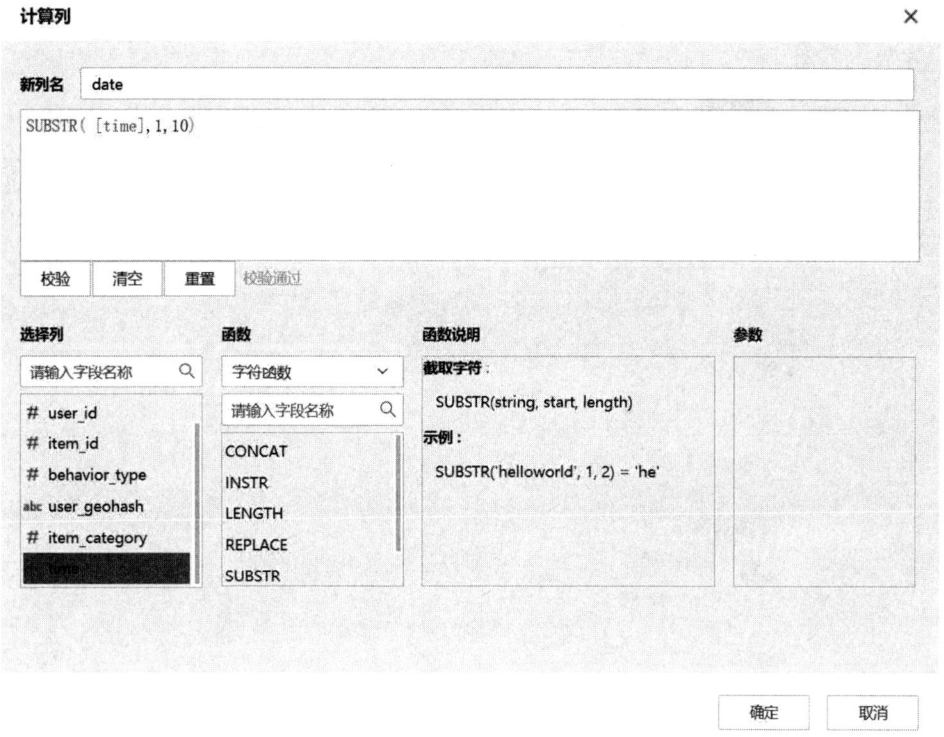

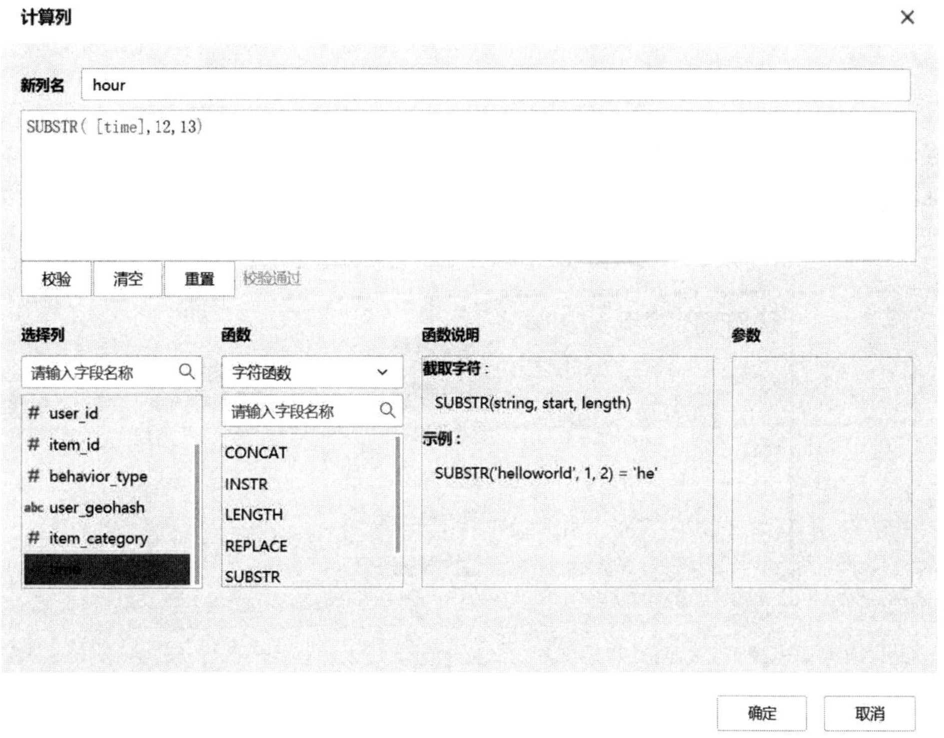

经过拆分后的“date”和“hour”字段为字符型，为方便后续数据融合，进一步对这两个字段进行数据类型转换。通过计算列的方式选择类型转换函数将“date”列转换成日期型新列，并命名为“date_日期”。同理将“hour”字段转换为 int 型的“hour_int”字段。

然后对各列数据进行分析，查看是否有异常数据需要进行填充或删除等操作。本案例中“User_geohash”存在缺失值，但此字段与流量和消费分析目标无关，因此可隐藏该字段列。

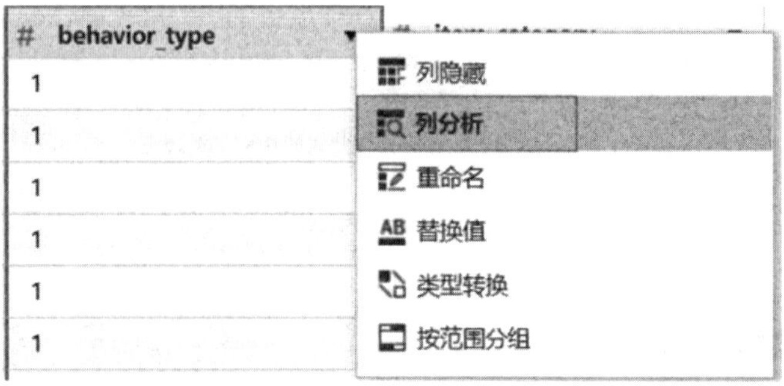

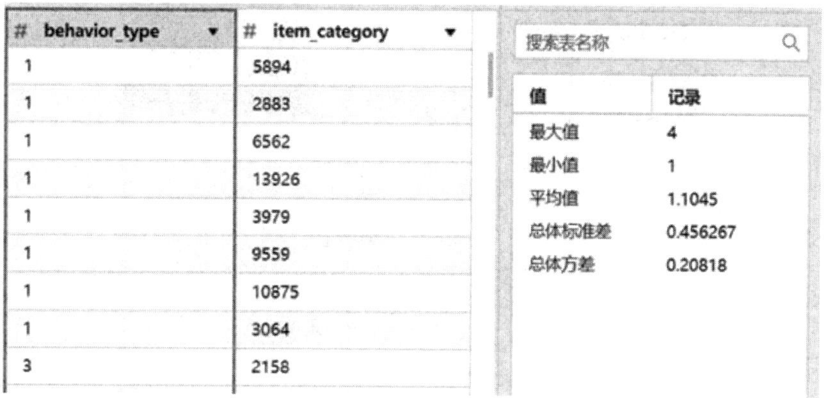

Ⅱ.数据融合

本案例第一张看板数据需要计算日 PV、日 UV、时 PV 和时 UV 等指标。PV（访问量）：Page View，网站页面的浏览量或者点击量，页面被刷新一次就计算一次。UV（独立访客）：Unique Visitor，访问网站的一台电脑客户端为一个访客。

日指标和时指标虽然都对同一张表进行统计计算，但统计分组依据不同，因此分别进行。

（1）时 PV 和时 UV 统计方式如下。为使数据分析精细化，此指标进一步区分不同行为的 PV 和 UV。选中“用户行为”表，点击【汇总】将“hour_int”和“behavior_type”两个字段拖入分组字段区域，先将“user_id”字段拖入汇总字段，点击设置，选择计数，计算时 PV，再次将“user_id”字段拖入汇总字段，点击设置，选择唯一计数，计算时 UV，并将汇总表的名称设置为“时流量”。

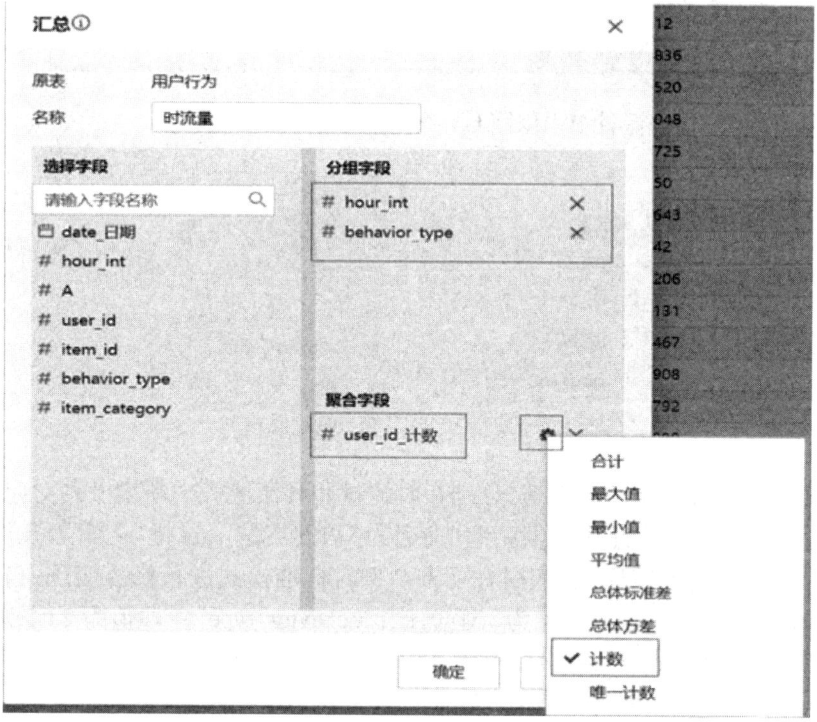

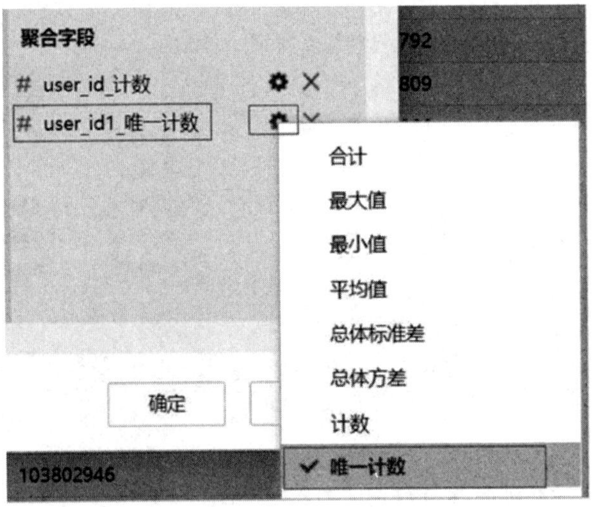

为方便理解,对新表中新生成的列进行重命名,将“user_id_计数”重命名为“时PV”,将“user_id_唯一计数”重命名为“时UV”。

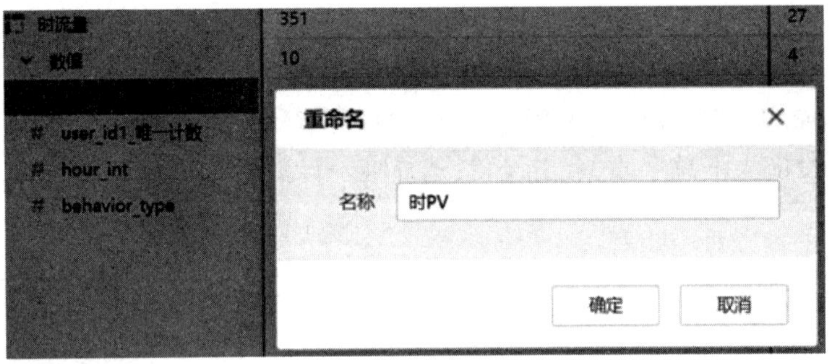

(2)用同样的方式进行日PV和日UV统计,得到日流量表。

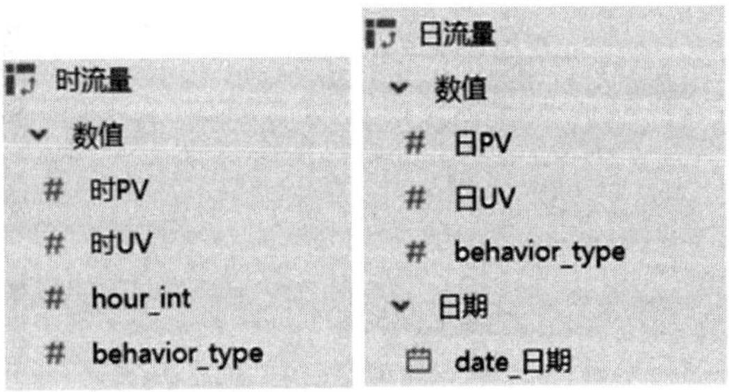

为方便对访问行为类型的理解,分别在时流量和日流量表中新增一列对应“behavior_type”的中文字符。点击【计算列】将新列命名为“访问类型”,选择“逻辑运算”函数,双击“IFELSE”选型,得到标准模式,依据右下方示例对标准模式进行修改实现:当“behavior_type”字段值为1时,新生成列的值为“浏览”;当“behavior_type”字段值为2时,新生成列的值为“收藏”;当“behavior_type”字段值为3时,新生成列的值为“加购物车”;当“behavior_type”字段值为4时,新生成列的值为“支付”。

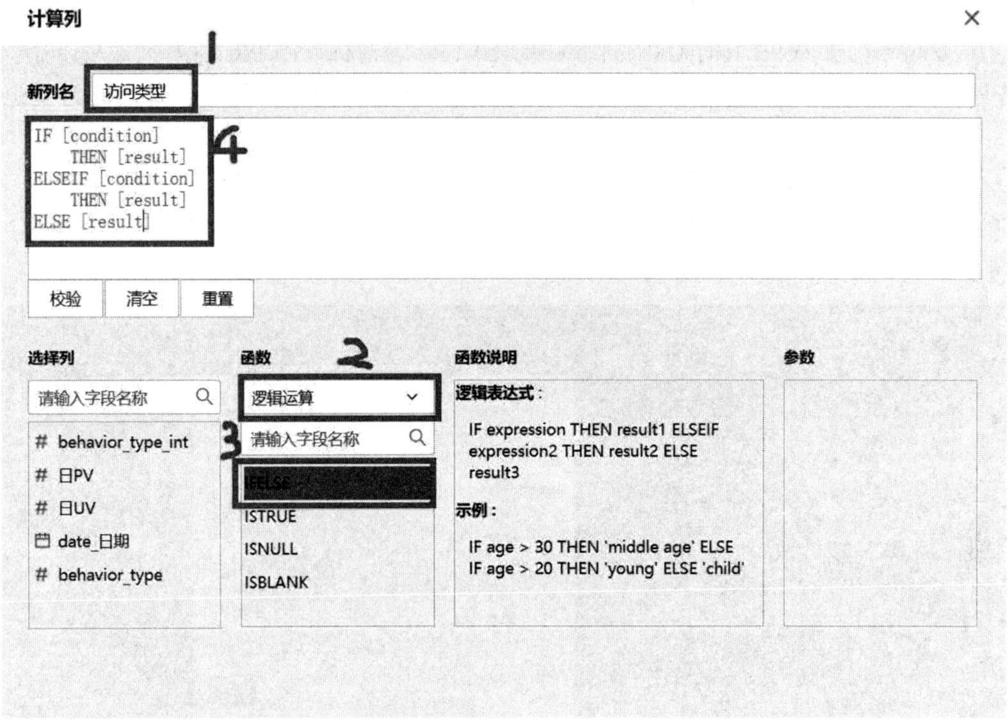
计算列
1
新列名 访问类型
IF [condition]
THEN [result]
ELSEIF [condition]
THEN [result]
ELSE [result]
4
校验 清空 重置
选择列
函数
2
函数说明
参数
请输入字段名称
逻辑运算
逻辑表达式:
IF expression THEN result1 ELSEIF expression2 THEN result2 ELSE result3
3
请输入字段名称
behavior_type_int
日PV
日UV
date_日期
behavior_type
[redacted]
ISTRUE
ISNULL
ISBLANK
示例:
IF age > 30 THEN 'middle age' ELSE IF age > 20 THEN 'young' ELSE 'child'

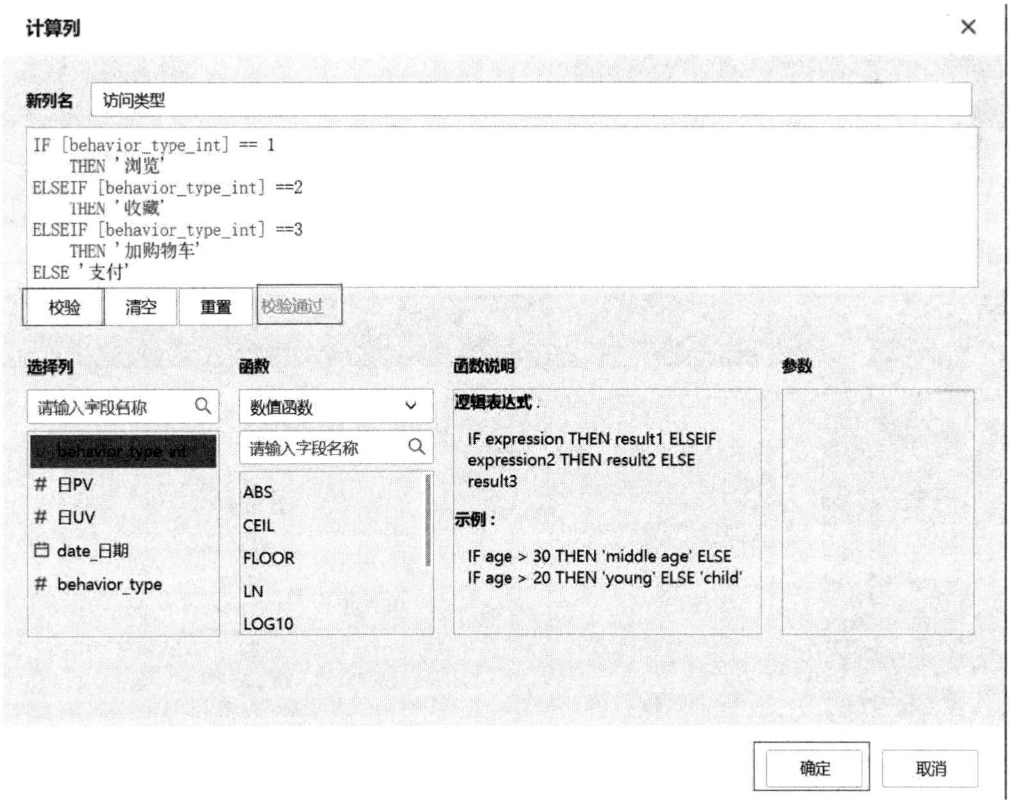
计算列
新列名 访问类型
IF [behavior_type_int] == 1
THEN '浏览'
ELSEIF [behavior_type_int] ==2
THEN '收藏'
ELSEIF [behavior_type_int] ==3
THEN '加购物车'
ELSE '支付'
校验 清空 重置 校验通过
选择列
函数
函数说明
参数
请输入字段名称
数值函数
逻辑表达式:
IF expression THEN result1 ELSEIF expression2 THEN result2 ELSE result3
[redacted]
日PV
日UV
date_日期
behavior_type
请输入字段名称
ABS
CEIL
FLOOR
LN
LOG10
示例:
IF age > 30 THEN 'middle age' ELSE IF age > 20 THEN 'young' ELSE 'child'
确定
取消

本案例第二张看板数据需要计算日 PV 支付率(日 PVPR)、日 UV 支付率(日 UVPR)、时 PV 支付率(时 PVPR)、时 UV 支付率(时 UVPR)等指标。PVPR=付费次数/访问次数,UVPR=付费人数/访问人数。对日指标和时指标分别进行统计。下面以时指标为例进行介绍。

(1)汇总时支付次数:选中“用户行为”表点击【汇总】,将新表命名为“时支付汇总”,将“hour_int”拖入汇总字段,将时 PV 字段和时 UV 字段拖入聚合字段,点击【确定】,生成“时支付汇总”表。

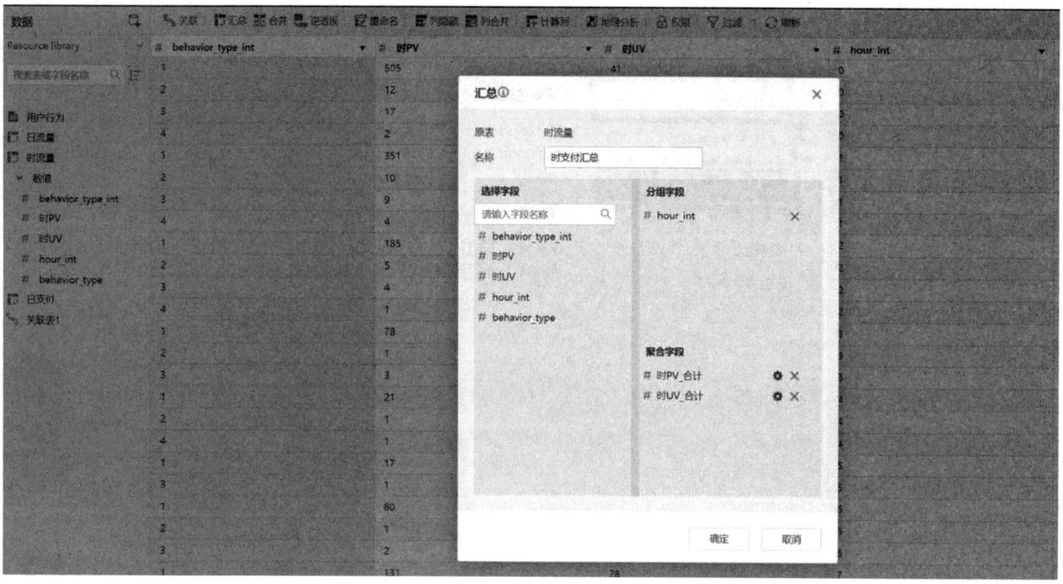

(2)选中“时支付汇总”表点击【关联】,将“时流量”表拖入右侧编辑区,选中左边“时支付汇总”表中的 hour_int 字段拖曳连接到右侧“时流量”表中的“hour_int”字段,点击【确定】即可生成关联表 2。

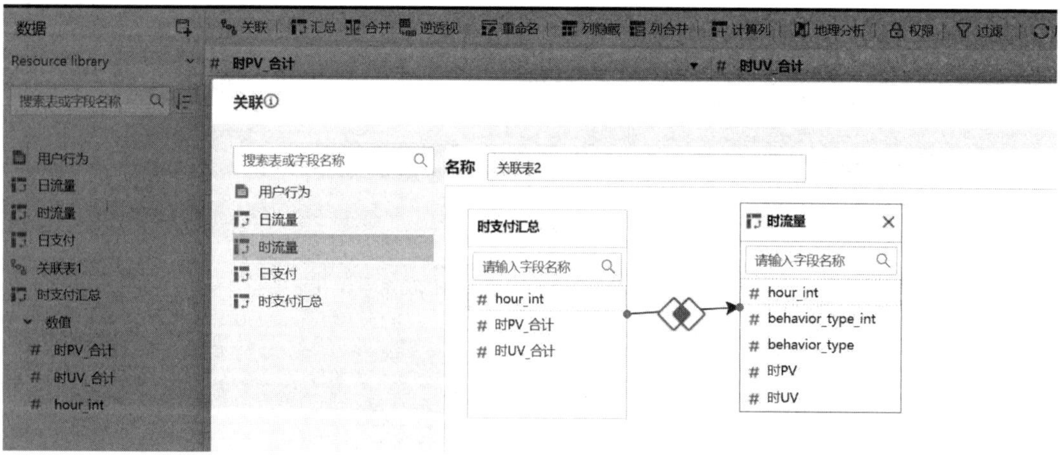

(3)在关联表中计算 PVPR 和 UVPR:选中关联表 2,点击【计算列】,新列名为“PVPR”,然后先双击选择“时 PV”列,在编辑区“时 PV”后写入除号,再双击选择“时 PV_

合计”列,得到“PVPR”列。同理计算得到“UVPR”列。

(4)因付费率是支付行为才具有的,对关联表 2 点击【过滤】,新增“behavior_type_int 等于 4”的过滤条件,仅保留真实的 PVPR 和 UVPR 值。

3)创建分析场景

点击【可视化设计】进入数据可视化分析,分析过程中【数据准备】与【可视化设计】可自由切换。

创建“用户行为流量分析”看板主要使用线性图。第一个指标卡展示 2014 年 11 月 18 日—12 月 18 日每日不同行为访问量。将【线性图】组件点击选中,拖入右侧画布。左侧数据区选中“日流量”表,将“date_日期”字段拖入图标数据的 *X* 轴框中,将“日 PV”字段拖入 *Y* 轴框中,将“访问类型”字段拖入分组框中。同时设置日期格式为“年月天”,日 PV 为“聚合-合计”。

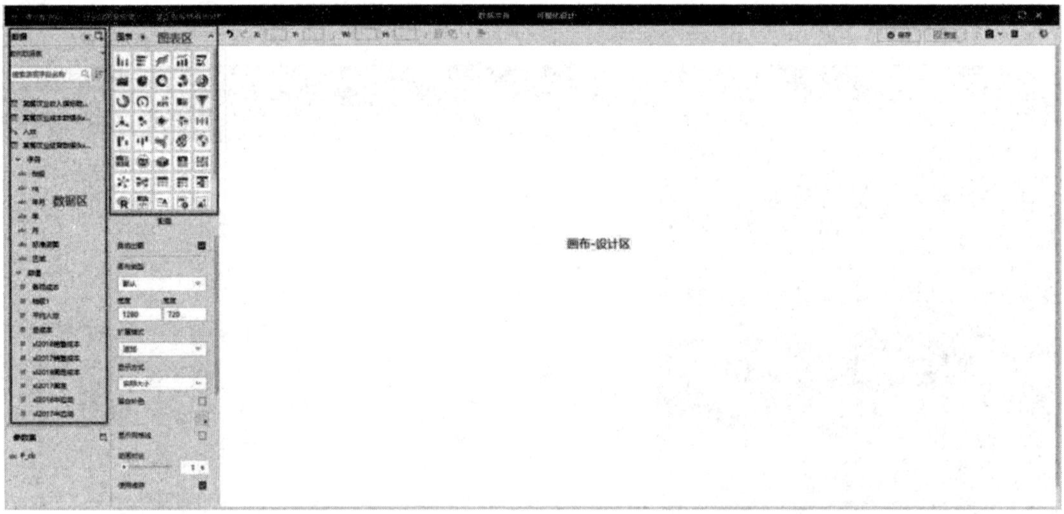
图表区
数据区
画布-设计区

X轴
date_日期(年月天)
Y轴
日PV(合计)
分组
访问类型

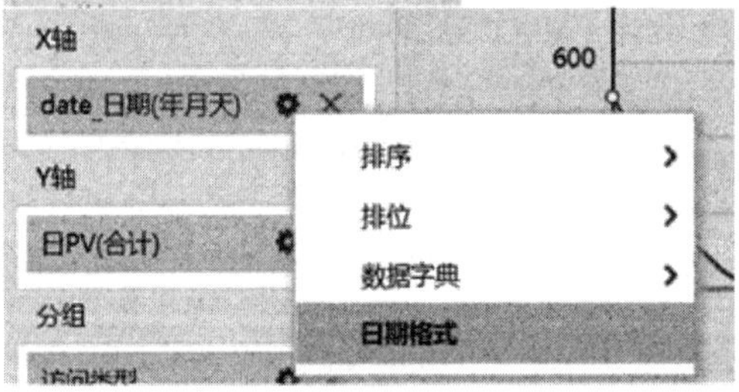
X轴
date_日期(年月天)
Y轴
日PV(合计)
分组
600
排序
排位
数据字典
日期格式

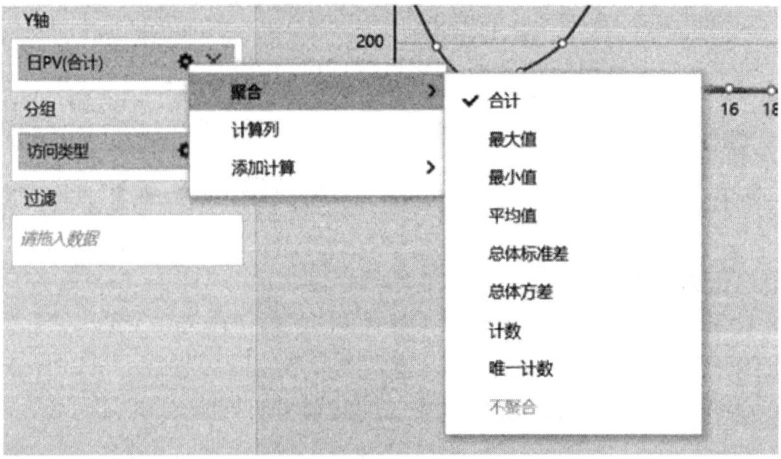
Y轴
日PV(合计)
分组
访问类型
过滤
请拖入数据
200
聚合
计算列
添加计算
合计
最大值
最小值
平均值
总体标准差
总体方差
计数
唯一计数
不聚合
16

在修饰部分修改标题名称,还可点击【更多配置】对图例等进行高级修饰设置。

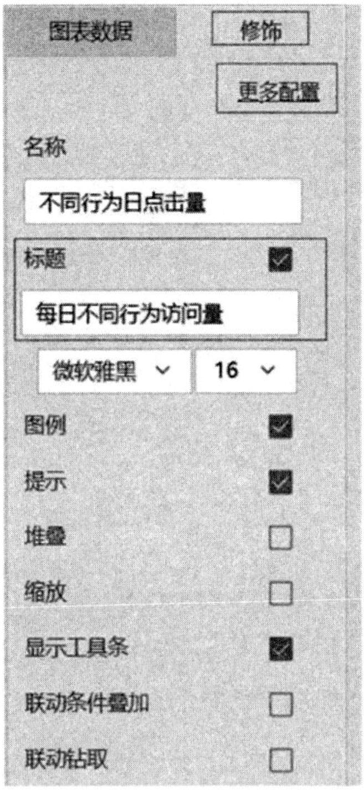

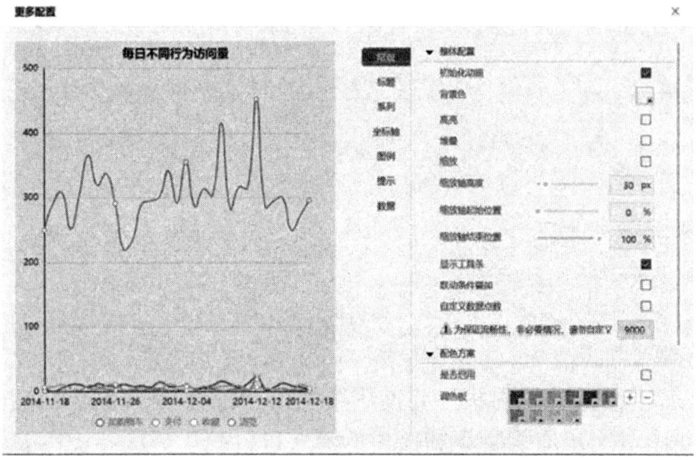

同理,可画出每日不同行为访客量、每时不同行为访问量和每时不同行为访客量等图。由于浏览量比其他三种行为的数据要大很多,可以在图中勾选掉浏览图例,只显示其他三种行为的对比结果。

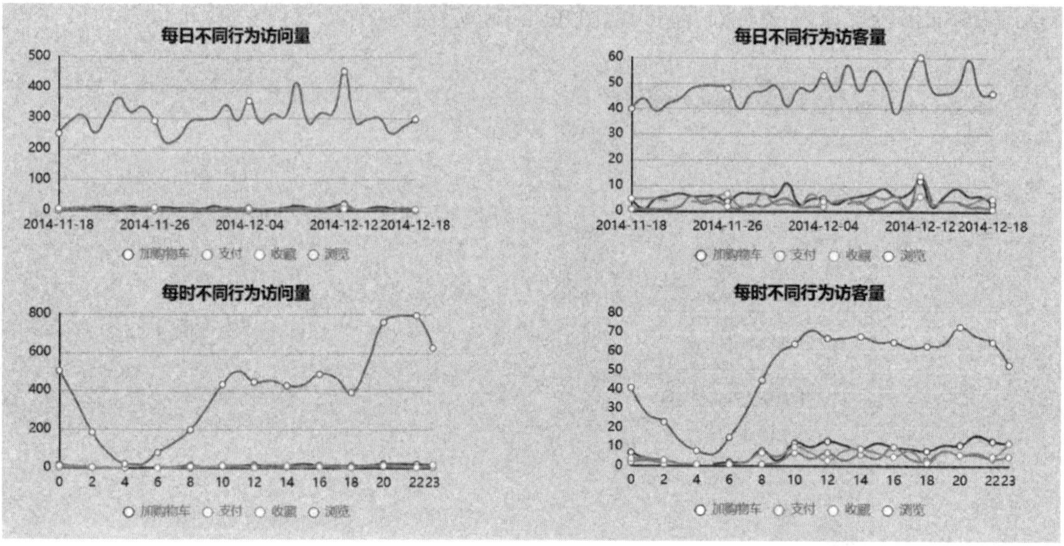

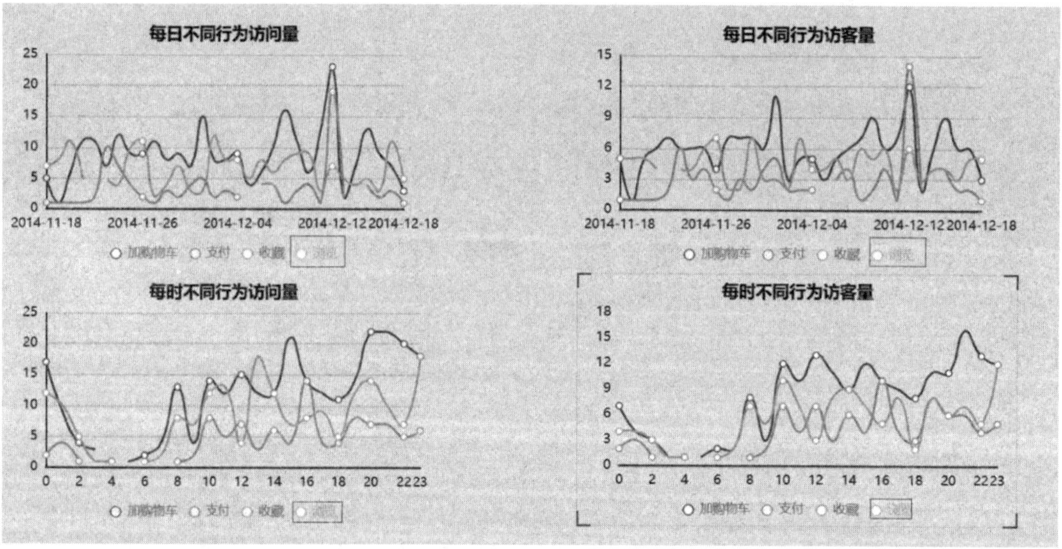

创建“用户消费行为分析”看板主要使用线性图、饼图和漏斗图。饼图是对用户复购进行汇总统计,漏斗图对用户加购物车和支付的流失进行统计。漏斗图需要先分别汇总各总量得到三张表,再合并三张表得到一张各汇总量的转化汇总表,最后对转化汇总表使用逆透视功能得到属性名和属性值的逆透视表。将属性名拖曳到【流程】数据处,将属性值拖曳到【值】数据处得到漏斗图。

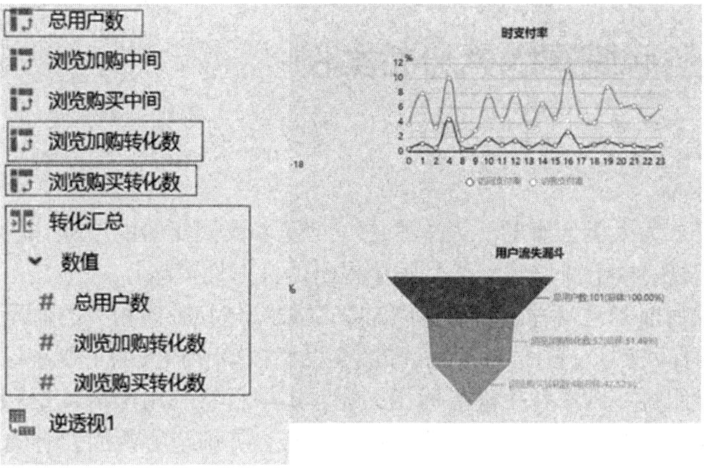

属性名	属性值
浏览购买转化数	48
浏览加购转化数	52
总用户数	101

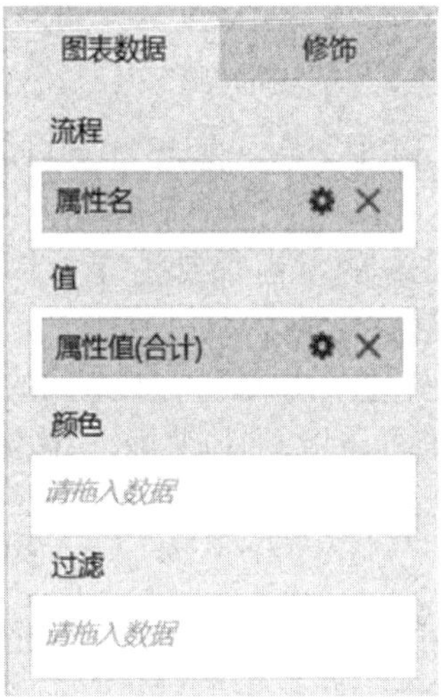

六、分析价值

(1)流量指标分析:平台用户流量指标稳步增长,活动引流促销效果明显。后续可以结合更多节假日时机复制活动,制造流量热点,同时继续优化活动规则,提高转化率。

(2)用户购买情况分析:淘宝的付费用户忠诚度较高,有着较高的复购率和人均购买次数,但平台成交量和付费率水平基本维持不变。一方面应继续挖掘付费用户的购买力;另一方面应提高转化率,增加付费用户规模,提高成交量。

(3)用户行为漏斗分析:本案例只选取了整体数据中的前 10 000 条进行分析,数据中基本没有加购物车向支付的转化,只有浏览直接向支付的转化,因此本用户行为漏斗分析结果不具有代表性。

项目任务三：心脏病因素分析案例

一、项目简介

1）分析目标

心脏病已经成为人类健康的三大杀手之一。随着人们年龄的增加，罹患心脏病的概率也在增加。“早发现、早干预、早治疗”是医生提出的针对性策略。

尽早发现发病前兆，然后提前干预，同时注意跟踪与心脏病相关的血压、血糖、血脂、心率等各种生理指标，成为人们预防心脏病和减少发病概率和损失的重要途径。

心脏病究竟跟哪些因素和生理指标相关呢？本项目将利用KAGGLE上发布的心脏病数据集“heart.csv”，进行探索性数据分析，简单研究心脏病与哪些因素有关，从而为人们提供参考。

2）技术点

本案例的主要技术点包括：数据预处理设计中计算列的方法；可视化设计中翻牌器、柱状图、饼图、组合图、折线图的使用方法。

二、业务理解

本案例数据集很小，仅有303行、14列，即有14个字段。前13个为可能与心脏病有关的生理特征，最后1个为是否患病的结果。

显然这13个生理特征对是否患病的影响并不一样，有些重要些，有些影响不大；另外每个生理特征与心脏病之间的变化关系也是用户比较关心的。

只有把对心脏病影响比较大的特征，以及这些特性的取值与心脏病间的规律找出来，才能“对症下药”，在平时的生活中注意观察，定期进行体检，加强锻炼，保持健康饮食和提高营养，预防心脏病的发生和减轻心脏病的负面影响。

三、数据理解

数据分为303行、14列，各字段（列）名称、含义如下。

字段名	含义
age	年龄，以年为单位
sex	性别，1为男性，0为女性
cp	胸痛类型，分为1、2、3、4四类
trestbps	入院前的静息血压，单位为毫米汞柱
chol	血清胆固醇含量，单位为mg/dL（1 dL=0.1 L）
fps	空腹血糖是否大于120 mg/dL，1为是，0为否
restecg	静态心电图结果
thalach	达到的最大心率值
exang	运动是否诱发心绞痛，1为是，0为否
oldspeak	相对于休息来说运动引起的ST段抑制

续表

字段名	含义
slope	运动引起的 ST 段最高值斜率
ca	通过荧光检测技术显示出来的主要血管数量(0~3)
thal	1 为正常,2 为固定缺陷,3 为可逆缺陷
target	是否患病,1 为患病,0 为未患病

四、分析思路

从业务上看,心脏病属于医学领域,也是一个比较专业的领域,涉及很多专业术语,包括与心脏病有关的 13 个生理指标,如最大心率值、血清胆固醇含量、空腹血糖、静态心电图、运动诱发心绞痛、ST 段抑制、ST 段最高值斜率、荧光检测显示血管数量等,考虑简化问题的需要,将一些专业性比较强的特征删除,只保留年龄、性别、胸痛类型、最大心率值、血清胆固醇含量等指标。

(1)首先对所有数据进行总体情况分析,如总人数、罹患心脏病人数、最大年龄、最小年龄、平均年龄。

(2)分析患病人数与性别的关系,比较不同性别的病人所占的比重。

(3)针对不同性别患病人员分析随着年龄变化患病的趋势。

(4)分析所有患病人数与年龄的关系。

(5)分析不同年龄段人员检查心脏病的情况。

(6)分析胸痛类型与罹患心脏病的关系。

(7)分析最大心率值与心脏病的关系。

(8)分析血清胆固醇含量与心脏病的关系。

从数据上看,目前所提供的数据只有 303 条数据,且只筛选使用了 13 个特征中的 5 个,数据量明显偏小,所以基于此得出的结论以定性为主,只具有参考价值,不能作为疾病检查和诊断的依据。

五、可视化分析

1)数据接入

点击【  】,打开【添加数据向导】,选择不同类型的方式进行数据添加。数据可提前从网上下载到本地。本案例选择【从资料库中添加】,选择“上传数据文件”,选择本地数据文件“heart.csv”。

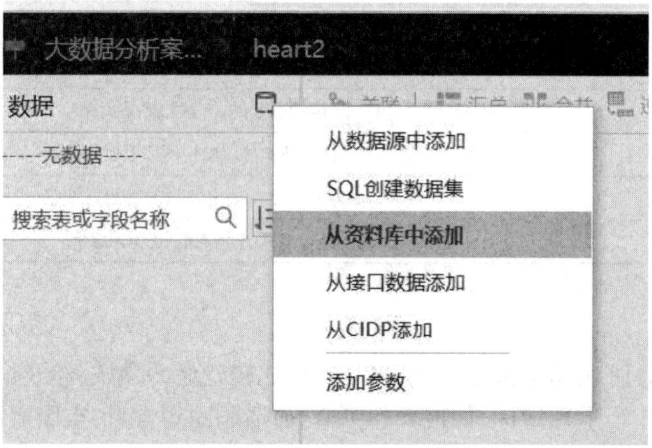

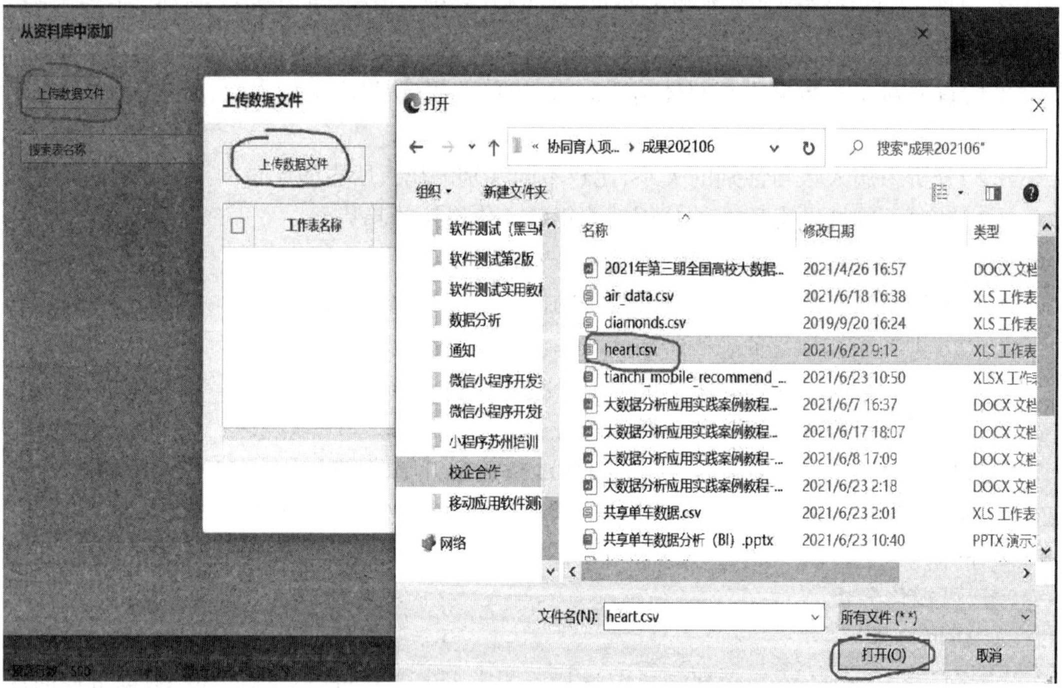

2）数据准备

Ⅰ. 数据预处理——通过计算列功能增加新列“性别”

后续数据呈现需要将年龄的属性从数值型转化为字符型（如 1→男，0→女），通过计算列功能产生一个新列“性别”。

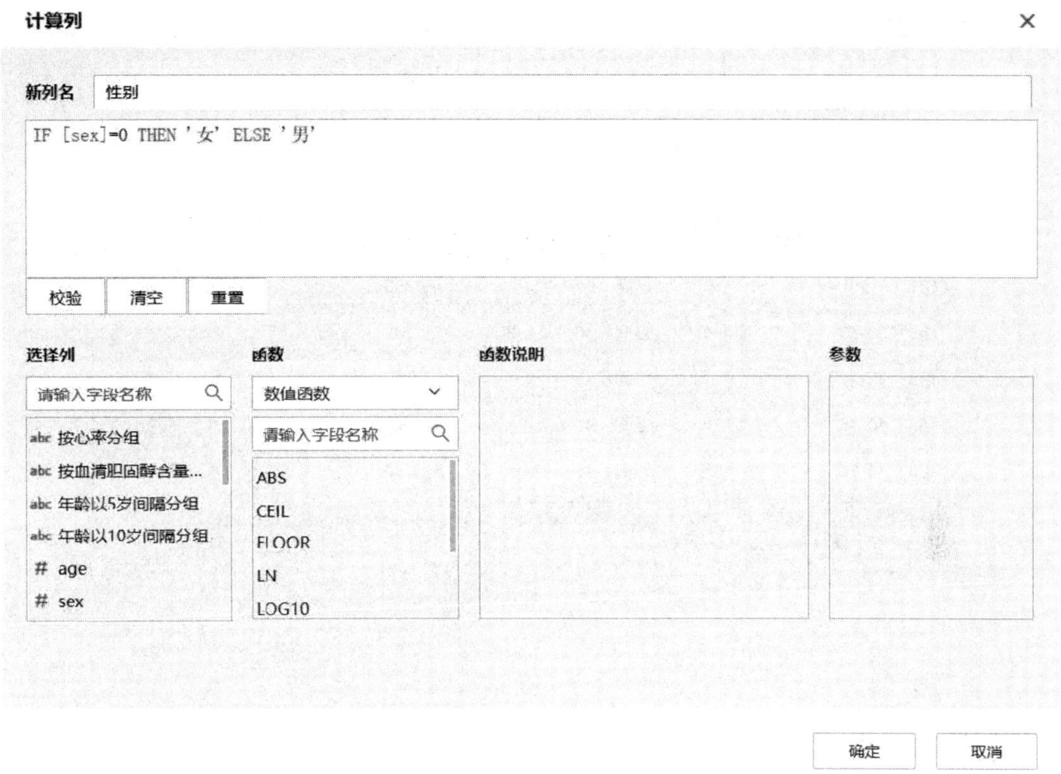

Ⅱ.数据预处理——将年龄按范围分组

原数据表中年龄是以1岁为单位的,呈现的时候希望以5岁为间隔进行分组。

方法如下:点击“age”字段的向下三角形,出现菜单选择框,点选“按范围分组”,出现“按范围分组”对话框,通过单击“新建类别”,可以添加多个组。将年龄按5岁为间隔分为多个组(因为原数据表中最小年龄为29岁,所以将第一个分组的起始值设为空,表示0),要求各分组数据从小到大进行区间划分。

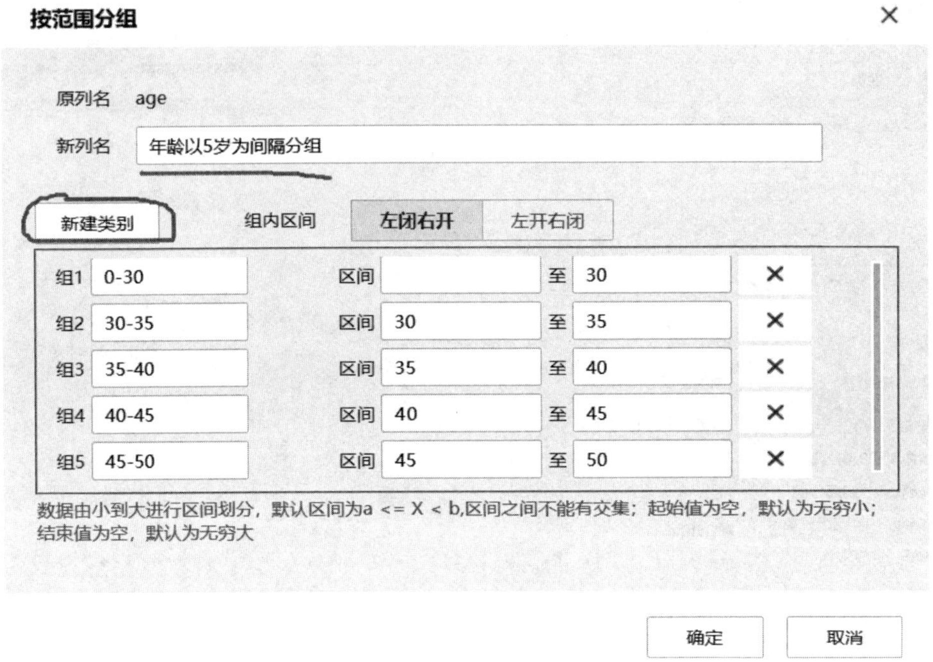

同理,再以 10 岁为间隔对年龄进行分组,这样得到两个新列,即“年龄以 5 岁间隔分组”列和“年龄以 10 岁间隔分组”列。

abc 年龄以5岁...	abc 年龄以10岁...	# age
60-65	60-70	63
35-40	30-40	37
40-45	40-50	41
55-60	50-60	56
55-60	50-60	57
55-60	50-60	57
55-60	50-60	56
40-45	40-50	44
50-55	50-60	52
55-60	50-60	57
50-55	50-60	54

Ⅲ. 数据预处理——将心率和血清胆固醇含量按范围分组

根据数据分析呈现需求,再以同样的方法分别对心率、血清胆固醇含量这两个指标按适当间隔范围进行分组,得到两个新列,即“按心率分组”列和“按血清胆固醇含量分组”列。最终增加新列后的结果如下。

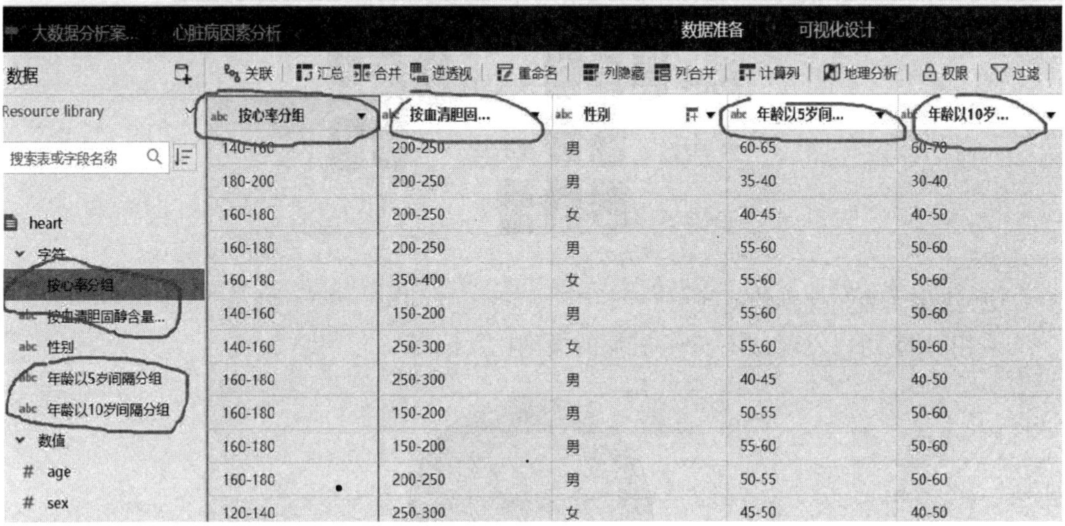

3)创建分析场景

点击【可视化设计】进入数据可视化分析,分析过程中【数据准备】与【可视化设计】可自由切换。

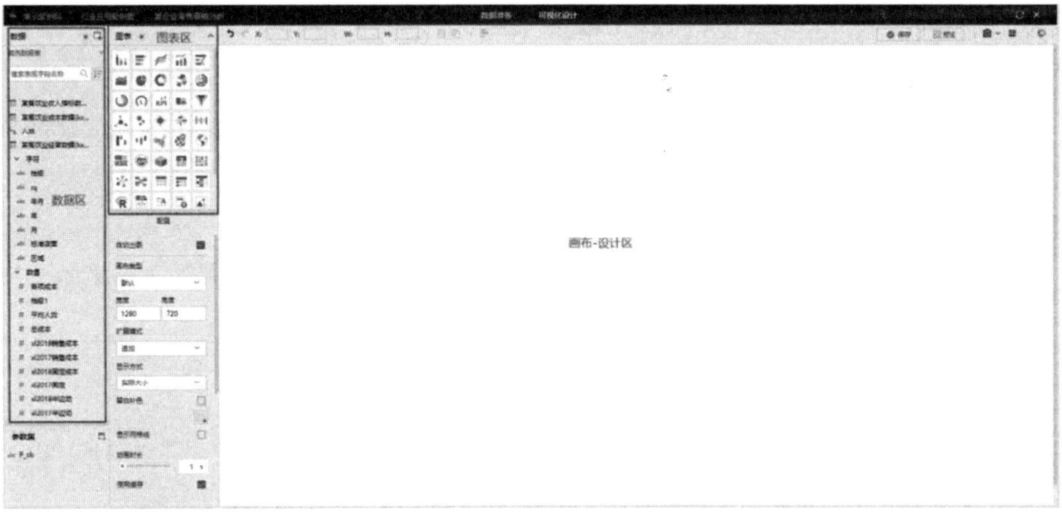

Ⅰ.心脏病样本总体情况

利用矢量图白色底色为背景,通过文本、翻牌器等组件呈现总体情况,可以发现患病的平均年龄为54.4岁。

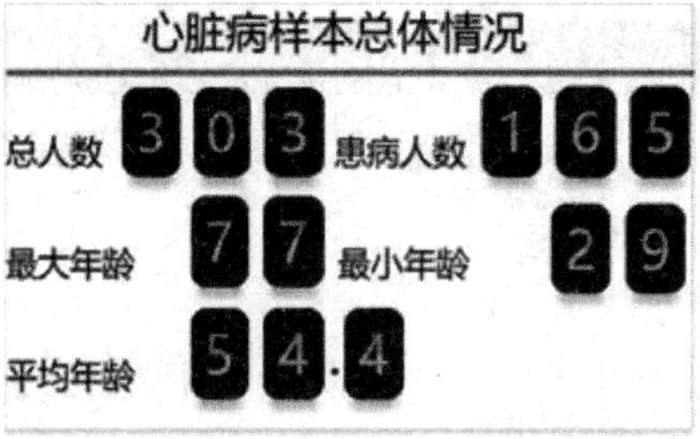

Ⅱ. 患病人数与性别的关系

利用饼图，可以发现，男性患心脏病的概率比女性高。

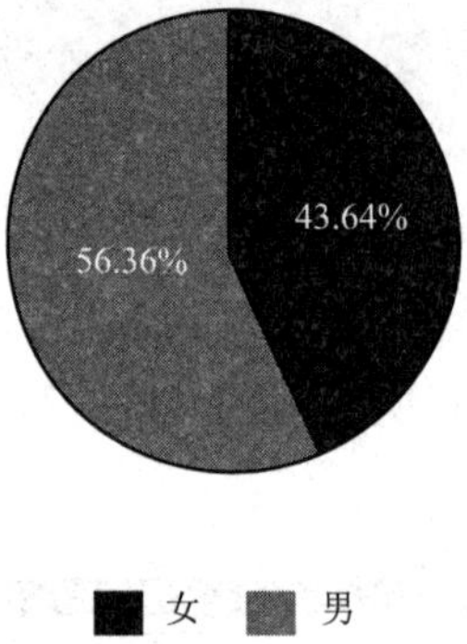

Ⅲ. 不同性别患病年龄分布

利用线形图，可以看出，60岁以前，男性患病的概率比女性高；60岁以后，女性患病的概率比男性高。

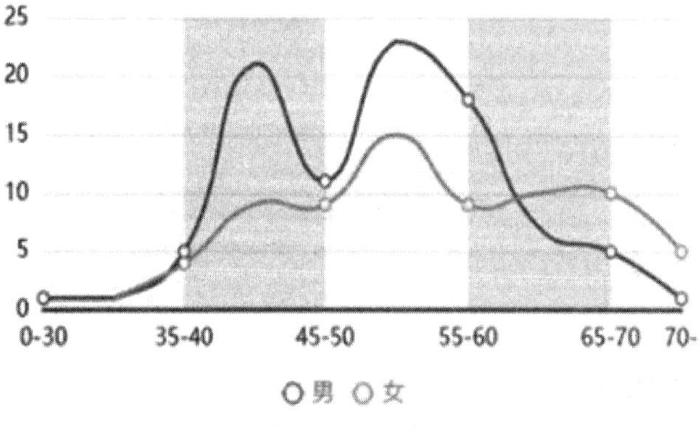

Ⅳ. 患病人数与年龄的关系

利用柱形图，可以发现，大多数患者的年龄介于40~70岁，即中老年人罹患心脏病的概率很高。其中介于50~60岁的患者占所有患者的比例超过1/3。

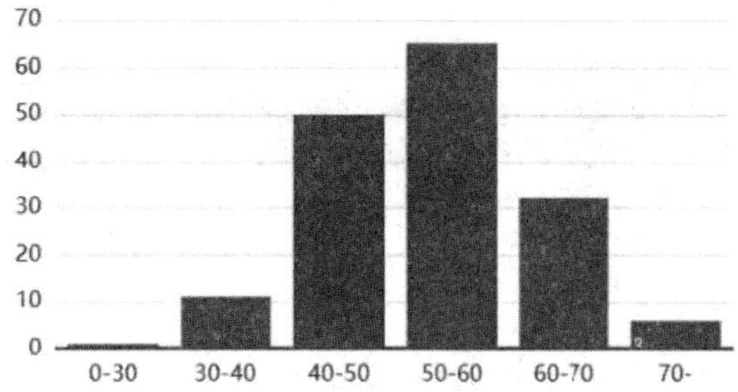

Ⅴ.各年龄段心脏病检查情况

利用堆叠柱形图呈现不同年龄段的患病与未患病人数情况。对于这两个指标，50~60岁的人数高于其他年龄段,估计是这个年龄段的人员明显感到身体不舒服,因而主动去检查是否患病。

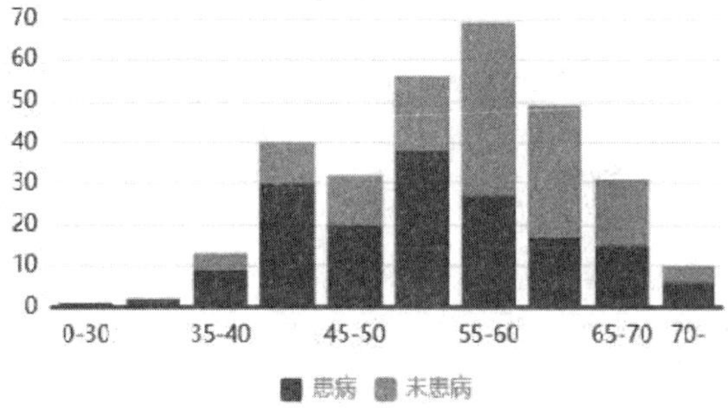

Ⅵ.心痛类型与心脏病的关系

感到心痛或多或少与心脏病有关,但不同类型的心痛患病的概率是不同的。根据非堆叠柱形图发现第2类心痛罹患心脏病的比例明显比其他类型高。

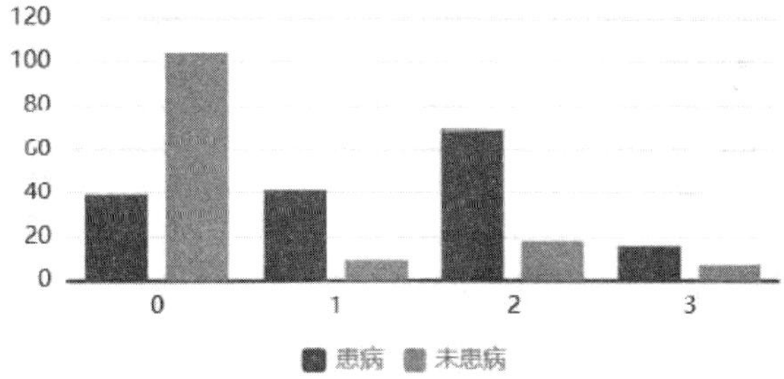

Ⅶ.最大心率值与心脏病的关系

利用条形图呈现最大心率值与心脏病的关系。可以看出,最大心率为140~180的人患病的风险最高。

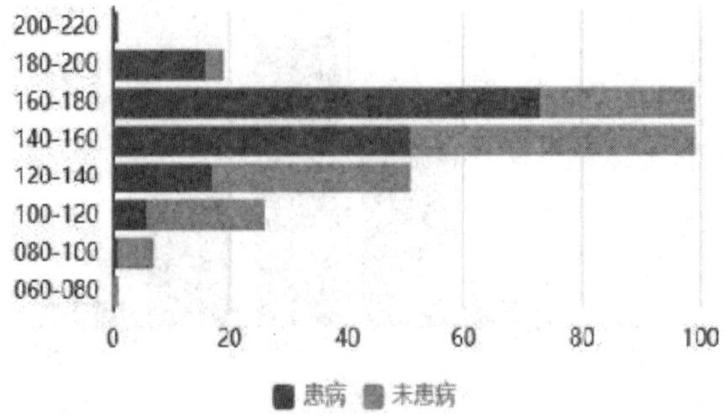

Ⅷ. 血清胆固醇含量与心脏病的关系

利用分组柱形图呈现血清胆固醇含量与心脏病的关系。可以看出，血清胆固醇含量为 200~250 的患病人数较多，而血清胆固醇含量高于 250 后患病人数反而下降。

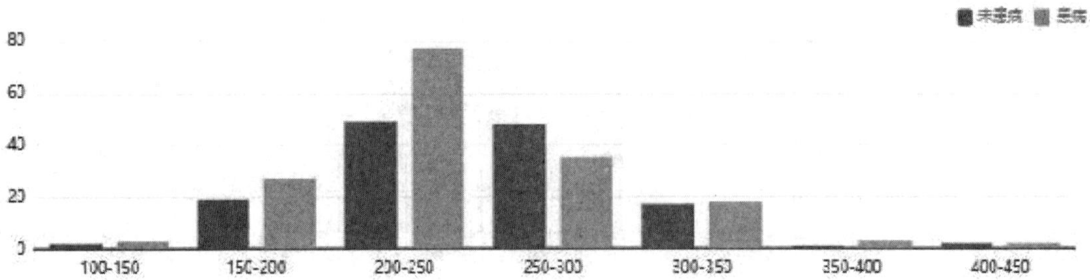

Ⅸ. 可视化大屏看板

汇总上述 8 个子图，在一张看板中呈现心脏病因素分析结果。

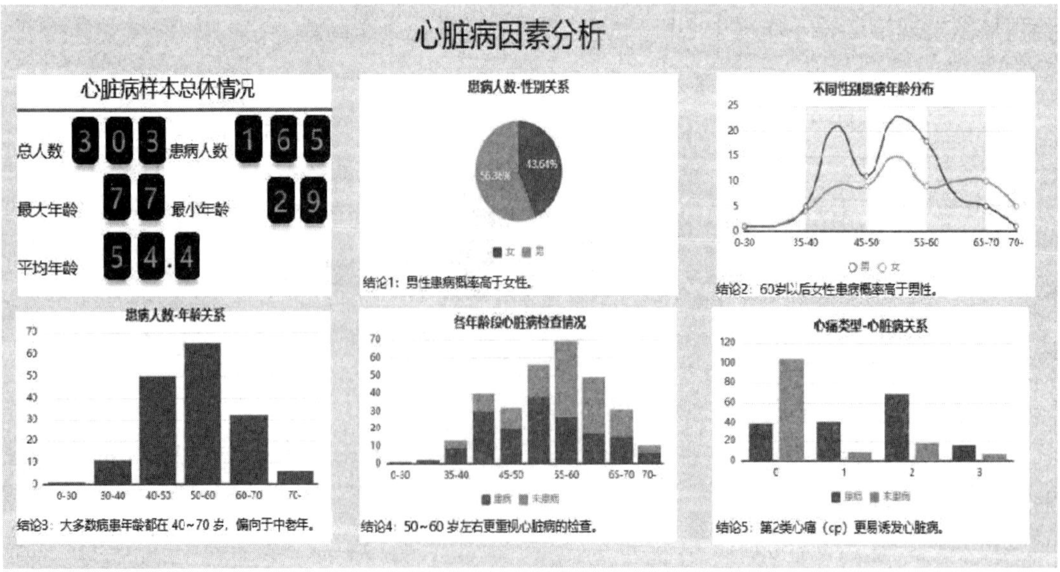

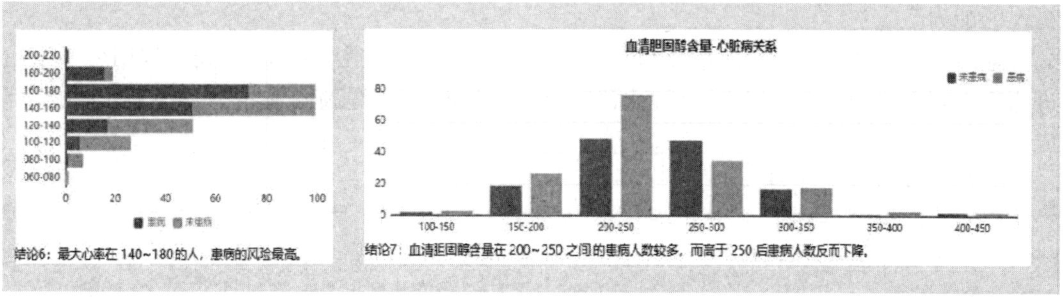

结论6：最大心率在 140~180 的人，患病的风险最高。

结论7：血清胆固醇含量在 200~250 之间的患病人数较多，而高于 250 后患病人数反而下降。

六、分析价值

通过以上可视化分析,提供以下建议供人们日常生活参考。

(1)无论男女,都有可能罹患心脏病,但男性罹患心脏病的概率高于女性,所以更要警惕。

(2)大多数罹患心脏病的人年龄为 40~70 岁,所以中老年人尤其要关注自己的身体状况。

(3)从经验来看,大多数人在 50~60 岁时,由于感觉身体在走下坡路了,所以经常进行心脏病检查,以确定是否患有心脏病。同时,建议中青年人每年也要定期进行体检。

(4)胸痛与心脏病具有明显的关系,尤其是第 2 类胸痛的人患有心脏病的概率最高。所以如果感觉胸痛,一定要及时检查。

(5)最大心率为 140~180 的人,患有心脏病的风险最高。所以在平时的体检中,要注意自己的心率是否正常。

(6)血清胆固醇含量与心脏病也有一定的关联。从导致疾病的机理来看,长期的高血脂会造成血管内皮损伤、血管通透性增加等情况,这些情况增大了患有心血管疾病的可能性。所以每年的常规体检中,要注意血清胆固醇含量指标是否正常。

项目任务四:H 零售公司的企业经营分析案例

一、项目简介

1. 项目背景

为了在不断变化、日益激烈的市场竞争环境中维护和提升公司以及品牌的地位,在企业高速增长的同时夯实企业发展的基础,某零售公司深刻地认识到整合高效可靠的数据应用体系对业务的增长及降本增效有至关重要的作用。为此,需要梳理并搭建公司管理层核心关注的指标体系、业务分析主题,从而推动企业经营数据化转型,为企业管理决策提供数据化依据。为实现企业数据化运营需求,现需要对产品管理、人员管理、运营管理等各业务部门的数据分析体系进行搭建,实现对企业各流程阶段的监控和分析,发现问题,追溯处理。

2. 设计思路及目标

本案例以某零售公司的经营分析为背景,以培养学生的商业分析能力为目标,以提高学生的就业竞争力为重点,讲授商业智能与数据分析工具的运用以及如何利用它们解决实际业务问题。让学生在学习数据分析知识、熟悉数据分析软件的同时,掌握独立分析企业经营情况的能力。

通过学习，学生能够掌握数据分析的基本知识、工具、方法，借助Tempo数据分析平台进行企业经营数据处理与数据可视化，建立数据分析框架，提高商业业务分析能力，独立完成企业经营分析报告。

3. 知识点与实践成果对应表

知识点		实践成果	实验名称	实验时长
企业经营分析指标整理与分析	1. 企业经营分析核心指标 2. 数据接入、数据处理	了解企业经营分析主要指标；进行企业经营数据处理并汇总为实验报告	实验一：业务理解与数据处理	1课时（45分钟）
数据可视化与核心图表知识	掌握基于Tempo BI的数据可视化看板制作方法	完成基于Tempo BI的经营概况分析、订单分析、销售人员分析与客户分析看板展示，完成最终实验报告	实验二：经营分析设计	3课时（135分钟）

4. 考核要求

（1）完成企业经营分析指标的汇总与说明（10分）：报告中应包含各项核心指标的解释说明，包括指标所能反映的经营状况。

（2）完成数据的准备和处理（20分）：包含重命名、类型转换、数值替换、分组、过滤等功能应用（每项功能2分），实现表汇总与表关联（每项5分）。

（3）完成经营概况分析看板、订单分析看板、销售人员分析看板与客户分析看板（40分）：4张看板总共必须包括柱线组合图、饼图、面积图、翻牌器、仪表盘、KPI、交互式报表、动态文本、热力图、筛选器（每张看板10分；页面元素不满足要求，少一种扣2分）。

（4）实现基于筛选器页面筛选、基于图形的页面联动等交互设计（10分）。

（5）对场景的外观进行设计，包括但不限于标题、图例样式等（10分）：一页场景内图表添加标题、一个图修改数据格式。

（6）利用数据分析功能，实现排序、排位、累计求和等分析计算（10分）：完成一个双Y柱线组合图（6分），一个图形只展示部分数据（按年份进行过滤）、计算Top 5排位，实现升/降序展示，实现一个快速计算（同比、环比或累计计算任意一种均可）（每项功能1分）。

二、业务理解

本案例使用的数据集主要集中在两个表，分别为某企业销售订单数据（15列、696行）和某企业目标销售额数据（7列、1 416行）。

三、数据理解

1）某企业销售订单数据

字段名称	数据样例	字段描述
销售订单编号	MD0001	字符型
客户名称	海敬信息技术有限公司	字符型
销售负责人所在部门	西北营销中心	字符型
销售负责人	冯伟彤	字符型
职称	初级销售	字符型

续表

字段名称	数据样例	字段描述
签约日期	2017/3/5	日期型
客户来源	网络营销	字符型
销售订单金额	26	数值型（DOUBLE）
销售类型	渠道	字符型
产品类型	BI	字符型
合同类型	产品	字符型
产品金额	26	数值型（DOUBLE）
服务金额	0	数值型（DOUBLE）
采购费用	0	数值型（DOUBLE）
合同名称	BI 可视化管理平台开发合同	字符型

2）某企业目标销售额数据

字段名称	数据样例	字段描述
序号	1	数值型（DOUBLE）
部门	华南营销中心	字符型
姓名	魏灏	字符型
职称	高级销售	字符型
时间	2017 年 1 月	字符型
计划合同额（万元）	65	数值型（DOUBLE）
计划回款额（万元）	50	数值型（DOUBLE）

四、分析思路

从业务上看，企业经营分析涉及产品管理、人员管理、运营管理等业务部门，希望能够实现对企业各流程阶段的监控和分析，发现问题，追溯处理。

从数据上看，企业经营分析数据范围包括销售人员、销售部门、计划销售额、实际销售额、产品与合同信息等经营指标。

企业经营分析具体可细分为以下内容。

1）经营概况分析所需指标

企业经营概况分析所需指标主要呈现实际销售额、目标销售额、总签单数、目标回款额四大核心指标，外加目标完成情况、业务分布情况、十佳销售、销售额及签单走势。

2）订单分析所需指标

订单分析所需指标主要呈现平均销售单价、部门平均单价、产品销售情况、销售额前十订单、产品平均单价、产品销售额占比和销售类型占比。

3）销售人员分析所需指标

销售人员分析所需指标主要呈现总目标完成情况、销售业绩表、各部门目标完成情况、各级销售月度目标完成情况和签单数前五名。

4)客户分析所需指标

客户分析所需指标主要呈现签单总客户数、平均客单价、客户来源、各部门客单价、客户签单额和客户签单类型。

五、可视化分析

1)数据接入

点击【 】,打开【添加数据向导】,单击【从数据源中添加】,数据源选择“案例数据集”,数据表中勾选需要添加的数据表,点击【确定】。

数据表名称:jyfx_销售订单(data)、jyfx_销售目标(data)。

2)数据处理

数据接入后就进入数据处理阶段,在数据准备与处理阶段主要完成以下两方面任务。

(1)对数据进行质量规范,使得在可视化分析阶段的数据更加易于分析展现。

针对业务所涉及的指标,若在原始数据中无法直接获得或不一致,则通过计算列方式进行补全。

通过观察数据,发现“jyfx_销售订单”表中“签约日期”字段格式为“YYYY-MM-DD”,而“jyfx_销售目标”表中“时间”字段格式为“YYYY-MM”,两个表中的字段不规范。因此以“jyfx_销售目标”表为依据,在“jyfx_销售订单”表中通过计算列方式进行“年月”字段的新增列。

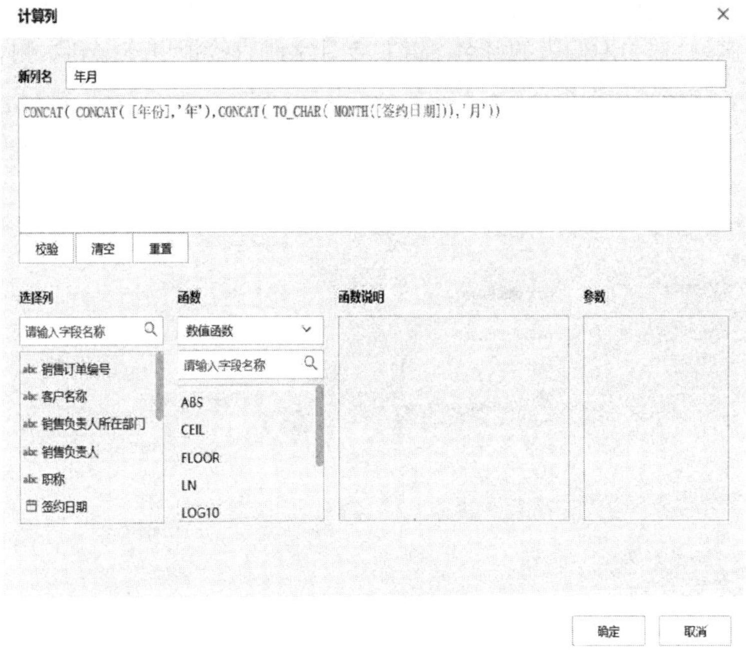

(2)进行数据融合。

本案例要求分析销售订单完成情况,因此需要对两个表进行相关的汇总操作及关联操作。

首先,需要完成销售人员每月销售情况的汇总。选中"jyfx_销售订单"表,点击【汇总】,打开汇总对话框,将年月、销售负责人、销售负责人所在部门三个字段拖入分组字段区域,将销售额拖入汇总字段区域。点击【确定】即可汇总出销售人员"月销售额数据"。

其次，选中“jyfx_销售目标”表，点击【关联】将“jyfx_销售目标”和“月销售额”两张表拖入右侧编辑区域；选中左侧表的姓名、部门、年月字段直接拖曳连接到右侧表的销售负责人、销售负责人所在部门、年月。

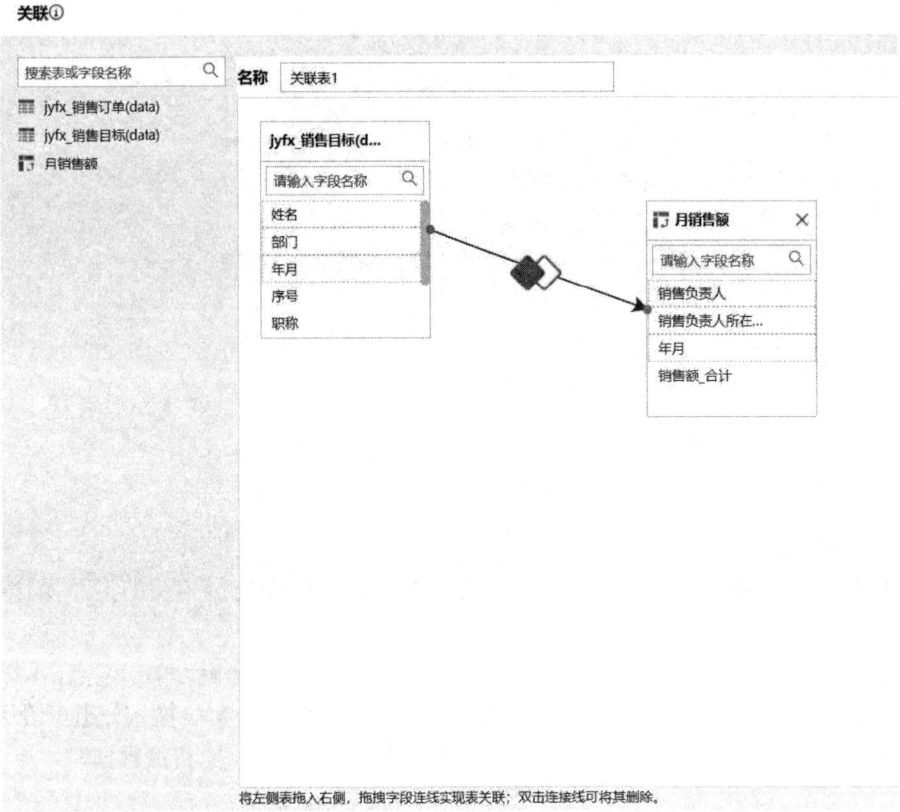

双击中间连接的蓝色连接点配置相关的匹配字段以及连接方式。

点击【确定】即可生成新的“关联表 1”。

3)创建分析场景

点击【可视化设计】进行数据可视化分析,分析过程中【数据准备】与【可视化设计】可以自由切换。在场景【配置】中,进行画布类型、大小、扩展模式等信息的配置(也可以选择使用默认值)。

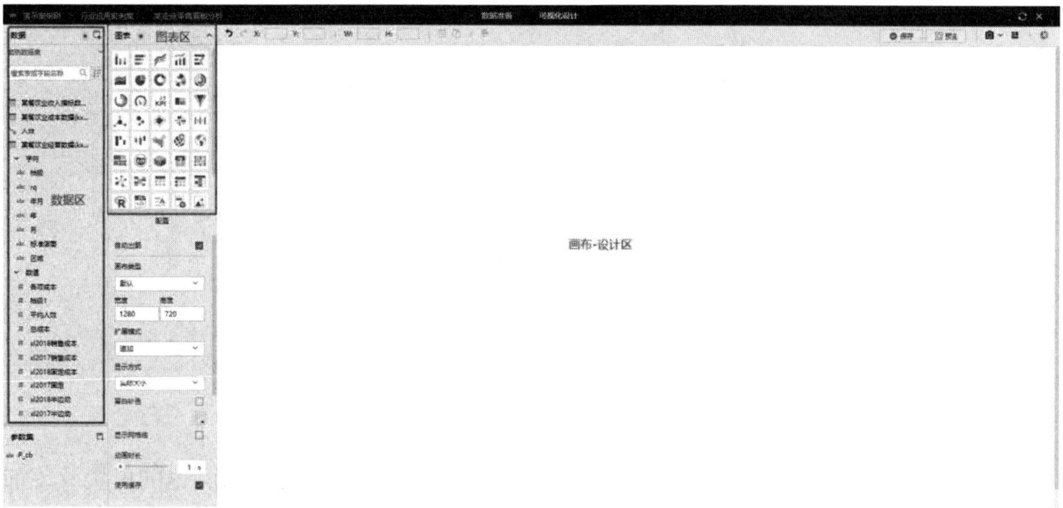

下面介绍设计经营概况看板的流程。

创建经营概况看板需要文本标签卡、翻牌器、条形图、组合图、仪表盘、环形图等图形元素。首先将页面背景颜色在素材库中设置成淡蓝色。

设置看板标题,将【文本】组件点击选中,拖入右侧画布,双击或点击编辑按钮进入文本编辑页面,在右侧编辑区域输入文字“经营概况”,通过工具栏图标为其设置合适的字号及颜色。

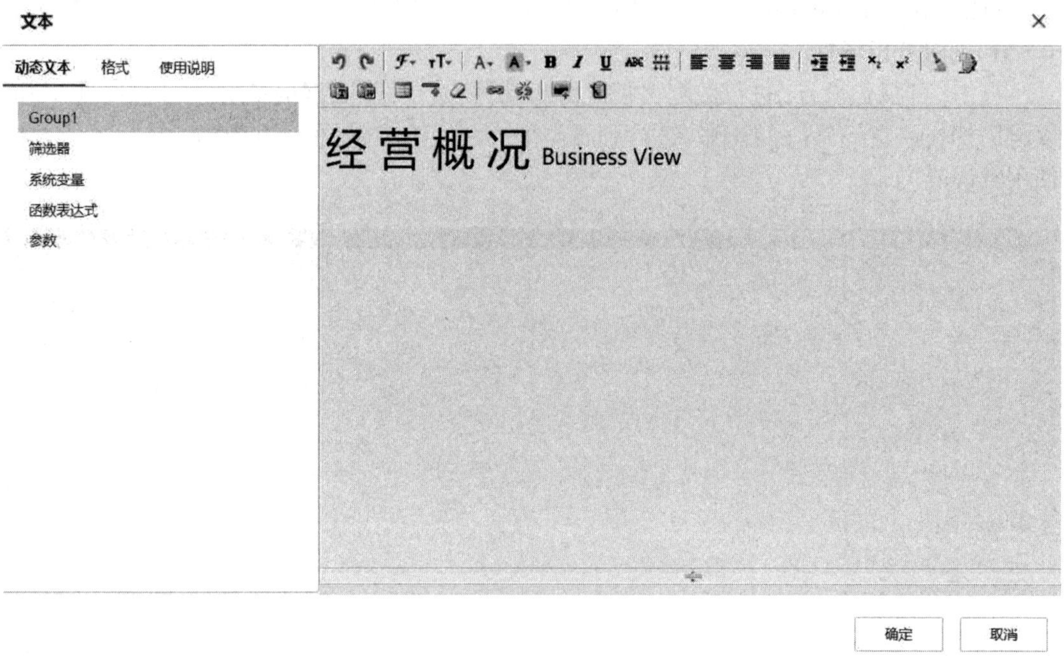

第一个指标卡展示本年实际销售额,利用【矢量图】组件添加有背景颜色的色块及装饰线条,使用【文本】设置指标卡的标题为“实际销售额”,效果如下。

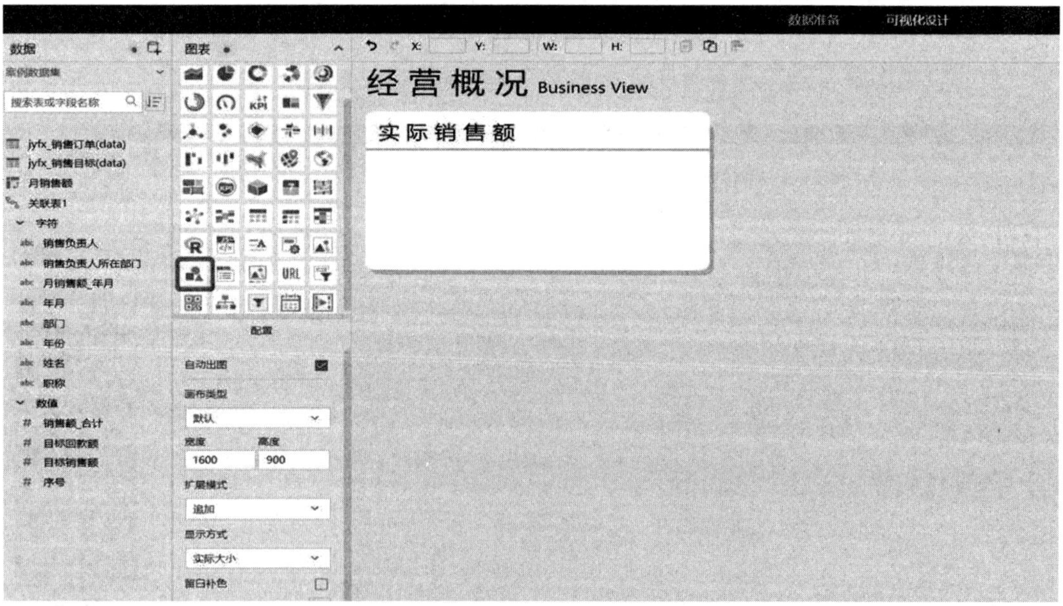

点击选中【翻牌器】组件,拖入右侧画布,将“jyfx_销售订单”表中的销售额拖入图表数据指标区域。

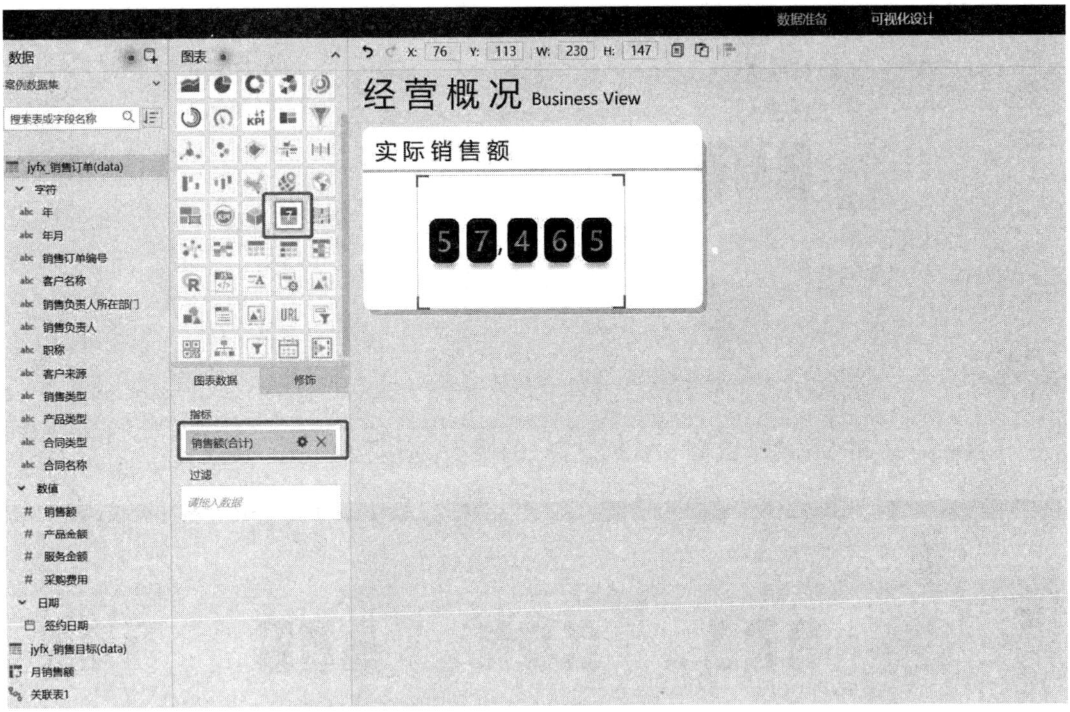

点击【修饰】页面的【更多配置】按钮进入更多配置页面,按照提示在编辑区域完成数据格式的设置,本案例中将销售额的单位由“万”调整为“亿”。

第一指标卡的最终显示效果如下。

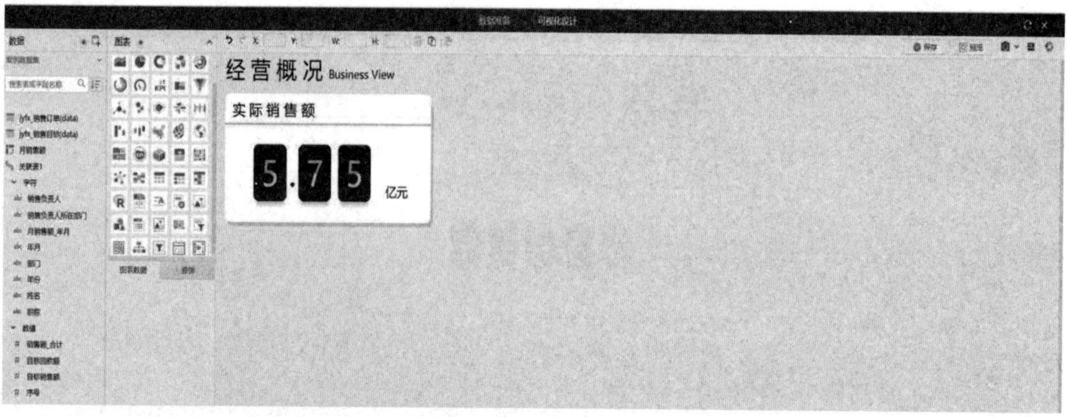

“目标销售额”“总签单数”“目标回款额”的展示以此类推。

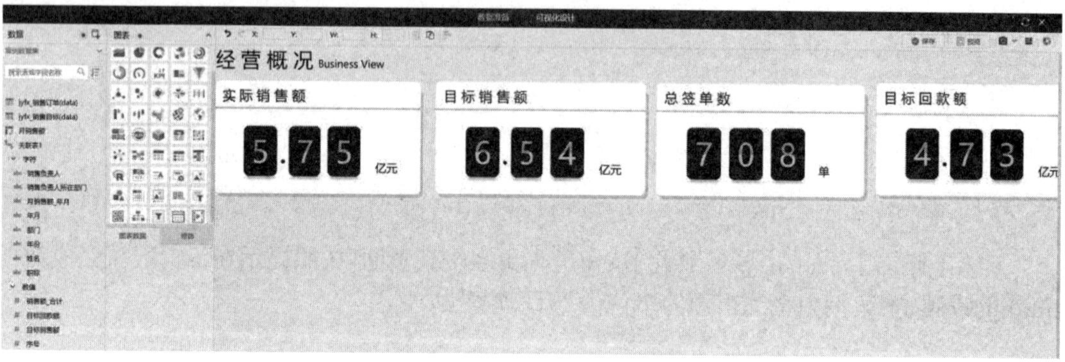

参考以上做法，设置“目标完成情况”指标卡标题及显示效果设计。点击选中【文本】组件，拖入右侧画布，调整大小放入指标卡中，将“关联表1”的销售额、目标销售额拖入图表数据区域。

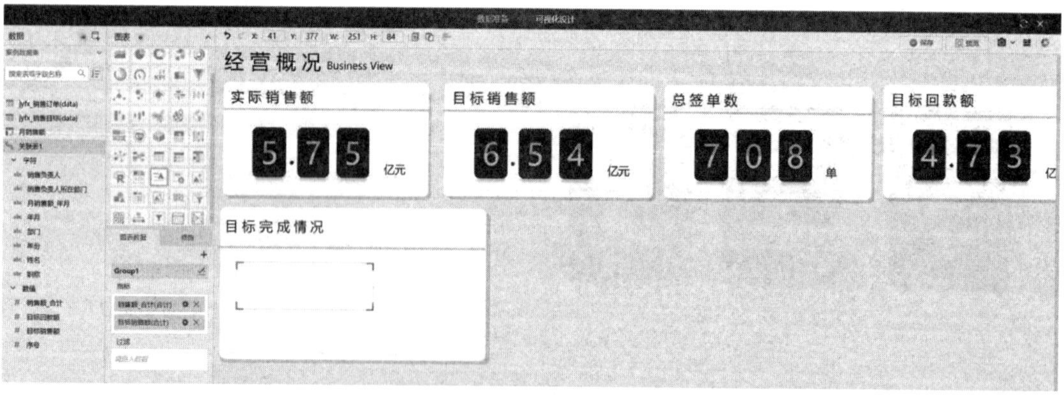

由于本案例数据无目标完成情况数据，需要通过计算列得到，目标完成情况=销售额/目标销售额；点击设置图标选择【计算列】选项。

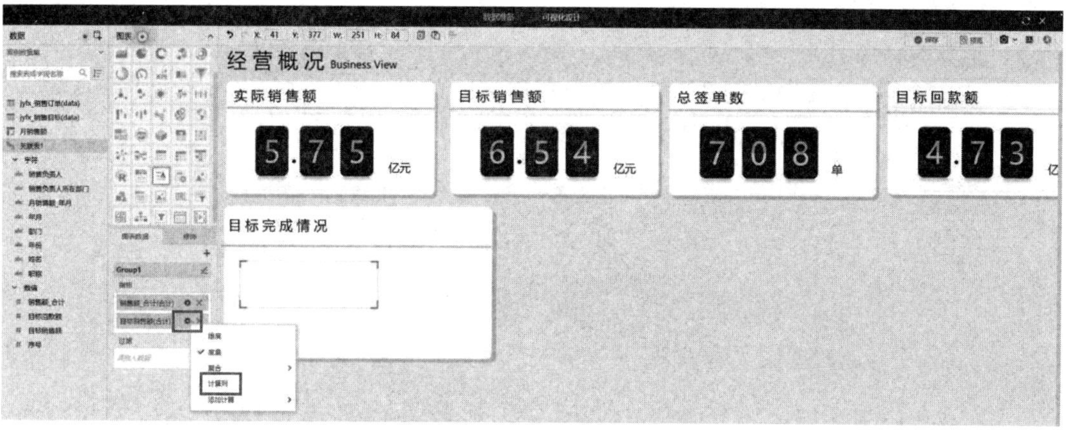

点击【计算列】按钮进入编辑页面,在编辑区域输入计算表达式,校验通过后完成操作。

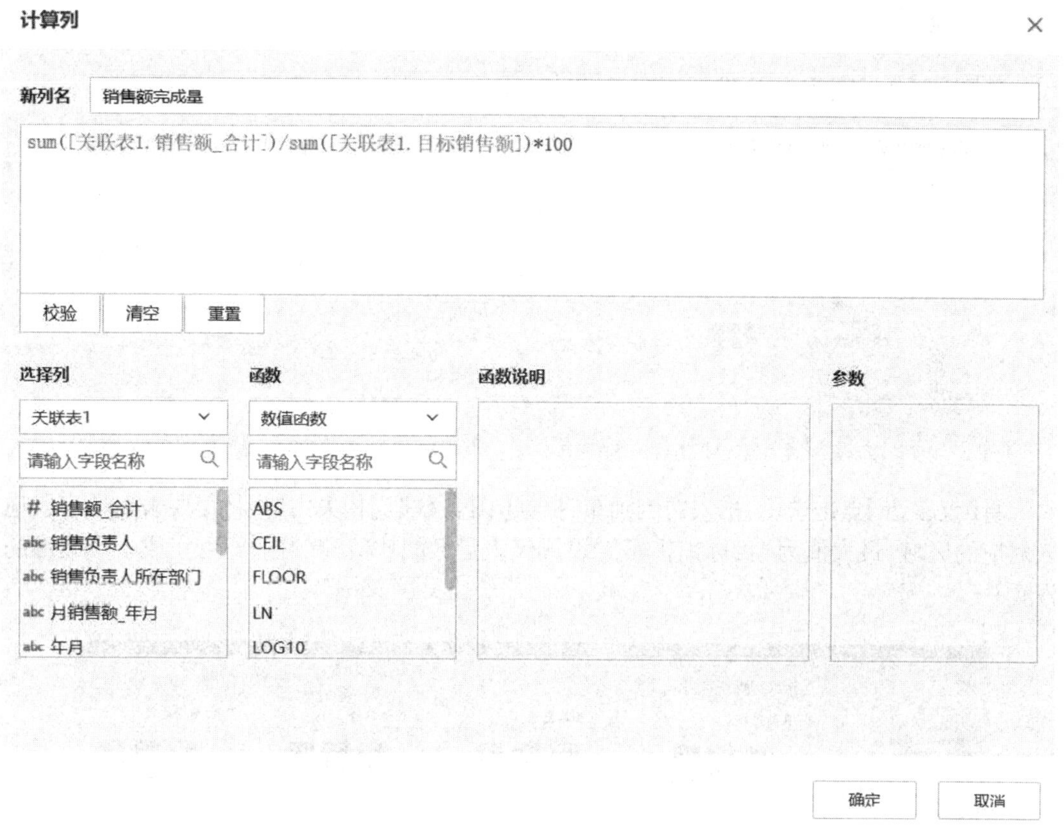

双击或点击编辑按钮进入文本编辑页面,在右侧编辑区域获取销售完成量数据。

选择合适的字体和颜色进行调整,效果如下。

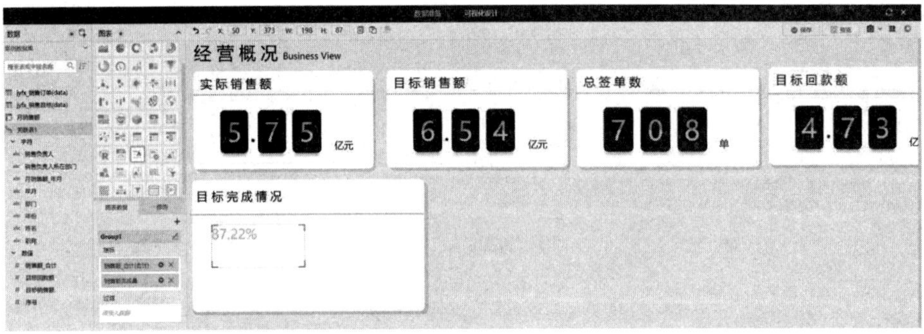

将【仪表盘】点击选中,拖入右侧画布,根据【图表数据】相关内容,将需要表达的字段拖入对应的区域,最大值为"目标销售额",设置仪表盘区间比例和颜色,即可完成一个图形的设置。

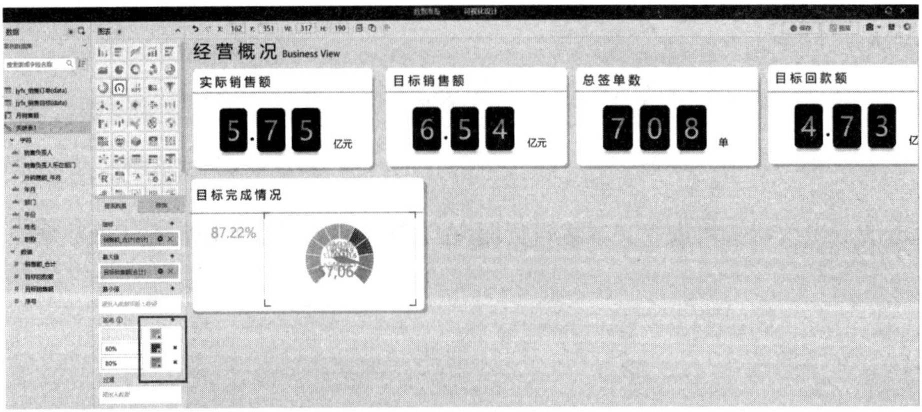

点击【修饰】即可对图形进行样式的设置,比如标题、图例、提示等。可以点击【更多配置】,对图形样式进行更细致的设置,完成指标数据格式设置,取消刻度标签的显示。

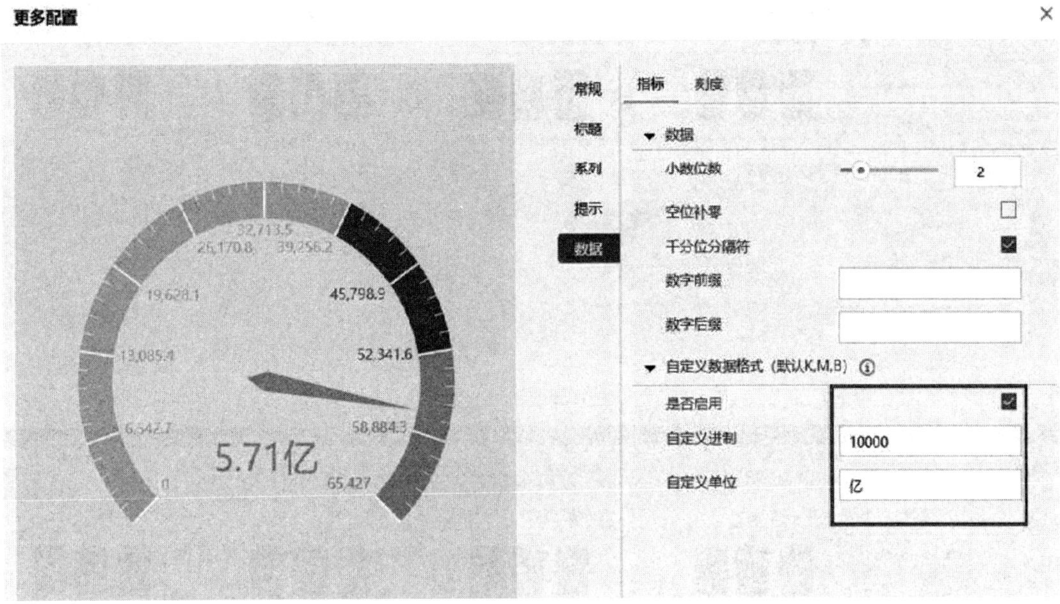

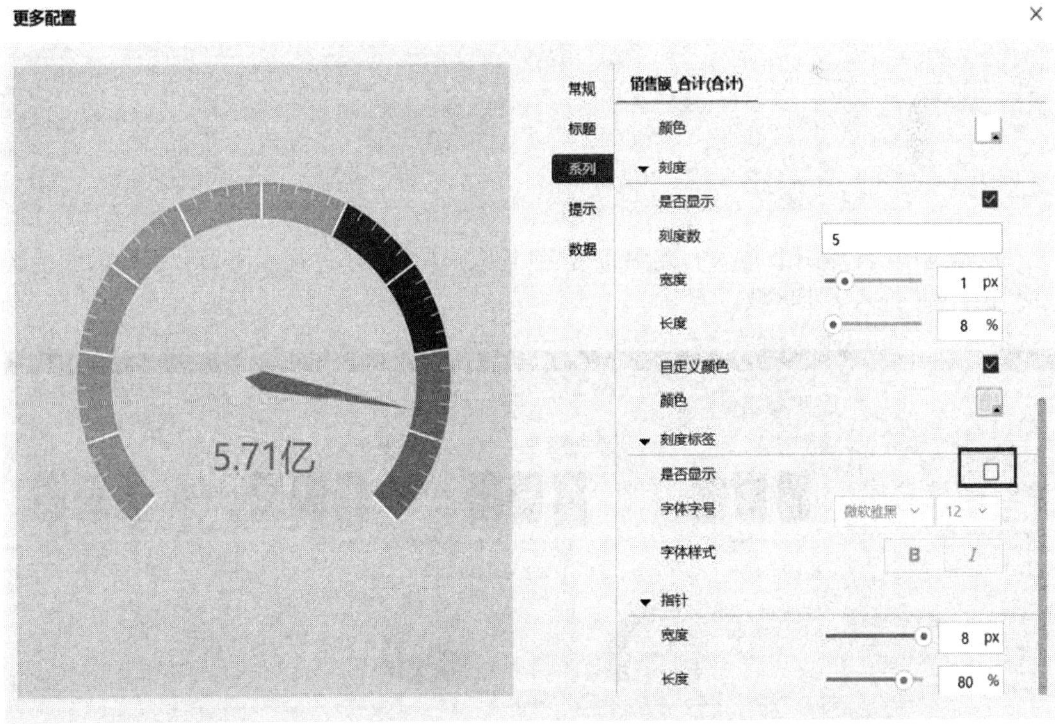

点击选中【文本】,拖入右侧画布,双击或点击编辑按钮进入文本编辑页面,完成仪表盘

区间文字说明的设置。

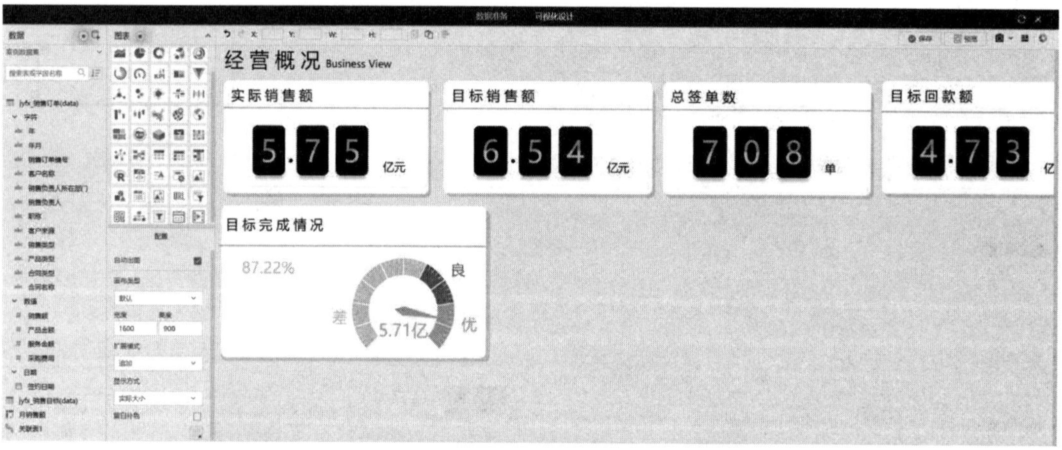

点击选中【环形图】，拖入右侧画布将“销售人员所在部门”拖入图形数据中的颜色区域，“销售额”拖入大小区域。

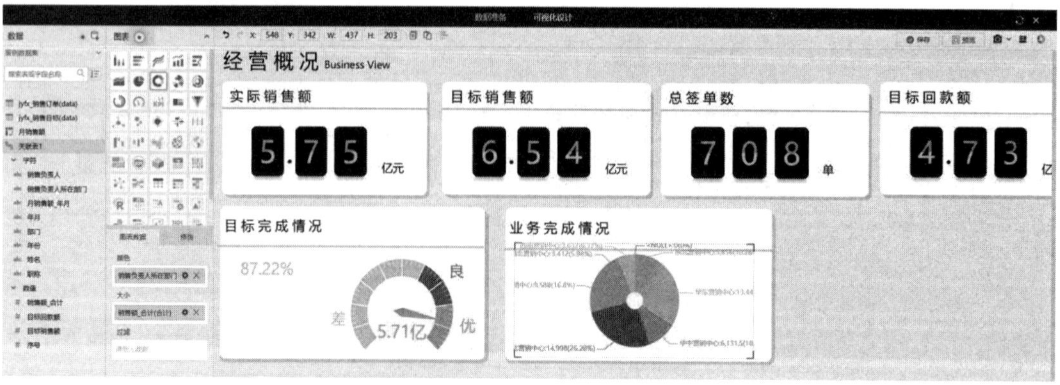

点击【修饰】中的【更多配置】即可对图形进行样式设置，完成最小内径、标签数据等设

置,效果如下。

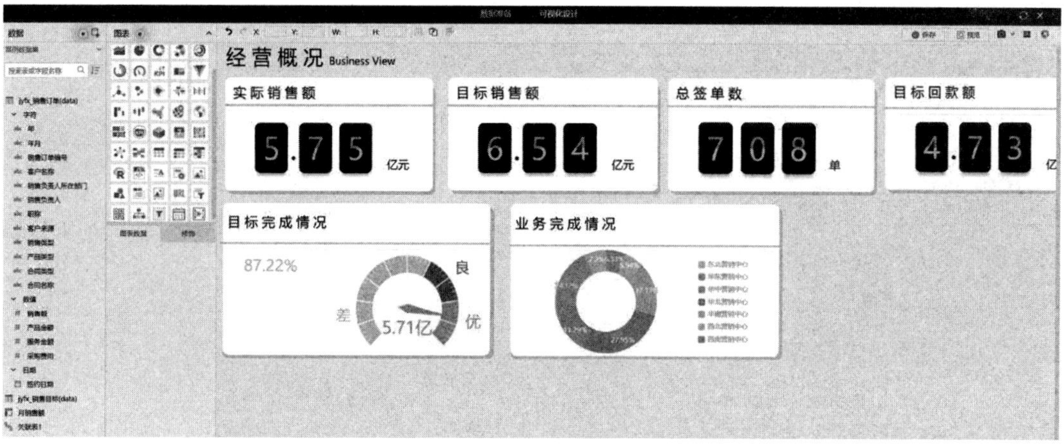

点击选中【组合图】,拖入右侧画布,将“签约日期”拖入图形数据中的X轴区域,“销售额”“订单编号”拖入Y轴区域,设置订单编号的标题为“签单数”,完成销售额及签单数走势图。

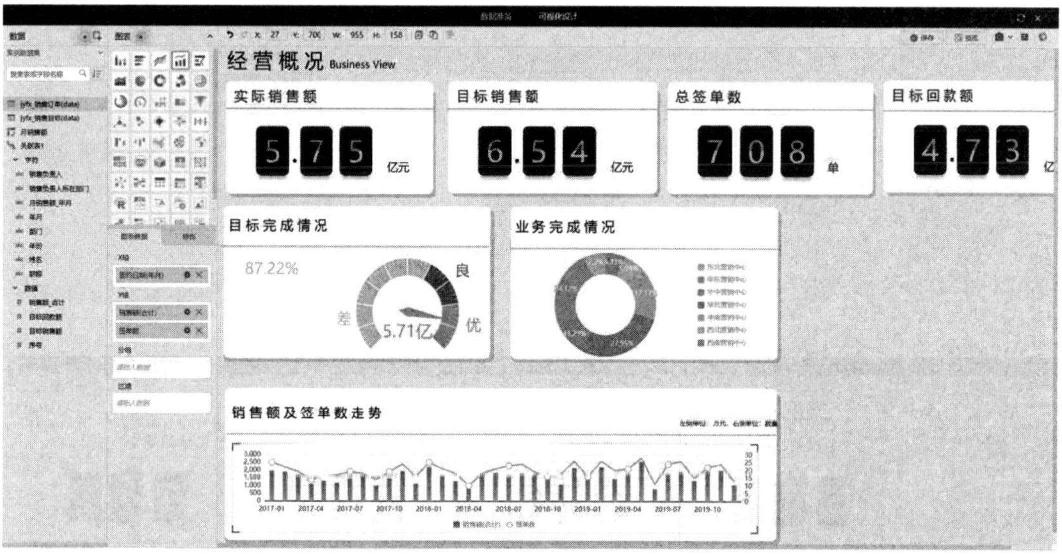

点击选中【条形图】,拖入右侧画布,将“销售负责人”拖入图形数据中的Y轴区域,“销售额”拖入X轴区域,设置销售负责人的排序为“销售额”升序,排位为顶部显示10个记录,完成十佳销售人员排行榜设计。

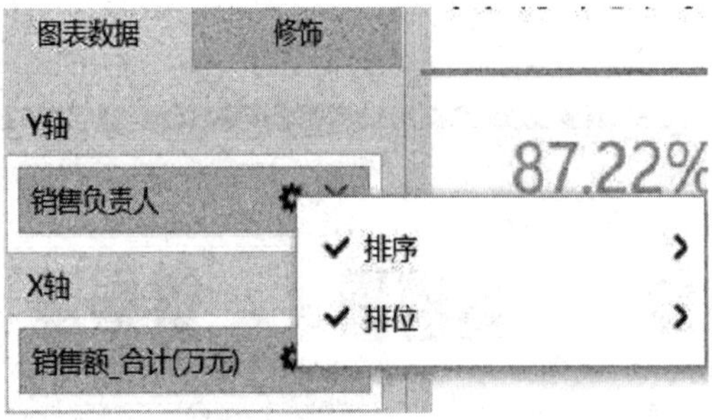
图表数据
修饰
Y轴
销售负责人
X轴
销售额_合计(万元)
87.22%
排序
排位

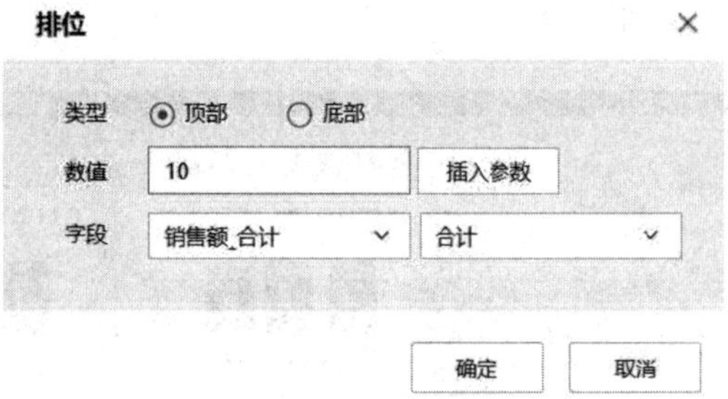
排位
类型
顶部
底部
数值
10
插入参数
字段
销售额_合计
合计
确定
取消

排序
按字母
升序
降序
按字段
销售额_合计
合计
升序
降序
手动排序
拖拽可排序
确定
取消

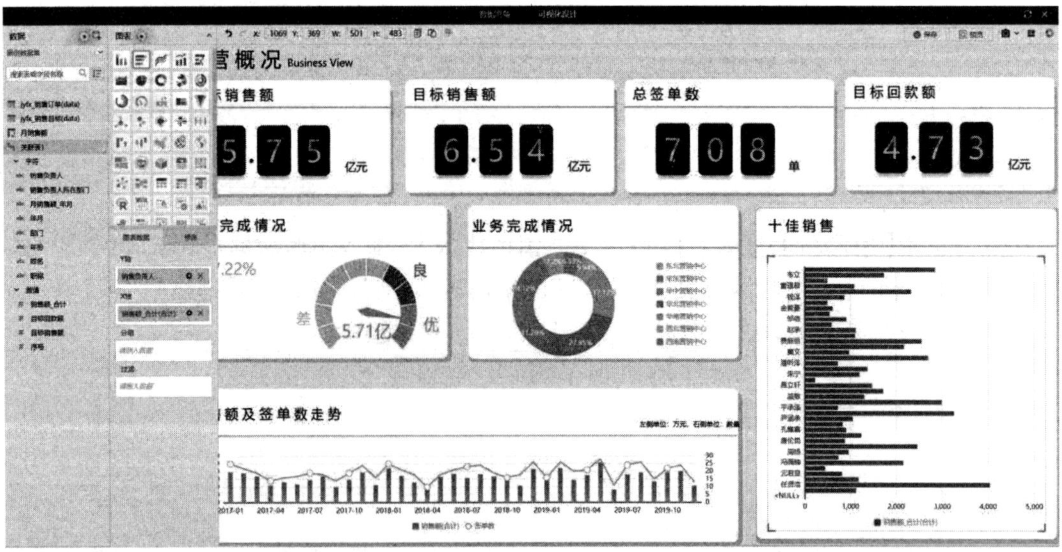
营概况 Business View
销售额
5.75 亿元
目标销售额
6.54 亿元
总签单数
708 单
目标回款额
4.73 亿元
完成情况
良
差
优
5.71亿
业务完成情况
十佳销售
额及签单数走势

参考以上做法，进行订单分析看板、销售人员分析看板、客户分析看板的设计，效果如下。

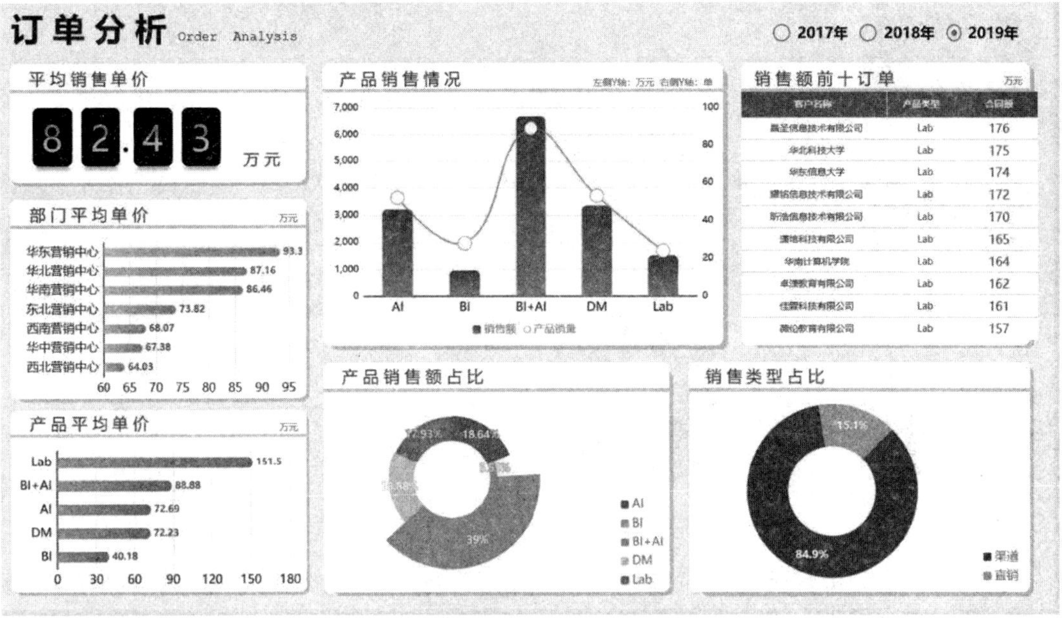

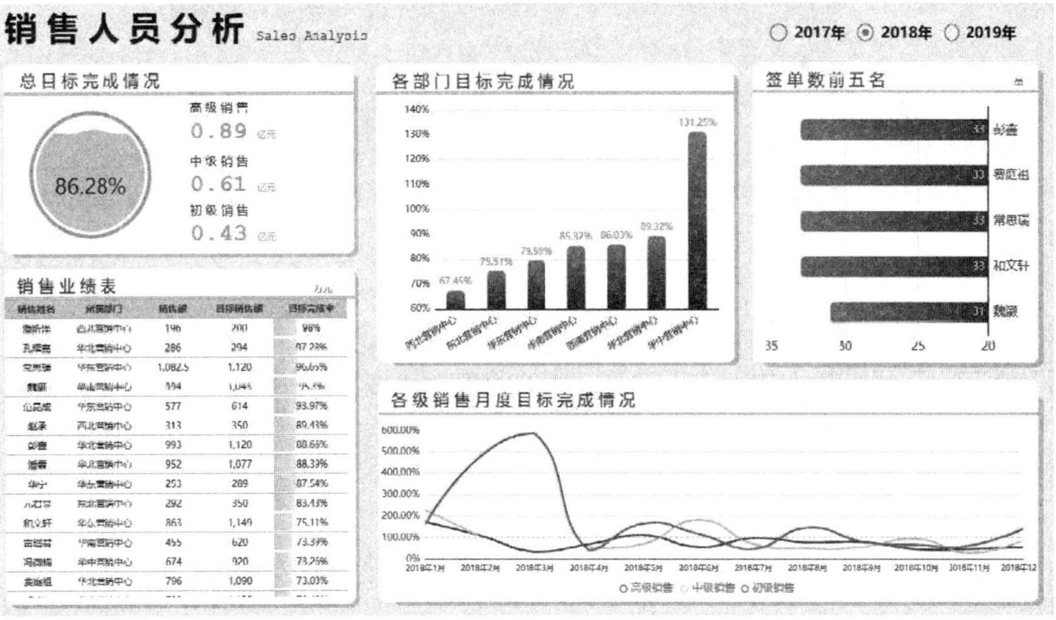

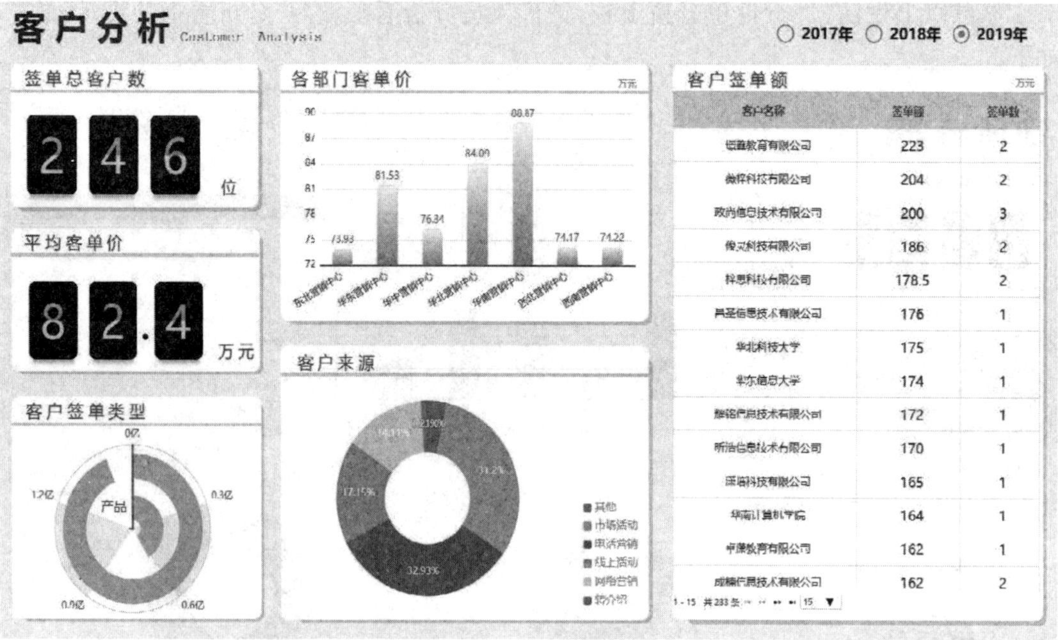

在销售人员分析看板设计中，使用【列表】图形进行了展示，选中【列表】拖入画布中，图标数据中设置列数据为“姓名”“部门”“销售额”“目标销售额”，点击“目标销售额”设置按钮【计算列】，新列命名为“完成率”，在编辑区输入计算公式，完成新列的设置。

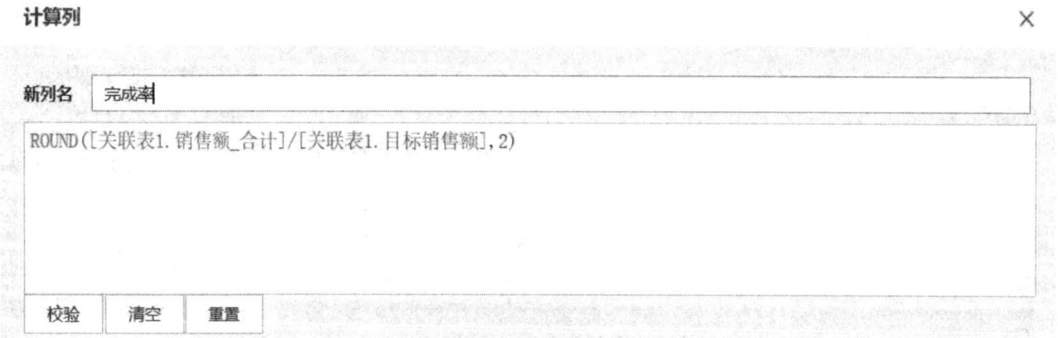

在各级销售月度完成情况的显示中,选择【线形图】拖入画布中,在图形数据区域设置 *X* 轴、*Y* 轴、分组字段,在修饰中完成个性化设置,具体效果如下。

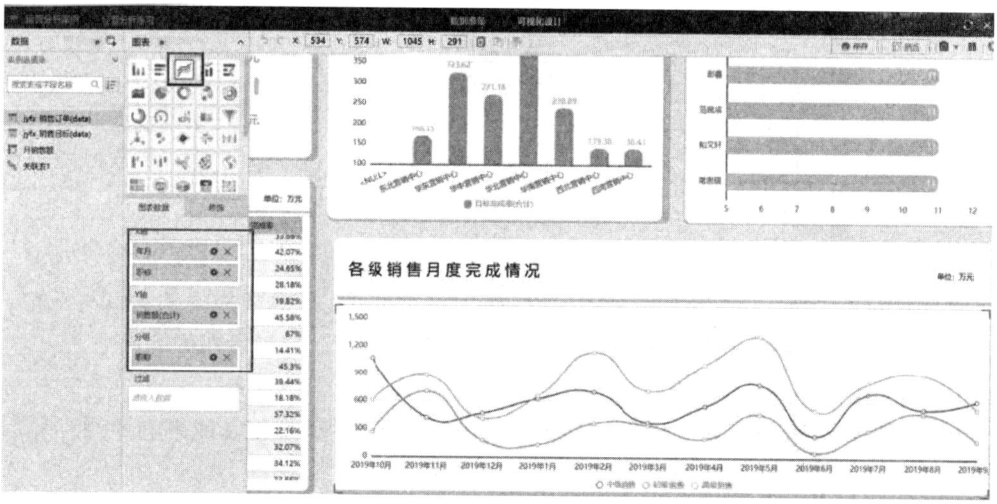

至此，"企业运营概况""订单分析""销售人员分析""客户分析"看板设计设置完成可视化分析展示。

六、创建分析报告及成果共享

点击【 】可以生成一个报告，可以选择多个场景页，生成一个多页的"报告"。

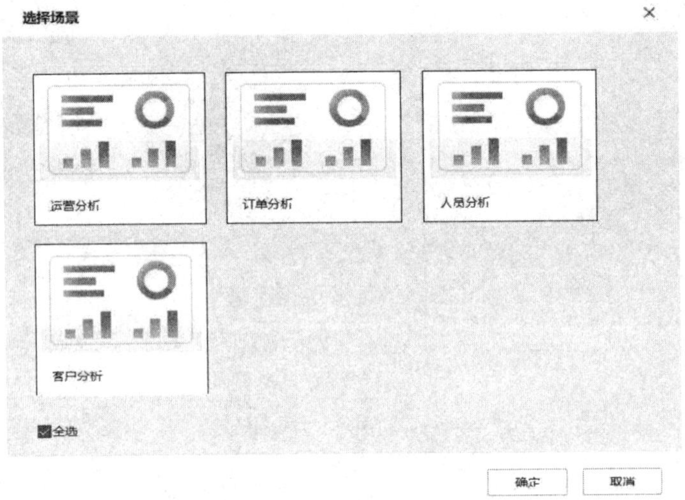

通过拖曳"场景页"，可以进行报告内先后顺序的调整。

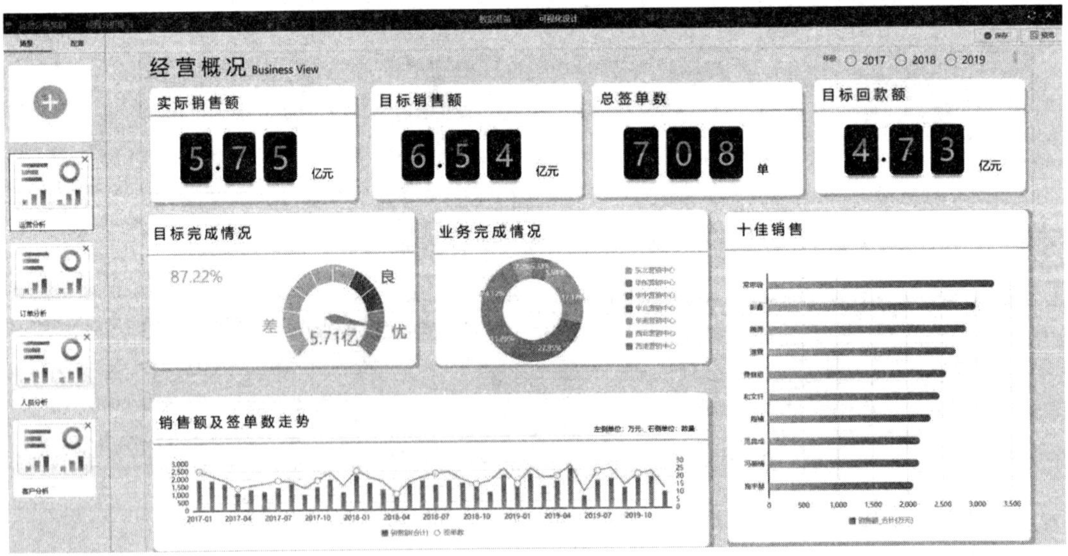

关闭设计器页面，点击发布选择需要发布的内容，即可实现分析成果的共享与发布。

Tempo 支持场景页、报告两种格式的发布，可以根据需求，选择发布内容。

选择【企业经营分析】报告，点击【确定】，即可完成此报告的发布。

点击【发布区】发布后的"场景"或"报告"，可以进行预览、授权和成果的检测。

成果发布后，可以【复制链接】，与第三方系统集成。